Rob & Joanna Teigen
Gemeinsam mit dir

Über die Autoren

Rob und Joanna Teigen haben bereits mehrere Bücher zum Thema „Beten" veröffentlicht. Sie sind seit über 20 Jahren verheiratet und Eltern von zwei Söhnen und drei Töchtern. Rob und Joanna lieben es, neue Orte zu erkunden und mit ihren Kindern herumzualbern. Die Familie ist in Michigan zu Hause.

Rob und Joanna Teigen

Gemeinsam mit dir

366 ANDACHTEN FÜR PAARE

Aus dem Englischen von Oliver Roman

*Für Josh und Cassie,
die gerade ihr gemeinsames Leben begonnen haben.
Wir lieben und beten für euch.
Ihr seid für uns ein Geschenk Gottes – an jedem Tag des Jahres.*

Januar

1. Januar

Mutiger Glaube

„Ja, ich sage es noch einmal: Sei mutig und entschlossen! Lass dich nicht einschüchtern und hab keine Angst! Denn ich, der Herr, dein Gott, stehe dir bei, wohin du auch gehst." Josua 1,9 (Hfa)

Während Ihres gemeinsamen Lebens wird Gott Sie an viele neue „Orte" führen. Sie werden vielleicht neue Arbeitsstellen und neue Anschriften haben und neue Menschen kennenlernen. Sie werden gemeinsam tolle Dinge erleben, aber auch mit Herausforderungen konfrontiert werden. Wenn sich eine Veränderung ankündigt, werden Sie sich das eine oder andere Mal lieber in etwas flüchten wollen, das Ihnen vertraut ist. Aber wenn Gott Sie diesen Weg führt, dürfen Sie der Zukunft mutig entgegentreten.

Wohin führt Gott Sie heute? Auf welche Veränderung freuen Sie sich schon? Was macht Ihnen vielleicht ein bisschen Angst? Haben Sie das Gefühl, den Herausforderungen nicht gewachsen zu sein? Dann dürfen Sie darauf vertrauen, dass Gott die Kontrolle hat. Nehmen Sie die Verheißung in Anspruch, dass er Ihnen beisteht, wohin Sie auch gehen.

Nichts, das in diesem Jahr passiert, wird Gott überraschen. Er liebt es, Sie mit Segensgeschenken zu überschütten. Und er verspricht Ihnen, alles zu Ihrem Guten zu gebrauchen, weil er Sie liebt. Seien Sie also mutig und entschlossen!

Herr, du wirst uns in diesem Jahr auf vielen Wegen führen, die uns fremd sind. Wir wollen darauf vertrauen, dass du bei jedem Schritt bei uns bist – wenn es über sonnige Höhen geht ebenso wie auf steinigen Pfaden. Amen.

2. Januar

Eins plus eins gleich eins

"Ein Mann verlässt seine Eltern und verbindet sich so eng mit seiner Frau, dass die beiden eins sind mit Leib und Seele." Matthäus 19,5 (Hfa)

Wir müssen das Leben nach vorne leben, was bedeutet, dass wir die Vergangenheit hinter uns lassen. Wenn Sie ständig über Ihre Schulter blicken, werden Sie auf der Straße Ihres Lebens stolpern und fallen. Oder um den Bezug zum obigen Bibelvers herzustellen: Wenn Sie in der Ehe eine neue Identität annehmen, müssen Sie den Haushalt Ihrer Eltern verlassen und sich Ihr eigenes Zuhause schaffen.

Haben Sie Ihren Vater und Ihre Mutter „verlassen"? Ist Ihnen die Zustimmung Ihrer Eltern wichtiger als die Ihres Ehepartners? Unterstützen sie Sie noch finanziell? Oder haben sie Ihnen ihren Segen gegeben, indem sie Sie als Erwachsene mit eigenen Zielen, Träumen und Lebensentscheidungen respektieren? Vielleicht stehen Sie aber auch schon seit Jahren auf eigenen Beinen und haben gelernt, wie wichtig es ist, dass Sie den Freiraum haben, eigene Entscheidungen zu treffen und Konflikte allein zu bewältigen.

Gott möchte, dass Sie Ihren Vater und Ihre Mutter ehren (nachzulesen in 2. Mose 20,12). Ihre Weisheit und Unterstützung kann auch in Ihrer Ehe noch ein echtes Geschenk sein. Bitten Sie Gott darum, Ihnen zu zeigen, wie Sie einerseits auf eigenen Beinen stehen und eine gute Ehe führen, gleichzeitig aber Ihren Eltern mit Freundlichkeit und Respekt begegnen können.

Herr, zeige uns, wie wir miteinander ein neues Leben aufbauen können. Hilf uns dabei, wirklich eins zu werden. Und zeige uns, wo wir den Rat unserer Eltern annehmen und von ihnen lernen dürfen. Amen.

3. Januar

Ein kindlicher Glaube

„Mit Freundlichkeit und Liebe wollte ich sie ihren Weg führen. Ich habe ihnen ihre Last leicht gemacht – wie ein Bauer, der seinem Ochsen das Joch hochhebt, damit er besser fressen kann, ja, der sich bückt, um ihn selbst zu füttern." Hosea 11,4 (Hfa)

In unserer schnelllebigen Welt müssen Kinder rasch erwachsen werden. Jemand gilt dann als erfolgreich, wenn er eigenständig ist, unabhängig, wenn er seine Ellbogen einsetzt. Man sagt uns, dass wir allen Herausforderungen gewachsen sein werden, wenn wir nur eine gute Ausbildung, die neuesten technischen Spielereien und genug Geld auf der Bank haben.

In dieser Weltsicht ist kein Raum für einen kindlichen Glauben. Doch Sie sind das Kind eines Vaters, der weiß, wie sehr Sie sich nach Freundlichkeit und Wärme sehnen. Wenn in diesem Jahr harte Zeiten auf Sie zukommen sollten, müssen Sie sie nicht allein bewältigen. Sie können ihn darum bitten, Sie mit seiner Fürsorge und Liebe zu umgeben, wenn Sie verletzt wurden oder Angst haben. Er ist immer an Ihrer Seite. Er streckt seine Hand nach Ihnen aus und hält Sie, wenn Sie ihn am meisten brauchen.

Denken Sie heute daran, dass Gott nicht nur Ihr Herr und König ist, sondern auch Ihr „Abba, Vater". Sprechen Sie mit ihm, wenn Sie etwas Schönes erleben – und wenn Sie mit Schwierigkeiten konfrontiert sind. Erzählen Sie ihm von Ihren Erfolgen und von Ihrem Scheitern. Kommen Sie mit Ihren Freuden zu ihm, aber auch mit Ihren Sorgen und Enttäuschungen. Bitten Sie ihn, Ihnen all das zu geben, was Sie brauchen. Lassen Sie sich von ihm leiten, und vertrauen Sie darauf, dass er Sie auf dem richtigen Weg führt. Sie dürfen ihm vertrauen, denn er freut sich über Sie. Sie sind seine Kinder, und deshalb sind Sie ihm wichtig und bedeuten ihm sehr viel.

Herr, wir versuchen so sehr, in jeder Situation stark zu sein. Erinnere uns daran, wie sehr wir dich brauchen. Danke, dass du unser gütiger, treuer Vater bist und uns liebst. Amen.

4. Januar

Geben Sie, was Sie empfangen haben

Geht vielmehr freundlich miteinander um, seid mitfühlend und vergebt einander, so wie auch Gott euch durch Christus vergeben hat.
Epheser 4,32 (NGÜ)

Weil die Beziehung zu unserem Ehepartner so eng ist, ist er auch oft das Ziel unserer Angriffe. Wir sind wahrscheinlich diejenigen, die zuerst mitbekommen, wenn er scheitert. Wir kennen jede Unzulänglichkeit und wissen, wo er schon einmal versagt hat. Und weil wir einander so gut kennen, sind wir auch versucht, den anderen zu kritisieren. Paulus hat ein Rezept dagegen: Wir sollen uns bewusst machen, dass Gott uns auch vergeben hat, und deshalb unserem Partner mit Liebe und Freundlichkeit begegnen.

Wenn uns die Schwächen unseres Ehepartners auffallen, sollte uns das an unsere eigenen erinnern. Wir können aus eigener Erfahrung nachvollziehen, dass man manchmal entmutigt ist, Probleme mit anderen hat oder schwach wird. Gott begegnet nicht nur uns mit Nachsicht und Gnade, sondern auch unserem Ehepartner. Und das sollte uns wiederum dazu bewegen, ihm ebenfalls mit Geduld und Verständnis zu begegnen.

Lassen Sie heute Ihre spitzen Pfeile im Köcher stecken. Bitten Sie Gott, Mitgefühl und Freundlichkeit zwischen Ihnen wachsen zu lassen. Entscheiden Sie sich bewusst dafür, mit Vergebung und nicht mit

Ablehnung oder Wut zu reagieren. Und loben Sie Gott dafür, dass er Sie durch jede Schwierigkeit hindurchträgt.

Herr, wir danken dir dafür, dass du uns täglich mit Vergebung und Mitgefühl begegnest. Lehre uns zu vergeben, wie du uns vergeben hast. Fülle uns mit deiner Barmherzigkeit und Freundlichkeit. Amen.

5. Januar

Zusammen ist es einfach besser

Es gibt einerseits viele verschiedene Teile und andererseits nur einen Körper. Das Auge kann nicht einfach zur Hand sagen: „Ich brauche dich nicht!" oder der Kopf zu den Füßen: „Ich brauche euch nicht!"
1. Korinther 12,20–21 (NGÜ)

Alle Gläubigen haben einzigartige Gaben, Leidenschaften und Fähigkeiten, die sie mit anderen teilen können. Nimmt man alle zusammen, wird eine voll funktionsfähige geistliche Familie daraus.

In ähnlicher Weise vereinen sich in einer Ehe auch die unterschiedlichen Stärken der einzelnen Partner. An dem Klischee, dass sich „Gegensätze anziehen", ist durchaus etwas dran. Wir verlieben uns oft in Eigenschaften, die wir selbst nicht besitzen: Der schüchterne Introvertierte liebt es, dass seine kontaktfreudige Freundin ihn aus seinem Schneckenhaus holt. Der Freigeist liebt an seiner Freundin, dass sie im Gegensatz zu ihm verlässlich ist und alles im Blick behält. Es ist spannend zu entdecken, wie wir „zusammenpassen".

So wie die Gemeinde von den einzigartigen Gaben der Gläubigen profitiert, profitiert also auch die Familie von den Stärken eines jeden

Mitglieds. Wir dürfen den anderen als Gottes einzigartige Schöpfung feiern und sollten über seine Schwächen nicht frustriert sein. Bitten Sie Gott, Ihnen zu zeigen, wie Sie ihm und einander dienen können. Begegnen Sie einander mit Liebe und stützen Sie sich heute einmal bewusst auf die Stärken Ihres Partners.

Herr, wir danken dir dafür, dass du uns so einzigartig gemacht hast. Zeige uns, wie wir einander lieben und mit unseren Gaben unterstützen können. Amen.

6. Januar

Liebe im Alltag

Die Liebe hat einen langen Atem und ist voller Güte. Sie ist nicht eifersüchtig und spielt sich nicht auf. Die Liebe hat nichts Angeberisches oder etwas, das das Empfinden anderer Menschen verletzt.
1. Korinther 13,4 (WD)

Nach der Hochzeit finden wir schnell heraus, dass Liebe mehr ist als nur ein Gefühl – sie ist harte Arbeit! Wie können Sie Ihrem Partner heute mit Freundlichkeit begegnen? Wie können Sie ihm zeigen, dass Sie ihn lieben? Machen Sie ihm zum Beispiel ein Geschenk, gehen Sie bei der Hausarbeit zur Hand oder machen Sie ein Kompliment. Halten Sie nach Gelegenheiten Ausschau, wie Sie einander helfen, füreinander sorgen und den anderen aufbauen können.

Wahre Liebe fordert von uns aber auch, dass wir unseren Stolz und unsere Vorlieben zurückstellen. Wo wird Ihre Geduld heute auf die Probe gestellt? Gehen Ihnen die Marotten und Angewohnheiten Ihres

Partners auf die Nerven? Bitten Sie Gott, dass er Sie neu mit Nachsicht erfüllt, damit Sie Ihre Verschiedenheiten annehmen können.

Gibt es Dinge, für die Sie Ihren Ehepartner beneiden? Gibt es etwas, das Sie ärgert – denken Sie, er hätte den besseren Job, mehr Spaß und weniger Stress als Sie? Entscheiden Sie sich heute bewusst dafür, sich über die Segensgeschenke zu freuen, die Gott jedem von Ihnen mitgegeben hat. Bitten Sie Gott darum, dass er Ihnen neu Respekt für die Stärken des anderen schenkt.

Richten Sie Ihren Blick auf Jesus – der uns gedient hat, obwohl er eigentlich unser Herr und König ist, und der uns vorgelebt hat, wie wahre Liebe aussieht. Er wird Ihre Herzen einander zuwenden und Ihnen Freude schenken.

Herr, mache uns heute neu bewusst, was wir am anderen schätzen. Vergib uns, wenn wir ungeduldig, eifersüchtig oder dickköpfig sind. Wir wollen einander als Geschenke von dir wertschätzen. Amen.

7. Januar

Echt sein

Manche, die arm sind, geben vor, reich zu sein; andere, die reich sind, tun so, als seien sie arm. Sprüche 13,7 (NL)

Es ist verlockend, das „Bild" zu kontrollieren, das die anderen von uns haben. Wir tun alles, um so attraktiv, erfolgreich und glücklich wie möglich zu wirken. Kleine Erfolge werden aufgebauscht, und falls wir viel Geld haben, verschleiern wir das oft mit falscher Bescheidenheit. Dass wir Probleme haben oder Fehlschläge erleben, verschweigen wir.

Und viel zu oft geben wir uns mit oberflächlichen Beziehungen zufrieden, damit niemand herausfindet, wer wir wirklich sind.

Doch weil wir durch unseren Glauben an Jesus Christus ein neuer Mensch sind, dürfen wir echt sein. Er lädt uns dazu ein, mit jeder Sünde und jeder Schwachheit zu ihm zu kommen und uns von ihm Gnade schenken zu lassen. Erzählen Sie ihm offen davon, wenn Sie gescheitert sind und seine Vergebung brauchen, und er wird Ihnen vergeben. Laden Sie ihn in die dunkelsten Ecken Ihres Lebens ein, und erlauben Sie ihm, Sie von innen heraus zu verändern.

Und bleiben Sie nicht dabei stehen. Erzählen Sie anderen davon, was Gott in Ihrem Leben tut: dass er Sie verändert und Sie nicht der- oder diejenige sind, der Sie einmal waren. Auf diese Weise sind Sie nicht nur anderen gegenüber offen und ehrlich – lassen sie sehen, wer Sie wirklich sind –, sondern Sie erzählen ihnen auch von der Liebe und Macht Gottes.

Herr, gib uns den Mut, wir selbst zu sein – nicht nur in unserer Paarbeziehung, sondern auch bei Freunden und Familienmitgliedern. Wir wollen nicht länger versuchen, andere ständig zu beeindrucken, sondern ihnen durch unser Leben vermitteln, wie sehr du uns veränderst. Amen.

8. Januar

Innere Schönheit

Macht euch keine Sorgen um äußere Schönheit, die auf modischen Frisuren, teurem Schmuck oder schönen Kleidern beruht. Eure Schönheit soll von innen kommen – das ist die unvergängliche Schönheit eines freundlichen und stillen Herzens, das Gott so sehr schätzt.
1. Petrus 3,3–4 (NL)

Es ist ein echtes Geschenk Gottes, dass man nicht dadurch wirklich schön ist, dass man Zeit im Fitnessstudio verbringt, sein Gesicht mit Make-up bedeckt oder sich unter das Messer des Schönheitschirurgen legt. Alter und Gewicht, Größe und Stil haben aus seiner Sicht keinen Einfluss auf Ihren Wert als sein Kind.

Gott ist vor allem Ihr inneres Selbst wichtig. Nur er kann durch die Oberfläche hindurchschauen und Ihren Glauben, Ihre Motive und Ihre Liebe sehen. Ziehen Sie morgens mit Ihrer Kleidung auch Freundlichkeit und Großzügigkeit an. Erkennen Sie durch die Beschäftigung mit Gottes Wort, was wirklich wahr ist und Bestand hat, genauso wie Sie im Fitnessstudio Kraft aufbauen würden. Weben Sie Worte des Friedens in Ihre Gespräche ein, während Sie Ihr Haar in Form bringen. Schmücken Sie sich außer mit Accessoires auch mit Sanftmut. Auf diese Weise werden Ihre Worte, Ihre Einstellungen und Ihre Großzügigkeit zu Ihrem „Look", und Sie leben anderen vor, wie Jesus ist.

Beschäftigen Sie sich jeden Tag mit Gottes Wort und bleiben Sie mit ihm im Gespräch. Er wird Ihr Herz und Ihren Geist erneuern und wahre Schönheit schaffen, die ewig währt.

Herr, vergib uns, wenn wir uns auf unsere äußere Erscheinung und nicht auf unser Inneres konzentrieren. Lehre uns, freundlich und ausgeglichen zu sein, während du uns weiterhin Jesus ähnlicher machst. Amen.

9. Januar

Ihre Ehe ist ein vollkommenes Geschenk

Jede gute Gabe und jedes vollkommene Geschenk kommt von oben, von unserem Vater, der im ewigen Licht wohnt. Er ändert sich nicht, und kein Schatten fällt auf uns, weil seine Einstellung zu uns ständig wechseln würde. Jakobus 1,17 (WD)

Man sagt ja nicht nur „Gegensätze ziehen sich an", es heißt auch „Gleich und gleich gesellt sich gern". Als Sie sich ineinander verliebt haben, waren Sie auch darüber begeistert, dass Sie so vieles gemeinsam hatten. Wenn Sie zusammen waren, fühlten Sie sich vollständig und waren glücklich. Sie haben sich ermutigt und gegenseitig gezeigt, wie sehr Sie sich lieben. Sie waren sich sicher, dass Sie für den anderen Gottes „gute Gabe und ... vollkommenes Geschenk" waren.

Und daran hat sich bis heute nichts geändert. Sie sind sich bewusst, dass keiner von Ihnen vollkommen ist, doch Ihre Ehe ist noch immer Teil von Gottes Plan; er will Ihr Leben auch dadurch segnen. Ganz gleich, ob Ihr Himmel immer blau ist oder ob es auch einmal graue Wolken gibt: Gott ist immer gut. Sein Wort ist immer wahr. Er ist auch heute stark und mächtig; er kann heilen, reparieren und alles neu machen. Er bietet Ihnen weiterhin seine Gnade und Barmherzigkeit an, falls Sie versagt haben.

Danken Sie Gott heute für die Beziehung, die er Ihnen geschenkt hat. Falls Sie merken, dass Sie den anderen für selbstverständlich nehmen, machen Sie sich wieder neu bewusst, dass er bzw. sie eine gute Gabe Gottes ist. Danken Sie Gott dafür, dass er Ihnen alles gibt, was Sie für Ihre gemeinsame Liebe und Ihr gemeinsames Leben benötigen. Bitten Sie ihn, Ihnen gnädig zu sein, wo Sie versagen. Verlassen Sie sich auf ihn, denn er wird Ihnen beständige Liebe schenken, die so ist wie seine.

Herr, wir danken dir dafür, dass du dich niemals änderst, sodass wir uns immer auf dich verlassen können. Wir wollen uns so lieben, wie du uns liebst: beständig und treu. Amen.

10. Januar

Verschenken Sie sich

Denn was ihr den Geschwistern in Jerusalem gebt, beseitigt nicht nur deren Mangel. Eure Unterstützung wird auch unzählige Dankgebete nach sich ziehen. 2. Korinther 9,12 (WD)

Sie sind heute vielleicht die Antwort auf jemandes Gebet. Die Mahlzeit, die Sie einer frischgebackenen Mutter vorbeibringen, schenkt ihr eine kleine Atempause. Der Besuch bei einer älteren Witwe bereitet einem einsamen Menschen Freude. Die Musikstücke, die Sie für den Sonntagmorgen vorbereiten, helfen der Gemeinde, Gott anzubeten. Das Geld, das Sie einer Not leidenden Familie zukommen lassen, ermöglicht es dieser, einen weiteren Monat die Miete zu zahlen. Kleiderspenden halten Waisenkinder im Winter warm. Die Reparatur seines Autos hilft einem Missionar, sich auf seinen Dienst zu konzentrieren. Wenn wir andere Menschen unterstützen und ermutigen, werden wir zu Gottes Armen und Füßen. Auf diese Weise sorgt er für die Menschen, die zu ihm gehören.

Fragen Sie Gott heute doch einmal, wie Sie anderen dienen können. Denken Sie darüber nach, was Sie verschenken könnten – Zeit, Fertigkeiten, Mittel –, und bitten Sie um Gelegenheiten, diese Dinge weiterzugeben. Freuen Sie sich auf den Dank, den *Gott* erhalten wird, wenn er Sie einsetzt.

Machen Sie sich heute bewusst, dass Gott Ihnen durch Jesus ewiges Leben geschenkt hat. Dass er Ihnen alles gibt, was Sie zum Leben brauchen. Danken Sie ihm für die Segensgeschenke, die Sie erhalten haben. Loben und preisen Sie ihn dafür, dass er Ihre Gebete hört und für Sie eintritt.

Herr, wir danken dir dafür, dass wir Teil deiner Familie sein dürfen. Wir wollen unseren Brüdern und Schwestern dienen, indem wir ihnen in deinem Namen Liebe erweisen, damit du geehrt wirst. Amen.

11. Januar

Einander Gutes tun

Wer anderen Gutes tut, dem geht es selber gut; wer anderen hilft, dem wird geholfen. Sprüche 11,25 (Hfa)

Es wird Zeiten geben, in denen Ihr Ehehimmel nicht gerade strahlend blau ist. Vielleicht streiten Sie oft oder Sie nehmen sich nicht genügend Zeit für Ihren Partner. Oder Sie fühlen sich einsam, obwohl Sie Zeit miteinander verbringen. Gießen Sie dann doch einmal das frische Wasser der Großzügigkeit über Ihre vertrocknete Beziehung, und sehen Sie zu, wie sie zum Leben erwacht.

Ihre Möglichkeiten sind unbegrenzt: Gießen Sie Ihrer Frau eine Extratasse Kaffee ein. Gönnen Sie sich nach einem stressigen Tag einen romantischen Abend zu zweit. Halten Sie unterwegs am Supermarkt an und besorgen Sie ihren Lieblingsnachtisch. Spülen Sie das Geschirr, ohne dass Sie explizit darum gebeten werden. Nehmen Sie die Kinder mit in den Park, damit Ihr Partner zu Hause die Ruhe genießen kann.

Hören Sie zu, wenn er von seinen Sorgen und Träumen erzählt. Stärken Sie ihr den Rücken, um ihr neues Selbstvertrauen zu geben. Beten Sie für das Problem, das Ihren Partner gerade beschäftigt. Investieren Sie Zeit und Energie, damit Ihr Partner merkt, dass Sie zuhören und ihn wertschätzen und dass er ihnen wichtig ist.

Aufmerksamkeit und Freundlichkeit sind hilfreiche Werkzeuge, wenn Sie Ihre Ehe stärken wollen. Bitten Sie Gott darum, Ihnen die richtigen Worte und Ideen zu schenken, und setzen Sie sich heute gegenseitig an die erste Stelle.

Herr, zeige uns, wie wir einander dienen und ermutigen können. Mach uns auf die Bedürfnisse des anderen aufmerksam, wenn wir selbstsüchtig oder abgelenkt sind. Amen.

12. Januar

Hilfe ist unterwegs

Doch sehnt sich der Herr danach, euch gnädig zu sein. Bald wird er zu euch kommen und sich wieder über euch erbarmen, denn er ist ein gerechter Gott. Wie glücklich können sich alle schätzen, die auf seine Hilfe warten! Jesaja 30,18 (Hfa)

Gott ist bei allen Schwierigkeiten und Herausforderungen an Ihrer Seite. Wenn Sie mit ihm sprechen, hört er jedes Wort, das Sie sagen oder nur denken. Es schmerzt ihn, wenn man über Sie redet oder Sie beleidigt; er fühlt mit Ihnen und will Ihnen helfen. Er verfolgt perfekte Absichten für Ihr Leben und Ihre momentane Situation. Aber das Wichtigste ist: Sie sind seine geliebten Kinder!

Manchmal kommt es Ihnen vielleicht so vor, als wäre er weit von Ihnen entfernt oder seine Antworten würden auf sich warten lassen. Ihm sind aber Ihre Last und Ihr Schmerz nicht egal, und er spart sich seinen Segen auch nicht für Menschen auf, die diesen mehr verdient hätten. Er schläft auch nie oder vergisst, sich um Sie zu kümmern.

Wenn Sie gerade mit Problemen konfrontiert werden: Bitten Sie Gott um Geduld, damit Sie auf sein Handeln warten können. Bitten Sie um Glauben, und vertrauen Sie darauf, dass er am Werk ist, auch wenn Sie es jetzt noch nicht sehen können. Danken Sie ihm dafür, dass er Sie heute liebt, und für alles, was er morgen tun wird.

Vater, dieses Problem macht uns gerade zu schaffen: _____. Bitte greife in dieser Situation ein! Wir brauchen deine Hilfe. Amen.

13. Januar

Zuhören und lernen

Wer überheblich ist, zettelt Streit an; der Kluge lässt sich etwas sagen.
Sprüche 13,10 (Hfa)

Stolz ist die Wurzel jedes Streits. Wir sind davon überzeugt, dass wir recht haben. Wir meinen zu wissen, dass unser Weg der beste ist. Es wäre alles viel leichter, wenn sich einfach jeder nach unseren Vorgaben richten würde. Wir sind nicht bereit, einer anderen Sichtweise Gehör zu schenken. Und wir sind so beschäftigt damit, unseren Standpunkt zu vertreten, dass wir im schlimmsten Fall die Gefühle der Menschen in den Staub treten.

Haben Sie vielleicht gerade Streit mit Ihrem Partner? Worum geht es? Nehmen Sie sich bewusst Zeit dafür, sich die Vorstellungen und Meinungen des anderen respektvoll anzuhören. Stellen Sie Fragen, und versuchen Sie, Ihren Partner zu verstehen. Wo können Sie aufeinander zugehen? Die Harmonie in Ihrer Ehe sollte wichtiger sein als Ihr Wunsch, recht zu behalten. Seien Sie offen für den Rat derer, die mehr Erfahrung und Weisheit haben. Sprechen Sie mit Gott über Ihre Streitthemen, und bitten Sie ihn, Ihnen Einsicht darüber zu schenken, was zu tun ist.

Was hilft es, ein Streitgespräch zu gewinnen, wenn am Ende die Beziehung angeknackst ist? Üben Sie sich heute in Demut, und versuchen Sie, den Streit beizulegen.

Herr, wir streiten gerade über ____. Zeige uns deinen Willen für diese Situation und wo wir aufeinander zugehen können. Hilf uns, bei Meinungsverschiedenheiten freundlich und respektvoll zu sein. Schenke uns deine vollkommene Weisheit, wenn wir Entscheidungen treffen. Amen.

14. Januar

Gottes Weg ist der einzige Weg

[Jesus] antwortete: „Passt auf, dass euch niemand verführt. Es wird zu allen Zeiten Menschen geben, die von sich behaupten, sie seien der Eine, der da kommen soll. Glaubt auch denen nicht, die euch versichern: ‚Ich kann euch sagen, dass das Ende unmittelbar bevorsteht.' Fallt auf keine von diesen Personen herein." Lukas 21,8 (WD)

Wenn wir uns umschauen, fällt auf, dass es Prediger gibt, die Reichtum und Wohlstand versprechen, wenn man nur Jesus nachfolgt. Sie verlangen Geld, als ob wir uns Gottes Gunst kaufen könnten. Sie sagen uns, wir müssten uns an die Regeln halten, sonst würde Gott uns ablehnen. Diese und ähnliche Täuschungen können uns von Gott wegführen.

Achten Sie doch einmal darauf, wer Einfluss auf Ihr Leben hat. Kehren Sie den Menschen den Rücken, die eine verfälschte Botschaft verbreiten. Wenden Sie sich zum Beispiel von jedem ab, der leugnet, dass Jesus der Sohn Gottes ist, obwohl dieser gesagt hat: „Ich bin der Weg und die Wahrheit und das Leben. Niemand kommt zum Vater außer durch mich" (Johannes 14,6; WD). Ignorieren Sie all jene, die Ihnen einen anderen Weg in den Himmel versprechen.

Beten Sie heute um Weisheit, damit Sie wissen, wem Sie folgen sollen. Studieren Sie die Bibel, damit Sie wissen, was wahr ist. Gehen Sie regelmäßig in den Gottesdienst. Vertrauen Sie darauf, dass Gott Ihnen den richtigen Weg zeigen will. Jesus sagte: „Ihr seid erst dann wirklich meine Jünger, wenn ihr an dem festhaltet, was ich euch gesagt habe. Dann werdet ihr selbst die Wahrheit erfahren und diese Wahrheit wird euch frei machen" (Johannes 8,31–32; WD).

Herr, zeige uns den richtigen Weg und schütze uns vor Täuschungen. Amen.

15. Januar

Der Trost der Stille

Dann setzten sie sich zu Hiob auf den Boden. Sieben Tage und sieben Nächte saßen sie da, ohne ein Wort zu sagen, denn sie spürten, wie tief Hiobs Schmerz war. Hiob 2,13 (Hfa)

Es ist hart mitanzusehen, wie der Mensch, den man über alles liebt, leidet. Sie können seine Krankheit nicht heilen. Sie können die grausamen Worte der Zurückweisung nicht ausradieren. Sie können keine neue Arbeitsstelle bieten. Sie können die Person nicht wieder zum Leben erwecken, die er verloren hat. Sie können nicht ersetzen, was ihm genommen wurde. Sie können nicht erklären, warum er leiden muss. Sie stehen seinen Schmerzen hilflos gegenüber – Sie wissen nicht, was Sie tun sollen.

Versuchen Sie doch heute einmal, einfach nur ruhig zu sein. Widerstehen Sie dem Drang, etwas wiedergutzumachen oder jemandem die Schuld für das Problem zu geben. Beschenken Sie die Person einfach nur mit Ihrer Gegenwart. Sagen Sie Ihre Termine ab, damit Sie ihr nahe sein können. Seien Sie bereit zuzuhören, wenn sie verarbeitet, was geschehen ist. Trösten Sie sie durch Ihre Berührung, und bieten Sie Ihre Schulter zum Ausweinen an.

Und bitten Sie um Gottes Heilung und Hilfe. Bitten Sie um Einsicht, damit Sie verstehen, was Ihr Partner gerade durchmacht. Lassen Sie sich von Gott Geduld und Mitgefühl geben. Danken Sie ihm dafür, dass er Sie einander geschenkt hat, damit Sie nicht allein sein müssen. Vertrauen Sie darauf, dass er zur rechten Zeit eingreifen wird. Danken Sie ihm für seine Gnade, die alles ist, was Sie brauchen.

Herr, zeige uns, wie wir diese Last gemeinsam tragen können. Hilf uns und tröste uns in dieser Situation. Wir wollen darauf vertrauen, dass du einen guten Plan für uns hast. Amen.

16. Januar

Achten Sie auf Ihre Worte

Schwestern und Brüder, redet nicht schlecht übereinander!
Jakobus 4,11 (WD)

Wenn Sie heiraten, fangen Sie und Ihr Partner an, eins zu werden. Jeder von Ihnen bringt einzigartige Traditionen, Erfahrungen, Ausbildungen oder Persönlichkeiten mit in die Ehe. Diese Verschmelzung von zwei Leben kann, gerade wenn die beiden Partner sehr unterschiedlich sind, harte Arbeit sein. Achten Sie deshalb sorgfältig auf Ihre Worte und Ihre Haltung.

Finden Sie Wege, wie Sie Ihren Ehepartner aufbauen können, auch wenn Sie seine Vorlieben für bestimmte Speisen, Musik oder Freunde nicht nachvollziehen können. Seien Sie geduldig, während Sie lernen, wie man gemeinsam einen Haushalt führt oder mit Geld und Zeit umgeht. Unterstellen Sie einander stets die besten Absichten, bevor bissige Kommentare zu Konflikten führen. Keiner von uns kann sich seine Verwandten aussuchen – widerstehen Sie daher auch dem Drang, die Familie Ihres Partners schlechtzumachen.

Behalten Sie bei allen potenziellen Schwierigkeiten im Hinterkopf: Sie sind „so wunderbar und einzigartig gemacht" (Psalm 139,14; Hfa). Sie sind ein geliebtes Kind von Gott, der Sie gerettet hat (2. Thessalonicher 2,13). Sie sind ihm willkommen und von ihm angenommen (Apostelgeschichte 10,35).

Bitten Sie Gott heute darum, Ihren Partner gewissermaßen mit seinen – Gottes – Augen sehen zu können. Er wird Ihnen helfen, einander wertzuschätzen und Ihre Liebe zu vertiefen.

Herr, wir wollen respektvoll miteinander umgehen. Hilf uns, auf unsere Worte zu achten und Dinge zu sagen, die den anderen aufbauen. Amen.

17. Januar

Geduld und Nachsicht

Wer seinen Zorn zügelt, besitzt viel Verstand; wer aber jähzornig ist, begeht große Dummheiten. Sprüche 14,29 (NL)

Mit einem anderen Menschen so eng zusammenzuleben, kann durchaus herausfordernd sein. Unser Ehepartner ist vielleicht unorganisiert. Vergesslich. Unaufmerksam. Seine Angewohnheiten treiben uns in den Wahnsinn. Wenn er wieder einmal das macht, was uns so auf die Nerven geht, werden wir langsam wütend. Eine kleine Stimme in uns sagt: *Je lauter ich schreie, desto besser wird er mich hören.* In diesem Moment kommt es uns so vor, als hätten wir auch guten Grund, wütend zu sein – wenn er nur etwas Rücksicht auf uns nehmen würde, würde er sich schließlich ändern! Doch es ist unwahrscheinlich, dass ein Wutausbruch die Situation verbessern würde. Er würde höchstens den Partner verletzen und vielleicht sogar einen Keil zwischen uns treiben.

Versuchen Sie heute, geduldig zu sein, wenn Sie in eine Situation geraten, in der Sie merken, dass Sie wütend werden. Warum reagiert Ihr Partner wohl so? Ist er vielleicht müde oder überlastet oder wächst ihm alles über den Kopf? Oder vielleicht kennt er es ja aus seiner Herkunftsfamilie nicht anders.

Begegnen Sie einander heute mit Nachsicht und Geduld. Unterstellen Sie nicht, dass Ihr Partner Sie absichtlich verärgert. Versuchen Sie, sich nicht persönlich angegriffen zu fühlen. Versuchen Sie stattdessen, zuzuhören und ihn zu verstehen. Arbeiten Sie daran, gemeinsam Lösungen zu finden. Begegnen Sie dem störenden oder verletzenden Verhalten mit Freundlichkeit. Auf diese Weise bauen Sie Vertrauen und Liebe auf.

Herr, wenn wir Nachsicht üben und geduldig sind, wird uns das zusammenschweißen. Wir wissen, dass du uns gern vergibst, und deshalb wol-

len wir uns ebenfalls mit Mitgefühl begegnen und vergebungsbereit sein. Amen.

18. Januar

Bekenntnis und Gebet

Bekennt also einander eure Verfehlungen und betet füreinander, damit ihr geheilt werdet! Das Gebet eines Menschen, der mit Gott in enger Verbindung steht, kann unglaublich viel bewirken. Jakobus 5,16 (WD)

Verletzende Worte, selbstsüchtige Entscheidungen und ungelöste Konflikte können einen Graben zwischen Ihnen und Ihrem Partner aufreißen. Obwohl Sie wirklich geduldig und nachsichtig sein wollen, sind Sie zornig und kühl. Und wenn Sie nicht gleich etwas dagegen unternehmen, werden Sie Mühe haben, den Weg zueinander wiederzufinden.

Gott hat ein Gegenmittel für dieses Problem: Bekenntnis und Gebet. Seien Sie bereit zuzugeben, wo Sie an diesem Graben Mitschuld tragen. Bekennen Sie, wenn Sie selbstsüchtig waren. Entschuldigen Sie sich, wenn Sie versucht haben, Ihren eigenen Kopf durchzusetzen, und dabei Ihren Ehepartner verletzt haben. Bitten Sie um Vergebung und um eine Chance für einen Neuanfang.

Beten Sie für Ihren Partner – um Heilung, Hilfe und die Weisheit zu wissen, was zu tun ist. Bitten Sie Gott darum, dass seine Wahrheit und sein Mitgefühl den Graben zwischen Ihnen ausfüllen. Beten Sie dafür, dass er Ihre Liebe vertieft und Ihnen eine neue Intimität schenkt, während Sie sich heute einander öffnen. Bitten Sie ihn, Sie und Ihren Partner wieder zu einer Einheit zusammenzuschweißen.

Herr, wir haben uns heute über _____ gestritten. Wir brauchen deine Gnade und Hilfe, damit wir uns wieder befreit lieben können. Bitte heile du unsere Ehe. Amen.

19. Januar

Das ewige Leben

Wer mit dem Sohn eine lebendige Beziehung eingegangen ist, der hat das wahre, unzerstörbare Leben; wer mit dem Sohn Gottes nichts zu tun haben will, hat dieses Leben nicht. Das musste ich euch schreiben, damit ihr, die ihr an den Sohn Gottes glaubt, euch sicher sein könnt, dass ihr ewiges Leben habt. 1. Johannes 5,12–13 (WD)

Sie müssen sich nicht vor der Ewigkeit fürchten. Sie müssen nicht zweifeln und sich fragen, ob Sie wirklich „richtig" glauben. Sie müssen keine Angst davor haben, dass Gott sich aufgrund von etwas, das Sie tun, von Ihnen abwenden könnte. Sie können sicher sein, dass Sie das ewige Leben haben: „Denn wenn du bekennst, dass Jesus dein Herr ist, und in deinem Herzen fest darauf vertraust, dass Gott ihn von den Toten auferweckt hat, wirst du gerettet werden" (Römer 10,9; WD).

Wenn Sie wirklich an Jesus glauben, können Sie beruhigt sein. Sie gehören zu ihm. Bitten Sie ihn, Ihnen letzte Zweifel zu nehmen. Legen Sie Ihre Unsicherheit ab und vertrauen Sie auf seine Verheißung. Antworten Sie auf seine Einladung: „Kämpfe den guten Kampf des Glaubens, ergreife das ewige Leben, zu dem dich Gott berufen hat und zu dem du dich vor so vielen Zeugen bekannt hast" (1. Timotheus 6,12; WD).

Sprechen Sie gemeinsam mit Gott darüber, dass Sie ihn lieben, auf seine Erlösung vertrauen und für ihn leben wollen, bis er wiederkommt.

Sie dürfen sicher sein: Nichts wird Sie von seiner Liebe trennen oder aus seiner Hand reißen.

Herr, wir danken dir dafür, dass du uns durch das, was Jesus für uns getan hat, ewiges Leben schenkst. Stärke unseren Glauben, damit er durch nichts erschüttert werden kann. Amen.

20. Januar

Der demütige Weg zur Größe

„Jeder, der wirklich groß sein möchte, muss ein Diener werden. Und wer unter euch der Erste sein will, der muss erst einmal der Sklave aller werden." Markus 10,43–44 (WD)

Die Schlagzeilen werden von mächtigen Führungspersönlichkeiten beherrscht. In Zeitschriften geht es nur um Berühmtheiten und Erfolgsgeschichten. In der Werbung werden Wege angepriesen, wie wir mehr Aufmerksamkeit, Ansehen und Wohlstand erlangen können. Wir werden dazu gedrängt, uns den Weg an die Spitze zu erkämpfen.

Jesus ruft uns dazu auf, einen anderen Weg einzuschlagen. Wir sollen Größe gegen Dienstbereitschaft eintauschen. Auf unsere „Rechte" verzichten. Sollen andere an die erste Stelle setzen. Anderen mit Nachsicht und Freundlichkeit begegnen. Andere mehr lieben als uns selbst. Ganz gleich, wie beeindruckend unsere gesellschaftliche Stellung ist oder wie reich wir sind: Wir sollen dem Vorbild von Jesus folgen und ihm unser ganzes Leben zur Verfügung stellen.

Wie können Sie Ihrem Partner heute dienen? Wer braucht Hilfe? Wer braucht Trost und ein offenes Ohr? Wer braucht ein Dach über dem Kopf oder neue Hoffnung? Wer braucht etwas, das Sie geben könnten? Entscheiden Sie sich heute dafür, so zu leben, wie Jesus gelebt hat. Lassen Sie Demut über Stolz und Selbstsucht siegen. Bitten Sie Jesus darum, Ihnen zu zeigen, wie Sie auf seine Art und Weise „groß" sein können – mit Demut, Bescheidenheit und Liebe. Wenn Sie so leben, werden Sie dem Einen gefallen, der für Sie starb.

Herr, wir wollen so leben, wie du gelebt hast: dienstbereit und voller Liebe. Bitte zeige uns, wie diese Haltung unsere Beziehung prägen könnte. Amen.

21. Januar

Verlassen Sie sich auf Jesus

Jeder, der über das hinausgeht, was Jesus gelehrt hat, oder seine Lehre infrage stellt, hat nichts mit Gott, unserem Vater, zu tun. Wer sich dagegen auf das verlässt, was Jesus uns mitgeteilt hat, bleibt nicht nur in seiner Beziehung zum Vater, sondern auch in der zu seinem Sohn fest gegründet. 2. Johannes 9 (WD)

Wahrer Glaube beschränkt sich nicht auf ein einmaliges Gebet, das man auf einer Freizeit gesprochen hat. Er besteht nicht aus ein paar guten Taten, mit denen wir unser Gewissen beruhigen. Er hat nichts damit zu tun, dass wir sonntags in die Kirche gehen und uns die Woche über nur um uns selbst drehen. Wahrer Glaube ist auch kein netter Spruch auf einem T-Shirt. Man erkennt ihn nicht an einer bestimmten Tradition oder einem Lebensstil oder einer gesellschaftlichen Aktivität. Beim wahren Glauben geht es um alles oder nichts, um Leben oder Tod, um ein Vertrauen darauf, dass Jesus für unsere Sünden starb und uns von innen heraus verändert.

Baut Ihre Hoffnung für morgen auf Ihrem Glauben von gestern auf? Hat sich dieser Glaube bewährt? Glauben Sie noch immer? Sind Sie Gott noch immer gehorsam? Dienen Sie noch? Lieben Sie noch? Beten Sie noch? Vertrauen Sie noch? Lieben Sie Gott von ganzem Herzen, mit ganzer Seele und mit ganzem Denken und ganzer Kraft?

Bitten Sie Gott heute um einen Glauben, der ein Leben lang Bestand hat. Bitten Sie um Durchhaltevermögen, damit Sie geistlich weiter wachsen und um die Bibel, das Wort Gottes, besser kennenzulernen. Bitte Sie darum, Gott auch dann zu vertrauen, wenn Ihr Leben stürmisch wird. Bitten Sie darum, dass Jesus Sie mit seiner Liebe für jeden Menschen erfüllt.

Wahrer Glaube hält bis zum Ende an Jesus fest. „Du kannst dich auf das Wort verlassen: Wenn wir mit Jesus gestorben sind, dann werden wir auch mit ihm leben; wenn wir geduldig ausharren, dann werden wir auch mit ihm herrschen" (2. Timotheus 2,11–12; WD). Glauben Sie weiter an Jesus. Folgen Sie ihm weiter nach. Sie dürfen sicher sein, dass Sie für immer zu ihm gehören werden.

Herr, wir wollen dir vertrauen und gehorchen, bis du wiederkommst. Hilf uns dabei, dir und deinem Wort jeden Tag treu zu sein. Amen.

22. Januar

Auf dem Weg nach Hause

„Eines Tages wirst du mit meiner Hilfe hierher zurückkehren. Halte mir die Treue, tu, was in meinen Augen richtig ist! Verlass dich voll und ganz auf mich, deinen Gott!" Hosea 12,7 (Hfa)

Wie sieht im Augenblick Ihre Beziehung zu Ihrem Partner aus? Zu den einzelnen Mitgliedern Ihrer (erweiterten) Familie? Gehen Sie höflich oder unhöflich miteinander um? Sind Sie großzügig oder selbstsüchtig? Geduldig oder schnell verärgert? Ermutigen Sie den anderen oder kritisieren Sie aneinander herum? Trösten Sie einander oder ist die Beziehung etwas unterkühlt? Gott möchte, dass man an Ihnen gewissermaßen „ablesen" kann, dass seine Liebe Menschen verändert.

Und was ist mit Personen, die nicht zu Ihrer Familie gehören? Sind Sie und Ihr Partner bzw. Ihre Familie dafür bekannt, dass Sie sich sozial engagieren? Oder dafür, dass Sie ehrlich und vertrauenswürdig sind? Kümmern Sie sich um die Armen und Ausgegrenzten? Gott möchte, dass Sie die Botschaft von seiner Liebe zu den Menschen weitergeben.

Und was ist mit Ihrer Beziehung zu Gott? Verbringen Sie jeden Tag Zeit mit Gott? Sind Sie täglich mit Gott im Gespräch, und erwarten Sie, dass er Ihnen antwortet? Beschäftigen Sie sich mit seinem Wort? Gehen Sie regelmäßig in den Gottesdienst und sind Sie ganz gespannt darauf, wie er durch Ihren Pfarrer oder Ihren Kleingruppenleiter zu Ihnen sprechen wird? Vertrauen Sie darauf, dass er Ihnen täglich das geben wird, was Sie brauchen? Gott möchte, dass Sie erwartungsvoll auf die Rückkehr von Jesus warten und bis dahin an ihm festhalten.

Falls Sie sich von Gott entfernt haben: Nehmen Sie heute eine Kurskorrektur vor. Begegnen Sie einander mit Liebe. Treten Sie für mehr Gerechtigkeit ein. Laden Sie Gott in jeden Bereich Ihres Lebens ein.

Herr, wir wollen immer an dir festhalten. Erfülle unser Zuhause mit deiner Liebe und deinem Wunsch nach Gerechtigkeit. Hilf uns, geduldig zu sein, wenn deine Absichten für unser Leben anders aussehen, als wir uns das erhofft hatten. Amen.

23. Januar

Güte oder Groll?

„Aber wenn ihr ihn um etwas bitten wollt, sollt ihr vorher den Menschen vergeben, denen ihr etwas vorzuwerfen habt. Dann wird euch der Vater im Himmel eure Schuld auch vergeben." Markus 11,25 (Hfa)

Steht heute vielleicht irgendetwas zwischen Ihnen? Haben Sie etwas gesagt, das den anderen verletzt hat? Oder sind Sie wegen eines Streits frustriert, der erst kürzlich stattgefunden hat? Oder fühlen Sie sich verraten, weil Ihr Partner ein Versprechen nicht gehalten hat? Oder enttäuscht, weil sich Hoffnungen und Erwartungen zerschlagen haben? Oder zurückgewiesen, weil Sie das Gefühl haben, dass Ihr Partner der Arbeit, der Familie oder Freunden mehr Aufmerksamkeit schenkt? Sie versuchen ja, geduldig oder nachsichtig zu sein, aber jeden Tag staut sich mehr Ärger in Ihnen auf.

Wenn Sie nicht bereit sind, Ihrem Partner zu vergeben, wird das Ihre Ehe und Ihre Beziehung zu Gott beeinträchtigen. Sie können nicht darum bitten, dass Gott Ihnen gnädig ist, wenn Sie nicht bereit sind, Ihrem Partner zu vergeben. Sprechen Sie mit Gott über Ihren Schmerz und Ihre Frustration. Bitten Sie ihn darum, Ihnen Mitgefühl und Verständnis für Ihren Partner zu schenken. Vertrauen Sie darauf, dass Gott in Ihrem Zuhause Frieden schaffen kann. Vertrauen Sie darauf, dass

Gott Ihrem Ehepartner dabei helfen kann, sich (geistlich) weiterzuentwickeln und sich zu verändern. Und dass er dasselbe auch bei Ihnen tun kann. Bitten Sie ihn, Ihnen Einsicht zu schenken, damit Sie erkennen, dass auch Sie Vergebung benötigen.

Machen Sie heute einen Neuanfang, indem Sie sich miteinander versöhnen, weil auch Jesus Ihnen Versöhnung mit Gott ermöglicht hat.

Herr, hilf uns, einander zu vergeben. Wir wollen uns vergeben, weil du uns auch unser Fehlverhalten vergibst. Schenke uns einen Neubeginn, wenn wir jetzt die Vergangenheit hinter uns lassen. Amen.

24. Januar

Das Geschenk des Gebets

Geliebter Bruder, ich wünsche dir, dass es dir in jeder Hinsicht gut geht und du gesund bist. Damit meine ich natürlich auch dein Seelenleben.
3. Johannes 2 (WD)

Sie kennen den geliebten Menschen an Ihrer Seite besser als jeder andere. Sie sind aufs Engste vertraut mit seinen Vorlieben und Abneigungen, seinen Hoffnungen und Ängsten, seinen Freunden und Feinden. Sie wissen, was ihn belastet oder verletzt, worüber er enttäuscht ist oder was ihm auf dem Herzen liegt. Sie sind der Hüter seiner Geheimnisse. Sie wissen besser als jeder andere, wie Sie für ihn beten können.

Zeigen Sie Ihrem Partner, wie sehr Sie ihn lieben, indem Sie täglich füreinander beten. Bitten Sie Gott darum, seinen Schmerz und seine Krankheit zu heilen. Bitten Sie um Kraft, damit er die Anforderungen seines Lebens bewältigen kann. Bitten Sie Gott darum, dass er Ihrem

Partner beruflichen Erfolg schenkt und dass er seiner Tätigkeit mit Integrität nachgehen kann. Bitten Sie Gott darum, dass Ihre Ehe gelingt. Bitten Sie ihn um Weitsicht, wenn Sie schwere Entscheidungen fällen müssen. Bitten Sie um Einsicht, damit Sie die Bibel verstehen und danach leben können. Bitten Sie um Ermutigung und Hilfe, wenn Ihre Familie und Ihr Glaube unter Beschuss stehen.

Laden Sie Gott ein, mit seiner Liebe und Kraft in Ihrer beider Leben zu wirken. Ihr Glaube wird wachsen, wenn Sie sehen, wie Gott Ihr Zuhause verändert. Sie werden sicher sein, weil Sie wissen, dass Sie in seinen Händen sind. Und sein Heiliger Geist wird Ihre Beziehung vertiefen, wenn Sie einander ermutigen und helfen.

Herr, wir wollen regelmäßig füreinander beten. Bitte schenke uns deine Weisheit, Hilfe und deinen Segen, wenn wir beten. Amen.

25. Januar

Wir alle brauchen Jesus

Jesus machte es deutlich: „... ich versichere euch, dass Gauner und Huren noch vor euch ins Reich Gottes gelangen. Johannes kam zu euch, um euch den richtigen Weg zu zeigen. Ihr aber habt ihn abgelehnt, die Gauner und Huren jedoch haben ihm geglaubt. Selbst als ihr gesehen habt, wie sich das Leben dieser Menschen von Grund auf änderte, habt ihr euch in keiner Weise auf seine Botschaft eingelassen."
Matthäus 21,31–32 (WD)

Gott lädt jeden ein, zu ihm zu kommen. Er sieht die alleinerziehende Mutter, die von Sozialhilfe lebt. Er kennt den Kriminellen, der im

Gefängnis sitzt. Er sieht den Süchtigen. Die Stripperin. Die Korrupten und Gewalttätigen. Egal, wie die Menschen ihr Leben führen: Seine Botschaft gilt allen: *Vertraut euer Leben Jesus an und lasst euch von ihm verändern.*

Jesus lässt sich nicht von Referenzen beeindrucken. Es wird Sie nicht in den Himmel bringen, wenn Sie sich an die Regeln halten. Er liebt diejenigen, die wissen, dass sie vor ihm nicht bestehen können, und das zutiefst bereuen. Er hört es, wenn sie ihn um Hilfe und Vergebung bitten. Er weist nie „ein zerbrochenes und verzweifeltes Herz" zurück, das an ihn glaubt (Psalm 51,19; NGÜ).

Wir brauchen heute Demut und Barmherzigkeit. Demut, um uns daran zu erinnern, dass wir selbst Jesus brauchen, und Barmherzigkeit im Umgang mit anderen, die ihn ebenfalls nötig haben. Danken Sie Gott heute dafür, dass er Sie liebt, ganz egal, was Sie getan haben. Bitten Sie um Glauben, damit Sie ihm weiterhin vertrauen und sich von der Sünde abwenden. Bringen Sie seine Gute Nachricht zu den Menschen, die ihn noch nicht kennen. Bitten Sie dafür, dass Gott allen ein mitfühlendes Herz schenkt.

Herr, wir wissen, dass wir uns deine Liebe und deine Vergebung nicht verdienen können. Hilf uns, in jeder Situation an dir festzuhalten. Und Menschen, die nichts von dir wissen wollen, mit deiner Liebe zu begegnen. Amen.

26. Januar

Gottes Arme sind weit geöffnet

"Er war noch ein ganzes Stück vom Haus entfernt, als ihn sein Vater schon von Weitem erkannte. Gepackt von tiefem Mitleid und großer Freude, lief er ihm entgegen, umarmte und küsste ihn."
Lukas 15,20 (WD)

Sind Sie gerade „ein ganzes Stück" von Ihrem Vater – Gott – entfernt? Vielleicht haben Schmerzen und Kummer Ihr Vertrauen in seine Liebe erschüttert. Oder andere Dinge wie Geld oder Erfolg üben gerade mehr Anziehungskraft auf Sie aus. Die Bibel und Ihre Gemeinde bieten Ihnen gerade weniger Erfüllung als andere Aktivitäten. Sie verlieren die Schlacht gegen eine Versuchung.

Was auch immer passiert ist: Gott hat Sie nicht aufgegeben! Sie müssen sich nicht davor fürchten, dass er wütend auf Sie ist. Er wird Ihnen gern vergeben, wenn Sie ihn darum bitten. Sagen Sie ihm, wie sehr Sie ihn brauchen. Kommen Sie so, wie Sie sind – schuldig, müde, verletzt, voller Zweifel –, und lassen Sie sich von ihm umarmen.

Sprechen Sie mit ihm. Bekennen Sie Ihre Schuld. Lassen Sie die Vergangenheit hinter sich. Laufen Sie auf Ihren Vater zu, der Ihnen vergibt und Ihr Leben verändert.

Herr, falls wir versucht haben, ohne dich zu leben, wollen wir dich um Vergebung bitten. Heute wollen wir dir unser Leben neu anvertrauen. Wir wissen, dass dein Sohn am Kreuz für uns gestorben ist und dass das alle Sünden zudeckt und uns rettet. Lass uns niemals los! Amen.

27. Januar

Wir sitzen im selben Boot

Lasst uns aufeinander achtgeben und uns immer wieder gegenseitig zur Liebe und zu guten Taten anspornen. Bleibt den sonntäglichen Versammlungen nicht fern, wie es sich manche unter euch schon zur Gewohnheit gemacht haben, sondern weist euch ruhig auch gegenseitig zurecht, wenn es nötig ist. Das gilt umso mehr, je näher der Tag der Wiederkunft Christi kommt. Hebräer 10,24–25 (WD)

Wir sollten unseren Weg als Christen nicht allein gehen. Wir brauchen Freunde, die uns ermutigen. Wir brauchen Menschen, die uns darauf hinweisen, wenn wir uns falsch verhalten. Und wir brauchen jemanden, der uns daran erinnert, dass diese Welt nicht unser eigentliches Zuhause ist.

Deshalb ist es wichtig, dass Sie als Paar Teil einer Gemeinde sind. Nehmen Sie an der Anbetung und am Gottesdienst teil und knüpfen Sie enge Beziehungen zu anderen Gläubigen. Sie brauchen Freunde, die Ihnen vorleben, was es heißt, mit Jesus unterwegs zu sein und sich regelmäßig mit Gottes Wort zu beschäftigen. Sie brauchen Menschen, die Ihnen mit ihrer Lebens- und Glaubenserfahrung in schwierigen Situationen zur Seite stehen. Aber Sie sollten auch selbst nach Menschen Ausschau halten, die Unterstützung brauchen oder denen Sie dabei helfen können, sich geistlich weiterzuentwickeln. Investieren Sie Zeit, Energie und Ihre Gaben, um an Gottes Reich mitzubauen.

Herr, danke, dass wir alle zu deiner Familie gehören dürfen. Zeige uns, wie wir unsere Gaben und Fähigkeiten mit anderen teilen können, die dir ebenfalls nachfolgen. Amen.

28. Januar

Kinder und das Reich Gottes

[Jesus] hatte die Szene beobachtet und wies nun seinerseits die Jünger zurecht: „Kinder können zu jeder Zeit zu mir kommen. Drängt euch niemals zwischen sie und mich, denn sie stehen im Mittelpunkt des Reiches Gottes." Markus 10,14 (WD)

Gott liebt Kinder. Er sehnt sich danach, dass sie ihn kennenlernen. Er will sie in die Arme nehmen und sie mit seiner Liebe umgeben. Als Eltern oder Freunde von Kindern haben wir das Vorrecht, sie mit Jesus bekannt zu machen. Wir sollten alles tun, um Kindern zu helfen – und sie nicht daran hindern –, zu ihm zu kommen.

Beten Sie heute gezielt dafür, dass die Kinder in Ihrer Familie und in Ihrem Freundeskreis Jesus kennenlernen. Bitten Sie Gott, sich ihnen zu zeigen und ihnen zur Seite zu stehen, wenn sie Probleme haben. Laden Sie die Kinder dazu ein, mit ihren Ängsten und ihren Sorgen zu Gott zu kommen. Lesen Sie ihnen vor dem Schlafengehen aus der Bibel vor, und machen Sie sie so mit Gottes Wort vertraut und mit dem, was Jesus für sie getan hat. Nehmen Sie sie mit in den Kindergottesdienst.

Leben Sie ihnen vor, was bedeutet, mit Jesus unterwegs zu sein: Lesen Sie regelmäßig in der Bibel. Singen Sie gemeinsam Anbetungslieder. Weisen Sie die Kinder auf die Schönheit von Gottes Schöpfung hin, wenn Sie mit ihnen spazieren gehen. Finden Sie Möglichkeiten, wie Sie gemeinsam mit den Kindern anderen helfen können. Laden Sie sie ein, für ihre Freunde zu beten. Ermutigen Sie sie dazu, Zeit mit Kindern zu verbringen, die ausgeschlossen werden oder traurig sind.

Es ist so wunderschön, ihr schlichtes Vertrauen und ihre Offenheit für Gott mitzuerleben. Sie werden erleben, wie sehr der Glaube eines Kindes Ihren eigenen Glauben inspiriert.

Herr, wir danken dir dafür, dass du Kinder so sehr liebst. Zeige uns, wie wir ihnen vorleben können, was es bedeutet, mit dir unterwegs zu sein. Halte aber auch in uns diesen kindlichen Glauben wach. Amen.

29. Januar

Geben Sie Ihre Erfahrungen weiter

Lasst uns von ganzem Herzen unserem Gott, dem Vater Jesu Christi, danken und ihn vor allen Menschen preisen, denn er ist voller Erbarmen und ein Gott des Trostes. Egal, wie groß die Not und die Bedrängnis waren, in denen wir uns befanden, er hat uns immer getröstet. Daher können wir jetzt auch anderen den Trost vermitteln, der allein von Gott kommt. 2. Korinther 1,3–4 (WD)

Unsere Lebenserfahrungen ermöglichen es uns, andere zu trösten, die Ähnliches durchmachen wie wir: Die Geschiedenen kennen den Schmerz einer zerbrochenen Beziehung. Die Kinderlosen wissen, wie schmerzhaft Unfruchtbarkeit ist. Die Arbeitslosen wissen, wie belastend die Suche nach einer neuen Arbeitsstelle ist. Die Süchtigen kennen die zerstörerische Kraft einer Abhängigkeit. Die Misshandelten und Zurückgewiesenen wissen aus einer Erfahrung, wie sehr wir Menschen uns nach Sicherheit und Annahme sehnen. Menschen, die Gottes Gnade und seine Heilung selbst schon erlebt haben, sind in besonderer Weise fähig, anderen mit Mitgefühl zu begegnen.

Welche Erfahrungen hat jeder von Ihnen in seiner Vergangenheit gemacht? Was haben Sie als Ehepaar schon gemeinsam erlebt? Wie hat Gott Ihnen in Ihrer Situation geholfen? Lassen Sie Menschen, die sich gerade in einer ähnlichen Situation befinden, an Ihrer Geschichte teilhaben. Haben Sie den Mut, ihnen in ihrer Trauer zur Seite zu stehen. Ermutigen Sie sie damit, dass Gott auch sie trösten und dass er auch ihnen beistehen wird, denn genau das verspricht er in seinem Wort immer wieder.

Herr, wir danken dir dafür, dass du uns in unserer dunkelsten Stunde beigestanden hast. Du liebst uns so sehr, dass du jede Last für uns tragen und jede Wunde heilen willst. Zeige uns, wie wir diejenigen trösten können, die gerade eine schwere Zeit durchmachen. Amen.

30. Januar

Von Balken und Splittern

„Haltet euch jedoch mit eurer Kritik zurück. Denn ihr seht so schnell den Splitter im Auge des anderen, merkt aber nicht, was für ein Holzstück da in eurem eigenen Auge steckt. Wie schafft ihr es immer wieder, euch über das Versagen anderer aufzuregen, während ihr über euer eigenes Unvermögen nicht einen Moment lang betroffen seid?! Wenn es jemanden gibt, den ihr verändern sollt, dann seid das ihr selbst, niemand sonst." Lukas 6,41–42 (WD)

Spätestens wenn Sie heiraten, wird Ihr Leben für Ihren Partner zu einem offenen Buch. Er wird dann nicht länger nur die geschönte Version Ihrer Person sehen, sondern auch Ihre schlechten Angewohnheiten und Schwächen miterleben. Da ist es verlockend, auf Fehler hinzuweisen und zu versuchen, den anderen zu ändern. Und es ist *viel leichter*, sich auf die Fehler des anderen zu konzentrieren als auf die eigenen.

Jesus fordert in der obigen Bibelstelle auf, die Aufmerksamkeit eher auf uns selbst als auf andere zu richten. Übernehmen Sie die Verantwortung für Ihr Handeln, indem Sie Gott Ihr Fehlverhalten bekennen, sich aber auch bei Ihrem Partner entschuldigen, wenn Sie ihn beleidigt oder verletzt haben. Seien Sie offen, wenn Gott Ihnen durch seinen Heiligen Geist zeigt, dass Sie hier oder da Korrekturen vornehmen sollten. Achten Sie darauf, dass Sie Ihren Partner nicht ständig kritisieren, sondern ihn viel häufiger ermutigen. Seien Sie nachsichtig miteinander. Helfen Sie einander liebevoll dabei, das Richtige zu tun. So wird Ihre Ehe zu einem Ort, an dem Sie an jedem Tag enger zusammenwachsen.

Herr, unsere Ehe soll der Ort sein, an dem sich jeder von uns angenommen und geliebt fühlt. Hilf uns dabei, nachsichtig miteinander zu sein und Kritik liebevoll vorzubringen. Amen.

31. Januar

Schenken Sie, was Sie erhalten haben

Wenn jemand deine Unterstützung braucht und du ihm helfen kannst, dann weigere dich nicht. Sprüche 3,27 (Hfa)

Wenn wir mit offenen Augen durch die Welt gehen, fallen uns immer wieder Menschen auf, die unsere Hilfe brauchen: Eine alleinerziehende Mutter braucht jemanden, der auf ihr Kind aufpasst, während sie einen Termin wahrnimmt. Die Rentnerin im Nachbarhaus weiß nicht, wie sie zum Arzt kommen soll. Unser Partner braucht jemanden, der ihm die Tür aufhält, wenn seine Arme vollgepackt sind. Wir sollten uns um die Menschen in unserem Leben kümmern.

Wer braucht heute Ihre Hilfe – als Ehepaar oder als Einzelperson? Wie könnten Sie Ihrem Partner im Laufe des Tages immer wieder zeigen, dass Sie an ihn denken? Welche Ihrer Gaben und Fähigkeiten könnten Sie mit anderen teilen? Wer ist einsam und wäre für Ihre Freundschaft dankbar? Wer braucht jemanden, der ihm zuhört oder ihn ermutigt?

Jesus gab für uns alles auf – am Kreuz sogar sein Leben. Er möchte, dass wir von dem Guten, das wir aus seiner Hand erhalten haben, etwas weitergeben. Erleben Sie, wie viel Freude es macht, anderen im Namen von Jesus zu dienen.

Herr, zeige uns immer wieder, wo wir als Ehepaar und als Einzelpersonen unsere Zeit, Energie, Ressourcen und Liebe mit anderen teilen können. Wir wollen lernen, großzügig zu lieben und zu leben. Lehre uns, im Umgang miteinander und mit anderen Menschen aufmerksam und freundlich zu sein. Amen.

Februar

1. Februar

Stürmische Zeiten

„Wie wertvoll ist ein Spatz? Was würde wohl jemand für ein solches Vögelchen bezahlen? Und doch sorgt Gott sich um alles, was diesen Vogel betrifft – mehr, als ihr es je tun würdet. Wie wird es dann erst mit euch Menschen sein? Glaubt ihr nicht, dass Gott sich um euch noch ganz anders kümmert? Ein einzelner Mensch ist Gott unvergleichlich mehr wert als ein riesiger Schwarm Vögel." Matthäus 10,29–31 (WD)

Nur wenige von uns heben sich von der Masse ab. Unser Einfluss ist gering. Unser Talent ist alles andere als außergewöhnlich. Wir können uns vor vielen Problemen nicht selbst schützen. Wir haben nicht das Geld, um uns aus Schwierigkeiten freizukaufen. Und oft macht uns das Angst.

Jesus ist davon nicht überrascht. Er hat es selbst erlebt und seine Nachfolger auch darauf hingewiesen, dass sie in dieser Welt Schwierigkeiten haben würden. Er weiß aber auch, wie wichtig es Ihnen ist, das Richtige zu tun. Und er sieht, dass man Ihnen das Leben deshalb oft schwermacht. Trotzdem hat er eine Botschaft für Sie: „Habt keine Angst."

Jesus weiß alles über Sie. Sie sind sein Schatz – erwählt, geliebt und erkauft um den Preis seines Lebens. Klammern Sie sich in den schweren Zeiten Ihres Lebens an Ihren Partner und an Ihren Herrn und Erlöser. Er wird Ihnen neue Kraft schenken, Sie trösten und Sie bedingungslos lieben. Und gleichgültig, womit Sie konfrontiert werden: Er kann dafür sorgen, dass alles zu Ihrem Besten dient.

Nehmen Sie heute seine Verheißung für sich in Anspruch: „Ich möchte euch ein kostbares Geschenk zurücklassen: meinen Frieden. Es ist ein Friede, wie ihn die Welt nicht kennt. Er ist der Inbegriff der Geborgenheit, auch in Zeiten der Not und des Abschieds. Darum habt keine Angst und verliert nicht den Mut" (Johannes 14,27; WD).

Herr, wir danken dir dafür, dass du immer bei uns bist und uns Kraft und neuen Mut schenken willst. Zeige uns, wie wir einander in den stürmischen Zeiten unseres Lebens zur Seite stehen können. Amen.

2. Februar

Andere Christen unterstützen

Liebe Schwestern und Brüder, wir möchten euch nicht verschweigen, dass man uns in der Provinz Asia so zugesetzt hat, dass es unsere Kräfte überstieg und wir so verzweifelt waren wie noch nie zuvor in unserem Leben. 2. Korinther 1,8 (WD)

Gott hat viele Christen zu besonderen Aufgaben und an gefährliche Orte berufen: Sie verbreiten seine Gute Nachricht, wo es verboten ist. Sie kämpfen für die Unterdrückten. Sie bringen denen geistlichen Frieden, die sich im Krieg befinden. Sie geben den Hungrigen Nahrung, den Heimatlosen Unterkunft und den Armen Arbeit.

Der Preis für den Gehorsam ist für viele hoch. Sie erleiden Gewalt, Krankheit und sogar den Tod um Jesu willen. Was können Sie als Ehepaar tun, um ihnen beizustehen?

Informieren Sie sich darüber, wo und wie Missionare rund um den Globus gerade ihren Dienst tun. Lesen Sie ihre Erfahrungsberichte, und unterstützen Sie sie. Senden Sie Geschenke und ermutigende Briefe. Erzählen Sie auch anderen davon, wenn ein Missionar Unterstützung gebrauchen kann, und laden Sie sie ein, sich gemeinsam mit Ihnen zu engagieren. Aber vor allem: Beten Sie. Bitten Sie Gott darum, den Missionaren Bewahrung, Kraft und Mut zu schenken. Bitten Sie um seine Gunst und um Erfolg bei den täglichen Schlachten, die sie schlagen.

Herr, wir führen so ein behagliches, sicheres Leben und vergessen darüber oft, was Missionare durchmachen, wenn sie deine Gute Nachricht verbreiten. Versorge sie mit dem, was sie brauchen, schenke ihnen Hoffnung und bewahre ihr Leben. Amen.

3. Februar

Die Wahrheit neu entdecken

Die Schlange war listiger als alle anderen Tiere, die Gott, der Herr, gemacht hatte. „Hat Gott wirklich gesagt, dass ihr von keinem Baum die Früchte essen dürft?", fragte sie die Frau. 1. Mose 3,1 (Hfa)

Wenn wir an Gott bzw. an Gottes Wort zweifeln, öffnet das die Tür zur Sünde: „Hat Gott wirklich gesagt", dass Sex nur in der Ehe stattfinden sollte? „Hat Gott wirklich gesagt", dass man sich der Regierung unterordnen muss? „Hat Gott wirklich gesagt", dass wir mit unserem hart verdienten Geld großzügig umgehen sollen? „Hat Gott wirklich gesagt", dass wir Beleidigungen, derbe Witze und Klatsch aus unseren Gesprächen heraushalten sollen? „Hat Gott wirklich gesagt", dass wir ein aktiver Teil seiner Gemeinde sein sollen? Wenn wir Gott nicht beim Wort nehmen, wird sich unser Leben vielleicht in eine Richtung entwickeln, die wir gar nicht wollten.

Bitten Sie Gott, Ihnen zu zeigen, wo Sie Ausflüchte für Ihr Handeln machen. Ob Sie irgendwo die Wahrheit verbiegen. Ob Sie so leben, wie es Ihnen gefällt, oder ob Sie wirklich ihm gefallen wollen. Ob Sie sich die „Rosinen" aus seinem Wort herauspicken, weil Sie Angst vor den Konsequenzen haben, wenn Sie ihm wirklich ganz nachfolgen. Ob Sie daran zweifeln, dass er wirklich gütig ist und weiß, was das Beste für Sie ist.

Gott liebt Sie. Er will Ihr Leben nicht langweilig machen oder Ihnen Ihre Freiheit rauben. Nein, er will Ihnen Frieden schenken und Sie mit seinem Segen überschütten. Vertrauen Sie ihm heute bewusst Ihr Leben an.

Herr, wir wünschen uns, dass du uns bei unseren Entscheidungen leitest und uns zeigst, wie ein gut gelebtes Leben aussieht. Schenke uns Glauben, um dir und deinem Wort zu vertrauen und zu gehorchen. Amen.

4. Februar

Jesus ist bei Ihnen und für Sie

Doch [Jesus] versuchte, sie zu beruhigen: „Warum seid ihr denn so durcheinander, warum überlasst ihr euch den Zweifeln, die in euch aufsteigen? Schaut meine Hände an, seht die Füße! Ich bin es wirklich. Berührt mich doch, betrachtet mich ganz genau vom Kopf bis zu den Zehen. Ein Gespenst hat nun mal keine Muskeln und auch keine Knochen." Lukas 24,38–39 (WD)

Manchmal haben wir das Gefühl, dass Gott weit weg ist. Wir haben Probleme, werden verletzt und fangen an, an seiner Liebe zu zweifeln. Andere Menschen machen uns das Leben schwer und fallen uns in den Rücken, und wir fragen uns, ob wir in seinen Händen wirklich sicher sind. Wir beten und beten, aber Gott scheint nicht zu antworten, und so fragen wir uns, ob er uns wirklich zuhört. Es fällt uns schwer, an das zu glauben, was wir nicht sehen können, obwohl er uns versprochen hat, dass er immer bei uns ist, bis ans Ende dieser Welt (nachzulesen in 2. Korinther 5,7; Matthäus 28,20).

Bitten Sie Gott darum, sehen zu können, wie er in Ihrem Leben am Werk ist. Er zeigt sich vermutlich nicht immer so, wie Sie es erwarten. Ihre Schwierigkeiten sind vielleicht darauf zurückzuführen, dass er Sie sanft korrigieren will. Wenn Ihr Partner etwas Ermutigendes sagt und Ihnen den Rücken stärkt, ist das vielleicht die Stimme Gottes. Das Essen auf Ihrem Tisch und das Dach über Ihrem Kopf sind ein Zeichen für seine treue Versorgung. Ihre liebevolle Ehe ist ebenfalls sein Geschenk an Sie. Und in seinem Wort finden Sie jederzeit Trost und Führung. Er ist also weder abwesend, noch versteckt er sich vor Ihnen. Lassen Sie Ihren Zweifel hinter sich, und glauben Sie daran, dass er bei Ihnen und für Sie ist.

„Ja, ich sage es noch einmal: Sei mutig und entschlossen! Lass dich nicht einschüchtern und hab keine Angst! Denn ich, der Herr, dein Gott, stehe dir bei, wohin du auch gehst" (Josua 1,9; Hfa).

Herr, danke, dass du immer bei uns bist und uns durch die guten und die schlechten Zeiten trägst. Du liebst uns über alles und wirst uns nie im Stich lassen. Wir wollen heute fest auf dich vertrauen. Amen.

5. Februar

Wege aus der Wutfalle

Lass dich nicht mit einem Jähzornigen ein, halte dich von einem Hitzkopf fern, sonst wirst du am Ende genauso wie er und bringst dich selbst zu Fall! Sprüche 22,24–25 (Hfa)

Ist die Atmosphäre in Ihrer Familie gerade etwas angespannt? Was ist geschehen? Wenn ein Ehepartner sich schnell angegriffen fühlt oder dem anderen immer wieder Dinge vorhält, die eigentlich längst Geschichte sind, kann das unter Umständen die Ehe zerstören (Sprüche 17,9). Wenn Eltern ihre Kinder zu streng behandeln, kann es passieren, dass die Kinder ängstlich und mutlos werden (Kolosser 3,21). Sarkasmus ist ansteckend. Wütende Beleidigungen zerstören Respekt und Freundlichkeit. Hitzköpfigkeit zerstört Vertrauen. Achten Sie darauf, dass Wut und Bitterkeit keine negativen Auswirkungen auf die einzelnen Familienmitglieder haben. Wenn negative Emotionen das Familienleben häufiger bestimmen, besteht die Gefahr, dass die Ehepartner oder die Kinder Mauern errichten, um sich vor dem nächsten Ausbruch zu schützen.

Wenden Sie sich an Jesus, wenn Sie etwas an der schlechten Atmosphäre ändern wollen. Bitten Sie ihn um die Kraft, Ihrem Partner oder den Kindern zu vergeben. Leben Sie so, wie er gelebt hat, und lernen Sie von ihm Freundlichkeit, Sanftmut und Selbstbeherrschung. Weil Sie zu ihm gehören, sind Sie ein neuer Mensch. Er will Ihnen alles geben, was Sie brauchen, um negative Emotionen zu überwinden.

Bitten Sie Jesus um Hilfe, wenn Sie den Eindruck haben, dass Wut in Ihrer Familie Schaden anrichtet. Vertrauen Sie darauf, dass er Sie mit Liebe und Frieden erfüllen will. Und danken Sie ihm dafür, dass er die Beziehungen in Ihrer Familie heilen will, wenn Sie ihm in allem die Führung überlassen.

Herr, vergib uns, wenn wir in unserer Wut Dinge sagen oder tun, die den anderen verletzen. Heile unsere Verletzungen, und zeige uns, wie wir in Frieden miteinander leben können. Amen.

6. Februar

Die Bereitschaft zu lernen

Meide jedoch alles wie die Pest, was dich in endlose Diskussionen über dumme Streitfragen, Geschlechterregister, Gesetze und andere Zankobjekte hineinziehen möchte! Sie führen zu nichts. Titus 3,9 (WD)

Denken Sie heute einmal darüber nach, wie die Bibel Ihr gemeinsames Leben prägt. Fordert sie Sie dazu heraus, Gott zu lieben und ihm zu gehorchen? Sind Sie dankbar für das, was er in Ihrem Leben tun will? Verspüren Sie beim Lesen das Bedürfnis, Gott anzubeten? Hilft sie Ihnen dabei, denen mit Liebe und Mitgefühl zu begegnen, die weit von Gott entfernt sind?

Paulus weist in seinem Brief an Titus darauf hin, dass die Bibel bei Diskussionen aber auch dazu missbraucht werden kann, für Spaltungen zu sorgen. Manche lesen Gottes Wort nicht als Liebesbrief an sie, sondern gebrauchen es, um sich moralisch über die zu erheben, die in ihren Augen nicht den richtigen Glauben haben. Die Bibel kann so zu einem Werkzeug werden, das ihren Stolz verstärkt, statt ihr Herz und ihr Denken zu erneuern.

Bitten Sie Gott heute um einen unvoreingenommenen Blick auf sein Wort. Bitten Sie ihn, in Ihnen den Wunsch wachzuhalten, es immer besser kennenzulernen und zu verstehen. Lassen Sie sich von ihm mit Liebe und Weisheit erfüllen, während Sie sich damit beschäftigen.

Herr, wir danken dir dafür, dass du uns deinen Liebesbrief gegeben hast. Hilf uns, die Bibel immer besser kennenzulernen und nach deinem Willen zu leben. Amen.

7. Februar

Begegnen Sie anderen mit Nachsicht

„Euer Vater im Himmel wird an euch keinen anderen Maßstab anlegen als den, mit dem ihr andere Menschen beurteilt habt. Je härter und unbarmherziger ihr mit anderen umgegangen seid, desto härter und unbarmherziger wird auch mit euch umgegangen werden, wenn ihr einmal vor Gott stehen werdet. Wenn ihr zeitlebens an eure Mitmenschen einen hohen Maßstab angelegt habt, dann stellt euch darauf ein, dass ihr nach dem gleichen Maßstab beurteilt werdet."
Matthäus 7,1–2 (WD)

Es ist viel leichter, über andere zu urteilen, als sich selbst zu hinterfragen. Bewusst oder unbewusst lehnen wir diejenigen ab, die nicht nach unseren Maßstäben leben. Wir glauben, darüber urteilen zu können, wie unser Bruder mit seinen Gefühlen umgehen sollte. Dass sich die Tochter unserer Nachbarn dezenter kleiden sollte. Dass unsere Schwester mehr Geld sparen sollte. Wie unser Pastor predigen sollte. Wie unsere Freunde ihre Kinder erziehen sollten. Wie unser Vorgesetzter die Abteilung leiten sollte. Wir meinen zu wissen, was richtig und was falsch ist.

Übergeben Sie Gott heute das Steuer Ihres Lebens. Vertrauen Sie darauf, dass er weiß, wie es wirklich in den Menschen aussieht, über die Sie urteilen. Erinnern Sie sich daran, dass Sie selbst auch jeden Tag Vergebung nötig haben: „Doch es ist kein Mensch auf der Erde so gottesfürchtig, dass er nur Gutes tut und niemals sündigt" (Prediger 7,20; Hfa). Ohne Jesus wären wir alle verloren.

Bitten Sie Gott heute um eine Portion Demut und darum, dass er Ihnen dabei hilft, anderen mit Freundlichkeit und Herzlichkeit zu begegnen. Lassen Sie sich von ihm mit Liebe und Barmherzigkeit erfüllen.

Herr, hilf uns heute dabei, anderen Menschen unvoreingenommen und mit viel Liebe zu begegnen. Hilf uns dabei, mit ihnen so nachsichtig und geduldig zu sein wie du. Amen.

8. Februar

Der beste Architekt

Wer ein Haus baut, braucht Weisheit und Verstand; wer dazu noch Geschick besitzt, kann es mit wertvollen und schönen Dingen füllen.
Sprüche 24,3–4 (Hfa)

Mithilfe von Ziegeln und Holzbalken können wir ein wunderschönes Haus bauen. Wir können die Wände tapezieren und streichen, können die Räume mit teuren Möbeln füllen und den Garten gestalten. Doch einem Haus, in dem Gott nicht willkommen ist, mangelt es am Wichtigsten. Bitten Sie Gott heute darum, Ihr Haus zu bauen. Beschäftigen Sie sich mit seinem Wort, mit dem er Sie durch die Höhen und Tiefen Ihres Lebens führen will. Lernen Sie daraus, wie Sie Ihre Kinder erziehen und Ihre Ehe gestalten können. Lassen Sie sich von ihm beibringen, mit welcher Haltung Sie arbeiten und ausruhen, gastfreundlich sein und sich um Ihre Nachbarn kümmern sollen. Vertrauen Sie den Ratschlägen darin auch bei finanziellen Dingen und bei Ihren Besitztümern. Und lassen Sie sich dadurch Kraft schenken, um mit Schwierigkeiten und Herausforderungen fertigzuwerden.

Wenn Ihr Lebenshaus auf diesem Fundament steht, ist es sicher: „Ich denke, ihr spürt, dass alles, was ich euch gesagt habe, ein Fundament ist, auf das ihr euer gesamtes Leben aufbauen könnt. Wenn ihr meine Worte beherzigt und danach handelt, dann gleicht ihr einem intelligenten

Zimmermann, der sein Haus auf einen richtigen Felsen baut. Regen strömt herab, der Fluss tritt über die Ufer, ein Wirbelsturm rast vorüber – aber nichts kann das Haus erschüttern. Es ist fest mit dem Felsen verbunden" (Matthäus 7,24–25; WD).

Danken Sie Gott heute dafür, dass er Ihnen sein Wort gegeben hat und dass er Sie dadurch leitet und führt.

Herr, wir bitten dich, unser Haus zu einem echten Zuhause zu machen, ein Zuhause, das von deiner Gnade, Wahrheit und Liebe erfüllt ist. Wir wollen stets dein Wort wertschätzen und für dich leben. Amen.

9. Februar
Niemals allein

Wenn du durch tiefes Wasser oder reißende Ströme gehen musst – ich bin bei dir, du wirst nicht ertrinken. Und wenn du ins Feuer gerätst, bleibst du unversehrt. Keine Flamme wird dich verbrennen.
Jesaja 43,2 (Hfa)

Gott freut sich darüber, wenn Sie ihm von den Dingen erzählen, über die Sie sich freuen und für die Sie dankbar sind – eine neue Arbeitsstelle, eine Schwangerschaft, der Besuch einer Freundin. Aber er möchte, dass Sie auch mit Ihren Ängsten zu ihm kommen. Was beschäftigt Sie heute? Welche Situation erscheint Ihnen hoffnungslos? Was haben Sie verloren, das unersetzlich ist? Welcher „Berg" ist zu hoch, als dass Sie ihn ohne seine Hilfe erklimmen können? Haben Sie Beziehungsprobleme? Hatten Sie eine Fehlgeburt? Ist jemand krank oder gestorben? Wachsen Ihnen die Erwartungen und Anforderungen, die andere an Sie stellen, über den Kopf? Gott ist nicht nur dann bei Ihnen, wenn die Sonne scheint, sondern auch, wenn Regenwolken Ihren Himmel bedecken.

Erinnern Sie sich daran, dass Gott versprochen hat, Sie niemals im Stich zu lassen: „Von allen Seiten werden wir von Schwierigkeiten bedrängt, aber nicht erdrückt. Wir sind ratlos, aber wir verzweifeln nicht. Wir werden verfolgt, aber Gott lässt uns nie im Stich. Wir werden zu Boden geworfen, aber wir stehen wieder auf und machen weiter" (2. Korinther 4,8–9; NL). Lassen Sie nicht zu, dass die heutigen Stürme Ihren Glauben an seine Liebe erschüttern. Er wird Sie sicher nach Hause geleiten.

Herr, wir danken dir dafür, dass du in jeder Lebenslage bei uns bist und uns niemals alleinlassen wirst. Hilf uns, auch in stürmischen Zeiten darauf zu vertrauen: Du bist da. Wir wollen sowohl in guten Zeiten an dir festhalten als auch dann, wenn wir mit Herausforderungen konfrontiert werden. Schenke uns Hoffnung und Frieden. Amen.

10. Februar

Ein tragfähiges Fundament

„Wisst ihr, mit wem ich einen Menschen vergleiche, der zu mir kommt, meine Worte hört und danach handelt? Er ist wie ein Mann, der sich ein Haus bauen wollte. Zuerst hob er eine tiefe Baugrube aus. Dann legte er die Fundamente seines Hauses auf felsigen Grund. Als aber ein Hochwasser kam und die Fluten gegen das Haus brandeten, konnten sie keinen Schaden anrichten, denn das Haus war gut und stabil gebaut."
Lukas 6,47–48 (Hfa)

Lebensstürme können ganz unterschiedlich aussehen: Sie können in Form von finanziellen Schwierigkeiten, zerbrochenen Beziehungen oder den alltäglichen Anforderungen des Lebens auftauchen und Ihnen Stabilität und Hoffnung rauben. Sie haben eine Fehlgeburt, jemand erkrankt, Ihre Kinder machen eine schwierige Phase durch, oder Sie haben einen Verlust zu beklagen. Gleichgültig, was geschieht, es bleibt die Frage, was Ihrem Leben trotz allem Halt geben kann.

Nur Gott kann Ihnen wahre Sicherheit schenken. In seinem Wort finden Sie die Lösung für die Herausforderungen des Lebens. Es hilft Ihnen, Gott besser kennenzulernen. Es zeigt Ihnen, wie Sie kluge Entscheidungen treffen können. Wenn Sie Ihr Leben an der Bibel ausrichten und am Glauben an Jesus festhalten, kann kein Sturm Ihr Lebensfundament erschüttern.

Wenn Sie also merken, dass ein Sturm die Grundfesten Ihres Lebens zerbröckeln lässt, greifen Sie zum Wort Gottes. Beschäftigen Sie sich mit seinen Verheißungen und lassen Sie sich von ihm Frieden und Zuversicht schenken.

Herr, mach uns mit deinem Wort vertraut, damit wir danach leben können. Sei du das Fundament unseres Lebens. Amen.

11. Februar

Fehler korrigieren

„Wenn du also deine Opfergabe zum Altar bringst und dir fällt dort ein, dass jemand dir etwas vorzuwerfen hat, dann lass dein Opfer am Altar zurück, geh zu deinem Mitmenschen und versöhne dich mit ihm. Erst danach bring Gott dein Opfer dar." Matthäus 5,23–24 (Hfa)

Niemand von uns ist perfekt: Wir alle lassen hin und wieder jemanden hängen. Wir vergessen manchmal Verpflichtungen, brechen Versprechen und verletzen einander durch das, was wir sagen. Wir haben oft so viel zu tun, dass wir keine Zeit für andere haben. Und dann ignorieren wir, was wir getan haben, sind zu eigensinnig oder zu unaufmerksam, um das Problem zu klären.

Gott will aber, dass Sie es wieder in Ordnung bringen, wenn Sie etwas falsch gemacht haben. Bevor Sie in den Gottesdienst gehen, sollten Sie sich darum bemühen, Ihre Beziehungen zu klären. Seien Sie demütig genug, um einzugestehen, dass Sie etwas falsch gemacht haben. Entschuldigen Sie sich für den zugefügten Schmerz. Machen Sie den Schaden wieder ungeschehen, soweit es in Ihrer Macht liegt. Und dann können Sie befreit zu Gott kommen und ihn in dem Wissen anbeten, dass Sie alles in Ihrer Macht Stehende getan haben, um sich zu versöhnen.

Bitten Sie Gott darum, dass Sie heute mit allen Menschen in Frieden leben. Bitten Sie ihn um Nachsicht, wo Ihr Gegenüber schwierig ist, und um die Kraft zur Vergebung, wenn jemand Sie verletzt. Und machen Sie sich bewusst, dass er Heilung und Einheit schenken will.

Herr, du weißt, wo wir es versäumt haben, einander und auch anderen mit Liebe und Nachsicht zu begegnen. Hilf uns dabei, uns hier um Versöhnung zu bemühen. Schenke uns deine Gnade und Hilfe, damit wir das heilen können, was zerbrochen ist. Amen.

12. Februar

Gemeinsam beten

Immer wieder zog sich Jesus zum Gebet zurück. Als er einmal von einer solchen Zeit zurückkam, bat ihn einer seiner Jünger: "Rabbi, lehre uns doch auch, wie wir beten sollen. Schließlich hat Johannes seine Jünger ebenfalls darin unterwiesen." Lukas 11,1 (WD)

Es ist ein echtes Geschenk, dass wir jederzeit mit Gott im Gespräch sein dürfen. Er ist unser Vater, der mit uns reden möchte. Wir sind eingeladen, ihn für das anzubeten, was er ist und was er für uns tut. Wir können mit unseren Problemen zu ihm kommen und ihn um Hilfe bitten. Wir können ihm um die Vergebung unserer Schuld bitten und darum, dass er uns die Kraft schenkt, anderen ebenfalls mit Nachsicht und Vergebung zu begegnen. Und wir können ihn um Kraft bitten, der Sünde und dem Teufel zu widerstehen.

Beten Sie heute gemeinsam. Preisen Sie Gott für seine Majestät und seine Heiligkeit und dafür, dass er Ihnen durch Jesus die Vergebung Ihrer Schuld ermöglicht hat. Erzählen Sie ihm von allen Ihren Nöten und Sorgen. Bekennen Sie, wo Sie seinem heiligen Maßstab nicht gerecht werden. Bitten Sie um seine Kraft, um jedem mit Liebe zu begegnen und nicht von seinem Weg abzukommen.

Beten Sie als Paar regelmäßig zusammen, denn "wo zwei oder drei in meinem Namen versammelt sind, da bin ich mitten unter ihnen" (Matthäus 18,20; WD). Und beten Sie für den anderen, wenn Sie einmal nicht zusammen sind. Gott kann Ihre Beziehung durch das gemeinsame Gebet ungemein vertiefen.

Herr, zeige uns, wie wir füreinander beten können. Danke, dass du dich darüber freust, wenn wir mit unserer Anbetung, unseren Sorgen und Problemen zu dir kommen. Dass du uns unsere Schuld vergibst und für unsere Bedürfnisse sorgst. Amen.

13. Februar

„Wer bin ich?"

Ich blicke zum Himmel und sehe, was deine Hände geschaffen haben: den Mond und die Sterne – allen hast du ihren Platz zugewiesen. Was ist da schon der Mensch, dass du an ihn denkst? Wie klein und unbedeutend ist er, und doch kümmerst du dich um ihn. Psalm 8,4–5 (Hfa)

Derselbe Gott, der die Winde über den Globus bewegt, weiß von jedem Atemzug, den Sie tun. Derselbe Schöpfer, der jeden Stern im Universum beim Namen kennt, weiß um jedes Haar auf Ihrem Kopf. Der Ewige, der sich außerhalb von Raum und Zeit befindet, wusste ganz genau, wo er Sie in die Menschheitsgeschichte einfügen würde. Derselbe Gott, dessen Gedanken „zahlreicher als der Sand am Meer" sind, denkt unablässig an Sie (Psalm 139,18; Hfa). Er weiß, wohin Sie gehen, was Sie tun und was Sie denken und sagen. Nicht einmal die kleinste Einzelheit Ihres Lebens ist vor ihm verborgen.

Und er schenkt Ihnen deshalb so viel Aufmerksamkeit, weil er Sie liebt. Er hat Sie geschaffen. Er hat Sie beide aufeinander vorbereitet. Und er verfolgt genau jetzt und auch für die Ewigkeit gute Absichten für Ihr Leben.

Fühlen Sie sich heute klein und unbedeutend? Fühlen Sie sich unsichtbar, als hätten Sie keinerlei Bedeutung? Fassen Sie neuen Mut – seine Liebe zu Ihnen ist ewig (Jeremia 31,3). Er hat seinen Sohn für Sie geopfert, damit Sie wieder zu ihm kommen konnten. Er sieht Sie und kennt Sie durch und durch. Er hat Sie nach seinem Ebenbild erschaffen. Sie sind der Tempel des Heiligen Geistes. Sie sind Freunde von Jesus und Kinder Gottes. Sie sind sein Schatz, und er wird Sie nie im Stich lassen.

Herr, manchmal fällt es uns schwer zu verstehen, warum du dich so treu um uns kümmerst. Wir danken dir dafür, dass du uns in jedem einzelnen Augenblick liebst. Amen.

14. Februar

Die Romantik wiederentdecken

Ihr Mädchen von Jerusalem, ich beschwöre euch: Weckt die Liebe nicht auf und facht die Leidenschaft nicht an, bis die Zeit dafür kommt!
Hoheslied 8,4 (Hfa)

Als Sie sich in Ihren Partner verliebt haben, fingen Sie an, von einer gemeinsamen Zukunft zu träumen. Die Momente, die Sie miteinander verbrachten, waren wunderschön. Ihre Sehnsucht nacheinander wuchs von Tag zu Tag. Sie konnten es kaum erwarten, die Zuneigung und Intimität einer Ehe zu erleben. Sie träumten davon, für den Rest Ihres Lebens alles miteinander zu teilen.

Spulen wir zu Ihrem Leben als Ehepaar vor. Das Verlangen muss manchmal anderen Dingen weichen. Kommunikation kann harte Arbeit sein. Oft ist es schwer, Zeit füreinander zu finden. Romantische Augenblicke zu erleben erfordert einige Anstrengungen. Intimität rutscht angesichts all der Aufgaben auf Ihrer To-do-Liste ganz nach unten. Sie würden ja gern die Liebe aufwecken oder die Leidenschaft anfachen, wie es im Hohelied so schön heißt, doch Sie wissen oft nicht, wie Sie damit anfangen sollen.

Lassen Sie heute einmal Arbeit, Erziehungsfragen und Verantwortlichkeiten beiseite, und konzentrieren Sie sich auf Ihren Ehepartner. Erinnern Sie sich wieder daran, warum Sie sich in ihn verliebt haben. Sagen Sie Ihrem Partner, was Sie an ihm besonders lieben. Danken Sie dafür, wie Ihr Ehepartner Ihnen geholfen und für Sie gesorgt hat. Verabreden Sie sich miteinander, so wie Sie es getan haben, als Sie noch nicht verheiratet waren, einfach nur zum Spaß. Halten Sie im Kino Händchen. Kaufen Sie ein kleines Geschenk, um damit „Ich liebe dich" zu sagen. Hören Sie einander zu, lachen Sie miteinander und seien Sie zärtlich zueinander.

Tun Sie, was immer nötig ist, damit Ihr Partner (wieder) das Wichtigste in Ihrem Leben ist. Fachen Sie das Feuer und die Freude an Ihrer Ehe wieder an.

Herr, wir sind so dankbar, dass du uns zusammengeführt hat. Hilf uns dabei, unsere Beziehung zu pflegen und dem anderen immer wieder Zeichen unserer Liebe zu geben. Lass unsere Liebe an jedem Tag tiefer und stärker werden. Amen.

15. Februar

Eine neue Art von Leben

„Wer sich an sein Leben klammert, der wird es verlieren. Wer aber sein Leben für mich aufgibt, der wird es für immer gewinnen."
Matthäus 10,39 (Hfa)

Jeder sehnt sich nach Freude und Glück. Wir denken, wenn wir jemanden lieben und selbst geliebt werden, würden wir beides finden. Oder wenn wir Kinder und eine Familie hätten, beruflich erfolgreich wären und Geld hätten. Oder ein eigenes Haus, ein neues Auto und die neueste Technologie. Wenn wir schön wären und eine innere Stärke besäßen, beliebt wären und von anderen geschätzt würden. Oder wenn wir viele Reisen unternähmen und ein aufregendes Leben führten. Doch je mehr wir nach Freude und Glück suchen, desto unwahrscheinlicher ist es, dass wir beides tatsächlich finden.

Jesus sagt: „Ich bin der Weg und die Wahrheit und das Leben" (Johannes 14,6; WD), er ist das, was Sie in Wirklichkeit brauchen. Er will Ihnen Leben im Überfluss schenken, das niemals endet. Wenn Sie an ihn glauben, werden Ihnen Ihre eigenen Ziele und Interessen nicht mehr so wichtig sein. Sie werden Ihre selbstsüchtigen Wünsche und Ihren Stolz aufgeben, um nur für ihn zu leben. Ihr altes Leben ist gewissermaßen mit Jesus am Kreuz gestorben. Jetzt leben nicht mehr Sie selbst, sondern Christus lebt in Ihnen. Leben Sie deshalb im Vertrauen auf den Sohn Gottes, der Sie geliebt und sein Leben für Sie geopfert hat (nachzulesen in Galater 2,20).

Sie haben die Wahl: Sie können Ihr eigenes Leben führen oder Sie können alles für Jesus aufgeben. Sie können sich auf sich selbst verlassen oder sich in allem auf ihn verlassen. Sie können Ihren eigenen Weg gehen oder auf sein Wort vertrauen. Sie können dem Reichtum und der Bequemlichkeit nachjagen oder Sie geben und dienen anderen in seinem Namen. Lassen Sie das Alte los, und setzen Sie Ihr Vertrauen auf Jesus – finden Sie bei ihm das Leben, das diesen Namen erst verdient.

Herr, genau so wollen wir leben: mit dir. Bitte schenke uns das Leben im Überfluss, das du uns versprochen hast. Amen.

16. Februar

Hoffnung in der Wüste

Mose ließ die Israeliten vom Schilfmeer aufbrechen. Sie zogen los und kamen in die Wüste Schur. Drei Tage lang waren sie hier unterwegs, ohne Wasser zu finden. Als sie endlich die Oase von Mara erreichten, war das Wasser dort so bitter, dass sie es nicht trinken konnten. Darum heißt dieser Ort Mara („Bitterkeit"). „Was sollen wir nun trinken?", fragten die Leute Mose vorwurfsvoll. 2. Mose 15,22–24 (Hfa)

Haben Sie schon einmal nach etwas gesucht oder sich nach etwas gesehnt und waren enttäuscht, als Sie es dann endlich hatten? Die Arbeitsstelle, die Sie angenommen haben, hat Sie in eine berufliche Sackgasse geführt. Unhöfliche Nachbarn rauben Ihnen die Freude an Ihrem neuen Zuhause. Ihre hart verdienten Ersparnisse werden von unerwarteten Rechnungen aufgezehrt. Sie denken, dass Sie Ihr Ziel endlich erreichen, doch plötzlich treten Probleme auf.

In welcher Weise hat das „Wasser", das Sie gefunden haben, Sie enttäuscht? Bitten Sie Gott, für Sie zu sorgen. Klammern Sie sich an die Hoffnung und die Zuversicht, dass er Sie mit dem versorgen wird, was Sie benötigen. Lassen Sie nicht zu, dass irgendwelche Hindernisse Ihren Glauben erschüttern. Widerstehen Sie der Versuchung, sich Sorgen zu machen und zu jammern, während Sie darauf warten, dass Gott etwas tut.

Vertrauen Sie darauf, dass das Warten oder Ihre Probleme zu Ihrem Besten dient: „Ach ja, und da ist noch etwas, für das wir dankbar sind: unsere Probleme und Schwierigkeiten. Wir wissen nämlich, dass wir mehr Geduld bekommen, wenn wir sie durchstehen. Und diese Geduld lässt uns wiederum erfahren, dass unser Glaube sich bewährt hat. Alles, was sich bewährt, nährt die Hoffnung, dass letztlich nichts umsonst ist und alles ein gutes Ende nimmt. Diese großartige Zuversicht dürfen wir haben, weil Gottes Liebe durch seinen Heiligen Geist in unsere Herzen ausgegossen wurde" (Römer 5,3–5; WD).

Herr, vergib uns, wenn wir in einer Situation an deiner Güte zweifeln. Schenke uns den Glauben, darauf zu vertrauen, dass du für das sorgst, was wir brauchen. Danke für die Hoffnung, die wir durch dich haben. Amen.

17. Februar

Lasten ablegen

„Vertraut euch meiner Leitung an und lernt von mir, denn ich gehe behutsam mit euch um und sehe auf niemanden herab. Wenn ihr das tut, dann findet ihr Ruhe für euer Leben. Das Joch, das ich euch auflege, ist leicht, und was ich von euch verlange, ist nicht schwer zu erfüllen."
Matthäus 11,29–30 (Hfa)

Wir alle tragen ein „Joch" – jeder von uns hat etwas, das ihn belastet. Was beschäftigt Sie gerade? Was macht Ihnen zu schaffen? Welche Fehlschlägen und Enttäuschungen haben Sie in letzter Zeit erlebt? Was gibt Ihnen Hoffnung für morgen?

Jesus will Ihnen diese Lasten abnehmen. Er bietet Ihnen Vergebung an, wenn Sie versagt haben. Er will Ihnen mit Rat zur Seite stehen, wenn Sie nicht mehr weiterwissen. Er will Ihnen Kraft schenken, wenn Sie erschöpft sind. Er nimmt Sie an, so wie Sie sind, und befreit Sie von dem Druck, anderen Menschen gefallen zu müssen. Er schenkt Ihnen Hoffnung und eine Zukunft, die Ihnen keiner nehmen kann.

Kommen Sie heute bei Jesus zur Ruhe. Freuen Sie sich über einen Gott, der weiß, dass Sie zerbrechlich sind. Lernen Sie von ihm Demut und Nachsicht. Hören Sie auf, sich abzumühen und sich anzustrengen, um „genug" zu sein. Legen Sie Ihre schweren Lasten ab und empfangen Sie seine Liebe.

Herr, wir danken dir dafür, dass wir bei dir zur Ruhe kommen dürfen. Danke auch dafür, dass du uns die Last unserer Schuld abgenommen und uns das wahre Leben geschenkt hast. Amen.

18. Februar

Freigiebigkeit

„Wenn ihr in eurem Land die Getreideernte einbringt, dann sollt ihr eure Felder nicht ganz bis an den Rand abmähen und keine Nachlese halten. Auch in euren Weinbergen soll es keine Nachlese geben. *Sammelt die Trauben am Boden nicht ein, sondern überlasst sie den Armen und Fremden! Ich bin der Herr, euer Gott.*" 3. Mose 19,9–10 (Hfa)

Lassen Sie in Ihrem Haushaltsplan Raum für Spenden. Geben Sie großzügige Trinkgelder. Legen Sie zusätzliche Lebensmittel in Ihren Einkaufswagen, um diese an Familien weiterzugeben, die wenig haben. Teilen Sie das, was Sie haben – Gaben, Geld, Fähigkeiten und anderes –, mit denen, die es brauchen. Erlauben Sie Gott, anderen Menschen durch Sie greifbar seine Liebe zu zeigen, indem Sie etwas weitergeben.

Teilen Sie auch Ihre Zeit mit anderen. Veranstalten Sie Familienabende, um die Beziehungen zueinander zu vertiefen. Laden Sie am Wochenende Freunde und Nachbarn zum Essen ein. Sorgen Sie dafür, dass in Ihrem Terminkalender immer noch ein bisschen Platz für soziales Engagement ist.

Halten Sie heute nach jemandem Ausschau, der etwas benötigt oder einsam ist. Schenken Sie diesem Menschen etwas von dem, was Gott Ihnen anvertraut hat.

Herr, wir danken dir dafür, dass du uns mit so vielen Segensgeschenken überschüttest. Zeige uns, wie wir in unserem Leben Freiräume schaffen können, um deine Gaben mit anderen zu teilen. Wir wollen in deinem Namen Liebe weitergeben. Amen.

19. Februar

Gott Ehre machen

Nicht uns, Herr, nicht uns, sondern deinen Namen bringe zu Ehren! Du allein bist gnädig und treu! Psalm 115,1 (Hfa)

Wie können Sie heute Gott mit Ihrem Leben verherrlichen? Wenn Sie großzügig und selbstlos sind, Mitgefühl und Demut zeigen, bekommen die Menschen in Ihrem Umfeld eine Ahnung davon, wie Gott ist. Wenn Sie dankbar für das sind, was er Ihnen anvertraut hat, oder für die Segensgeschenke, mit denen er Sie überschüttet, erzählt das anderen etwas von seiner Treue. Wenn Sie in schweren Zeiten Ihre Lebensfreude und Ihren inneren Frieden nicht verlieren, legen Sie Zeugnis ab für seine unveränderliche Liebe. Wenn Sie denen vergeben, die Ihnen das Leben schwermachen, zeichnet das ein Bild von Gottes großer Barmherzigkeit. Und Ihre Pläne und Prioritäten zeigen, was Gott wichtig ist.

Wir können jeden Tag entscheiden, ob wir Gott die Ehre geben oder uns selbst. Wir können hart arbeiten, um anderen im Namen Gottes zu dienen oder nur, um beruflich weiterzukommen. Wir können unser Zuhause verschönern, um gastfreundlich zu sein und andere willkommen zu heißen oder um die Nachbarn zu beeindrucken. Alles, was wir tun, bietet uns eine Möglichkeit, Gott zu preisen oder die Aufmerksamkeit auf uns zu lenken. Jedes Talent, jeder Besitz und jede Errungenschaft bieten eine Gelegenheit dazu, Gottes Namen großzumachen. Warum tun *Sie* das, was Sie tun?

Herr, tief in uns sehnen wir uns nach Aufmerksamkeit und Erfolg. Zeige uns, wie wir die Menschen bei allem, was wir tun, auf dich hinweisen können. Deiner Liebe und Treue sind keine Grenzen gesetzt – wir wollen dir an jedem Tag Ehre machen. Amen.

20. Februar

Gemeinsam sind Sie stark

Jesus kannte ihre Gedanken und entgegnete: „Ein Staat, in dem verschiedene Herrscher um die Macht kämpfen, steht vor dem Untergang. Eine Stadt oder eine Familie, in der man ständig in Zank und Streit lebt, hat keinen Bestand." Matthäus 12,25 (Hfa)

Sie werden in Ihrer Ehe hin und wieder Gegenwind erleben. Es wird finanzielle Rückschläge geben, Ihre Kinder werden unter Umständen eine schwierige Phase durchmachen, Ihre Schwiegereltern werden sich vielleicht ungebeten einmischen, Sie werden gesundheitliche Probleme haben, zu viel Stress im Büro oder zu viele Verpflichtungen ... Und Sie werden alle diese Schwierigkeiten nur dadurch überwinden, dass Sie zusammenhalten. Jede Herausforderung bietet Ihnen eine neue Gelegenheit, einander zu ermutigen, zu helfen und die Beziehung zueinander und zu Gott zu vertiefen.

Beten Sie heute miteinander und bitten Sie Gott um Weisheit und Unterstützung. Verzichten Sie auf Schuldzuweisungen oder Kritik. Machen Sie sich bewusst, welche Fähigkeiten und Einsichten jeder von Ihnen beisteuern kann, um ein Problem zu lösen. Beten Sie, und lesen Sie regelmäßig in der Bibel, um so auch Gott zu Ihrem Verbündeten zu machen. Sie können neuen Mut schöpfen, wenn Sie sich bewusst machen, dass Sie gemeinsam unschlagbar sind.

Herr, zeige uns, wie wir bei den Problemen, mit denen wir zurzeit konfrontiert werden, miteinander – und mit dir – eins sein können. Amen.

21. Februar

Hilfe oder Hass?

"Wenn du ein Rind oder einen Esel deines Feindes umherirren siehst, dann bring das Tier auf jeden Fall zurück! Wenn der Esel eines Menschen, der dich hasst, unter einer Last zusammengebrochen ist, dann geh nicht einfach vorüber! Hilf deinem Feind, das Tier wieder auf die Beine zu bringen." 2. Mose 23,4–5 (Hfa)

Menschen, die mit Jesus unterwegs sind, sollte man daran erkennen, dass sie anderen mit Nachsicht und Gnade begegnen. Wir sollten denen helfen, die es nicht verdient haben. Wir sollten zu denen freundlich sein, die uns das Leben schwermachen. Wir tun denen etwas Gutes, die uns ablehnen. Wir zahlen es nicht mit gleicher Münze zurück, wenn man uns Steine in den Weg legt. Wir begegnen einer verbitterten, wütenden Welt mit Mitgefühl.

Bitten Sie Gott heute um Gelegenheiten, Ihrem unfreundlichen Nachbarn zu helfen. Seien Sie mit einem unangenehmen Kollegen geduldig. Lassen Sie den rücksichtslosen Autofahrer auf der Autobahn überholen. Unterstützen Sie Ihre schwierigen Verwandten in schweren Zeiten. Zeigen Sie Einfühlungsvermögen, wenn andere leiden. „Liebt eure Feinde. Behandelt die gut, die euch gegenüber nichts als Ablehnung an den Tag legen. Wenn jemand euch in jeder Hinsicht nur Böses wünscht, dann ist es an euch, mit ganzer Hingabe für einen solchen Menschen zu beten" (Lukas 6,27–28; WD).

Ergreifen Sie jede Gelegenheit, um die Menschen so zu behandeln, wie Jesus sie behandeln würde. Wenn Sie diejenigen lieben, die es nicht verdient haben, folgen Sie dem Beispiel von Jesus. Wenn Sie großzügig und hilfsbereit sind, zeigen Sie, dass Sie Kinder Gottes sind. Und Sie zeigen selbst Ihren Feinden, wie sehr Gott sie liebt.

Herr, wir wollen dein Licht in der Welt leuchten lassen. Erfülle uns mit deiner Liebe, damit wir unseren Feinden zum Segen werden können. Hilf uns dabei, anderen Gutes zu tun. Amen.

22. Februar

Göttliche Wegweiser

Dein Wort ist eine Leuchte für mein Leben, es gibt mir Licht für jeden nächsten Schritt. Psalm 119,105 (GN)

Wenn man von einer verwirrenden Vielfalt von Wahlmöglichkeiten umgeben ist, kann man nur schwer entscheiden, welchen der vielen Wege man einschlagen soll. Andererseits wird man aber wütend oder macht sich Sorgen, wenn man von jeder Seite blockiert ist und keinen Weg mehr erkennen kann. Ganz gleich, ob Sie gerade an einem Scheideweg stehen oder sich in einer Sackgasse befinden: Gott will Ihre Schritte lenken.

Wenn Sie in einer Situation stecken, in der Sie nicht wissen, was Sie tun sollen: Sprechen Sie mit Gott darüber. Lesen Sie in der Bibel. Er wird Ihnen zeigen, in welche Richtung Sie gehen sollen, wird Sie aber auch vor möglichen Gefahren warnen. Der Heilige Geist wird durch die Seiten der Bibel zu Ihnen sprechen und auf Ihr Denken und Fühlen einwirken. „Jede Schrift, die Gottes Geist eingegeben hat, gibt einer Lehre erst die Überzeugungskraft, die Menschen die Wahrheit über sich selbst erkennen und ihre Schuld einsehen lässt und sie dazu bringen kann, dass sie ihr Leben ändern" (2. Timotheus 3,16; WD).

Lesen Sie heute in Gottes Wort, beschäftigen Sie sich damit, und versuchen Sie, das Gelesene in Ihrem eigenen Leben umzusetzen. Bitten Sie Gott, Ihnen zu helfen, es richtig zu verstehen. Weil er Sie so sehr liebt, wird er das tun, was er versprochen hat, und in Ihre heutige Situation hineinsprechen.

Herr, wir danken dir dafür, dass wir unseren Lebensweg nicht allein bewältigen müssen. Bring uns bei, uns auf dein Wort zu verlassen. Zeige uns, welchen Weg wir gehen sollen, und schenke uns die Bereitschaft, dir zu folgen, wohin du uns auch immer führst. Amen.

23. Februar
Stein um Stein das gemeinsame Zuhause bauen

Deswegen hört nicht auf, euch gegenseitig zu ermutigen und einander zu helfen, wie ihr es bisher ja schon tut. 1. Thessalonicher 5,11 (WD)

Sie müssen nicht unbedingt im Baugewerbe arbeiten, um ein „Baumeister" zu sein. Sie können Ihre Zeit darauf verwenden, sich eine Karriere oder eine Ausbildung aufzubauen, eine Familie oder einen Freundeskreis, ein dickes Bankkonto oder körperliche Fitness, ein Hobby oder Urlaubspläne. Aber über all dem sollten Sie nicht vergessen, an Ihrer Ehe zu bauen.

Jedes Wort der Ermutigung bildet einen Baustein im Fundament Ihres gemeinsamen Lebens. Tröstende Worte sind eine Rettungsleine in Zeiten der Trauer. Wenn Sie die Fähigkeiten des anderen loben, schenkt ihm das den Mut, sein Vorhaben in die Tat umzusetzen. Zärtlichkeiten und viele „Ich liebe dich" sind wie eine herzliche Umarmung in einer rauen, kritischen Welt. Ihre Worte haben die Macht, Hoffnung und Hilfe zu schenken, wenn Ihr Ehepartner es am meisten nötig hat.

Nehmen Sie sich fest vor, sich gegenseitig durch Ermutigungen aufzubauen. Verzichten Sie auf kritische Bemerkungen, die wie eine Abrissbirne wirken. Lassen Sie Gottes Liebe durch Ihre Worte fließen, um Ihr Zuhause mit Freude und Kraft zu füllen.

Herr, zeige uns, wie wir uns gegenseitig ermutigen und aufbauen können. Wir danken dir für das Geschenk der Ehe, durch das wir uns den Herausforderungen des Lebens gemeinsam stellen. Amen.

24. Februar
Das Feld des Glaubens

Wenn ihr Gerechtigkeit sät, werdet ihr meine Liebe und Treue ernten. Fangt ganz neu an wie ein Bauer, der ein brachliegendes Feld zum ersten Mal wieder bestellt! Denn die Zeit ist da, mich, den Herrn, zu suchen. Dann werde ich kommen und Gutes vom Himmel für euch regnen lassen. Hosea 10,12 (Hfa)

Wir alle erleben Zeiten, in denen die Bibel uns langweilig und trocken vorkommt. Zeiten, in denen wir das Gefühl haben, dass unsere Gebete an der Zimmerdecke abprallen. In denen wir wenig Lust haben, anderen Menschen zu dienen. Gottes Gebote kommen uns dann hart und unzumutbar vor.

Falls es Ihnen gerade so geht, bitten Sie doch Gott einmal, den Boden Ihres Herzens umzupflügen. Seien Sie ehrlich, und gestehen Sie, wo Sie an schlechten Angewohnheiten festhalten. Lesen Sie jeden Tag in der Bibel, damit Sie sich daran erinnern, was wahr ist. Beten Sie für eine dankbare Haltung zu allem, was er Ihnen geschenkt hat. Bitten Sie um tiefere Liebe – die Bereitschaft, sich Gott und den Menschen hinzugeben, denen zu dienen er Sie berufen hat.

Gott will Ihr Leben verändern. Er will Sie heilig und rein machen. Er möchte, dass Sie sein strahlendes Licht in einer finsteren Welt sind. Und er hat versprochen, Sie mit Gnade und Liebe zu erfüllen. „Ihr seid gesegnet, wenn ihr in euch einen großen Hunger nach Gott wachhaltet. Diese Sehnsucht geht nie ins Leere, denn Gott selbst will nichts mehr, als sie zu stillen" (Matthäus 5,6; WD).

Herr, wecke in uns die Bereitschaft, deine Liebe zu empfangen. Mache uns deinem Sohn jeden Tag ein bisschen ähnlicher, wenn wir Zeit mit dir verbringen. Amen.

25. Februar
Jesus, unser Begleiter

Danach verließ ihn eine große Zahl seiner Jünger und ging nicht mehr mit ihm. Daraufhin sprach Jesus auch die Zwölf direkt an: „Wollt ihr mich auch verlassen?" Petrus entgegnete: „Rabbi, zu wem sollen wir denn gehen? Deine Worte sind voller Leben, ewigem Leben."
Johannes 6,67–68 (WD)

Wenn Sie Jesus nachfolgen, garantiert Ihnen das weder ein leichtes Leben noch eine schnelle Lösung für jedes Problem. Diese Gesellschaft rät dazu, auf Geld zu vertrauen und nicht auf Gott, der versprochen hat, uns mit allem zu versorgen, was wir brauchen. Wir sollen uns auf Ärzte und Selbsthilfe verlassen anstatt auf Gott, der uns heilt. Wir sollen unsere eigenen Regeln aufstellen und nicht dem folgen, was Gott in seinem Wort schreibt. Wir sollen uns darauf verlassen, dass unsere eigene Kraft, unsere eigenen Pläne und unsere eigene Tugendhaftigkeit uns schon durch jedes Problem und jede Herausforderung hindurchtragen werden.

Ist Jesus Ihre Kraftquelle? Ist er Ihr Begleiter über die Höhen und Tiefen des Lebens? Klammern Sie sich an ihn, glauben Sie an ihn, und leben Sie so, wie er gelebt hat. Halten Sie den Blick fest auf ihn gerichtet, wenn Sie Ihren Weg aus den Augen verlieren. Er hat versprochen, Sie zu retten, zu schützen und nach Hause zu führen.

Herr, schenke uns einen Glauben, der niemals ins Wanken gerät. Begleite uns auf unserem Lebensweg, sei unser Schutz vor dem Sturm und der Herr unseres Lebens. Wir danken dir dafür, dass du uns so sehr liebst, dass du für uns gestorben bist. Amen.

26. Februar
Ein treuer Vater

Wach auf, Herr! Warum schläfst du? Wach auf und verstoße uns nicht für immer! Warum verbirgst du dich vor uns? Hast du unsere Not und unser Elend vergessen? Psalm 44,24–25 (Hfa)

Wenn wir Probleme haben, aber einfach keine Lösung in Sicht ist, besteht die Gefahr, dass wir irgendwann das Gefühl haben, Gott habe uns vergessen. Wir stecken in einer Sackgasse und haben niemanden an unserer Seite, der uns helfen könnte. Und dieses Gefühl der Einsamkeit macht unser Problem noch schlimmer. Wir werden wütend – wie konnte Gott uns gerade jetzt verlassen, da wir ihn doch am meisten brauchen?

Falls es Ihnen gerade so oder ähnlich geht, sollten Sie sich an Gottes Verheißung erinnern: „Der Herr wird nicht zulassen, dass du fällst; er, dein Beschützer, schläft nicht. Ja, der Beschützer Israels schläft und schlummert nicht" (Psalm 121,3–4; Hfa).
Sie sind niemals allein und Gott hat Sie auch niemals vergessen. Nichts, das Ihnen widerfährt, ist zu unwesentlich oder zu schwierig für Gott. Er ist die ganze Zeit über bei Ihnen. Auch wenn Sie Angst haben oder wenn es Ihnen schwerfällt, daran zu glauben: Er ist immer treu. Bitten Sie Gott heute gemeinsam darum, dass Sie auch in Schwierigkeiten an ihm festhalten. Geben Sie Ihre Probleme bewusst an ihn ab, damit er sich darum kümmert. Sagen Sie ihm, wenn Sie entmutigt sind. Bitten Sie ihn um Hilfe, damit er Sie beschützt und Sie mit dem versorgt, was Sie brauchen. Sie können ganz beruhigt sein und darauf vertrauen, dass er über Sie wacht.

Herr, oft können wir nicht spüren, dass du hier bei uns bist. Hilf uns, darauf zu vertrauen, dass du dich um uns kümmerst und dass du niemals schläfst. Amen.

27. Februar

Unser Bestes geben

Auch Abel wählte eine Gabe für Gott aus: Er schlachtete einige von den ersten Lämmern seiner Herde und opferte die besten Fleischstücke mitsamt dem Fett daran. Der Herr blickte freundlich auf Abel und nahm sein Opfer an. 1. Mose 4,4 (Hfa)

Unsere Geschenke verraten eine Menge über uns. Je mehr Zeit und Vorbereitung wir auf ein Geschenk verwenden, desto mehr sagt es: „Du bist mir wichtig." Je größer die Liebe zum Detail ist, desto mehr sagt es: „Du verdienst das Beste." Je größer der persönliche Einsatz und die persönlichen Opfer sind, desto mehr sagt es: „Ich liebe dich."

Überlegen Sie, was Sie Gott heute schenken könnten. Reservieren Sie sich bewusst Zeit für ihn, oder suchen Sie seine Nähe nur, wenn mal ein bisschen Zeit übrig bleibt? Sind Sie ein großzügiger Schenker oder behalten Sie Ihre Segensgeschenke für sich? Unterstützen Sie Personen, die ebenfalls zu seiner Familie gehören, so gut wie möglich oder nur mit dem, was für Sie am bequemsten ist? Ist er Bestandteil Ihrer Zukunftsplanung, oder leben Sie so, wie es Ihnen gefällt? Sind Sie ihm gehorsam oder tragen Sie verborgene Sünden mit sich herum? An dem, was Sie geben, erkennt Gott, ob Ihr Herz wirklich ihm gehört.

Bringen Sie ihm heute ein Opfer, an dem er Freude hat. Danken Sie ihm für seine Liebe. Fragen Sie ihn nach seinem Willen für Ihr Leben und leben Sie beide entsprechend. Gehen Sie auf andere zu und kümmern Sie sich in seinem Namen um sie. Stellen Sie ihm alles zur Verfügung, was Sie haben, damit er an seinem Reich bauen kann.

Herr, wir wollen dir alles zur Verfügung stellen, was wir haben. Zeige uns, wie wir dir unsere Zeit, unsere Kraft und unsere Mittel zur Verfügung stellen können. Wir wollen dich und andere Menschen überschwänglich lieben. Amen.

28. Februar

Der Heilige Geist

„Wenn jemand Durst hat, dann soll er zu mir kommen. Ich gebe ihm zu trinken. Wer sein ganzes Vertrauen auf mich setzt, aus dessen Innerem wird ein Strom von lebendigem Wasser hervorbrechen. Das hat schon die Heilige Schrift vorausgesagt." Jesus bezog sich hier auf den Heiligen Geist, den alle erhalten sollten, die an ihn glauben.
Johannes 7,38–39 (WD)

Wir sind noch nicht einmal ansatzweise „in der Lage […], zu begreifen, wie unvorstellbar groß und weit, wie hoch und wie tief die Liebe Christi ist" (Epheser 3,18; WD). Durch seinen Tod am Kreuz hat Jesus uns erlöst und die Beziehung zu Gott wieder möglich gemacht. Er hat uns sein vollkommenes Wort geschenkt. Er tritt bei Gott für uns ein, genau in diesem Moment. Er hat uns versprochen, dass wir in Ewigkeit bei ihm sein werden. Und er hat uns das Geschenk des Heiligen Geistes gemacht, der uns zur Seite steht, bis Jesus wiederkommt.

Der Heilige Geist ist Ihr Lehrer, der Ihnen das Wort Gottes „aufschließt". Er betet für Sie, wenn Sie keine Worte finden. Er schenkt Ihnen die Kraft, Fehlverhalten und Finsternis zu überwinden. Er schenkt Ihnen Weisheit und Verständnis, damit Sie erkennen können, was richtig ist. Er vertieft Ihre Liebe zueinander. Er bewirkt, dass Ihr Leben geistliche Frucht trägt: Liebe, Freude, Frieden, Geduld, Freundlichkeit, Güte, Treue, Sanftmut und Selbstbeherrschung. Er ist Gottes Siegel, das Sie als sein ewiges Eigentum kennzeichnet.

Danken Sie Gott heute für das Geschenk seines Heiligen Geistes. Bitten Sie ihn, Sie mit seiner Liebe, Kraft und Heiligkeit zu erfüllen. Finden Sie Frieden in dem Wissen, dass er bis in alle Ewigkeit bei Ihnen ist.

Herr, wir wollen für die Anstöße des Heiligen Geistes offen sein, damit wir dich jeden Tag besser kennenlernen und mehr lieben können. Amen.

29. Februar

Glaube oder Verrücktheit?

Vom Morgen bis zum Mittag riefen sie ununterbrochen: „Baal, Baal, antworte uns doch!" Sie tanzten um den Altar, den man für das Opfer errichtet hatte. Aber nichts geschah, es blieb still. 1. Könige 18,26 (Hfa)

Das Volk Israel wandte sich von Gott ab, um irgendwelche Götzen anzubeten. Es mag in der heutigen Zeit lächerlich wirken, sich vor einer Statue zu verneigen, aber das bedeutet nicht, dass wir nicht auch heute noch „Dinge" anbeten.

Wir können darauf vertrauen, dass unsere Arbeitsstelle oder ein Lotterielos unsere Rechnungen bezahlt, anstatt uns auf den Versorger selbst zu verlassen. Wir können darauf vertrauen, dass irgendwelche neuen Ernährungstrends oder wissenschaftlichen Erkenntnisse uns heilen werden, anstatt den um Hilfe zu bitten, der allein uns wirklich heilen kann. Wir können in eine Beziehung investieren, die all unsere Zeit in Anspruch nimmt, aber unseren Geist leert, und dabei Jesus, unseren besten Freund, ignorieren. Wir können unser Selbstwertgefühl durch Perfektionismus und Leistung stärken und dabei vergessen, dass wir bereits von einem liebenden Vater so angenommen werden, wie wir sind. Wir vergessen unseren Gott und vertrauen auf etwas, das man sehen und anfassen kann.

Bitten Sie heute um den Glauben, auf Gott allein zu vertrauen. Sprechen Sie mit ihm über Ihre Schwierigkeiten und Verletzungen. Danken

Sie ihm für seine Treue, Liebe und Kraft. Glauben Sie an seine Verheißungen, dass er auf seine Weise und zu seinem perfekten Zeitpunkt für Sie sorgt. Er ist real, er ist hier, und er liebt Sie für immer.

Herr, vergib uns, wenn wir versuchen, Antworten auf die Probleme des Lebens zu finden, ohne dich zurate zu ziehen. Wir wollen auf dich allein vertrauen. Stärke unseren Glauben und zeige uns deine Macht. Amen.

März

1. März

Befreit

Wende dich mir zu und sei mir gnädig, so wie es denen zusteht, die deinen Namen lieben. Sprich ein Wort und mach meine Schritte dadurch fest und sicher, und lass kein Unrecht Macht über mich gewinnen.
Psalm 119,132–133 (NGÜ)

Selbst wenn wir mit Jesus unterwegs sind, bedeutet das nicht, dass unser Leben immer leicht ist. Andere Menschen fallen uns in den Rücken oder wir sind manchmal mit schwierigen Zeitgenossen alles andere als geduldig. Abhängigkeiten übersteigen oft unsere Willenskraft. Manchmal ist es einfacher zu lügen, als die Wahrheit zu sagen. Doch Gott will nicht, dass das so bleibt. Wenn Sie ihn um Hilfe bitten, verspricht er, dass er genau das tun wird: Ihnen helfen. Er schenkt Ihnen die Kraft, Ihr Leben zu ändern und ihm wieder gehorsam zu sein. Er verändert Ihr Herz, damit Sie ihn wieder lieben, wie er von Ihnen geliebt werden möchte, und damit Sie wieder mehr Nachsicht mit Ihren Mitmenschen haben. Er befreit Sie von der Macht Ihrer Gewohnheiten und Abhängigkeiten.

Mit welchem Problem haben Sie heute zu kämpfen? Bitten Sie um Hilfe. Lassen Sie sich von Gott verändern. Vertrauen Sie darauf, dass er Ihnen die Kraft schenkt, allem den Rücken zu kehren, was Sie davon abhält, für ihn zu leben. Vertrauen Sie Ihr Leben ganz Jesus an, denn er „liebt uns und hat sein Blut für uns vergossen, um uns von unserer Schuld zu befreien" (Offenbarung 1,5; Hfa).

Herr, befreie uns von allem, was heute noch Macht über uns hat. Wir wollen heilig sein, so wie du heilig bist. Hilf uns, dir treu zu gehorchen. Lass uns in deiner Liebe ruhen, die niemals aufhört. Amen.

2. März

Kämpfen Sie für Ihre Freunde

Wie aber sollt ihr mit denen umgehen, die euch in der Gemeinde solche Sorgen machen? Die einen, die bloß von ihren eigenen Zweifeln umgetrieben werden, behandelt verständnisvoll und mit großem Einfühlungsvermögen. Die anderen könnt ihr retten, indem ihr sie dem Feuer des Gerichts entreißt. Den dritten schließlich könnt ihr nur mit äußerster Vorsicht Verständnis entgegenbringen. Ihre Neigung, ein ausschweifendes Leben zu führen, muss auf eure harte Ablehnung stoßen.

Judas 22–23 (WD)

Im Brief an die Gemeinde in Ephesus spricht Paulus davon, dass wir die Waffenrüstung Gottes anziehen sollen – seine Wahrheit, Gerechtigkeit, Frieden, Glauben, Erlösung und den Heiligen Geist –, weil wir in einem geistlichen Kampf stehen (nachzulesen in Epheser 6,13–17). Ihnen mag das ja gelingen, aber was ist mit den Menschen in Ihrem Umfeld? Gibt es vielleicht einige, die an Gottes Liebe zweifeln? Die unter Abhängigkeiten leiden? Die stolz und gierig sind und sich von Gott abgewandt haben? Die im schlimmsten Fall der Wahrheit von Gottes Wort den Rücken gekehrt haben und den Lügen des Feindes Glauben schenken?

Seien Sie heute Gottes „Rettungskommando". Zeigen Sie diesen Menschen, wie sehr Gott sie liebt, indem Sie Ihnen erklären, dass die Bibel wirklich vertrauenswürdig ist. Beten Sie mit ihnen, und bitten Sie Gott um Glauben, damit sie seiner Guten Nachricht wieder vertrauen können. Zeigen Sie Mitgefühl, wenn Sie Ihre Lieben vor geistlichen Gefahren warnen. Aber achten Sie auch darauf, dass ihr Zweifel und ihr Unglaube Sie nicht selbst nicht zu Fall bringen.

Danken Sie Gott dafür, dass er Sie durch Jesus Christus errettet hat. Bei ihm sind Sie sicher. Werden Sie zu einem „Kanal" für seine Liebe, indem Sie heute eingreifen, „wenn das Leben eines Menschen in Gefahr ist" (Sprüche 24,11; Hfa).

Herr, wir danken dir dafür, dass du uns gerettet hast und dass wir nicht an deiner Liebe zu uns zweifeln müssen. Zeige uns, wie wir diese Wahrheit an die Menschen in unserem Umfeld weitergeben dürfen. Wie können wir die Botschaft, dass du die Menschen mit dir versöhnen willst, an eine Welt weitergeben, die ohne dich verloren ist? Amen.

3. März

Zeichen der Liebe

„Wenn ich also, euer Rabbi und Herr, euch die Füße gewaschen habe, dann müsst auch ihr bereit sein, euch gegenseitig zu dienen. Erinnert euch immer wieder daran, dass ich diesen Sklavendienst gerne für euch ausgeübt habe, damit ihr zu jeder Zeit bereit seid, anderen ebenso zu dienen." Johannes 13,14–15 (WD)

Jesus zeigte seinen Jüngern, wie sehr er sie liebte, dadurch, dass er demütig war: Er beugte sich herab, um den Schmutz der Straße von den Füßen seiner Freunde zu waschen, und gab uns damit ein Beispiel, dem wir folgen sollen. Er fordert uns heraus: Sind wir bereit, so zu dienen, wie er es tat?

Denken Sie heute einmal darüber nach, wie Sie sich „gegenseitig die Füße waschen" könnten: Kochen Sie das Lieblingsessen Ihres Mannes, erledigen Sie eine Besorgung für Ihre Frau, mähen Sie den Rasen. Seien Sie bereit, seine Unordnung aufzuräumen. Bezahlen Sie die Rechnung, die er zu begleichen vergessen hat. Waschen Sie seine Schmutzwäsche.

Füllen Sie den Benzintank Ihres Autos auf und überprüfen Sie auch den Reifendruck. Holen Sie die Medikamente Ihres Partners aus der Apotheke ab, und besorgen Sie noch eine Packung Taschentücher dazu. Entlasten Sie Ihren Partner heute, indem Sie drei Aufgaben von seiner To-do-Liste übernehmen. Zeigen Sie ihm dadurch, wie sehr Sie ihn lieben, und folgen Sie damit dem Beispiel von Jesus. Wäre es nicht schön, wenn es in Ihrer Ehe viele solcher Zeichen gegenseitiger Fürsorge und Unterstützung gäbe?

Herr, wir wollen einander so dienen, wie Jesus seinen Jüngern gedient hat. Vertiefe unsere Zuneigung zueinander, während wir uns „Liebesdienste" erweisen. Amen.

4. März
Achten Sie auf das, was Sie sagen

Wenn ihr zornig seid, dann versündigt euch dabei nicht! Denkt nachts auf eurem Lager nochmals nach und schweigt! Psalm 4,4 (NGÜ)

In einer Ehe prallen unterschiedliche Persönlichkeiten aufeinander. Die verschiedenen Ziele prallen aufeinander. Müdigkeit und Stress rauben Ihnen die Geduld. Obwohl Sie die besten Absichten haben, enttäuschen Sie einander. Die Emotionen kochen hoch, und der Konflikt treibt Sie auseinander. Mauern werden hochgezogen, während Sie Ihre Augen und Herzen voreinander verschließen. Doch dabei muss es nicht bleiben. Hier ein paar Tipps:

Erstens: Gehen Sie achtsam miteinander um, wenn Sie wütend sind. Versuchen Sie, sich zu beherrschen. Halten Sie sich mit Anklagen oder

Beschuldigungen zurück. Versuchen Sie, sich zu beruhigen, bevor Sie Ihr Problem ansprechen. Begegnen Sie einander mit Respekt und Freundlichkeit, auch wenn Sie nicht einer Meinung sind. Seien Sie demütig und bereit, Ihrem Partner zu vergeben.

Zweitens: Nehmen Sie Ihr eigenes Verhalten unter die Lupe. Welche Rolle haben Sie bei dieser Sache gespielt? Seien Sie offen für die Argumente Ihres Partners, und versuchen Sie, seine Gefühle nachzuvollziehen. Seien Sie bereit, sich zu entschuldigen, wenn Sie sich geirrt oder etwas Falsches getan haben. Sie müssen nicht jede Auseinandersetzung gewinnen oder ständig das letzte Wort haben. Tun Sie, was Sie können, um Frieden zu schließen.

Gott kann Ihnen durch Ihren Streit zeigen, wo es noch Selbstsucht und Stolz gibt. Vertrauen Sie darauf, dass er Sie auch durch diese Auseinandersetzungen und Ihren Umgang damit Jesus ähnlicher machen kann.

Herr, wir wollen eine harmonische Ehe führen. Hilf uns, wenn wir wütend aufeinander sind, nicht zu vergessen, wie sehr wir uns doch lieben. Amen.

5. März

Das Licht der Liebe

Meine geliebten Geschwister, wenn Gott uns so geliebt hat, dann müssen wir diese Liebe einfach aneinander weitergeben. Kein Mensch hat Gott jemals gesehen, aber es gibt ein sicheres Zeichen, an dem wir ihn erkennen können. Wenn wir einander lieben, dann erfahren wir, dass Gott in uns lebt und dass er es ist, der unsere Liebe der seinen immer ähnlicher macht. 1. Johannes 4,11–12 (WD)

Für jemanden, der nicht an Gott glaubt, scheint es verrückt zu sein, an jemanden zu glauben, den man nicht sehen kann. Aber das stimmt nicht ganz. Gott hat sich dafür entschieden, sich dieser Welt durch die Menschen zu zeigen, die ihm nachfolgen: Wenn Sie jemandem etwas schenken, zeigen Sie damit gewissermaßen, wie großzügig Ihr himmlischer Vater ist. Wenn Sie mitfühlend sind, weisen Sie auf Ihren liebevollen Hirten hin. Wenn Sie sich beide an sein Wort – die Bibel – halten, zeigen Sie dadurch einer Gesellschaft, die immer wieder auf Täuschungen hereinfällt, dass es Wahrheiten gibt, die sich niemals ändern. Wenn Sie sich um Menschen kümmern, die leiden, die ausgebeutet oder ausgegrenzt werden, leben Sie vor, dass es da jemanden gibt, dem etwas an allen Menschen liegt.

Können die Menschen in Ihrem Umfeld sehen, dass Gott das Fundament Ihrer Ehe bzw. Ihres Leben ist? Wo begegnen Sie jemandem mit Freundlichkeit und Großzügigkeit und zeigen so, wie Gott ist? Bei welchen Gelegenheiten vermitteln Ihre gütigen Worte seine Barmherzigkeit? Jedes Mal, wenn *Sie* anderen mit Liebe begegnen, erhellt *Gottes Liebe* die Finsternis dieser Welt.

Erinnern Sie sich heute daran, auf welch unterschiedliche Arten Gott Ihnen schon seine Liebe gezeigt hat. Wenn Sie diese Liebe an andere weitergeben, dürfen Sie wissen, dass er in Ihnen lebt und dass er Ihre Liebe der seinen immer ähnlicher macht.

Herr, wir danken dir dafür, dass du uns so unendlich liebst. Wir wollen anderen Menschen durch unsere Worte und unser Handeln zeigen, wie sehr du sie liebst. Amen.

6. März

Ein neuer Anfang

Sie verhält sich nicht taktlos, sie sucht nicht den eigenen Vorteil, sie verliert nicht die Beherrschung, sie trägt keinem etwas nach.
1. Korinther 13,5 (NGÜ)

Wenn wir verletzt oder beleidigt werden, wollen wir ja vergeben, aber das kann manchmal eine echte Herausforderung sein. In der Hitze des Gefechts halten wir dem anderen stattdessen vor, wo er schon einmal versagt hat. Bei Familie oder Freunden machen wir uns über die Fehler unseres Ehepartners lustig oder beklagen uns darüber. Wir ziehen uns von unserem geliebten Partner zurück und warten nur darauf, dass er uns wieder enttäuscht.

Beschließen Sie heute, dass Sie anders miteinander umgehen wollen. Ebnen Sie den Steinhaufen der negativen Erinnerungen ein, auf dem Sie all das aufgehäuft haben, was Ihr Partner in der Vergangenheit falsch gemacht hat. Legen Sie Ihr Verlangen ab, sich für Ihr Denken und Tun zu rechtfertigen. Denken Sie bei allem, was Sie tun, an Ihren Partner. Zeigen Sie Ihrem Partner Ihren Respekt dadurch, dass Sie bei anderen nicht schlecht über ihn reden.

Fangen Sie heute neu damit an. Vergangenes ist vergangen. Vergeben Sie einander, weil auch Gott Ihnen vergeben hat: „Und trotzdem: Ich werde euch alles vergeben – um meinetwillen. Ich werde all eure Vergehen für immer vergessen" (Jesaja 43,25; Hfa).

Herr, schenke uns heute einen Neubeginn. Hilf uns, einander vollständig zu vergeben, so wie du uns vergeben hast. Wir wollen nicht länger an das denken, was gestern war. Stattdessen wollen wir nachsichtig miteinander umgehen. Amen.

7. März

Von romantischen Fassaden und ehrlicher Liebe

So spricht der Herr: „Auch jetzt noch könnt ihr zu mir umkehren! Tut es von ganzem Herzen, fastet, weint und klagt! Ja, zerreißt eure Herzen vor Trauer und nicht bloß eure Kleider!" Joel 2,12–13 (Hfa)

Sie haben versprochen, einander treu zu sein und den anderen zu ehren. Und doch lässt es sich nicht vermeiden, dass Sie den Menschen verletzen, den Sie am meisten lieben. Ihr Stolz kann Sie dann davon abhalten zuzugeben, was Sie getan haben. Sie sagen nur kurz: „Tut mir leid", ohne den Schmerz zu bereuen, den Sie verursacht haben. Ihr Ehepartner durchschaut vermutlich Ihre Ausflüchte. Er weiß, ob Sie wirklich aufrichtig sind.

Achten Sie darauf, dass Sie wirklich hinter Ihren Worten stehen. Tun Sie, was nötig ist, um dem anderen Ihre Liebe zu beweisen. Bitten Sie für das, was Sie getan haben, um Verzeihung. Seien Sie bereit, alles aufzugeben, das einen Keil zwischen Sie und Ihren Partner treibt.

Genauso, wie Gott nicht will, dass seine Nachfolger nur äußerlich fromm sind, sondern dass sie ihn mit ganzem Herzen, mit ganzer Hingabe und mit ganzem Verstand lieben, wollen ja auch Sie nicht, dass die Liebe Ihres Partners nur eine romantische Fassade ist. Sie sehnen sich nach einer tiefen, verlässlichen Liebe, die ein Leben lang wächst und gedeiht. Lieben Sie so – ohne Kompromisse.

Herr, vergib uns, wenn wir irgendwo nachlässig waren. Hilf uns, dich und einander rückhaltlos zu lieben. Amen.

8. März

Friedensstifter

Mit Bitterkeit, Wutausbrüchen und Zorn sollt ihr nichts mehr zu tun haben. Schreit einander nicht an, redet nicht schlecht über andere und vermeidet jede Feindseligkeit. Epheser 4,31 (Hfa)

Im Fernsehen können Sie viel Hass und Gewalt sehen. Sei es eine Realityshow, in der sich die Gäste anbrüllen, ein brutaler Krimi oder ein politisches Streitgespräch: Überall stößt man auf hasserfüllte Konflikte.

Als Menschen, die Gott nachfolgen wollen, sollen Sie anders leben. Er will Sie mit seinem Frieden erfüllen, damit Sie die Dunkelheit dieser Welt erhellen. Sie sollen anderen nicht mit Wut und Groll, sondern mit Freundschaft und Mitgefühl begegnen. Sie sollen nicht feindselig sein, sondern hilfsbereit. Nicht boshaft, sondern nachsichtig. Weil Gott Ihnen Liebe und Vergebung schenkt, sollte in Ihrem Leben kein Platz für Hass sein.

Bitten Sie Gott darum, dass er Sie zu Friedensstiftern macht. Bitten Sie um die Geistesfrucht der Selbstkontrolle, damit Sie sich selbst dann im Griff haben, wenn Sie wütend sind. Begegnen Sie allen Menschen freundlich und sanftmütig, selbst Menschen, die Ihnen das Leben schwermachen. Lassen Sie sich von Gott so verändern, dass Sie in jeder Situation integer und zurückhaltend sind. Auf diese Weise leben Sie anderen Gottes Liebe und Güte vor.

Herr, wir wollen geduldig und nachsichtig miteinander und mit anderen sein. Hilf uns, Friedensstifter zu sein und anderen so zu begegnen, wie du auch uns begegnest. Amen.

9. März

Alles nur schöner Schein?

Ich bin zerknirscht und verzweifelt über meine schwere Schuld. Solch ein Opfer gefällt dir, o Gott, du wirst es nicht ablehnen. Psalm 51,19 (Hfa)

Um Gutes zu tun und Gott zu gefallen, füllen wir unseren Terminplan mit allen möglichen frommen Aktivitäten: Sonntagsgottesdienst, Bibelstunde, wohltätige Spenden, Hilfsprojekte. Doch es besteht die Gefahr, dass wir so engagiert dienen, dass wir es für uns tun und nicht für Gott. Verbringen Sie in dieser Woche eine Zeit der Stille mit Gott – sowohl allein als auch als Paar. Bitten Sie ihn, Ihnen zu zeigen, ob es irgendetwas gibt, das Ihre Beziehung zu ihm und zueinander beeinträchtigt. Nehmen Sie einmal ehrlich unter die Lupe, warum Sie etwas geben, helfen oder sich engagieren: Motiviert Sie Liebe und Mitgefühl für andere oder geht es Ihnen nur um Ihr Selbstbild und Ihren Ruf? Sind Sie im Stillen ungehalten darüber, dass Sie so viel Zeit und Energie in gemeindliche Aktivitäten investieren? Falls das der Fall sein sollte: Bitten Sie Gott, Ihnen zu vergeben und die Liebe zu ihm, die Sie zu Beginn angetrieben hat, wieder neu zu entfachen. Gott sehnt sich danach, Ihnen zu vergeben und alles neu zu machen. Vertrauen Sie ihm heute noch einmal bewusst alle Bereiche Ihres Lebens an.

Herr, wir freuen darüber, dass wir auf dieser Welt deine Hände und Füße sein dürfen. Vergib uns, falls wir irgendwo die Beziehung zu dir durch fromme Aktivitäten ersetzt haben. Amen.

10. März

Neue Kraft

Zuletzt ließ er sich unter einen Ginsterstrauch fallen und wünschte, tot zu sein. "Herr, ich kann nicht mehr!", stöhnte er. 1. Könige 19,4 (Hfa)

Wir verschenken Liebe und Aufmerksamkeit, aber Beziehungen scheitern trotzdem. Wir arbeiten und planen, können aber das Unglück nicht abwenden. Wir sind müde, erschöpft. Werden zurückgewiesen. Wie oft machen wir die Erfahrung, dass wir uns alle Mühe geben, aber es ist einfach nicht genug! Unsere Kraft geht zur Neige, und wir würden am liebsten aufgeben. Und genauso ging es auch Elia in dem obigen Bibelvers.

Wohin wenden wir uns, wenn wir nicht mehr weiterkönnen? An Gott. Denn Gott erwartet nicht, dass Sie alles selbst regeln. Er bietet Ihnen bei jedem Problem, bei jeder Herausforderung seine Kraft, seine Weisheit und seine Hoffnung an. Er verspricht, Ihnen aufzuhelfen, wenn Sie gestürzt sind. Sprechen Sie mit ihm, wenn Sie das Gefühl haben, ausgebrannt zu sein. Bitten Sie ihn, Ihnen einen neuen Weg zu weisen. Und kommen Sie innerlich zur Ruhe, indem Sie sich bewusst machen, dass er für Sie sorgt und dass er alles in seiner liebenden Hand hält.

Herr, wir erleben so viele wunderbare Dinge als Paar: _____. Dafür möchten wir dir danken! Aber manchmal wissen wir einfach nicht weiter. Dann wollen wir darauf vertrauen, dass du für uns sorgst. Danke für deine Liebe, die uns niemals im Stich lässt. Amen.

11. März

Vergebung und Neuanfang

Wäre es mein Feind, der mich verhöhnt, dann könnte ich es noch ertragen. Würde mein erbitterter Gegner sich über mich erheben, so wüsste ich ihm aus dem Weg zu gehen. Aber du bist es, mein Vertrauter, mein bester und engster Freund! Psalm 55,13–14 (Hfa)

In unserem Ehegelübde versprechen wir uns Liebe und Treue, gleichgültig, was die Zukunft auch bringt. Wir verpflichten uns, die Stürme des Lebens Seite an Seite zu bestehen. Doch wenn der Partner die Ursache für unseren Schmerz ist und nicht unsere Lebensumstände, dann stellt das Versprechen eine echte Herausforderung dar.

In der Ehe kommen sich zwei Menschen näher als in jeder anderen Beziehung. Unser Partner kennt unsere tiefsten Ängste und verborgendsten Zukunftsträume. Deshalb kann er durch zornige Worte oder egoistisches Handeln großen Schaden anrichten. Solche Verletzungen heilen nur schwer, und es ist nicht leicht, diese Verletzungen zu vergeben. Im schlimmsten Fall können sie unser Vertrauen und unser Gefühl der Geborgenheit zutiefst erschüttern.

Manchmal sind wir uns bewusst, wenn wir unseren Partner verletzen, in anderen Fällen aber nicht. Nehmen Sie sich heute doch einmal vor, über mögliche Verletzung zu sprechen. Schenken Sie Ihrem Ehepartner die Freiheit, Ihnen offen zu sagen, wo Sie ihn verletzt haben. Bitten Sie um Vergebung. Bemühen Sie sich darum, alles aus dem Weg zu räumen, was Ihre Beziehung beeinträchtigen könnte.

Weil Sie zu Jesus Christus gehören und seine Hilfe und Vergebung erfahren haben, sind Sie ein neuer Mensch. Lassen Sie sich von ihm Kraft und Liebe schenken.

Herr, wir danken dir dafür, dass wir mit allem zu dir kommen dürfen. Hilf uns zu vergeben, wenn wir verletzt wurden. Schenke uns heute deine Gnade. Amen.

12. März

Liebe verschenken

„*Gebt, was ihr habt, dann werdet ihr so überreich beschenkt werden, dass ihr gar nicht alles aufnehmen könnt. Mit dem Maßstab, den ihr an andere anlegt, wird man auch euch messen.*" Lukas 6,38 (Hfa)

In der Bibel wird immer wieder darauf hingewiesen, dass wir einen großzügigen Gott haben: „… denn die ihn ehren, haben alles, was sie brauchen." (Psalm 34,10; NL). „Deine Güte und Liebe begleiten mich Tag für Tag; in deinem Haus darf ich bleiben mein Leben lang" (Psalm 23,6; Hfa). Er liebt es regelrecht, uns mit Barmherzigkeit und Güte zu überschütten.

Und diesem Beispiel sollten wir folgen. Wir sollten mit Vergebung auf Verrat antworten. Mit Hilfe und Barmherzigkeit auf Armut. Wir sollten Hoffnung schenken, wo Entmutigung herrscht. Gleichgültig, ob es um unsere Zeit, unsere Kraft oder unser Mitgefühl geht: Wir verschenken, was wir von unserem himmlischen Vater empfangen haben.

Und wir müssen uns auch nicht davor fürchten, irgendwann nichts mehr zu geben zu haben. Gott brennt regelrecht darauf, unsere mageren Gnadengaben mit überfließender Liebe aus dem Himmel zurückzuzahlen. Wer braucht heute Ihre Freundschaft? Eine zweite Chance? Eine Mahlzeit oder eine Decke? Ein offenes Ohr? Schenken Sie, und Sie werden so viel mehr empfangen.

Herr, wir wollen heute deine Gnade und Liebe verschenken. Zeige uns, wer unsere Zuneigung und unsere Hilfe gebrauchen könnte. Amen.

13. März

Gottes Dienern dienen

Eines Tages sagte die Gastgeberin zu ihrem Mann: „Ich bin sicher, dass der Mann, der oft zu uns kommt, ein heiliger Bote Gottes ist! Wollen wir ihm nicht im oberen Stockwerk ein kleines Zimmer einrichten? Wir stellen ihm ein Bett, einen Tisch, einen Stuhl und eine Lampe hinein. So kann er sich zurückziehen und etwas ausruhen, wenn er uns besucht."
2. Könige 4,9–10 (Hfa)

Wir werden gesegnet, wenn wir unser Zuhause für Menschen öffnen, die Gott dienen. Selbst wenn wir nicht das Gefühl haben, etwas geben zu können: Wir knüpfen neue Freundschaften, lernen Menschen kennen, die uns mit ihrer Lebenserfahrung und ihrem Gebet zur Seite stehen, und lernen selbst, Gott noch hingebungsvoller nachzufolgen.

Denken Sie doch heute einmal darüber nach, wie Sie in Ihrer Wohnung und Ihrem Leben Raum für andere Christen schaffen könnten. Könnten Sie Ihre Gemeinde mit einem höheren Betrag unterstützen? Könnten Sie in Ihrem Terminkalender ein wenig Raum schaffen, um mehr Zeit mit anderen Gläubigen zu verbringen? Könnten Sie sich ein erfahrenes Ehepaar suchen, das Sie mit Rat und Tat unterstützt?

Bitten Sie Gott gemeinsam, Ihnen dabei zu helfen, Ihr Leben und Ihre Wohnung für andere zu öffnen. Entdecken Sie, wie wahr es ist, dass Sie umso mehr aus Gottes Hand empfangen, je mehr Sie auf andere zugehen und sie beschenken.

Herr, schenke uns den Mut, freundschaftlich und ermutigend auf andere zuzugehen. Zeige uns, wie wir unsere Zeit und unsere Mittel an deinen Prioritäten ausrichten können. Danke für die Segensgeschenke, mit denen du uns überschütten willst, wenn wir unser Leben mit anderen teilen. Amen.

14. März

Gute Nachrichten weitergeben

All dies verdanken wir Gott, der uns durch Christus mit sich selbst versöhnt hat. Er hat uns beauftragt, diese Botschaft überall zu verkünden. Und so lautet sie: Gott ist durch Christus selbst in diese Welt gekommen und hat Frieden mit ihr geschlossen, indem er den Menschen ihre Sünden nicht länger anrechnet. Gott hat uns dazu bestimmt, diese Botschaft der Versöhnung in der ganzen Welt zu verbreiten.
2. Korinther 5,18–19 (Hfa)

Wir dürfen uns auf das verlassen, was im 3. Kapitel des Johannesevangeliums steht: dass Gott die Menschen so sehr geliebt hat, dass er seinen Sohn in diese Welt sandte. Wenn wir unseren Glauben auf das setzen, was er für uns getan hat, schenkt er uns ewiges Leben. Obwohl wir früher Feinde Gottes waren, sind wir jetzt die Freunde von Jesus. Wir sind nicht länger der Macht der Sünde ausgeliefert, sondern Söhne und Töchter Gottes. Durch das, was Jesus Christus für uns getan hat, sind wir mit Gott versöhnt und gehören für immer zu ihm.

Und Sie tragen die Kraft dieser Versöhnung in jede Beziehung hinein. Wenn man Sie wütend und voller Hass angreift, können Sie mit Geduld und Liebe antworten. Wenn Sie jemanden treffen, der einsam und verletzt ist, können Sie Freundschaft und Trost anbieten. Wenn Sie jemanden kennenlernen, der Schuld auf sich geladen hat und sich für etwas schämt, können Sie die Leben spendende Botschaft von Gottes Erlösung weitergeben.

Gott hat die Geschichte der Versöhnung in die einzelnen Kapitel Ihres Lebens geschrieben. Seien Sie bereit, diese Botschaft mit allen zu teilen, die Gott noch nicht kennen.

Herr, wir sind dir so dankbar für das, was Jesus für uns getan hat. Danke, dass nichts uns jemals von deiner Liebe trennen kann. Hilf uns dabei, deine Botschaft von der Versöhnung an diejenigen weiterzugeben, die dich brauchen. Amen.

15. März

Sanftmut

Alle Menschen sollen erfahren, wie gütig ihr seid. Christus wird bald zurückkehren. Philipper 4,5 (WD)

Sanftmut ist eine Frucht des Heiligen Geistes. Wenn Sie Ihre Beziehung zu Gott dadurch vertiefen, dass Sie regelmäßig Zeit mit ihm verbringen und in der Bibel lesen, wird Sie das von innen heraus verändern. Sie werden ausgeglichener und geduldiger sein. Sie werden freundlicher sein und ein offenes Ohr für andere haben. Andere Menschen werden wissen, dass sie von Ihnen angenommen werden und Ihnen vertrauen können.

Ihr Umfeld bekommt mit, wie Sie Ihre Ehe führen. Sie sehen, wie höflich Sie miteinander umgehen und dass Sie sich respektieren. Sie nehmen wahr, dass Sie mehr Selbstbeherrschung haben und nicht gleich ausrasten, wenn Sie wütend sind. Sie hören die Zärtlichkeit in Ihren Worten. Sie wissen um Ihr Mitgefühl, wenn Ihr Partner krank ist oder unter Druck steht. Durch Ihre Sanftmut stechen Sie aus der Menge heraus – sie ist ein Beweis für Gottes Liebe.

Erinnern Sie sich heute daran, dass Gott immer an Ihrer Seite ist. Bitten Sie ihn darum, die Liebe zwischen Ihnen und Ihrem Partner zu vertiefen. Bitten Sie um Ruhe im Sturm. Achten Sie darauf, was Ihrem Partner wichtig ist. Begegnen Sie ihm mit ebenso viel Gnade und Mitgefühl wie Gott Ihnen. Ihr Zuhause soll mit der Sanftmut von Jesus erfüllt sein.

Herr, wir danken dir dafür, dass du immer an unserer Seite bist und uns von innen heraus verändern willst. Bewahre uns vor harten Worten oder lieblosem Handeln. Zeige uns, wie wir mit den Gefühlen des anderen sorgsam umgehen können. So wie du unsere Zuflucht bist, soll auch unsere Ehe ein sicherer Hafen in einer wütenden Welt sein. Amen.

16. März

Loslassen

Da stand Hiob auf, zerriss sein Obergewand und schor sich den Kopf. Dann fiel er zu Boden und betete: „Nackt bin ich zur Welt gekommen, und nackt verlasse ich sie wieder. Herr, du hast mir alles gegeben, du hast mir alles genommen, dich will ich preisen!" Obwohl dieses Leid über ihn hereinbrach, versündigte Hiob sich nicht. Kein böses Wort gegen Gott kam über seine Lippen. Hiob 1,20–22 (Hfa)

Wenn wir diese Welt betreten und wieder verlassen, halten wir nichts in unseren Händen. Die dazwischen liegenden Jahre sind gefüllt mit dem, was Gott uns schenkt: Freunde und eine Familie, Gesundheit, eine Arbeitsstelle, eine Wohnung und vieles, vieles mehr. Doch wir wissen nie, ob uns das, was wir heute haben, auch morgen noch zur Verfügung steht und ob wir vielleicht etwas hergeben müssen, was uns viel bedeutet. Ob die Menschen, die wir am meisten lieben, aus unserem Leben gerissen werden.

Wenn wir etwas verlieren, das uns so wichtig ist – ein Kind, unsere Gesundheit, unsere Arbeitsstelle oder anderes –, haben wir die Wahl: Wir können auf Gott wütend sein oder darauf vertrauen, dass er gut ist. Wir können uns betrogen fühlen oder darauf vertrauen, dass seine Liebe vollkommen ist. Wir können verbittert sein oder darauf vertrauen, dass Gott trotz allem gute Absichten für unser Leben hat.

Gibt es vielleicht etwas, das Gott Ihnen gerade nimmt? Lockern Sie Ihren Griff um diese Sache, und geben Sie sie ihm freiwillig. Sie dürfen wissen: Er weiß, welche guten Pläne er noch für Ihr Leben hat. Vertrauen Sie darauf, dass er Sie mit allem versorgen will, was Sie benötigen. Er kann Ihre Sehnsucht stillen. Und er will Sie trösten, wenn Ihr Leben nicht so läuft, wie Sie sich dies vorstellen. „Aber der Gott, der euch Gnade schenkt und durch Jesus Christus zu seiner ewigen Herrlichkeit berufen hat, wird euch ans Ziel bringen. Er wird euch Kraft geben und innerlich stark machen, damit ihr diese kurze Zeit der Leiden besteht" (1. Petrus 5,10; WD).

Herr, gleichgültig, ob du beschenkst oder etwas nimmst: Du bist es wert, dass wir dich preisen. Hilf uns, jederzeit darauf zu vertrauen, dass du uns liebst und gute Absichten für uns hast. Amen.

17. März

Die Kraft des Gebets

... so rettete [Gott] uns aus der allergrößten Todesgefahr. Daher hoffen wir zutiefst, dass er uns auch noch weiterhin bewahren wird, nicht zuletzt auch deshalb, weil ihr so viel für uns betet. Denn ich bin mir sicher, dass eure Gebete mit dazu beigetragen haben, dass wir gerettet wurden. Jetzt aber haben alle Grund, Gott für das Geschenk unserer Rettung herzlich zu danken. 2. Korinther 1,10–11 (WD)

Gibt es jemanden in Ihrem Umfeld, der gerade Gottes Hilfe braucht? Weil seine Gesundheit beeinträchtigt ist oder seine Ehe zerbricht? Sein Kind macht gerade eine rebellische Phase durch. Er hat finanzielle Probleme. Wenn Gott nicht eingreift, wird sich nichts an seiner Situation ändern.

Wer wäre dankbar dafür, wenn Sie für ihn beten? Sie glauben ja fest daran, dass Gott alle Menschen liebt und retten kann – setzen Sie diesen Glauben doch heute einmal in die Praxis um. Vertrauen Sie darauf, dass für Gott alles möglich ist, und bitten Sie ihn darum, demjenigen zu helfen, der gerade eine schwere Zeit durchmacht.

Doch Ihre Gebete werden nicht nur dazu führen, dass Gott Hilfe schickt. Sie werden dadurch gewissermaßen zu den Händen und Füßen Gottes. Ihr Gebet wird dazu führen, dass sich der Glaube anderer vertieft, die selbst erleben oder Zeuge davon werden, dass Gott Gebete tatsächlich erhört. Und wenn Sie sich mit anderen zusammentun, wird das die Familie Gottes noch stärker miteinander verbinden.

Herr, du weißt, was _____ gerade belastet. Bitte greif du in seine/ihre konkrete Situation ein. Du weißt, wie viel Angst er/sie gerade hat und dass sie er/sie unter diesem Problem leidet. Zeige uns deine Liebe und schenke uns deinen Trost. Amen.

18. März

Glaube und Familie

Sie können den jüngeren Frauen beibringen, wie man seinen Mann und die Kinder liebt, wie man ohne großes Aufhebens ein Haus gut führen und den Mann als geistliches Haupt der Familie anerkennen kann. Frauen, die so leben, geben niemandem einen Grund, über die Frohe Botschaft zu spotten. Titus 2,4–5 (WD)

Ob Sie Besorgungen machen, E-Mails beantworten oder sich um Ihre Familie kümmern: Es wird immer jemanden geben, der Ihnen dabei zuschaut. Sie weisen andere auf Gott hin, ohne dass Sie dazu ein einziges Wort sagen müssten. Die anderen bemerken, dass Sie ruhig bleiben, wenn Ihr Kind einen Wutanfall hat. Sie sehen, dass Sie Ihren Ehemann respektieren und hinter ihm stehen. Durch Ihr Engagement in Familie und Gemeinde bekommen sie eine Ahnung von der Liebe Jesu. Ihre Integrität und Freundlichkeit bringen frischen Wind in unsere Ellbogengesellschaft.

Dienen beginnt zu Hause, wo Sie am meisten gebraucht werden. Dort muss sich Ihr Glaube bewähren, während Sie gemeinsam Ihr Leben meistern. In Ihrer Familie sieht man sich auch von seiner schlimmsten Seite, doch Sie sind dazu aufgerufen, sie durch all die Probleme hindurchzulieben. Dadurch werden Sie für alle ein Zeugnis für die vollkommene Liebe Gottes. Diese bemerkenswerte Liebe ist für die Menschen, die Gott noch nicht kennen, wie ein strahlendes Licht. Wenn Sie so leben, wird er durch Sie zu denjenigen sprechen, die Ihr Leben „lesen".

Herr, hilf uns dabei, so zu leben, dass Außenstehende durch unser Verhalten einen Eindruck von deiner großen Liebe bekommen. Zeige uns, wie das aussehen kann, und schenke uns Nachsicht und Geduld im Umgang miteinander. Amen.

19. März

An einem Strang ziehen

Zu den Bewohnern von Juda redete Gott so eindringlich, dass sie einmütig der Bitte folgten, die der König und seine Beamten im Auftrag des Herrn ausgesprochen hatten. 2. Chronik 30,12 (Hfa)

Wenn Sie Gott nachfolgen wollen, gehört dazu auch, dass Sie ihm gehorsam sind – als Einzelpersonen, aber auch als Ehepaar. Was zeigt Gott Ihnen heute? Was sollen Sie tun? Wie viel sollen Sie geben? Wem sollen Sie helfen? Auf welche Weise sind Sie zu lehren, zu trösten und zu dienen berufen? Wo gibt es Schuld, die Sie bekennen sollten? Wem sollen Sie von Gott erzählen? Auf welche Weise will er Sie gerade Gnade, Freundlichkeit und Liebe lehren? Wenn Sie wirklich so leben wollen, wie Gott es von Ihnen möchte, müssen Sie beide an einem Strang ziehen.

Bitten Sie Gott, dass er Ihnen hilft, seinen Willen zu erkennen und als Einheit zu handeln. Vertrauen Sie Ihr Leben seiner Führung an. Geben Sie Ihren Stolz, Ihre Angst und Ihre Zweifel an ihn ab. Lesen Sie regelmäßig in der Bibel. Vertrauen Sie darauf, dass Gott Ihnen die Kraft schenken wird, auch danach zu leben.

Jesus wusste, wie sehr wir einander brauchen würden. Bevor er zum Vater zurückkehrte, betete er: „Ich werde jetzt diese Welt verlassen und zu dir zurückkehren, sie aber werden weiterhin hierbleiben müssen. Darum bitte ich dich, mein Vater, lass sie nie vergessen, dass sie zu dir ‚Abba, Papa' sagen dürfen. Du hast ihnen durch mich die Gnade geschenkt, dich so anreden zu können, damit sie untereinander eins sind, wie wir, du und ich, eins sind" (Johannes 17,11; WD). Versuchen Sie, genauso zu leben, während Sie ihm als Ehepaar nachfolgen: einmütig.

Herr, wir wollen gemeinsam deinen Willen tun. Zeige uns, was dein Wille für unser Leben ist, und hilf uns dabei, ihn umzusetzen. Amen.

20. März

Gott wird für Sie kämpfen

Mose antwortete ihnen: "Habt keine Angst! Wartet ab und seht zu, wie der Herr euch heute retten wird. Ihr werdet Zeugen sein, wie die Ägypter ihre größte Niederlage erleben. Der Herr wird für euch kämpfen, ihr selbst braucht gar nichts zu tun." 2. Mose 14,13–14 (GN)

Mit welchem Problem, welcher Herausforderung sind Sie heute konfrontiert? Würden Sie am liebsten weglaufen oder den Kopf in den Sand stecken? Sehen Sie keinen Ausweg aus Ihrer Situation? Sie spüren, wie Angst in Ihnen hochkommt und wie Sie panisch werden.

Gott ist auch in dieser Situation an Ihrer Seite. „Du brauchst keine Angst zu haben", sagt er. „Warte ab, ich werde dich heute retten! Du musst gar nichts tun – nur vertrauen!"

Falten Sie Ihre Hände und bekämpfen Sie Ihre Angst mit Gebet. Vertrauen Sie auf Gott, Ihren Befreier. Bitten Sie ihn um Hilfe. Richten Sie Ihren Blick auf seine Kraft und nicht auf Ihre Schwachheit. Ganz egal, was passiert: Er wird Sie nicht im Stich lassen. Sie müssen nicht bange sein. Warten Sie einfach darauf, dass er auf den Plan tritt und für Sie kämpft.

Jesus hat uns schon darauf hingewiesen, dass unser Leben nicht immer leicht sein wird: „Hier auf der Erde werdet ihr viel Schweres erleben. Aber habt Mut, denn ich habe die Welt überwunden" (Johannes 16,33; NL). Nichts von dem, was Ihnen widerfährt, kann Sie von seiner Liebe trennen. Machen Sie sich das heute bewusst!

Herr, wir danken dir dafür, dass wir unsere Schlachten nicht selbst schlagen müssen, sondern dass du für uns kämpfen willst! Hilf uns, geduldig abzuwarten und darauf zu vertrauen, dass du bei uns bist. Amen.

21. März

Freundschaften

Zieht nicht an einem Strang mit Leuten, die nicht an Christus glauben. Was haben denn Gottes Gerechtigkeit und die Gesetzlosigkeit dieser Welt miteinander zu tun? Was haben Licht und Finsternis gemeinsam?
2. Korinther 6,14 (Hfa)

Wenn Sie nicht gerade auf einer einsamen Insel leben, haben Sie sich schon in den unterschiedlichsten Bereichen mit den unterschiedlichen Leuten zusammengetan. Mit wem arbeitet Sie zusammen? Mit wem verbringen Sie Ihre Freizeit und gehen sozialen Aktivitäten nach? Die Menschen, mit denen Sie viel Zeit verbringen, werden gewissermaßen auf Sie „abfärben".

Gott weiß, was es für Ihren Glauben bedeuten kann, wenn Sie eng mit Menschen verbunden sind, die ihn noch nicht kennen. Ein Freund, der karrieresüchtig und dem es wichtig ist, immer die neuesten technischen Spielzeuge zu besitzen, wird vielleicht nicht verstehen können, dass Sie mit Ihrem Geld großzügig umgehen. Ein Geschäftspartner, der sich nur an seine eigenen Gesetze hält, kann unter Umständen Ihren Wunsch nach finanzieller Integrität nicht nachvollziehen. Ihr Co-Trainer beim Jugendfußball wird vielleicht nicht verstehen, warum Sie das rücksichtslose Verhalten auf dem Platz nicht gut finden. Wenn Sie viel Kontakt mit Menschen haben, die sich nicht für Gott interessieren, kann das für Sie als Christ herausfordernd sein.

Bitten Sie Gott heute darum, Ihnen zu zeigen, wie es um Ihre Zusammenarbeit mit anderen bestellt ist. Gibt es Beziehungen, die Ihren Glauben an Gott negativ beeinflussen? Achten Sie darauf, dass Sie nicht damit hinter dem Berg halten (müssen), dass Sie Christ sind, und geben Sie Gottes Gute Nachricht ohne Ausflüchte weiter. Suchen Sie sich christliche Freunde, die Sie ermutigen und aufbauen.

Herr, es ist wichtig, dass wir nicht christliche Freunde und Bekannte haben, damit wir deine Gute Nachricht weitergeben können. Aber wir brauchen auch die Unterstützung von Christen, damit wir für dich leben können. Schenke uns solche Freundschaften, falls wir sie noch nicht haben. Amen.

22. März

Wenn mehr weniger ist

„Passt auf! Es geschieht so schnell, dass ihr den Wert eures Lebens nur noch an dem Besitz messt, den ihr angehäuft habt. Das ‚Immer-mehr-haben-Wollen' ist eine schlimme Sucht." Lukas 12,15 (WD)

Die erste gemeinsame Wohnung einzurichten gehört zu den schönsten Dingen einer jungen Ehe. Eine ganze Menge Anschaffungen sind dazu nötig: Geschirr, Möbel, Bettwäsche, Haushaltsgeräte – eine schier endlose Liste von Dingen. Aber wenn sich dann im Laufe der Jahre Habseligkeiten anhäufen, wird es irgendwann schwierig, zwischen dem zu unterscheiden, was Sie wirklich benötigen, und dem, was Sie nur wollen. Sie fangen vielleicht an, sich nach einem größeren Haus, einem schnelleren Auto oder einem bequemeren Lebensstandard zu sehnen. Und vielleicht verlieren Sie irgendwann aus den Augen, dass Sie bereits allerhand Grund haben, für das, was Sie bereits besitzen, dankbar und damit zufrieden zu sein.

Jesus fordert uns im obigen Bibelvers auf, unsere Herzenshaltung zu überprüfen. Vertrauen wir darauf, dass er uns mit dem versorgt, was wir brauchen, oder machen wir sogar Schulden, um etwas zu kaufen, das wir eigentlich nicht brauchen? Sind wir mit dem, was wir haben, freigebig, oder beklagen wir uns, dass wir nicht genug haben? Woran machen wir den „Wert unseres Lebens" fest?

Weil Gott uns über alles liebt, verrät er uns, was uns wirklich Erfüllung schenkt und glücklich macht: ein Leben an der Seite von Jesus Christus. Wenn wir so leben, müssen wir nicht länger den Dingen dieser Welt nachjagen. Uns wird die Enttäuschung erspart, die sich einstellt, wenn man seine Hoffnung auf Geld oder Besitztümer setzt. Stattdessen sammeln wir Schätze im Himmel an, die wir nie verlieren können.

Herr, wir danken dir dafür, dass du uns durch dich das Leben schenkst, das besser ist als alles, was diese Welt zu bieten hat. Lehre uns, mit all dem zufrieden zu sein, was du uns geschenkt hast. Wir wollen darauf vertrauen, dass du uns alles gibst, was wir brauchen. Amen.

23. März

Er ist immer genug

Mittlerweile habe ich beides zur Genüge kennengelernt: nichts in der Tasche zu haben und im Überfluss zu leben, zu hungern und satt zu sein.
Philipper 4,12 (WD)

Ihr gemeinsamer Lebensweg wird Sie auf Höhenwegen des Friedens und der Segnungen führen, aber auch durch Täler voller Kampf und Schmerz. Sie werden Zeiten der Gesundheit und der Schwachheit durchleben. Wohlstand und finanzielle Belastungen. Zusammengehörigkeit und Einsamkeit. Frieden und Konflikte. Aber gleichgültig, ob es gerade über die Höhen geht oder durch tiefe Täler: Gott ist treu und ändert sich niemals.

Sie müssen sich nicht fürchten, wenn harte Zeiten kommen. Er ist gut – wenn Sie in Not sind ebenso wie in Ihrem Überfluss. Wenn Sie mit ihm unterwegs sind, haben Sie – wie Paulus – in jeder Lebenssituation Grund, ihn für seine Liebe und Macht zu preisen. Sie können von Frieden erfüllt sein, weil Sie wissen, dass er aus allem, was Ihnen widerfährt, etwas Gutes machen kann. Sie können jederzeit Zufriedenheit erleben – nicht, weil Ihre Lebensumstände optimal sind, sondern weil Sie ihn kennen.

Überschüttet er Sie gerade mit Segensgeschenken? Oder haben Sie so große Probleme, dass es Ihnen schwerfällt, an Gott festzuhalten? Vertrauen Sie darauf, dass Gott an Ihrer Seite ist. Er liebt Sie über alles und will Ihre Lasten für Sie tragen.

Herr, auch wenn es uns manchmal schwerfällt, daran zu glauben: Wenn wir dich haben, haben wir alles, was wir brauchen, damit es uns gut geht. Hilf uns, darauf zu vertrauen, dass du in jeder Hinsicht für uns sorgst. Lehre uns, mit all dem, was du uns geschenkt hast, zufrieden zu sein. Amen.

24. März

Liebe für ein ganzes Leben

Große Wassermassen können die Liebe nicht auslöschen, Ströme sie nicht überfluten. Hoheslied 8,7 (NL)

Es gibt viele Dinge, die für Ihre Ehe eine echte Herausforderung darstellen können: Viele Termine und beruflicher Stress beschneiden Ihre wertvolle Zeit zu zweit. Oft tritt Erschöpfung an die Stelle echter Intimität.

Freunde, Kinder und Verwandte wetteifern ebenfalls um Ihre Aufmerksamkeit. Auseinandersetzungen erschüttern Ihr Vertrauen und rauben Ihnen den Frieden. Ihrem Partner in allen Dingen treu zu sein kann manchmal ebenfalls eine Herausforderung sein. Auf so viele Hochzeiten folgt die Scheidung – Sie fragen sich hin und wieder, ob Ihre Liebe wohl bestehen bleibt.

Ja, mit Gottes Hilfe kann Ihre Liebe jeden Sturm überstehen. Er kann Ihnen die Kraft schenken, Ihr Ehegelübde zu halten. Danken Sie ihm heute bewusst dafür, wo er Sie durch schwierige Phasen getragen hat. Erinnern Sie sich an Situationen, in denen er Ihnen Menschen zur Seite gestellt hat, die Sie ermutigt haben, als Sie es am meisten brauchten. Wenn er die Quelle Ihrer Liebe ist, kann er auch dafür sorgen, dass Ihre Ehe hält.

Was können Sie heute tun, um Ihre Beziehung zu vertiefen? Ist Ihre Ehe gerade mit Herausforderungen konfrontiert? Wie können Sie gegensteuern: Gebet, Beratung und neue Prioritäten? Erinnern Sie sich daran zurück, wie Sie sich ineinander verliebt haben. Träumen Sie ein wenig, und stellen Sie sich vor, wie Ihre gemeinsame Zukunft aussehen könnte.

Herr, wir danken dir dafür, dass du uns unsere Ehe geschenkt hast. Hilf uns, damit sie stark und voller Liebe bleibt. Zeige uns, wie wir zusammenwachsen können. Wir wollen an dir festhalten, damit du mit deiner Güte und Liebe unsere Beziehung erfüllen kannst. Amen.

25. März

Bleiben Sie mit Jesus verbunden

„Bleibt als Reben mit mir verbunden, wie auch ich mit euch verbunden bleibe. Genauso wie der Rebzweig nicht von sich aus Trauben hervorbringen kann, wenn er nicht mit dem Weinstock verbunden ist, so könnt auch ihr keine Frucht bringen, wenn ihr nicht ganz eng mit mir verbunden seid." Johannes 15,4 (WD)

Sie sehnen sich danach, dass Ihre Beziehung sich immer mehr vertieft. Sie wollen einander ermutigen und nicht herunterzuziehen. Sie wollen Ihrem Partner dienen und nicht stolz Ihren Kopf durchsetzen. Sie wünschen sich Vertrautheit und Harmonie, nicht Konflikte und Trennung. Sie sehnen sich nach einer bedingungslosen Liebe, die Ihnen immer mit Gnade und Nachsicht begegnet. Sie haben hohe Ideale für Ihre Beziehung – aber wir sind alle nur Menschen.

Wenn Sie wirklich so leben wollen, müssen Sie daher dem Vorbild von Jesus folgen. Bekennen Sie, wenn Sie einen Fehler begehen, wenn Sie einander enttäuschen oder verletzen. Beschäftigen Sie sich mit der Bibel, um zu lernen, wie man den Partner ermutigen und ihm mit Freundlichkeit und Respekt begegnen kann. Vertiefen Sie Ihre Beziehung zu Gott, und geben Sie die Güte und das Mitgefühl, mit denen er Ihnen begegnet, an Ihren Partner weiter. Vertrauen Sie darauf, dass Jesus Sie zu dem Ehemann und zu der Ehefrau machen wird, die Sie nach seinem Plan sein sollen.

In der Bibel heißt es, dass Sie durch Jesus ein neuer Mensch sind. Er kann auch der zerrüttetsten Ehe durch seine Liebe einen Neuanfang schenken. Klammern Sie sich an Ihn, und vertrauen Sie darauf dass er Leben und Freude in Ihr Zuhause bringen kann.

Herr, genau so soll unsere Ehe aussehen! Wir wollen dir unsere Ehe ganz neu anvertrauen, damit du uns von innen heraus verändern und unsere Beziehung zueinander vertiefen kannst. Amen.

26. März

Nichts ist vergeblich

Daher, meine geliebten Schwestern und Brüder, bleibt unerschütterlich in eurem Vertrauen und hört nicht auf, das zu tun, was Jesus von euch erwartet. Vergesst nie, dass nichts von dem, was ihr für Jesus tut, vergeblich ist! 1. Korinther 15,58 (WD)

Das zu tun, was Jesus von uns erwartet, ist nicht immer einfach. Es kann manchmal ganz schön herausfordernd sein, sich um die Sorgen und Probleme anderer zu kümmern. Es erfordert Mühe, gastfreundlich zu sein. Wenn wir so leben wollen, wie Gott das von uns erwartet, müssen wir regelmäßig mit ihm im Gespräch sein und uns intensiv mit der Bibel beschäftigen. Wir brauchen Glauben, um auch bei Schwierigkeiten zu vertrauen. Unser Mut wird auf die Probe gestellt, wenn wir seine Gute Nachricht weitergeben. Unsere Weisheit und Kraft sind gefordert, wenn wir unseren Kindern vermitteln wollen, dass Jesus ihr Freund sein will. Wir müssen immer wieder demütig sein, wenn wir anderen vergeben und Mitgefühl zeigen wollen. Gott zu lieben nimmt unser Herz, unsere Seele und unsere ganze Kraft in Anspruch.

Seien Sie heute doch einmal richtig mutig. Fürchten Sie sich nicht vor Gegenwind. Sorgen Sie sich nicht darum, dass Sie sich aufreiben oder aufgeben könnten. Schenken Sie der Lüge keinen Glauben, dass Ihre Arbeit umsonst wäre. Sie ist wertvoll. Vielleicht werden Sie heute noch keine Resultate sehen, aber Gott ist immer am Werk. Er verspricht, Sie mit allem zu versorgen, was Sie brauchen. Er verspricht, für Sie einzustehen. Darauf weist schon Paulus hin: „Aber dennoch: Mitten im Leid triumphieren wir über all dies durch Christus, der uns so geliebt hat" (Römer 8,37; Hfa).

Bitten Sie Gott, Ihnen neue Leidenschaft zu schenken. Verlassen Sie sich bei allem, was Sie brauchen, auf ihn. Loben Sie ihn für die wundervollen Dinge, die er durch Sie tun wird.

Herr, du sollst der Mittelpunkt unserer Ehe sein. Hilf uns, anderen durch unser Leben und unsere Ehe zu zeigen, wie sehr du sie liebst. Amen.

27. März

Die Antwort auf alles

Da gibt es nichts mehr, was wir fürchten müssten, denn wer liebt, bei dem hat Angst keinen Platz, sondern die vollkommene Liebe vertreibt die Angst. Wer sich immer noch vor einer möglichen Strafe fürchtet, in dem ist die liebevolle Beziehung zu Gott noch nicht stark genug ausgeprägt.
1. Johannes 4,18 (WD)

Gott hat auf viele Fragen, die uns beschäftigen, nur eine Antwort: Ich liebe dich! Wenn wir uns darüber Sorgen machen, ob Gott uns nach allem, was wir getan haben, noch annimmt?, lautet seine Antwort: Ich liebe dich! Wenn wir unsicher sind, ob unser Partner uns auch dann noch treu bleibt, wenn wir zunehmen. Wenn wir uns fragen, ob sie uns weiterhin respektiert, auch wenn wir unsere Arbeitsstelle verlieren. Gottes Antwort ist immer: Ich liebe dich!

Wenn Sie darauf vertrauen, dass Gott Sie über alle Maßen liebt und dass nichts Ihnen diese Liebe nehmen kann, werden Sie sich nicht länger vor der Zukunft fürchten. Sie machen sich nicht länger Sorgen darüber, dass Jesus Ihnen nach dem nächsten Fehler den Rücken kehrt. Sie haben keine Angst mehr davor, verlassen oder zurückgewiesen zu werden.

Gottes bedingungslose Liebe zerbricht auch den Kreislauf der Angst in der Ehe. Sie können sich einander hingeben, ohne die Angst vor einer Scheidung zu hegen. Sie können ehrlich und echt sein – Sie wissen, dass Sie einander zur Seite stehen, was auch immer passiert.

Danken Sie Gott für seine vollkommene Liebe. Merken Sie, wie dieses Gebet Ihre Angst vertreibt? Entdecken Sie den Frieden, den nur die Liebe Gottes schenken kann. Feiern Sie heute Ihre Ehe und die Versprechen, die Sie einander gegeben haben.

Herr, bitte vertiefe unseren Glauben, damit wir deine vollkommene Liebe haben und frei sind von Angst. Schweiße uns durch die Liebe von Jesus noch enger zusammen. Amen.

28. März

Ein sicherer Hafen

Du brauchst dich nicht zu fürchten vor dem Schrecken der Nacht oder vor den Pfeilen, die am Tag abgeschossen werden, nicht vor der Pest, die im Finstern umgeht, nicht vor der Seuche, die mitten am Tag wütet.
Psalm 91,5–6 (NGÜ)

Ob es um einen Autounfall, einen Herzinfarkt, den Stellenabbau in der Firma oder die Fehlgeburt geht – es ist immer dasselbe: Wir sehen es nicht kommen. Selbst wenn wir die ganze Nacht wach liegen und uns fragen, ob uns morgen eine Tragödie ereilen wird. Selbst wenn wir alles geben, wenn wir uns gesund ernähren und Sport treiben oder jeden Monat etwas auf die hohe Kante legen: Nichts von all dem kann uns vor einer dieser unerwarteten Katastrophen bewahren. Trotz all unserer Bemühungen werden wir nie wirklich sicher sein.

Doch einer kann uns trotz allem Frieden schenken: Gott. Er liebt Sie über alles, und wenn Sie Ihr Vertrauen auf ihn setzen, wird er Sie mit seinem Frieden und mit Ruhe erfüllen. Er wird Ihnen die Kraft schenken, Ihre Feinde zu besiegen. Er kann Ihre Gesundheit wiederherstellen und Ihnen neue Kraft geben. Wenn Sie schwere Zeiten durchmachen, bringt er Trost und Hilfe. Sie müssen mit nichts allein fertigwerden! Und Gott verspricht, dass kein Schmerz je umsonst war. Er erlaubt es Ihnen zum Beispiel, andere zu trösten, die dasselbe durchmachen wie Sie.

Ob Gott Sie nun vor den Stürmen des Lebens bewahrt oder Ihre Hand hält, während der Orkan tobt: Gott ist gut. Er wird immer zu Ihnen halten und Sie nie im Stich lassen. In dieser Gewissheit dürfen Sie heute zur Ruhe kommen.

Herr, nichts kann uns in dieser zerbrochenen Welt vor Schwierigkeiten bewahren. Hilf uns, dir in allem zu vertrauen. Wir wollen unser Leben und unsere Ehe in deine Hände legen. Schenke uns Ruhe. Amen.

29. März
Mach's gut, Schuld!

Denn Gott kann die Traurigkeit in unserem Leben benutzen, um uns zur Umkehr von der Sünde und zur Suche nach der Erlösung zu bewegen. Diese Traurigkeit werden wir nie bereuen. Eine Traurigkeit ohne solche Umkehr dagegen führt zum Tod. 2. Korinther 7,10 (NL)

Es tut weh, wenn wir erkennen, dass wir den Menschen verletzt haben, den wir über alles lieben. Wir haben unseren Kopf durchgesetzt und dabei nicht darauf geachtet, was es unseren Partner kostet. Wir haben der Wut freien Lauf gelassen und den anderen niedergemacht. Unser Gespräch war nicht respektvoll, sondern voller Beleidigungen und Kritik. Wir haben die Wahrheit verdreht, falsche Prioritäten gesetzt und Unterstützung verweigert, als sie gebraucht wurde. Wir sollten den anderen lieben, doch stattdessen haben wir das Gegenteil getan.

Wenn Sie nicht wissen, was Sie in einer solchen Situation tun sollen, wenn Sie sich schämen und sich am liebsten von Ihrem Ehepartner zurückziehen würden: Gott will Ihre Sorge in Freude verwandeln. Gestehen Sie ein, wo Sie versagt haben, und Gott wird Ihnen vergeben. Er wird Ihnen einen Neuanfang schenken. Schauen Sie nicht länger in die Vergangenheit, sondern konzentrieren Sie sich auf die Zukunft, die er Ihnen schenken will.

Halten Sie nicht länger an Ihrem Bedauern und Ihrer Scham fest. Wenn Sie das tun, werden diese Gefühle nämlich Ihren Glauben an Jesus und Ihre Ehe beeinträchtigen. Vertrauen Sie stattdessen auf Gottes Treue: Er vergibt Ihnen und macht alles neu.

Herr, vergib uns unsere Schuld – gegen dich und gegeneinander. Wir danken dir dafür, dass du versprochen hast, uns zu vergeben und uns durch Jesus einen Neuanfang zu schenken. Amen.

30. März

Ein für alle Mal vergeben

Wer will denn noch die anklagen, die Gott liebt und die er selbst freigesprochen hat?! Wer wird sie verurteilen? Römer 8,33–34 (WD)

Es gibt zwei Dinge, die Ihnen die Freude an Ihrer Beziehung zu Gott und zueinander rauben können: Scham und Schuldgefühle. Wenn Sie unkluge Entscheidungen getroffen haben und jetzt in finanziellen Schwierigkeiten stecken, zweifeln Sie unter Umständen daran, dass Gott Sie weiterhin versorgen wird. Wenn Sie sich im Gespräch mit Ihrem Partner im Ton vergriffen oder Versprechen gebrochen haben, haben Sie vielleicht das Gefühl, dass er Ihnen seine Liebe entzieht. Diese und ähnliche Selbstvorwürfe errichten eine Mauer um Sie herum, die Sie von denen trennt, die Sie am meisten lieben.

Was macht Ihnen heute zu schaffen? Glauben Sie im Stillen, dass Ihr Partner oder Gott Ihnen nicht vergeben hat? Dass etwas unwiederbringlich zerbrochen ist? Glauben Sie, dass Sie ein verlorener Sohn bzw. eine verlorene Tochter sind, oder sind Sie fest davon überzeugt, dass Gott Sie nicht aufgegeben hat?

Halten Sie sich einmal vor Augen, wie Gott Sie durch das, was Jesus für Sie getan hat, sieht: Ihnen wurde vergeben. Sie wurden erlöst. Sind unschuldig. Auserwählt. Geliebt. Niemand kann Sie mehr für etwas anklagen, das Jesus bereits am Kreuz bereinigt hat. Hören Sie einfach nicht länger zu, wenn die Stimme der Scham Ihnen die Liste Ihrer Misserfolge wieder und wieder vorhält. Gott ist gern bereit, Ihnen zu vergeben: „Ich werde all eure Vergehen für immer vergessen" (Jesaja 43,25; Hfa).

Geben Sie heute noch einmal bewusst alles an ihn ab, was Sie belastet. Er wird mit Freundlichkeit und Liebe darauf antworten. Und geben Sie sein Geschenk der Gnade und des Mitgefühls auch an Ihren Partner weiter! Vergeben Sie ihm die Dinge, die ihn belasten oder die Sie ihr im Stillen immer noch vorwerfen.

Herr, wir danken dir dafür, dass du uns gern vergibst und einen Neuanfang ermöglichst. Bitte hilf uns dabei, das bei unserem Partner ebenfalls zu tun! Wir wollen immer mehr auf deine Liebe vertrauen. Befreie uns von Angst, Schuld und Scham. Amen.

31. März
Nie mehr allein

Ein Anwalt der Witwen und ein Vater der Waisen ist Gott in seiner heiligen Wohnung. Den Einsamen gibt er ein Zuhause, den Gefangenen schenkt er Freiheit und Glück. Psalm 68,6–7 (Hfa)

Nicht jeder hatte eine glückliche Kindheit. Ein Ehemann trägt die Narben des Missbrauchs. Eine Ehefrau hat Zurückweisung und Ablehnung erlebt. Wenn Sie von denen, die Sie hätten am meisten lieben sollen, enttäuscht wurden, fällt es schwer, wieder zu vertrauen.

Gott weiß von jeder Verletzung und ist auf Ihrer Seite. Er will der vollkommene, liebende Vater an, den Sie niemals hatten. Er verspricht, dass er all das, was Ihnen angetan wurde, wiedergutmachen wird. Er kann Sie von den Ängsten und Lügen der Vergangenheit befreien. Er will Ihnen das Geschenk einer Ehe machen, die ein sicherer Hafen fürs ganze Leben sein soll, in dem Sie für immer Liebe finden.

Danken Sie heute Gott dafür, dass er Sie zusammengeführt hat. Danken Sie ihm dafür, dass Sie eine neue Familie haben, die unter seinen Flügeln sicher geborgen ist. Erinnern Sie sich an Ihre wunderschönen

Gelübde, einander ein Leben lang zu lieben, zu ehren und treu zu sein. Lassen Sie die Vergangenheit hinter sich, und blicken Sie in die Zukunft, die Sie gemeinsam aufbauen.

Heute ist ein Tag zum Feiern! Gott hat Ihnen seine ewige Liebe geschickt und einen Ehepartner an Ihrer Seite.

Herr, wir danken dir dafür, dass wir uns niemals einsam und abgelehnt fühlen müssen – du bist bei uns und wirst uns deine Liebe nie entziehen. Wir preisen dich dafür, dass du uns zu einer neuen Familie gemacht hast. Amen.

April

1. April

Wer ist hier der Boss?

„Ihr könnt nicht zwei Götter auf einmal verehren. Wenn ihr den einen Gott liebt, werdet ihr irgendwann den anderen für unwichtig halten. Ich will damit sagen: Ihr könnt nicht Gott verehren und gleichzeitig Geld als das Wichtigste in eurem Leben ansehen." Matthäus 6,24 (WD)

Auch wenn wir es nicht glauben wollen: Wir alle „beten" gewissermaßen etwas an – Erfolg, Macht, Liebe, Sex ... und Geld. Und Gott weiß, wie schnell wir der Anziehung des Geldes erliegen. Wir opfern Zeit, Beziehungen und Wertvorstellungen, um mehr davon zu bekommen, und schließlich kann diese Gier die Herrschaft über unser Leben übernehmen.

Sie stehen also vor einer Entscheidung: Wollen Sie Gott Ihr Leben anvertrauen oder ist Geld für Sie das Wichtigste? Beschließen Sie heute, nur Jesus nachzufolgen. Lassen Sie ihn Ihr Handeln und Ihre Ziele bestimmen, und schielen Sie nicht länger darauf, was finanziell bei etwas herausspringt. Gehorchen Sie ihm, wenn er Ihnen zu verstehen gibt, dass Sie etwas verschenken sollen, um jemand anderen damit zu segnen. Sammeln Sie Schätzen im Himmel an, und versuchen Sie nicht länger, hier auf dieser Welt zu Ansehen und Wohlstand zu kommen.

Wenn Sie sich hier angesprochen fühlen, dann reden Sie heute doch einmal mit Gott darüber. Er verspricht, sich um alle Ihre Bedürfnisse zu kümmern. Er will Ihnen Ruhe schenken und ein himmlisches Zuhause, das alles in den Schatten stellt, was diese Welt bieten kann.

Herr, wir danken dir dafür, dass du uns mehr anbietest, als wir uns mit Geld je kaufen könnten. Wir wollen nur dir folgen und nur für dich leben. Amen.

2. April

... Schweigen ist Gold

Sogar einen Dummkopf könnte man für klug halten – wenn er sich nicht durch seine eigenen Worte verraten würde! Sprüche 17,28 (Hfa)

Ihr Schweigen kann Ihren Ehepartner ebenso sehr segnen wie Ihre Worte. Wenn Sie sich eine sarkastische Bemerkung oder einen kritischen Kommentar verkneifen, bewahren Sie Ihren Partner vor Kummer. Wenn Sie sich Entschuldigungen oder Notlügen ersparen, baut das Vertrauen auf. Wenn Sie auf Nörgeleien und Klagen verzichten, zeigen Sie ihm, dass Sie ihn respektieren. Wenn Sie ihm nicht sofort Vorwürfe machen, eröffnet Ihnen das die Möglichkeit, sich seine Sicht der Dinge anzuhören. Wenn Sie ihm aufmerksam zuhören und nicht ständig reden, sorgt das dafür, dass Verständnis wachsen kann.

Denken Sie an Ihre letzten Gespräche. Welche Worte erzeugten Spannung und Konflikte? Was führte dazu, dass sich Ihr Ehepartner zurückgewiesen oder unwichtig fühlte? Wie haben Sie versucht, einander zu manipulieren, damit Sie bekommen, was Sie wollen? Wann wollten Sie um jeden Preis das letzte Wort haben?

Verwenden Sie doch heute Ihre ungeteilte Aufmerksamkeit darauf zu hören, was Ihr Ehepartner zu sagen hat. Atmen Sie tief durch, und beten Sie, wenn Sie am liebsten einen bissigen Kommentar machen würden. Achten Sie die Meinungen und Vorstellungen des anderen. Lächeln Sie, stellen Sie Augenkontakt her, und zeigen Sie ohne Worte, wie sehr Sie Ihren Partner lieben und schätzen.

Herr, lehre uns, auf dich und aufeinander zu hören. Schenke uns Weisheit, damit wir liebevoll und respektvoll miteinander umgehen. Heile unsere Beziehung, wenn einer von uns in der Vergangenheit durch gedankenlose Worte verletzt wurde. Amen.

3. April

Eine Einladung zum Beten

Gepriesen sei der Herr für seine Hilfe! Tag für Tag trägt er unsere Lasten.
Psalm 68,19 (Hfa)

Gott liebt es, wenn Sie mit Ihren Problemen und Ihren Schwierigkeiten zu ihm kommen. Doch eigentlich sollte das Gebet nicht nur Ihre letzte Zuflucht sein. Sie dürfen mit allem zu ihm kommen – mit Ihren Sorgen genauso wie mit den Dingen, die Ihnen Freude bereiten. Er kümmert sich in jedem Augenblick um Sie, nicht nur in Krisenzeiten, und lädt Sie ein, immer mit ihm über alles zu reden, was Ihnen widerfährt.

Das hat Jesus schon deutlich gemacht, als er seine Jünger aufforderte, für ihr tägliches Brot zu beten. Und Paulus schreibt: „Freut euch zu jeder Zeit! Hört niemals auf zu beten. Dankt Gott, ganz gleich, wie eure Lebensumstände auch sein mögen. All das erwartet Gott von euch, und weil ihr mit Jesus Christus verbunden seid, wird es euch auch möglich sein" (1. Thessalonicher 5,16–18; Hfa). Wenn Sie nicht regelmäßig beten, bringen Sie sich in gewisser Weise um die Liebe, Macht und Kraft, die Gott Ihnen geben würde, wenn Sie ihn darum bäten.

Was bereitet Ihnen gerade Freude? Wofür Sind Sie dankbar? Und was beschäftigt Sie aktuell? Beten Sie zusammen und tauschen Sie sich aus: Wo fühlen Sie sich erschöpft und müde? Gestresst und frustriert? Schutzlos ausgeliefert und am Ende Ihrer Kraft? Sie werden sich niemals mit etwas an Gott wenden, mit dem er nicht umgehen könnte. Sie werden niemals die Barmherzigkeit und Liebe aufbrauchen, die er Ihnen schenken will. Sie werden nie Fragen haben, die seine Weisheit übersteigen. Er wird für Sie sorgen, für Sie kämpfen und Ihnen die Kraft geben, bis zum Tag seiner Wiederkunft an Ihrem Glauben festzuhalten.

Herr, wir danken dir dafür, dass wir mit allem zu dir kommen dürfen – mit den Dingen, über die wir uns freuen, und mit dem, was uns belastet. Lehre uns, zu jeder Zeit zu beten und darauf zu vertrauen, dass du für uns sorgst. Amen.

4. April

Die Freude an der Wahrheit

Sie ist nicht schadenfroh, wenn anderen Unrecht geschieht, sondern freut sich mit, wenn jemand das Rechte tut. 1. Korinther 13,6 (GN)

Wir haben Einfluss auf unseren Partner. Wir können „uns immer wieder gegenseitig zur Liebe und zu guten Taten anspornen" oder „Menschen … verführen" (Hebräer 10,24; Matthäus 18,6; WD). Wir können einander ermutigen, uns auf das Wort Gottes zu verlassen, oder Zweifel daran fördern. Wir können gemeinsam Gott gehorsam sein, oder wir können zulassen, dass Gott in unserem Zuhause nicht länger eine Rolle spielt.

Woran halten Sie sich fest? Worüber freuen Sie sich heute? Gibt Gott Ihrem Leben Halt? Verlassen Sie sich darauf, dass er Ihnen Frieden schenkt und die Kraft, schwere Zeiten durchzustehen? Legen Sie Ihre Identität, Ihre Zukunft und Ihren Besitz in seine Hände? Sind Sie völlig offen zueinander und vertrauen Sie einander?

Beten Sie dafür, dass Ihr Haushalt mit Gottes Licht und Heiligkeit erfüllt wird. Lassen Sie jede Beziehung oder Aktivität bleiben, die Sie dazu verleitet, seiner Wahrheit den Rücken zu kehren.

Herr, wir wollen nach deinem Wort leben und einander lieben. Schenke uns die Kraft, uns von Dingen abzuwenden, die einen Keil zwischen uns treiben. Mache uns heilig, wie du heilig bist. Amen.

5. April

Die Gabe oder der Geber?

„Ich habe euch gutes Land gegeben, und ihr seid stets satt geworden. Doch je besser es euch ging, desto überheblicher wurdet ihr. Mich, den Herrn, habt ihr vergessen!" Hosea 13,6 (Hfa)

Sie haben sicher schon erlebt, wie gern Gott Sie mit Segensgeschenken überschüttet. Er hat Sie durch Jesus Christus mit allem versorgt, was Sie brauchen (Philipper 4,19). Er hat sein Versprechen gehalten, für Sie zu sorgen, denn er „weiß genau, was ihr braucht, schon bevor ihr ihn um etwas bittet" (Matthäus 6,8; Hfa). Er hat es bewiesen: „Für Gott ist es kein Problem, euch mit allem zu beschenken, und das noch im Überfluss! Ihr werdet jederzeit genügend für euer Auskommen haben und darüber hinaus noch genug, um damit Gutes tun zu können" (2. Korinther 9,8; WD). Er hat Ihnen Schutz gewährt. Freundschaft. Nahrung und Kleidung. Freunde und Familie. Ein Zuhause und eine Arbeitsstelle. Es gibt mehr Segensgeschenke, als Sie zählen könnten.

Wenn wir zufrieden sind, besteht manchmal die Gefahr, dass wir den einen vergessen, der uns das alles beschert hat. Wir führen unseren „Wohlstand" auf unsere Fähigkeiten und auf harte Arbeit zurück. Wir loben unsere eigene praktische Vernunft und Planung. Wir denken, wir bräuchten seine Hilfe nicht und uns würde sogar noch mehr zustehen.

Seien Sie stattdessen dankbar. Danken Sie Gott für alles, was Sie haben. Er ist die eigentliche Quelle Ihrer Kraft. Verlassen Sie sich darauf, dass er Ihnen das geben wird, was Sie Tag für Tag brauchen. Verlieren Sie niemals den Vater aus dem Blick, der Sie liebt und für Sie sorgt.

Herr, wir wollen daran denken, dass du es bist, der uns täglich versorgt. Danke für jedes einzelne Segensgeschenk, das du uns gemacht hast. Amen.

6. April
Die Liebe wird niemals vergehen

Die Liebe gibt nie jemand auf, in jeder Lage vertraut und hofft sie für andere; alles erträgt sie mit großer Geduld. Niemals wird die Liebe vergehen. 1. Korinther 13,7–8 (GN)

Nichts schmerzt so sehr wie der Verrat eines Freunds oder eines geliebten Menschen. Die Ehe sollte eine sichere Zuflucht sein – frei von Klatsch, Verleumdung und Missbrauch. In unseren Ehegelübden versprechen wir einander, uns ein Leben lang zu lieben, ohne dass einer aufgibt oder weggeht.

Leben Sie das in Ihrer Ehe wirklich? Gehen Sie sorgsam und respektvoll mit den Gefühlen des anderen um. Schenken Sie ihm Ihre Zeit und Ihre Aufmerksamkeit. Stehen Sie bei kritischen Schwiegereltern oder respektlosen Kindern füreinander ein. Schaffen Sie eine Atmosphäre des Vertrauens. Seien Sie bereit, Rechenschaft darüber abzulegen, wohin Sie gehen, wen Sie treffen und womit Sie sich beschäftigen.

Glauben Sie stets das Beste voneinander, und seien Sie nachsichtig, wenn das Schlimmste eintritt. Vertrauen Sie darauf, dass Gott Ihre

Schwächen ausmerzt und Sie Jesus ähnlicher macht. Unterstützen Sie mit großer Begeisterung die Ziele und Träume des anderen. Geben Sie niemals auf. Verbannen Sie das Wort „Scheidung" aus Ihrem Wortschatz. Tun Sie alles, was nötig ist, um Ihre Differenzen zu überbrücken und eine harmonische Ehe zu führen.

Herr, wir danken dir dafür, dass sich nie etwas an deiner Liebe zu uns ändern wird. Hilf uns, dass das bei uns genauso ist. Schenke uns die Kraft, unser Eheversprechen zu halten, was auch geschieht. Lass uns lieben, wie du uns liebst. Amen.

7. April
Liebe spricht

Ein Freund bleibt dein Freund, auch wenn er dir wehtut; ein Feind überfällt dich mit übertrieben vielen Küssen. Sprüche 27,6 (GN)

Die Wahrheit tut manchmal weh. Wir hören nicht gern, dass wir einen Fehler gemacht haben. Wir regen uns auf, wenn unsere Meinungen oder Entscheidungen infrage gestellt werden. Wir mögen es nicht, wenn man uns sagt, dass wir unsere Einstellung ändern sollten. Wir fühlen uns angegriffen und sind verletzt, wenn jemand, den wir schätzen, uns darauf hinweist, dass wir etwas getan haben, das nicht in Ordnung ist.

Dabei ist konstruktive Kritik ein Geschenk, denn es öffnet Ihnen die Augen für Ihre Schwächen. Der Schmerz, den Sie darüber empfinden, dass jemand Sie korrigiert, ist besser als die negativen Konsequenzen, die Ihr Fehlverhalten nach sich ziehen könnte. Sie bekommen so die

Chance, sich zu ändern. Sie können, wo nötig, Wiedergutmachung leisten und neu anfangen.

Im Gegensatz dazu lässt ein Feind Sie gern in dem Chaos zurück, das Sie angerichtet haben. Er schmeichelt Ihnen und enthält Ihnen so das vor, was Sie eigentlich hören müssen und wollen: die Wahrheit. Es ist kein Zeichen für Freundlichkeit, wenn man nichts sagt, obwohl man sieht, dass jemand falsche Entscheidungen trifft.

Sagen Sie auch Ihrem Partner liebevoll die Wahrheit. Unterstützen Sie einander dadurch, dass Sie den anderen um Rat bitten und selbst bereit sind, seinen Erkenntnissen Gehör zu schenken.

Herr, wir wollen offen sein, wenn unser Partner uns darauf hinweist, dass wir uns falsch verhalten haben. Hilf uns, die Wahrheit mit Demut und Liebe anzunehmen. Amen.

8. April

Unterschiedliche Beziehungen

Lasst euch um alles in der Welt nicht irremachen. Schlechte Freundschaften können einen schlimmen Einfluss auf uns ausüben.
1. Korinther 15,33 (WD)

Es ist wichtig, dass Sie als Christ die Freundschaft von Menschen suchen, die Gott noch nicht kennen, und sich nicht nur mit anderen Christen umgeben. Jeder Mensch ist ein wertvolles, geliebtes Kind Gottes! Auch Menschen, die ihr Leben nicht auf dem Fundament von Gottes Wort aufbauen, können Ihr Leben mit ihren Erfahrungen, ihrem Wissen und ihren Erkenntnissen sehr bereichern.

Dennoch weist Paulus in seinem Brief an die Korinther darauf hin, dass wir darauf achten sollen, ob diese Beziehungen negative Auswirkungen auf unser Leben mit Gott haben. Wir hoffen, unseren Glauben und die Wahrheit des Evangeliums mit den anderen zu teilen. Ihnen durch unsere Freundschaft und Unterstützung zu zeigen, wie sehr Gott sie liebt. Ihnen liebevoll zu vermitteln, wo ihre Entscheidungen negative Konsequenzen nach sich ziehen. Doch wir sollten auch darauf achten, dass unser Versuch, anderen aufzuhelfen, nicht dazu führt, dass wir selbst stolpern.

Wer sind Ihre engsten Freunde? Sind es Christen, die Sie dazu ermutigen, Jesus von ganzem Herzen nachzufolgen? Oder Menschen, die Ihren Glauben ablehnen und kritisieren? Bitten Sie den Heiligen Geist um Weisheit, um zu erkennen, welchen Einfluss andere auf Sie und Ihr Leben haben. Bitten Sie Gott darum, Ihnen zu zeigen, welche Beziehungen Sie vertiefen und welche Sie vielleicht sogar ganz aufgeben sollten.

Herr, wir brauchen christliche Freunde, die uns darin ermutigen, dir nachzufolgen. Wir wollen immer mit dir verbunden bleiben, wenn wir dein Licht in die Welt hinausstrahlen lassen. Amen.

9. April

Ihre Ehe ist auch ein Dienst

Liebe Brüder und Schwestern, nehmt euch ein Beispiel an mir und an den Menschen, die so leben wie meine Mitarbeiter und ich.
Philipper 3,17 (Hfa)

Ob Sie gerade erst geheiratet haben oder schon länger verheiratet sind: Ihre Ehe und Ihre Liebe zueinander kann anderen etwas beibringen. Ihr Umgang miteinander und Ihre Überzeugungen veranschaulichen die Wahrheit von Gottes Wort. Ihre Gastfreundschaft und Freigiebigkeit weisen auf Gottes Großzügigkeit hin. Ihre Einheit spiegelt das Verhältnis von Christus und seiner Gemeinde. Ihre Zuneigung und Opferbereitschaft macht deutlich, wie Jesus ist. Ihr Vertrauen darauf, dass Gott Sie mit allem versorgen wird, was Sie brauchen, fordert andere dazu auf, ebenfalls an seine Verheißungen zu glauben. Ihre Treue und Integrität lässt andere erahnen, wie heilig Gott ist.

Machen Sie sich heute einmal deutlich, dass Sie auch durch die Art und Weise, wie Sie Ihre Ehe führen, anderen dienen. Bitten Sie Gott darum, dass Ihre Beziehung andere Menschen positiv beeinflusst. Bitten Sie ihn um Weisheit, damit Sie wissen, welchen Weg Sie gehen sollen. Verlassen Sie sich darauf, dass er Ihre Liebe zueinander jeden Tag vertieft. Und bitten Sie ihn darum, dass er andere Menschen durch Sie auf sein Rettungsangebot aufmerksam macht.

Herr, wir wollen unsere Ehe so führen, dass du Gefallen daran hast. Gib anderen durch unsere Liebe zueinander einen Vorgeschmack darauf, wie sehr du die Menschen liebst. Amen.

10. April

Anlehnen und um Hilfe bitten

Wer sich nur auf seinen Verstand verlässt, ist ein Dummkopf. Gestalte dein Leben nach der Weisheit, die Gott gibt, dann bist du in Sicherheit!
Sprüche 28,26 (Hfa)

Wir sind stolz darauf, auf eigenen Füßen zu stehen. Wir wollen finanziell unabhängig sein und unsere Probleme selbst lösen. Um Hilfe oder um Rat zu bitten fällt uns schwer. Wenn wir mit einer Sache nicht zurechtkommen, denken wir, wir seien schwach oder würden versagen. Doch Gott kennt Ihre Grenzen. Er weiß, wie schwer Ihr Leben sein kann, und bietet Ihnen an, sich auf ihn zu stützen.

Welche Herausforderungen stehen Ihnen heute bevor? Versuchen Sie, sie allein zu bewältigen? Stecken Sie fest – wissen Sie weder ein noch aus? –, weil Sie davor zurückschrecken, anderen von Ihren Problemen zu erzählen und um Hilfe zu bitten?

Sprechen Sie mit Gott darüber, und lesen Sie auf der Suche nach Antworten in der Bibel. Bitten Sie ihn um Hilfe. Wenden Sie sich an erfahrene Christen und bitten Sie um Rat. Laden Sie Gott in Ihre Lebenssituation ein, und vertrauen Sie darauf, dass er Sie mit allem versorgt, was Sie benötigen.

Herr, wir können unsere Probleme nicht allein lösen. Nur du kannst uns alles geben, was wir brauchen. Schenke uns deine Weisheit und hilf uns. Lehre uns, dir in jeder Situation zu vertrauen. Amen.

11. April

Hoffnung für morgen

Gott lässt euch sagen: „Das ganze Heer von Heuschrecken, das über euch hergefallen ist, war von mir gesandt. Jetzt aber will ich euch all die Ernten ersetzen, die diese gefräßigen Tiere vernichtet haben."
Joel 2,25 (Hfa)

Wir alle erleiden Verluste. Krankheit und Unglücksfälle rauben uns Menschen, die uns wichtig sind. Besitztümer werden beschädigt, gehen verloren und werden gestohlen. Wir erfahren die schmerzvollen Konsequenzen unseres Handelns. Stress, Angst und Enttäuschung rauben uns immer wieder unseren Frieden.

Gott weiß, was Sie durchmachen. Er weiß von allem, was Sie aufgeben oder hinter sich lassen müssen. Und er will alles wiederherstellen, was Sie verloren haben. Zu seinem perfekten Zeitpunkt, sei es jetzt oder in der Ewigkeit, wird er Sie mit mehr segnen, als Sie je hatten.

Kommt es Ihnen so vor, als sei jeder gegen Sie? Gott wird Sie mit Barmherzigkeit überschütten! Fühlen Sie sich entmutigt und bedrückt? Verlieren Sie nicht die Hoffnung, denn am Morgen werden Sie wieder jubeln können (Psalm 30,6). Sind Sie selbst mit Menschen, die Ihnen das Leben schwermachen, geduldig? Gott wird Sie überreich mit Gnade beschenken (Lukas 6,38).

Vertrauen Sie darauf, dass er Ihnen am Ende mehr zurückgibt, als je verloren ging.

Herr, du siehst, wenn wir Grund haben, uns zu freuen. Du siehst aber auch unseren Kummer und unseren Schmerz. Schenke uns die Kraft, auch dann auf deine Liebe zu vertrauen, wenn es uns schwerfällt. Amen.

12. April

Feiern Sie die Erlösung

Gott sah, dass die Menschen von ihren falschen Wegen umkehrten. Da taten sie ihm leid, und er ließ das angedrohte Unheil nicht über sie hereinbrechen. Jona aber ärgerte sich sehr darüber ... Jona 3,10–4,1 (Hfa)

Weil wir zu Gott gehören, vergibt er uns, wenn wir etwas falsch gemacht haben. Er überschüttet uns mit Segensgeschenken, nimmt uns an, beschützt und hilft uns. Doch während wir uns darüber freuen, dass er uns so segnet, freuen wir uns nicht immer darüber, wenn er das auch bei anderen tut. Bei Menschen, die uns das Leben schwermachen. Wenn er die belohnt, die nicht so hart gearbeitet haben wie wir. Wenn er denen Gelingen schenkt, die sich bloß für sich selbst interessieren. Wir sind dankbar dafür, wenn er mit uns gnädig und nachsichtig ist – aber die anderen sollen das bekommen, was ihnen zusteht!

Hier brauchen wir eine Portion Demut. Wir müssen uns daran erinnern, dass er auch mit uns viel Geduld hat. Nichts von dem, was wir getan haben, hat Gottes Segen verdient. Er hat uns nicht etwa deshalb erwählt, weil wir etwas Besonderes wären – er nimmt uns an, weil er uns liebt!

Bitten Sie Gott heute um etwas mehr Nachsicht und Mitgefühl mit anderen. Bitten Sie ihn, die Menschen zu sich zu ziehen, die ihn noch nicht kennen. Erzählen Sie anderen von seiner Guten Nachricht – dass er sie mit sich versöhnt hat und ihnen einen Neuanfang schenken will.

Herr, keiner von uns verdient dein Geschenk der Liebe und des Lebens. Schenke uns Mitgefühl und Geduld mit denen, die noch nicht Teil deiner Familie sind. Amen.

13. April

Das Geschenk der Gnade

Ein vernünftiger Mensch gerät nicht schnell in Zorn; es ehrt ihn, wenn er über Verfehlungen hinwegsehen kann. Sprüche 19,11 (Hfa)

In der täglichen Routine des gemeinsamen Lebens wird es zwangsläufig einmal vorkommen, dass Ihr Partner etwas tut, das Sie enttäuscht oder verletzt. Und Ihnen wird dasselbe passieren. Sie haben aber in diesen Situationen jedes Mal die Wahl: Sie können „zurückschießen" oder einfach darüber hinwegsehen.

Bitten Sie Gott, Ihnen Ihre Motive zu offenbaren, bevor Sie auf das Verhalten Ihres Partners reagieren. Wollen Sie Ihren Kopf durchsetzen? Sich überlegen fühlen? Sich revanchieren? Ihren Gefühlen freien Lauf lassen? Den anderen kontrollieren oder verändern?

Versuchen Sie, sich stattdessen um Frieden und Einheit zu bemühen, wenn Sie merken, dass Sie frustriert sind. Achten Sie darauf, dass Ihre Gespräche nicht mit Anklagen und Kritik erfüllt sind. Hören Sie aufmerksam zu, und versuchen Sie, den Standpunkt Ihres Partners zu verstehen. Seiten Sie geduldig und bereit, ihm zu vergeben. Vertrauen Sie darauf, dass er Sie eigentlich liebt. Halten Sie sich vor Augen, dass Sie sich selbst in der Vergangenheit auch schon einmal im Ton vergriffen oder ihn verletzt haben.

Mit Gottes Hilfe können Sie erkennen, ob Sie in einer Situation etwas sagen oder lieber schweigen sollten. Vertrauen Sie darauf, dass Gott in Ihrem Partner am Werk ist und Ihrer Ehe Frieden schenken will.

Herr, wir wollen nachsichtig und geduldig miteinander sein. Mache uns darauf aufmerksam, wenn Stolz oder Selbstsucht Ärger und Verletzungen verursacht. Wir danken dir für deine Liebe und für den Frieden, den du uns schenken willst. Amen.

14. April

Die Freude Ihres Vaters

„Der Herr, euer Gott, ist in eurer Mitte; und was für ein starker Retter ist er! Von ganzem Herzen freut er sich über euch. Weil er euch liebt, redet er nicht länger über eure Schuld. Ja, er jubelt, wenn er an euch denkt!"
Zefanja 3,17 (Hfa)

Stellen Sie sich manchmal insgeheim die Frage, ob Gott wütend auf Sie ist? Ob er sich durch etwas, das Sie getan haben, gewissermaßen angegriffen fühlt und sich deshalb weigert, Ihre Gebete zu erhören? Ob ihm die Geduld ausgeht und er Sie strafen wird, wenn Sie das nächste Mal etwas falsch machen?

Nein, das wird niemals passieren! Sie dienen dem Gott, der seine Versprechen hält. Er wird Ihnen vergeben, wenn Sie Ihre Schuld bekennen. Er kramt niemals etwas hervor, das Sie irgendwann einmal falsch gemacht haben, und hält es Ihnen vor. Er schenkt Ihnen immer wieder Neuanfänge. Wenn er Sie betrachtet, sieht er im Grunde nur das, was Jesus am Kreuz für Sie getan hat.

Gott liebt Sie leidenschaftlich. Er möchte einfach alles über Sie wissen. Er feiert jeden Ihrer Erfolge. Er hat wunderbare Träume für Ihr Leben. Er hat Ihnen erstaunliche Talente und Fähigkeiten geschenkt, damit Sie sie für sein Reich einsetzen. Er ist in jedem Augenblick an Ihrer Seite. Bitten Sie Gott heute darum, dass er Ihnen ganz neu zeigt, wie sehr er Sie liebt!

Herr, wir danken dir dafür, dass du uns so liebst, wie wir sind. Deine Gnade und Liebe haben unser Leben für immer verändert. Amen.

15. April

Tun Sie Ihre Pflicht

Verhaltet euch vernünftig, und lasst jedem zukommen, was ihm zusteht: dem einen die Steuer, dem anderen den Zoll; zeigt gegenüber den ausführenden Organen Respekt und gegenüber denen, die an oberster Stelle Verantwortung tragen, eine aufrichtige Ehrerbietung. Römer 13,6–7 (WD)

Wenn Sie auf Ihren Lohnzettel schauen und dann die Nachrichten sehen, fragen Sie sich vielleicht manchmal, warum Sie einer Regierung, die in Ihren Augen so vieles falsch macht, so viele Steuern zahlen. Sie arbeiten schließlich hart für Ihr Geld – warum sollten Sie sich dann davon trennen? Wird die Regierung Ihre Steuern verschwenden oder klug nutzen? Menschen helfen, die am Existenzminimum leben, oder sich ihre eigenen Taschen füllen? Zum Vorteil ihrer Bürger wirtschaften oder die Interessen einiger weniger vorantreiben? Es ist gar nicht so leicht, sich hier, wie von Paulus gefordert, unterzuordnen.

Machen Sie sich heute einmal bewusst, wer wirklich die Macht hat: Wenn Sie Ihre Steuern zahlen und Ihre Regierung respektieren, zeigen Sie Gott, wie sehr Sie ihn lieben und ehren. Sie vertrauen darauf, dass er Ihnen Kraft geben wird, wenn Sie die Dinge aus der Hand geben müssen. Entscheiden Sie sich heute für Gottes Weg des Friedens. Bewahren Sie sich ein reines Gewissen, indem Sie das tun, was richtig ist. Seien Sie für jedermann ein Vorbild an Glauben.

Herr, hilf uns, uns in deinem Namen bereitwillig denen unterzuordnen, die in unserem Land die Verantwortung tragen. Wir wollen dir Freude machen, indem wir geben, was wir schuldig sind. Amen.

16. April

Für Veränderungen bereit

Sieh, ob ich einen Weg eingeschlagen habe, der mich von dir wegführen würde, und leite mich auf dem Weg, der ewig Bestand hat!
Psalm 139,24 (NGÜ)

Wir finden bei unserem Partner sehr viel leichter den Fehler als bei uns selbst. Wenn wir mitten in einer Auseinandersetzung stecken, fühlen wir uns von dem Ton, der Haltung und der Wortwahl unseres Partners angegriffen. Wir wollen, dass Gott ihm zeigt, dass er falschliegt. Wir beten dafür, dass der andere sich ändert. Das steht in krassem Widerspruch zum Gebet des Psalmisten, der Gott darum bittet, ihm zu zeigen, ob er „einen Weg eingeschlagen" hat, der ihn von seinem Schöpfer wegführt.

Es ist eine ordentliche Portion Mut und Demut nötig, sich der Selbstprüfung zu unterziehen. Bitten Sie Gott darum, Ihnen zu zeigen, wo Sie auf einem falschen Weg sind – wo Sie grob sind, egoistische Entscheidungen fällen, wo Sie eine herabsetzende Ausdrucksweise haben oder welche schlechten Angewohnheiten sich bei Ihnen eingenistet haben. Bitten Sie ihn, Sie „auf dem Weg [zu leiten], der ewig Bestand hat" – Ihnen zu zeigen, wo Sie um Vergebung bitten und ihm gehorsam sein müssen. Und es könnte durchaus sein, dass diese „Aufräumaktion" in Ihrem eigenen Herzen nicht mehr viel Raum dafür lässt, Ihren Ehepartner zu kritisieren.

Gott wird sein Versprechen halten, das gute Werk zu vollenden, das er in Ihrem Leben begonnen hat (Philipper 1,6). Sie können darauf vertrauen, dass er Sie beide Jesus immer ähnlicher gestalten und Sie Tag für Tag näher zu sich ziehen wird.

Herr, danke, dass du uns korrigierst und uns zeigst, wie wir auf dem richtigen Weg bleiben. Schenke uns Geduld und Nachsicht im Miteinander, während du uns führst. Amen.

17. April

Halten Sie am Glauben fest

*„Du musst nur von ganzem Herzen auf den Herrn Jesus vertrauen.
Dann bist du gerettet, du und deine ganze Familie."*
Apostelgeschichte 16,31 (WD)

Wenn wir Jesus unser Leben anvertrauen, ist das der allererste Gehorsamsschritt, den wir machen. Wir glauben daran, dass er der Sohn Gottes ist. Wir nehmen für uns in Anspruch, dass er am Kreuz für unsere Sünden gestorben ist, damit sie uns vergeben werden können. Wir preisen ihn als den Schöpfer von allem. Wir lieben ihn als unseren Freund. Er ist das Wort Gottes. Der einzige Weg zum Vater. Der verheißene König. Er ist der Grund dafür, dass wir ewiges Leben haben.

Was kommt als Nächstes? Wir halten an all diesen Dingen fest, bis Jesus wiederkommt. Wir beschäftigen uns regelmäßig mit der Bibel und leben danach. Wir werden Teil von Gottes Familie und beten ihn gemeinsam an. Wir geben, helfen und dienen anderen in seinem Namen. Wir beten regelmäßig zu ihm und erwarten auch, dass er antwortet. „Darum habt ihr allen Grund zur Freude, ja, der Gott aller Hoffnung möge euch noch viel mehr mit ihr erfüllen und euch seinen Frieden schenken. Es ist euer Glaube, der euch durch die Kraft des Heiligen Geistes eine unermesslich große Hoffnung schenkt" (Römer 15,13; WD).

Denken Sie heute an die Zeit zurück, als Sie Ihre ersten Schritte im Glauben gemacht haben. Danken Sie Gott dafür, dass Sie sein Kind sein dürfen. Vertrauen Sie ihm Ihre Ehe und Ihre Familie an.

Herr, wir danken dir dafür, dass du Jesus auf diese Welt geschickt hast, damit er für unsere Sünden stirbt und unser Leben mit Hoffnung erfüllt ist. Wir wollen dir heute bewusst unsere Ehe neu anvertrauen. Amen.

18. April

Ein ganz neues Leben

"Doch ich sage euch: Hängt nicht wehmütig diesen Wundern nach! Bleibt nicht bei der Vergangenheit stehen! Schaut nach vorne, denn ich will etwas Neues tun! Es hat schon begonnen, habt ihr es noch nicht gemerkt?" Jesaja 43,18–19 (Hfa)

Es gibt eine sichere Methode, wie Sie einen Streit mit Ihrem Partner vom Zaun brechen können. Sie müssen ihm nur vorwerfen: „Du bist genau wie deine Mutter!" Oder: „Du bist wie dein Vater!" Im Grunde entreißen Sie ihm dadurch seine eigene Identität und ersetzen diese durch die Fehler und Vergehen der Eltern.

Doch als Sie Ihr Leben Jesus anvertraut haben, hat Gott versprochen, Sie zu einem neuen Menschen zu machen. Ihr Vater hat vielleicht die Familie verlassen, aber durch Gott haben Sie die Kraft, mit Ihrem Partner durch dick und dünn zu gehen. Ihre Mutter hat vielleicht schlimme Dinge gesagt und getan, wenn sie wütend war, aber Ihnen will Gott Frieden und Sanftmut schenken. Abhängigkeiten, sexuelles Fehlverhalten, Missbrauch, Stolz, Verbitterung – gleichgültig, was in Ihrer Herkunftsfamilie an der Tagesordnung war: Seit Sie zu Jesus gehören, sind diese Sünden tot und in der Vergangenheit vergraben.

Gott selbst ist jetzt Ihr wahrer Vater. Vertrauen Sie darauf, dass er sein gutes Werk in Ihrem Leben fortführen wird. Bitten Sie ihn darum, die Stimmen, die Ihnen einreden wollen, dass Sie genauso sind wie Ihr Vater oder Ihre Mutter, zum Schweigen zu bringen.

Sprechen Sie Ihrem Partner zu, dass er durch Jesus ein neuer Mensch ist! Dass Gott sein bzw. ihr Leben zum Positiven verändern will! Warten Sie gespannt auf das, was dann passiert.

Herr, wir wollen bewusst darauf achten, wie du uns beide langsam veränderst und deinem Sohn ähnlicher machst. Setze dein gutes Werk in uns fort, und befreie uns von dem Leid und der Sünde der Vergangenheit. Erfülle uns mit Hoffnung, während wir darauf vertrauen, dass du uns zu neuen Menschen machst. Amen.

19. April

Herausforderungen und Versuchungen

Wenn überhaupt, dann wart ihr bis jetzt nur mit Versuchungen konfrontiert, die noch ein gewisses menschlich zu verkraftendes Maß hatten. Aber auch in Zukunft dürft ihr Gott vertrauen, der treu ist und nicht zulassen wird, dass die Prüfungen eure Kräfte übersteigen. Im Gegenteil, er wird jeder Versuchung ein Ende bereiten, sodass ihr sie bestehen könnt. 1. Korinther 10,13 (WD)

Gott weiß, dass wir täglich Versuchungen ausgesetzt sind, obwohl wir beschlossen haben, das Richtige zu tun: Im Büro erwischen wir uns dabei, dass wir mit anderen tratschen. Wir ärgern uns über die Kinder. Exzessives Onlineshopping führt dazu, dass wir unser Konto überziehen. Wir sind unsicher und versuchen, vor anderen unseren Erfolg aufzubauschen. Wir streiten mit dem Partner. Ständig zerren Selbstsucht und Stolz an uns.

Mit welchen Herausforderungen sind Sie heute konfrontiert? Geben Sie der Versuchung nach, weil Sie das Gefühl haben, einfach nichts dagegen tun zu können? Das muss nicht sein. Gott ist bei Ihnen. Er verspricht, Ihnen die nötige Kraft zu schenken und einen Ausweg zu zeigen. Bitten Sie ihn um die Weisheit, gut mit der schwierigen Situation umzugehen.

Ermutigen Sie einander, Gott nachzufolgen. Lesen Sie gemeinsam in der Bibel, damit Sie wissen, wie Sie nach Gottes Willen leben sollen. Denken Sie an Situationen zurück, bei denen Gott Ihnen schon geholfen hat. Wenn Sie das tun, können Sie voller Freude sagen: „Du, Gott, bist mein sicherer Zufluchtsort, mein Schutz in Zeiten der Not. Wohin ich mich auch wende – deine Hilfe kommt nie zu spät. Darüber juble ich vor Freude" Psalm 32,7 (NGÜ).

Wir danken dir, Vater, dass du uns alles gibst, was wir brauchen, um die Herausforderungen zu bestehen. Zeige uns den Weg, wenn wir nicht weiterwissen. Amen.

20. April

Gott, unsere Quelle

„Der Gott, der die Welt und alles in ihr geschaffen hat, der Herr ist über den Himmel und die Erde, lebt nicht in irgendwelchen Heiligtümern, die Menschen errichtet haben. Er braucht auch keine Menschen, die ihn mit irgendetwas versorgen, als könnte er nicht für sich selbst sorgen. Nein, er ist es, der allen Geschöpfen das Leben geschenkt hat."
Apostelgeschichte 17,24–25 (WD)

Gott braucht unsere Hilfe nicht, damit die Erde sich weiterdreht. Im Gegenteil. Wir lieben, weil Gott uns zuerst geliebt hat. Wir dienen, weil er uns dazu bewegt und uns die Kraft gibt, es zu tun. Wir begegnen anderen mit Geduld und Nachsicht, weil er uns ebenfalls mit Gnade begegnet. Wir leben, weil er uns unser Leben geschenkt hat. Er ist die wahre Quelle von allem, was wir sind.

Danken Sie Gott heute für das, was er ist: Schöpfer, Herr, König, Retter. Danken Sie ihm für das Leben, das er Ihnen geschenkt hat. Danken Sie ihm für Ihre Ehe und Ihr Zuhause. Geben Sie ihm die Ehre für all das Gute, das Sie mit anderen teilen können.

Gewinnen Sie Ihre Ehrfurcht vor dem Herrn des Himmels und der Erde zurück. Machen Sie sich bewusst, dass er allein Gott ist und alles in seiner liebenden Hand hält.

Herr, du verdienst unseren Lob und alle Ehre. Unser Leben gehört dir. Wir lieben dich. Amen.

21. April

Das Geschenk der Weisheit

Sollte jemand von euch spüren, dass ihm Weisheit fehlt, dann soll er sie ganz einfach und ohne sich über den Mangel zu beschweren von Gott erbitten. Und Gott, der gern gibt, wird sie ihm schenken.
Jakobus 1,5 (WD)

Sie werden in Ihrem Leben immer wieder in Sackgassen geraten und nicht weiterkommen. Sie werden an Kreuzungen stehen und nicht wissen, welcher Weg der richtige ist. Sie werden hin und wieder ermüdet und frustriert sein und den Eindruck haben, nur langsam vorwärtszukommen. Und manchmal werden Sie auch nicht wissen, ob Sie weitergehen, umkehren oder einfach nur stehen bleiben sollen.

Für Gott gibt es keine dummen Fragen. Sie können ihn in jeder Situation um Weisheit bitten. Wenn Sie verwirrt sind, weil Sie Zweifel haben oder entmutigt sind, will er Ihnen Klarheit und neue Kraft schenken.

Welche Entscheidungen stehen heute an? Welches Problem oder welcher Konflikt kommt Ihnen gerade unlösbar vor? Sollten Sie in einer Situation auf Nummer sicher gehen oder den Sprung ins Ungewisse wagen? Bitten Sie Gott bei allem um Hilfe, und vertrauen Sie sich seiner Führung an.

Herr, wir brauchen deine Hilfe, damit wir wissen, was wir tun sollen. Danke für dein großzügiges Versprechen, uns deine Weisheit zur Verfügung zu stellen. Hilf uns, dir zu vertrauen, während wir deiner Leitung folgen. Amen.

22. April

Trotzdem geliebt

Wem fällt es schon gleich auf, wenn er falsch gehandelt hat? Sprich mich frei von unbewusster Schuld! Psalm 19,13 (NGÜ)

Oft sind wir unseren eigenen Schwächen gegenüber blind. Wir merken nicht, dass wir rücksichtslos sind. Dass wir unser Gegenüber dauernd unterbrechen. Dass uns unsere Bedürfnisse wichtiger sind. Dass wir aufgrund unseres hitzigen Temperaments die Gefühle der anderen verletzen. Dass wir unser Wort nicht halten. Dass wir gelobt werden und nicht selbst loben wollen. Dass unser Sarkasmus oder unsere Kritik andere Menschen niedermacht. Nein, oft bemerken wir die Spur des Schmerzes und der Frustration gar nicht, die wir hinterlassen.

Bitten Sie Gott heute, Ihnen Ihre unbewussten Schwächen und Fehler vor Augen zu führen. Fragen Sie ihn, wie Sie andere besser lieben und ihnen besser dienen können. Bitten Sie ihn um die Geduld, mit anderen nachsichtig zu sein. Und lassen Sie sich von ihm auch zeigen, wo Sie Ihren eigenen Kopf durchgesetzt haben, anstatt nach seinem Willen zu fragen.

Gott kennt Sie in- und auswendig. Er liebt Sie trotz all Ihrer Unvollkommenheiten. Er ist mitfühlend und gern bereit zu vergeben. Er hält sein Versprechen, sein gutes Werk zu vollenden: Sie Jesus ähnlicher zu machen.

Herr, vergib uns, wo wir versagen, ohne es auch nur zu bemerken. Wir danken dir dafür, dass du mit uns so geduldig und gnädig bist. Lass uns darauf vertrauen, dass du uns verändern willst. Amen.

23. April
Es gibt eine bessere Lösung als Streiten

Ich finde das beschämend. Gibt es denn unter euch niemanden, der weise genug ist, um bei Rechtsfragen unter Gemeindemitgliedern gute Entscheidungen zu fällen? An sich ist es ja schon ein echtes Armutszeugnis, dass ihr überhaupt Prozesse gegeneinander führen müsst. Warum ist denn von euch offensichtlich niemand bereit, so wie Jesus lieber Unrecht zu erleiden und zurückzustecken? 1. Korinther 6,5–7 (WD)

Menschen, die von sich behaupten, Jesus nachzufolgen, sind dazu berufen, Mauern niederzureißen. Demütig zu sein, anderen den Vortritt zu lassen. Die eigenen Rechte zugunsten anderer zurückzustellen. Jesus zu lieben, indem wir geben, dienen und helfen. Wir sollen geduldig sein und gut nachdenken, bevor wir wütend werden. Gnädig und immer im Gespräch mit Gott. „Ihr seid gesegnet, wenn ihr den Menschen zeigt, wie man ohne Kampf und Streitigkeiten miteinander leben kann. Sie werden sehr schnell merken, zu welcher Familie ihr gehört" (Matthäus 5,9; WD).

Doch trotz dieser Handlungsanweisungen gibt es Christen, die wegen Kleinigkeiten vor Gericht gehen. Sie ruinieren ihr Zeugnis für die Welt, wenn sie einander angreifen. Dass die Gemeinde bei diesem Streit vielleicht auch helfen könnte, wird nicht einmal in Betracht gezogen. Ganz gleich, wie viel ein Gerichtsstreit einbringt: Die Sache Gottes verliert viel, viel mehr.

Bemühen Sie sich heute um Harmonie und Eintracht. Entscheiden Sie, dass die Liebe zwischen Ihnen wichtiger ist, als recht zu haben. Ihre Mitmenschen sollten Ihnen wichtiger sein als Geld oder Ihr Besitz. Bitten Sie die Leiter Ihrer Gemeinde, den Streit zu schlichten. Denken Sie daran, dass Ihr Umfeld Ihr Verhalten mitansieht.

Herr, du bist die wahre Quelle der Weisheit und Gerechtigkeit. Hilf uns, wenn wir versuchen, mit anderen Menschen harmonisch zusammenzuleben und ihnen so zu zeigen, dass wir zu dir gehören. Amen.

24. April

Die Hoffnung auf den Himmel

"Ihr Galiläer! Was steht ihr da herum und schaut in den Himmel hinauf? Dieser Jesus, den ihr da gerade aus eurer Mitte in den Himmel habt aufsteigen sehen, wird von dort auch wieder auf die Erde zurückkehren."
Apostelgeschichte 1,11 (WD)

Jesus wird wiederkommen. Diese Tatsache verändert alles, während Sie darauf warten. Sie müssen keine Angst vor morgen haben. Kein

Unglück kann Sie von seiner Liebe trennen. Keine Macht oder Autorität kann Gottes Reich Einhalt gebieten. Die Zukunft liegt in seinen Händen.

Das Wissen, dass Jesus einmal wiederkommen wird, gibt Ihrem Leben ein neues Ziel: Sie sind ein Botschafter der Guten Nachricht und verbreiten die Hoffnung darauf, dass Menschen, die noch weit von Gott entfernt sind, gerettet werden können. Sie können andere dazu einladen, ihr Vertrauen auf Jesus zu setzen, und gemeinsam mit ihnen auf sein Kommen warten.

Das Wissen, dass Jesus einmal wiederkommen wird, gibt Ihrem Leben auch eine neue Qualität: Sie wissen, dass Sie unvergängliche Schätze im Himmel ansammeln, und müssen sich nicht länger an materielle Dinge klammern, um glücklich zu sein. Sie leben so, dass Jesus daran Freude hat, nicht die anderen Menschen. Ihr wahres Zuhause ist im Himmel bei ihm. Dort erwartet Sie eine Belohnung. Ihre Entscheidungen von heute haben Auswirkungen auf morgen. Wenn Ihr Leben von Liebe und Gehorsam geprägt sind, werden Sie am Ende hören: „Ausgezeichnete Arbeit. Du hast wirklich Großartiges geleistet" (Matthäus 25,21; WD).

Machen Sie sich bewusst, dass Sie bald zu Hause sein werden. Die Schwierigkeiten von heute werden angesichts der Schönheit und Freude einer Ewigkeit mit Jesus verblassen. Freuen Sie sich darüber und warten Sie gespannt auf seine Wiederkehr.

Herr, mache uns immer wieder bewusst, dass das hier nicht unsere endgültige Heimat ist. Lass uns deine Gute Nachricht weitergeben, dir gehorsam sein und voller Hoffnung auf deine Rückkehr warten. Amen.

25. April

Denken, sprechen, lieben

Nimm meine Worte freundlich auf! Lass mein Gebet zu dir dringen, Herr, mein Halt und mein Retter! Psalm 19,15 (GN)

Wenn wir uns verlieben, drehen sich unsere Gedanken nur noch um eines: den geliebten Menschen. Die Augenblicke, die wir gemeinsamen verbringen, sind die schönsten unseres Tages. Es ist so aufregend, das Wesen und die Interessen des anderen zu entdecken. Wir setzen auch alles daran, unserer Liebe Ausdruck zu verleihen und einander glücklich zu machen. Genauso ist es, wenn Sie Gott lieben. Ihre Worte sind ein Akt der Anbetung. Er freut sich darüber, wenn Sie seine Schöpfung bewundern. Wenn Sie die Bibel studieren und Ihr Leben darauf aufbauen. Wenn Sie ihm alle Bereiche Ihres Lebens anvertrauen und sicher sind, dass er Ihnen alles geben wird, was Sie brauchen.

Sie beten Gott auch mit Ihren Gedanken an. Wenn Sie darüber nachdenken, was das Wort Gottes wohl zu einer Sache zu sagen hat. Wenn Sie über sich selbst nachdenken, indem Sie Ihr Leben unter die Lupe nehmen und durchforschen, was nicht im Einklang mit Gottes Willen ist. Wenn Sie vor Dankbarkeit für das überwältigt sind, was er geschaffen hat.

Ehren Sie Gott heute mit Ihren Worten und Gedanken. Denken Sie darüber nach, wie wunderbar er ist und was er schon für Sie getan hat. Beschäftigen Sie sich mit seinem Wort und damit, wie Sie das Gelesene auf Ihr Leben übertragen können.

Herr, wir danken dir für all das, was du erschaffen und was du uns gegeben hast. Wir wollen, dass du dich über das freust, was wir sagen und tun. Du sollst der Mittelpunkt von allem sein. Amen.

26. April

Aus zwei wird eins

„Sie sind also eins und nicht länger zwei voneinander getrennte Menschen. Und was Gott zusammengefügt hat, das soll der Mensch nicht scheiden." Matthäus 19,6 (Hfa)

Die Ehe ist ein echtes Wunder, bei dem aus zwei Menschen gewissermaßen einer wird. Als Ehemann und Ehefrau bilden Sie einen einzigen Hausstand. Sie streben gemeinsame Ziele an. Sie teilen eine intime Beziehung. Sie gehen eine lebenslange Verbindung ein, bei der jeder nur das Beste für den anderen will.

Gibt es etwas oder jemanden, das oder der sich heute zwischen Sie drängt? Vielleicht verdrängen volle Kalender Ihre gemeinsame Zeit. Freunde kritisieren vielleicht Ihren Ehepartner oder machen sich über Ihre Hingabe lustig. Familienmitglieder verlangen Ihre Loyalität. Die Anforderungen im Büro rauben Ihnen Kraft und Aufmerksamkeit, die Sie eigentlich für Ihren Partner benötigen. Es gibt Zeiten, da kommt es Ihnen so vor, als läge Ihre Ehe in einem Stapel unerledigter Dinge ganz unten, und Sie merken, wie Sie sich auseinanderleben.

Was können Sie heute tun, um wieder zueinanderzufinden? Was können Sie tun, damit Ihre Ehe Priorität hat? Wem oder was haben Sie erlaubt, Sie auseinanderzubringen? Verpflichten Sie sich neu dazu, einander von ganzem Herzen zu lieben. Reden Sie miteinander, berühren Sie einander, und schenken Sie einander Ihre ungeteilte Aufmerksamkeit. Erinnern Sie sich daran, warum Sie einander so sehr lieben.

Herr, danke, dass du aus zwei „Ich" ein „Wir" gemacht hast. Beschütze unsere Ehe – lass nicht zu, dass uns etwas auseinanderreißt. Zeige uns, was es bedeutet, eins zu sein. Amen.

27. April

Liebe oder Freiheit

Ihr sagt: "Alles ist erlaubt!" Mag sein, aber nicht alles ist deshalb auch schon gut. Alles ist erlaubt, aber nicht alles fördert die Gemeinde. Niemand von euch sollte nur auf seinen Vorteil bedacht sein, sondern er bemühe sich darum, immer auch an den anderen zu denken.
1. Korinther 10,23–24 (WD)

In unserer Gesellschaft pocht jeder auf seine Rechte. Menschen fordern die Freiheit, so leben zu können, wie es ihnen gefällt. Es heißt, dass wir tun können, was wir wollen, solange unsere Entscheidungen niemanden verletzen. Doch als Christen sind wir dazu aufgerufen, den Weg der Liebe einzuschlagen.

Durch das, was Jesus für Sie getan hat, hat die Sünde nicht länger Macht über Sie. Aber Paulus weist darauf hin: „Trotzdem solltet ihr darauf achten, dass ihr mit der Freiheit, die ihr zu haben glaubt, dem nicht schadet, dessen Glaube noch schwach ist" (1. Korinther 8,9; Hfa). Sie haben vielleicht die Freiheit zu trinken, was Sie wollen, aber das könnte einen trockenen Alkoholiker in Versuchung führen. Sie haben die Freiheit, sich die Filme anzuschauen, auf die Sie Lust haben, aber das könnte Ihrer Frau Albträume bescheren. Sie können Ihre politischen Ansichten frei äußern, aber das kann denen Angst machen, die sich vor der Zukunft fürchten. Ihre Entscheidungen und Ihr Handeln beeinflussen andere mehr, als Ihnen bewusst ist.

Achten Sie heute einmal darauf, wo es vielleicht nicht sinnvoll ist, auf Ihren Rechten zu beharren. Tun Sie alles, was Sie können, um anderen dabei zu helfen, Gott nachzufolgen und ein Leben zu führen, an dem er Freude hat. Lassen Sie sich in allem, was Sie tun, von der Liebe zu Ihren Mitmenschen leiten.

Herr, zeige uns, wo wir unsere Freiheiten zum Wohle anderer aufgeben sollten. Lass uns so lieben, wie du die Menschen liebst. Amen.

28. April

Unser heiliges Zuhause

Dabei ist es ausgeschlossen, dass irgendetwas Unreines oder ein schlechter, verlogener Mensch in die Stadt gelangt. In diese Stadt kommt nur der hinein, den das Lamm im Buch des Lebens verzeichnet hat.
Offenbarung 21,27 (WD)

Unreines – damit sind Dinge gemeint, die Gott verabscheut. Und davon gibt es in unserer Welt viele: Pornografie und Menschenhandel sind vielerorts weitverbreitet. Abtreibung, Armut, Misshandlung und Gewalt verursachen Schmerz und Angst. Korrupte Führungspersonen missbrauchen ihre Macht, um selbstsüchtige Ziele zu erreichen. Unser Friede und unsere Freude werden unter einer Welt von Leiden und Sünde begraben.

Danken Sie Gott dafür, dass diese Dinge nicht das letzte Wort haben! Er hat Ihnen eine ewige Zukunft versprochen. Reinheit. Heiligkeit. Ruhe. Wahrheit. Zugehörigkeit. Heilung. Wahres Leben. All die hässlichen Dinge und der Tod, die die Schlagzeilen füllen, werden verschwinden, wenn er zurückkehrt und alle Dinge neu macht. Und unsere Sehnsucht nach unserer himmlischen Heimat wird dann endlich gestillt.

Lassen Sie sich von Gottes Verheißungen erfrischen. Vertrauen Sie darauf, dass er Sie nicht im Stich lässt, sondern sicher nach Hause bringt. Vertrauen Sie darauf, dass die dunkelsten Tage im Licht von Gottes Herrlichkeit keine Chance haben. Er kommt – bald!

Herr, wir wollen unseren Blick fest auf dich richten, wenn das Böse dieser Welt uns zu schaffen macht. Schenke uns Durchhaltevermögen und Hoffnung, während wir auf dich warten. Erfülle uns mit deiner Wahrheit, damit wir dein Licht in der Finsternis leuchten lassen können. Amen.

29. April

Die Romantik wiederentdecken

„Nun spricht er zu mir! Mach schnell, mein Liebes! Komm heraus, geh mit!" Hoheslied 2,10 (GN)

Ihre Tage sind geschäftig und voller Ablenkungen. Die Anforderungen an Ihre Zeit und Energie lassen Sie erschöpft zurück. Sie sollten eigentlich Aufgaben an Ihren Partner abgeben, machen aber doch lieber alles selbst. Nach einer Weile merken Sie, dass Sie sich voneinander entfernt haben und gereizt sind. Sie fragen sich, wo die Romantik geblieben ist.

Nehmen Sie sich heute einen Moment Zeit, um einander „Ich liebe dich" zu sagen. Schenken Sie einander Ihre ungeteilte Aufmerksamkeit. Umarmen Sie Ihren Ehepartner. Sagen Sie ihm, warum Sie so glücklich darüber sind, dass er Ihr Mann bzw. Ihre Frau ist. Erzählen Sie, warum Ihr Herz schneller schlägt, wenn sie an ihn denken. Erinnern Sie sich daran, warum Sie sich anfangs verliebt haben.

Bitten Sie Gott, Ihrer Ehe neues Leben einzuhauchen. Bitten Sie ihm, alles niederzureißen, was zwischen Ihnen steht. Setzen Sie einander bewusst an die erste Stelle – Ihr Partner soll für Sie wichtiger sein als alles andere, das um Ihre Aufmerksamkeit wetteifert. Stellen Sie einen Plan auf, wie Sie dem Alltagstrott entkommen und Ihre Liebe neu entfachen können. Freuen Sie sich darauf, inniger als je zuvor miteinander verbunden zu sein. Schöpfen Sie Hoffnung, denn: „Kein Wasser kann die Glut der Liebe löschen und keine Sturzflut schwemmt sie je hinweg" (Hoheslied 8,7; GN).

Herr, wir wollen nicht, dass irgendetwas zwischen uns kommt und unsere Liebe stiehlt. Schenke uns Zeit und Raum füreinander, damit wir unsere Beziehung vertiefen können. Amen.

30. April
Geben Sie niemals auf

Jesus entgegnete: „Mose hat nur als Zugeständnis an eure Herzenshärte eine Scheidung vorgesehen, aber das hat nichts mit Gottes ursprünglichem Plan zu tun." Matthäus 19,8 (WD)

Die Ehe ist harte Arbeit! Man muss sich anstrengen, um sich miteinander zu unterhalten und den anderen zu verstehen. Es ist schwierig, zwei einzigartige Persönlichkeiten, Leidenschaften und Zukunftspläne unter einen Hut zu bekommen. Der Druck, den Beruf, Elternschaft oder offene Rechnungen auf Sie ausüben, rauben die Freude und die Romantik, nach der Sie sich sehnen. Im schlimmsten Fall leben Sie sich mit der Zeit auseinander und fragen sich, was Sie noch zusammenhält. Lohnt es sich wirklich, noch länger zusammenzubleiben? Sie tragen immer wieder dieselben Kämpfe aus. Sie sind verletzt, einsam und frustriert. Mauern haben sich aufgetürmt, zu hoch, als dass man sie einreißen könnte.

Doch das muss nicht so sein. Gott kann Ihnen hier helfen. Er kann Ihnen Demut schenken, damit Sie in der Lage sind zuzugeben, wo Sie falschliegen. Er kann Ihnen ernsthaftes Bedauern über die Art und

Weise schenken, wie Sie einander verletzt haben. Er kann Ihnen jeden Tag neu Vergebung, Freundlichkeit und Hingabe schenken. Er kann Ihnen helfen, nach den guten Seiten des anderen Ausschau zu halten. Und er kann Ihnen helfen, einander so zu lieben, wie Jesus Sie liebt.

Legen Sie heute die Bitterkeit und die negativen Erwartungen ab, die Sie vielleicht mit sich herumtragen. Lassen Sie die Vergangenheit los und das, von dem Sie denken, dass Sie es verdienen. Entscheiden Sie sich für die Liebe, und erleben Sie das Wunder, das Jesus in Ihrer Ehe bewirken wird.

Herr, manchmal kommt es uns so vor, als würde unsere Liebe zwischen Beruf, Elternschaft, Gemeinde und anderen Dingen auf der Strecke bleiben. Verändere unsere Ehe. Erneuere unsere Hingabe aneinander, und heile, was zerbrochen ist. Wir wollen uns lieben, wie du uns liebst. Amen.

Mai

1. Mai

Sicher in seinen Armen

Er führte mich aus der Not in den weiten Raum der Freiheit, riss mich aus aller Gefahr heraus, weil er Gefallen an mir hatte.
Psalm 18,20 (NGÜ)

Manchmal kommt es uns so vor, als würde uns alles über den Kopf wachsen. Unser Konto ist im Minus. Wir haben gesundheitliche Probleme oder chronische Schmerzen. Unsere Kinder sind gerade in einer schwierigen Phase. Die Anforderungen in Beruf und Familie nehmen uns den ganzen Tag über in Beschlag und rauben uns die Luft zum Atmen. Der Balanceakt zwischen den Anforderungen alt gewordener Eltern und kleinen Kindern nehmen uns jedes Quäntchen Kraft. Und es ist keine Besserung in Sicht.

Gott will Ihnen auch in dieser Situation zur Seite stehen. Er weiß, wenn Ihnen Ihre Lebensumstände zu schwer werden. Er weiß, wann alles einfach zu viel ist. Und er will Ihnen neue Kraft schenken, wenn Sie erschöpft sind.

Gleichgültig, wie es Ihnen gerade geht: Gott freut sich über Sie. Er will Ihnen Trost, Frieden und Hoffnung schenken. Er ist stark genug, um Sie aus dieser Situation zu retten. Wenden Sie den Blick von Ihrem Problem ab, und richten Sie ihn auf Jesus. Sprechen Sie mit ihm darüber. Er ist Ihr Fels, auf den Sie sich stellen können, wenn der Sturm tobt. Vertrauen Sie ihm – er wird Sie hindurchtragen.

Herr, es gibt Zeiten, in denen wir müde und erschöpft sind. Zeiten, in denen uns vieles über den Kopf zu wachsen droht. Führe uns hinaus in deinen „weiten Raum", wo wir Geborgenheit und Ruhe finden. Danke für deine Liebe, die niemals aufhört. Amen.

2. Mai

Geben Sie nicht auf

Denn unser Kampf richtet sich nicht gegen Menschen, sondern gegen die Mächte der Finsternis, gegen die bösen Geister der unsichtbaren Welt.
Epheser 6,12 (WD)

Ein Ehepaar, das Jesus nachfolgt, ist ein gutes Bild für die Liebe, die Christus seiner Gemeinde entgegenbringt. Gott hat versprochen, da zu sein, wenn zwei oder drei in seinem Namen zusammenkommen (nachzulesen in Matthäus 18,20). In einer solchen Familie ermutigt man sich und stärkt sich den Rücken. Da ist es kein Wunder, dass es auch Kräfte gibt, die das zerstören wollen, was Gott zusammengefügt hat.

Legen Sie die „Waffenrüstung Gottes" an, um dem etwas entgegenzusetzen. Beschäftigen Sie sich intensiv mit der Bibel, damit Sie die Lügen des Teufels erkennen können. Er wird Ihnen einflüstern, dass Scheidung die Antwort auf Ihre ständigen Streitigkeiten ist. Dass Ihr Ehepartner Sie nicht wirklich liebt. Dass schon nichts dabei ist, wenn Sie Ihren Partner ein Mal betrügen.

Halten Sie an dem Wissen fest, dass der Teufel wegen dem, was Jesus am Kreuz für Sie getan hat, keine Macht mehr über Sie hat. Ihnen wurde ein für alle Mal vergeben. Schließen Sie sich bewusst an Gottes Kraftquelle an, wenn er versucht, Sie auseinanderzubringen.

Sie haben alles, was Sie brauchen, um heute standhaft zu bleiben. Verstärken Sie Ihren Widerstand gegen den Teufel, und er wird vor Ihnen fliehen. Suchen Sie bewusst die Nähe Gottes, und er wird Ihnen ganz nah sein (nachzulesen in Jakobus 4,7).

Herr, gib uns die Kraft, standhaft zu sein, wenn etwas oder jemand unsere Ehe angreift. Wir wollen dir heute unsere Beziehung wieder bewusst anvertrauen. Amen.

3. Mai

Mit den Augen der Liebe

"Du bist so schön, meine Freundin, so makellos." Hoheslied 4,7 (NL)

Ein Sprichwort besagt: Liebe macht blind. Aber wahre Liebe macht nicht blind, sie schenkt einen ganz neuen Blick auf den geliebten Menschen. Wahre Liebe konzentriert sich auf die Stärken des anderen. Sie nimmt das Beste an und blickt optimistisch in die Zukunft. Sie bietet Vergebung an, wenn es Verletzungen oder Streit gab. Sie vertraut darauf, dass Gott am Werk ist. Sie spornt an und bewundert. Sie bindet sich fürs Leben. Sie liebt, wie Jesus Sie liebt.

Fassen Sie heute einmal in Worte, was Sie am anderen schätzen. Beschreiben Sie die einzigartigen Eigenschaften des anderen, die Sie bewundern. Sagen Sie einander, was Sie anziehend und attraktiv finden. Träumen Sie davon, wie Ihr gemeinsames Leben in fünf oder zehn Jahren aussehen könnte.

Begegnen Sie einander darüber hinaus heute mit Mitgefühl und Nachsicht. Lassen Sie die Vergangenheit vergangen sein – und die Fehler und die negativen Erwartungen ebenfalls. Kritisieren Sie nicht am anderen herum, sondern begegnen Sie dem anderen mit derselben Geduld und Freundlichkeit, die Sie selbst erlebt haben.

Erinnern Sie sich daran, „wie unvorstellbar groß und weit, wie hoch und wie tief die Liebe Christi ist, die alle Vorstellungskraft übersteigt" (Epheser 3,18; WD), und schenken Sie Ihrem Partner eine ebensolche Liebe. Danken Sie Gott dafür, dass er Sie zusammengeführt hat.

Herr, danke, dass du uns zusammengebracht hast. Wir wollen einander lieben, wie du uns liebst, und wollen dem anderen jeden Tag mit Nachsicht und Geduld begegnen. Amen.

4. Mai

Zählen Sie bis zehn

Meine geliebten Schwestern und Brüder, seid schnell bereit zuzuhören, aber haltet euch zurück mit dem, was ihr jemandem sagen wollt, vor allem, wenn ihr euch über irgendetwas geärgert habt. Glaubt nicht, dass Gott euch annehmen kann, solange ihr Zorn und Bitterkeit in euch herumtragt. Jakobus 1,19–20 (WD)

Wenn wir uns streiten, kann es passieren, dass die Gefühle die Oberhand gewinnen. Dann wird es plötzlich wichtiger, im Recht zu sein, als freundlich zu sein. Zornige Worte richten Schaden an, der nur schwer zu vergeben oder aus dem Gedächtnis zu löschen ist.

Bitten Sie Gott darum, Ihnen bewusst zu machen, wenn hier Gefahr droht. Verbringen Sie mehr Zeit damit, Ihrem Partner zuzuhören, als Ihren Standpunkt klarzumachen. Versuchen Sie nicht länger, auf jeden Fall zu gewinnen oder Ihren Willen durchzusetzen – der Preis, den Sie dafür bezahlen müssten, ist viel zu hoch: Verletzungen, zerbrochenes Vertrauen und Bedauern.

Gott wünscht sich für Sie und Ihre Ehe Frieden. Sie können Ihre Bedenken, Fragen und Konflikte in seine Hände legen. Sie können ihn fragen, was tatsächlich die Wahrheit ist, anstatt Ihre eigene Wahrheit kundzutun. Sie können darauf vertrauen, dass er Ihren Ehepartner liebevoll verändert, anstatt ihn selbst „reparieren" zu müssen. Weil Sie beide Gottes Kinder sind, können Sie in vollkommener Einheit miteinander leben.

Herr, lehre uns, einander wirklich zuzuhören. Bewahre uns vor verletzenden Worten und Dickköpfigkeit. Schenke uns durch deinen Heiligen Geist Geduld und Selbstbeherrschung. Amen.

5. Mai
Wegbegleiter

Ich danke meinem Gott immer wieder, wenn ich an euch denke ...
Philipper 1,3 (Hfa)

Andere Menschen können unser Leben und unsere Überzeugungen tief greifend beeinflussen. Zum Beispiel die Lehrerin, die fest daran glaubte, dass wir einmal Großes vollbringen werden. Oder der Trainer, der uns dazu antrieb, unser Bestes zu geben. Der Pfarrer, der uns von dem erzählte, was Jesus für uns getan hat. Die Mentorin, die uns ermutigt hat, die Vergangenheit hinter uns zu lassen. Die Eltern und Großeltern, die uns auf dem Weg zum Erwachsensein zur Seite standen. Die Freunde, die uns auf jedem Schritt unseres Lebensweges begleiten. Unser Partner, der versprochen hat, uns ein Leben lang zu lieben. Ohne die Menschen in unserem Leben wären wir nicht, wer wir sind.

Danken Sie heute Gott dafür, dass er Sie gewissermaßen durch andere liebt. Nennen Sie diese Menschen beim Namen, und erinnern Sie sich an all die „Geschenke", die sie Ihnen gemacht haben. Nehmen Sie sich die Zeit, um diesen Personen auch persönlich Ihre Dankbarkeit zum Ausdruck zu bringen.

Und dann denken Sie doch einmal darüber nach, auf welche Weise *Sie* vielleicht die Antwort auf jemandes Gebet sein könnten. Bieten Sie Ihre Zeit und Ihre Unterstützung denen an, die einen Freund oder eine Freundin brauchen. Tragen Sie Gottes Liebe in jede Beziehung hinein, indem Sie in seinem Namen helfen und dienen.

Herr, danke, dass du uns auch durch die Liebe anderer Menschen begegnest. Durch sie hast du deine Gnade und Freundlichkeit in unser Leben gebracht. Auch wir wollen auf dieselbe Weise für andere in deinem Namen zum Segen werden. Hilf uns dabei. Amen.

6. Mai

Wahrheit und Vertrauen

Hört auf, euch gegenseitig etwas vorzumachen, denn ihr habt bei eurer Taufe den alten Menschen mit seinen unguten Verhaltensmustern ausgezogen und den neuen Menschen angezogen, der nach dem Bild dessen umgestaltet wird, der ihn geschaffen hat. Kolosser 3,9–10 (WD)

Eine starke Ehe steht auf dem Fundament von Ehrlichkeit und Offenheit. Wenn Sie die Geheimnisse Ihres Partners wahren und Ihre Versprechen halten, wird sich Ihre Beziehung vertiefen.

Wie würden Sie heute das Maß an Vertrauen in Ihrer Ehe messen? Haben sich kleine Notlügen und Ausreden eingeschlichen? Vertraut Ihnen Ihr Ehepartner, was zum Beispiel Ihre Einkaufsgewohnheiten angeht? Behalten Sie die Geheimnisse Ihres Partners für sich und stehen Sie in der Öffentlichkeit hinter ihm? Glauben Sie Ihrem Partner, wenn er Ihnen erzählt, wo er war oder was er vorhat?

Bitten Sie Gott um den Mut, Dinge anzusprechen, die vielleicht nicht in Ordnung sind. Bitten Sie ihn darum, in der Lage zu sein, die Fehler und das Versagen des anderen zu vergeben. Halten Sie Ihre Versprechen – es ist nie zu spät, das Richtige zu tun. Erneuern Sie Ihre Verpflichtung, Ihr Leben vollständig miteinander zu teilen. Widerstehen Sie standhaft der Versuchung, einfach zu lügen oder die Wahrheit zu verdrehen. Danken Sie Gott dafür, dass er einen neuen Menschen aus Ihnen gemacht hat.

Herr, wir merken, dass diese Dinge unsere Beziehung gerade belasten: _____. Hilf uns, so zu leben, wie du dir das für uns wünschst. Amen.

7. Mai
Hören und handeln

Doch eines ist unumgänglich: Ihr müsst nach dem Wort handeln. Es reicht nicht, wenn ihr es nur gehört habt. Damit würdet ihr euch nur selbst betrügen. Jakobus 1,22 (WD)

Wenn wir mit dem Auto unterwegs sind, sehen wir zwar die Straßenschilder, doch was macht es schon, ein paar Kilometer schneller zu fahren? Wir kochen nach einem Rezept, nehmen aber eine zusätzliche Prise Salz oder Pfeffer. Wir programmieren das Navi, achten aber nicht auf die vorgegebene Route und nehmen eine Abkürzung. Wir lesen die Bauanleitung eines neuen Regals, überspringen aber einzelne Schritte, um schneller fertig zu werden. Wir hören uns den Rat von anderen an, machen aber zuletzt doch, was wir wollen.

Wenn wir biblische Richtlinien missachten, können die Konsequenzen aber noch weitaus gravierender sein. Wenn Sie Gottes Aufruf zur Ehrlichkeit zwar hören, aber ignorieren, können Ihre Lügen Sie Ihre Arbeitsstelle oder Beziehungen kosten. Seinen Aufruf zur Reinheit auszublenden kann dem Ehebruch Tür und Tor öffnen. Wenn Sie seinen Willen für Ihre Finanzen ablehnen, führt das vielleicht dazu, dass Sie unzufrieden sind und unter einem Schuldenberg begraben werden. Die Gebote, die Gott uns in der Bibel gibt, sollen uns nicht den Spaß am Leben rauben, sondern unser Leben erst gelingen lassen.

Gibt es Anweisungen in der Bibel, die Ihnen im Augenblick Schwierigkeiten bereiten? Setzen Sie Ihren Glauben in die Tat um, indem Sie sich an das halten, was dort steht, und Gott so gehorsam sind.

Herr, wir wollen uns intensiv mit deinem Wort und deinen Geboten beschäftigen. Schenke uns den Mut und die Kraft, dann auch tatsächlich danach zu leben. Amen.

8. Mai

Gott weiß es am besten

Hört endlich auf, euch auf Menschen zu verlassen! Sie vergehen wie ein Lufthauch. Was kann man schon von ihnen erwarten? Jesaja 2,22 (Hfa)

Ein Finanzberater kann Ihnen nicht garantieren, dass Sie genug Geld haben werden. Ein Arzt kann Krankheiten nicht von Ihnen fernhalten. Der Rat Ihrer besten Freundin wird Sie nicht zu vorbildlichen Eltern machen. Ihr Vorgesetzter kann Ihnen nicht versprechen, dass Ihre Karriere bilderbuchmäßig verlaufen wird. Ihre Schwiegereltern können Ihnen keinen Fahrplan für Ihr Leben geben. Ihre Ehe kann Ihnen nicht gleichbleibend Geborgenheit, Zuneigung und Selbstwert bieten. Wenn Sie Ihr Leben in die Hände anderer Menschen legen, werden Sie zwangsläufig früher oder später enttäuscht.

Nur Gott kann all das gewährleisten. Nur er kann Ihnen Liebe geben, die immer trägt. Er ist niemals selbstsüchtig, niemals verwirrt und hat niemals Angst vor morgen. Sie können sich darauf verlassen, dass er Ihnen jederzeit Kraft geben kann. Er wird Ihnen immer die Wahrheit sagen. Er wird Ihnen niemals den Rücken kehren oder Ihnen genommen werden. Alles, was er sagt und tut, ist zu Ihrem Besten.

Denken Sie doch heute einmal gemeinsam darüber nach, auf wen Sie sich verlassen. Auf Ihre Schwiegereltern? Ihre besten Freunde? Wie wäre es, wenn Sie bewusst Gott zuerst um Rat und Unterstützung bitten? Vertrauen Sie darauf, dass er für Ihre Bedürfnisse sorgt. Sprechen Sie mit ihm zuerst über Ihre Ängste und Schwierigkeiten. Beten Sie darum, „zu begreifen, wie unvorstellbar groß und weit, wie hoch und wie tief die Liebe Christi ist, die alle Vorstellungskraft übersteigt" (Epheser 3,18; WD).

Herr, wir danken dir dafür, dass du uns Kraft und Hoffnung schenkst und uns nie enttäuschen wirst. Lehre uns, auf dein Wort, deine Macht und deine Liebe zu vertrauen. Wir preisen deinen Namen. Amen.

9. Mai
Beten Sie immer und überall

Am wichtigsten ist jedoch, dass ihr immer und überall betet. Gottes Geist wird euch dabei helfen. Bittet beharrlich für alle Glaubensgeschwister. Epheser 6,18 (WD)

Gebet ist das größte Geschenk, das Sie Ihrem Partner machen können. Da Sie genau wissen, mit welchen Ängsten und Herausforderungen er konfrontiert wird, können Sie für jeden Aspekt seines Lebens beten. Beten Sie dafür, dass sich seine Beziehung zu Gott vertieft. Bitten Sie dafür, dass die Wahrheiten der Bibel sein Denken erneuern und ihm dabei helfen, nach Gottes Willen zu leben. Bitten Sie Gott darum, dass er die Zweifel Ihres Partners ausräumt. Lassen Sie sich von ihm führen, und bitten Sie ihn darum, Ihnen zu zeigen, wie und wo Sie sich gemeinsam für ihn einsetzen können.

Bitten Sie jeden Tag darum, dass Gott die Arbeit Ihres Ehepartners segnet. Bitten Sie ihn um Kraft und Ausdauer. Vertrauen Sie darauf, dass er Türen öffnet und Ihnen hilft, Ihre Fähigkeiten und Begabungen auszubauen.

Lassen Sie sich von Gott zeigen, wie Sie Ihren Ehepartner ermutigen und trösten können. Bitten Sie ihn darum, Sie auf die Schwierigkeiten Ihres Partners aufmerksam zu machen und Ihnen dabei zu helfen, diese nachzuvollziehen. Beten Sie für Geduld und Mitgefühl, wenn er Fehler macht. Bitten Sie darum, dass er Sie in jeder Situation mit seiner Güte erfüllt.

Durch das Gebet laden Sie Gott ein, Ihrer beider Leben und Ihre Ehe mit seiner Kraft zu erfüllen. Vertrauen Sie ihm: Er ist vielfältiger am Werk, als Sie je erbitten oder sich vorstellen könnten!

Herr, hilf uns dabei, die Nöte und Sorgen unseres Partners zu erkennen und zu verstehen. Schenke uns die richtigen Worte, wenn wir füreinander beten. Danke, dass wir mit allem zu dir kommen dürfen! Amen.

10. Mai

Die Bedeutung der Anbetung

Erinnert euch gegenseitig immer wieder an alles, was Jesus gesagt und getan hat. Belehrt euch mit der Weisheit, die Gottes Geist schenkt, und ermutigt euch gegenseitig, indem ihr Gott in euren Herzen Psalmen und Loblieder singt. Gottes Gnade lässt neue geistliche Lieder unter euch entstehen. Kolosser 3,16 (WD)

Musik war schon immer ein fester Bestandteil des christlichen Glaubens. Sie ist aber nicht nur eine Gabe, an der man sich erfreut – sie hat auch einen mächtigen Einfluss auf unseren Glauben.

Musik bringt uns etwas bei: In der Bibel finden wir ein ganzes Liederbuch – die Psalmen –, das beschreibt, wie dieser Gott ist, dem wir dienen. Wir lernen etwas darüber, dass er es liebt, Menschen aus Notlagen zu retten. Dass er unseren Schwächen gegenüber nachsichtig ist. Dass er uns tröstet, wenn wir leiden. Dass er uns liebt und uns treu ist und unser Vertrauen verdient.

Musik weist uns zurecht: Die biblischen Lieder erinnern uns auch daran, dass Gott heilig ist. Sie berühren unser Herz und führen uns vor Augen, wo wir schuldig geworden sind. Wir erkennen dadurch, wo wir falschen Überzeugungen folgen. Wir werden eingeladen, dem näherzukommen, der uns von unserer Schuld befreit und einen Neuanfang schenkt.

Musik ist auch ein Weg, um Danke zu sagen: Sie bietet eine Möglichkeit, unserem Vater gegenüber Liebe und Dankbarkeit auszudrücken. Sie gibt der Bewunderung, die wir für unseren Gott empfinden, eine Stimme. Sie ermöglicht es, uns mit anderen Gläubigen zusammenzuschließen, indem wir ihn gemeinsam preisen.

Singen Sie Gott heute ein Lied! Bitten Sie ihn um Wahrheit, und sagen Sie ihm durch die Musik Danke.

Herr, danke, dass du uns das Geschenk der Musik gemacht hast. Wir wollen dich immer besser kennenlernen und deinen Namen preisen, indem wir dir Lieder singen. Amen.

11. Mai

Ansteckend glauben

Niemand soll dich geringschätzen, weil du noch so jung bist. Sei in allem, was du redest und wie du lebst, für die Glaubenden ein Vorbild. Sie sollen deinen Glauben, deine Liebe und deine Reinheit sehen.
1. Timotheus 4,12 (WD)

Vielleicht sind Sie noch jung. Haben gerade erst geheiratet. Sie müssen erst noch ein bisschen Lebenserfahrung sammeln. Müssen herausfinden, in welche Richtung Gott Ihre Familie und Ihre Karriere führt. Dabei geben andere Ihnen gern Ratschläge und versuchen, Ihre Entscheidungen zu beeinflussen.

Oder vielleicht sind Sie gerade erst zum Glauben gekommen. Sie sind in geistlicher Hinsicht noch ein Kleinkind und lernen Ihren himmlischen Vater jeden Tag etwas besser kennen. Sie lernen, was Gebet alles bewegen kann. Sie entdecken, wie viele Schätze das Wort Gottes birgt. Sie sind begierig darauf, Gottes Willen zu erfahren und danach zu leben.

Lassen Sie sich nicht entmutigen: Auch wenn Sie noch jung und in geistlichen Dingen unerfahren sind, können Sie Gott dienen. Er kann Ihre Ehe zum Vorbild für andere machen. Durch Ihre Barmherzigkeit, Ihre Nachsicht und Liebe kann er anderen einen Eindruck davon vermitteln, wie er ist. Durch Ihre Großzügigkeit will er den Menschen zeigen, wie sehr er sie liebt und für sie sorgt. Wenn Sie Menschen von Jesus erzählen, wird er diejenigen erreichen, die ihn noch nicht kennen. Er hat Sie mit demselben Heiligen Geist erfüllt wie den erfahrendsten Gläubigen oder das frömmste Ehepaar. Gott hat Ihnen in seiner Güte und Allmacht alles geschenkt, was Sie zum Leben mit ihm brauchen (nachzulesen in 2. Petrus 1,3).

Machen Sie sich keine Gedanken darüber, ob Sie heute den Erwartungen anderer gerecht werden. Halten Sie Ihren Blick fest auf Jesus gerichtet. Leben Sie anderen beispielhaft vor, was es bedeutet, sich in allem an Jesus zu orientieren.

Herr, wir danken dir dafür, dass wir dich kennen dürfen und dass du dich so um uns sorgst. Zeige uns, wie wir leben sollen. Wir wollen so leben, dass unser Glaube die Menschen dazu einlädt, dich kennenzulernen. Amen.

12. Mai
Er schenkt Ihnen Frieden

Herr, du gibst Frieden dem, der sich fest an dich hält und dir allein vertraut. Jesaja 26,3 (Hfa)

Sie werden jeden Tag mit Menschen und Problemen konfrontiert, die Ihnen Ihren Frieden rauben. Sie können nicht jeden glücklich machen – und die anderen werden Sie auf jeden Fall wissen lassen, wenn es Ihnen nicht gelingt. Sie haben Ihre Lebensumstände nicht in der Hand. Sie können andere Menschen nicht verändern oder dazu bringen, die Dinge so zu sehen, wie Sie sie sehen. Sie können nicht verhindern, dass Sie Probleme haben. Aber Sie können mitten in all dem auf Gott vertrauen.

Wenn Sie mit Gott unterwegs sind, wird er Ihnen einen anderen Blick auf Ihre Schwierigkeiten schenken. In der Bibel können Sie sehen, dass er treu und mächtig ist. Er hat Ihnen versprochen, dass alle Dinge zu Ihrem Besten dienen. Sie können sich jederzeit an ihn wenden. Er schenkt Ihnen Weisheit, damit Sie wissen, was Sie machen sollen. Wenn Sie sich auf ihn verlassen, werden Sie in schweren Zeiten nicht in Panik verfallen. Sie können immer in den Genuss seines Friedens kommen.

Sind Sie im Augenblick ganz ruhig? Oder fehlt Ihnen gerade der innere Frieden? Erzählen Sie Gott von Ihrem Stress. Geben Sie das, was Ihnen Angst macht, an ihn ab. Ermutigen Sie einander, ihm zu vertrauen, indem Sie sich daran erinnern, wie er Ihnen in der Vergangenheit schon zur Seite gestanden hat. Halten Sie gemeinsam mit Ihrem Partner an Ihrem Glauben fest.

Herr, wir wollen nicht, dass irgendetwas unseren Glauben ins Wanken bringt. Hilf uns dabei, uns auf dich und deine Liebe zu konzentrieren, damit wir deinen vollkommenen Frieden erleben können. Amen.

13. Mai

Mit Freude erfüllt

Für den Niedergeschlagenen ist jeder Tag eine Qual, aber für den Glücklichen ist das Leben ein Fest. Sprüche 15,15 (Hfa)

Das Leben ist nicht immer leicht. Wenn man es mit unangenehmen Zeitgenossen und schwierigen Umständen zu tun hat, führt das oft zu Frustration und Stress. Viel zu leicht richtet man dann den eigenen Blick nur auf das, was schlecht ist. Wenn man der pessimistischen Stimme Glauben schenkt, überwiegt das Schlechte das Gute. Die Zukunft kommt uns ganz finster vor. Und wenn dann noch weitere Schwierigkeiten hinzukommen, bestätigen sie nur, dass Ihre negativen Erwartungen der Realität entsprechen. Sie sind nicht länger in der Lage, dankbar zu sein, und suchen auch nicht das Gespräch mit Gott.

Doch ein glücklicher Mensch ist ein dankbarer Mensch. Er zählt lieber, wie oft Gott ihn schon gesegnet hat. Er betet in der Erwartung, dass Gott treu ist und antworten wird. Er lebt in einem fortwährenden Zustand des „Feierns" – er freut sich über die guten Dinge in seinem Leben und blickt hoffnungsvoll in die Zukunft. Er vertraut darauf, dass Gott alles in seiner liebevollen Hand hält, und glaubt fest daran, dass er aus jeder schwierigen Situation etwas Gutes machen kann.

Ist Ihnen heute wenig nach Feiern zumute, oder freuen Sie sich schon über Gottes Güte? Listen Sie doch heute einmal gemeinsam auf, wie er Ihnen in der Vergangenheit schon geholfen und das gegeben hat, das Sie brauchten. Erinnern Sie sich an beantwortete Gebete. Schauen Sie auf alles, was er Ihnen geschenkt hat. Loben Sie Gott für das, was er für Sie getan hat, und lassen Sie sich von ihm mit Freude erfüllen.

Herr, wir wollen ein dankbares, fröhliches Leben führen. Zeige uns, wenn wir unseren Blick nur auf das richten, was uns Sorgen bereitet oder was uns fehlt. Danke, dass du uns schon auf so viele unterschiedliche Arten deine Liebe gezeigt hast. Amen.

14. Mai

Der Weg des Friedens

„Fangt an, eure Feinde zu lieben. Ja, betet selbst für die, die euch das Leben schwer machen, nur weil ihr zu mir gehört."
Matthäus 5,44–45 (WD)

Selbst kurz vor seinem Tod zeigte Jesus noch Mitgefühl für die Soldaten, die ihn ans Kreuz genagelt hatten. Er bat seinen Vater darum, mit ihnen gnädig zu sein: „Vater, vergib ihnen, denn sie wissen nicht, was sie tun" (Lukas 23,34; WD). Und wenn wir beleidigt werden und wenn man uns das Leben schwermacht, sind wir aufgerufen, dasselbe zu tun.

Wer ist heute Ihr „Feind"? Wer versucht, Ihrem Ruf zu schaden? Ihnen Ihren Frieden zu rauben? Wer macht sich darüber lustig, dass Sie an Gott glauben? Sprechen Sie mit Gott über diese Person. Vertrauen Sie darauf, dass er Sie und Ihre Familie beschützen wird. Erlauben Sie ihm, für Sie zu kämpfen. Bitten Sie ihn darum, das Herz Ihrer Feinde zu verändern, und beten Sie dafür, dass sie Jesus kennenlernen.

Bitten Sie Gott auch um die Kraft, auf diesen Hass mit Liebe zu antworten. Ergreifen Sie jede Möglichkeit, um ihnen mit Freundlichkeit zu begegnen, dem Gerede hinter Ihrem Rücken ein Ende zu machen und sich um Frieden zu bemühen. Streiten Sie nicht mit dieser Person; treten Sie respektvoll und geduldig für die Wahrheit ein. Lassen Sie sich von Gott bei allem führen, was Sie sagen und tun. Erlauben Sie ihm, durch Ihr Leben zu zeigen, mit wie viel Liebe er den Menschen begegnet.

Herr, beschütze uns heute vor den Menschen, die uns das Leben schwermachen. Hilf ihnen, deine Liebe kennenzulernen und zu erleben, dass du ihnen Frieden geben willst. Schenke uns die Kraft, durch all das hindurchzulieben. Amen.

15. Mai

Das Ehehandbuch

Jede Schrift, die Gottes Geist eingegeben hat, gibt einer Lehre erst die Überzeugungskraft, die Menschen die Wahrheit über sich selbst erkennen und ihre Schuld einsehen lässt und sie dazu bringen kann, dass sie ihr Leben ändern. So hilft die Heilige Schrift mit, Menschen für ein Leben mit Gott vorzubereiten, damit sie einmal wirklich wie Menschen nach dem Herzen Gottes handeln können. 2. Timotheus 3,16–17 (WD)

Es gibt unterschiedliche Meinungen darüber, wie man eine gesunde, glückliche Ehe führt. Doch kein Buch kann ein Zehn-Punkte-Programm bieten, das wirklich für vollkommene Vertrautheit sorgt oder dafür, dass die Liebe ewig hält. Kein Arzt hat eine Sofortlösung für ein verletztes Herz parat. Kein Online-„Experte" hat eine idiotensichere, immer funktionierende Methode für offene Kommunikation oder Konfliktmanagement. Es ist zwei unvollkommenen Menschen einfach unmöglich, eine vollkommene Beziehung zu führen, ganz egal, wie sehr sie es auch versuchen.

Weil Gott das weiß, hat er Ihnen die Bibel gegeben – gewissermaßen einen Leitfaden für Ihren gemeinsamen Weg durchs Leben. Er verspricht, Ihnen alles zu geben, was Sie brauchen, damit Ihre gemeinsame Liebe wächst und gedeiht. In der Bibel finden Sie Hinweise darauf, was

Sie tun sollten, wenn sich Egoismus oder Wut breitmachen. Sie lehrt Sie, wie wichtig Demut und Selbstaufopferung sind. Sie erinnert Sie an Gottes Anweisung, einander treu zu sein. Sie warnt davor, wie gefährlich es ist, wenn es im eigenen Leben nur um Geld und das eigene Image geht. Gottes Wort bietet Weisheit für jede Situation, die Sie erleben werden.

Beschäftigen Sie sich also regelmäßig mit der Bibel und leben Sie danach. Es gibt kein besseres Handbuch für Ihr gemeinsames Leben.

Herr, zeige uns, wie wir Jesus auch hier ein bisschen ähnlicher werden und einander so lieben können, wie du uns liebst. Amen.

16. Mai

Zuhören

Wer viele Worte macht, wird sicher schuldig – darum hält der Kluge sich zurück. Sprüche 10,19 (Hfa)

Es ist schwer, den Mund zu halten, wenn man meint, recht zu haben. Es ist schwer, bei einer Meinungsverschiedenheit innezuhalten und dem Gegenüber wirklich zuzuhören. Die Gefühle kochen hoch, und wir verlieren die Beherrschung. Unsere Beziehung zerbricht unter dem Gewicht zu vieler Worte.

Doch wenn unsere Beziehung funktionieren soll, ist es besser zuzuhören, als darauf zu bestehen, gehört zu werden. Bitten Sie Gott, Ihnen die Bereitschaft zu schenken, Ihren Partner zu verstehen. Erlauben Sie einander, frei über Ihre Ideen und Gefühle zu reden. Schenken Sie einander ungeteilte Aufmerksamkeit, ohne den anderen zu unterbrechen oder zu kritisieren. Nehmen Sie sich die Zeit, über die Sichtweise des anderen nachzudenken, bevor Sie Ihre eigene präsentieren. Es sollte Ihnen vor allem um eines gehen: Einigkeit.

Wenn Sie eine Idee oder Bedenken haben, von denen Sie den anderen in Kenntnis setzen wollen, denken Sie nach, bevor Sie reden. Wählen Sie den Zeitpunkt und Ihre Worte sorgfältig, damit Ihr Gegenüber sich nicht angegriffen fühlt. Sagen Sie das, was Sie sagen wollen, besonnen, liebe- und respektvoll. Und beachten Sie diesen Rat von Paulus: „Verletzt andere nicht durch lieblose Kritik. Sorgt lieber dafür, dass ihr immer wieder ein gutes Wort habt, das anderen guttut und ihnen in ihrer Situation hilft" (Epheser 4,29; WD).

Bitten Sie Gott um Demut, damit Sie voneinander lernen. Und machen Sie sich bewusst, dass Ihre Beziehung sich vertiefen wird, wenn Sie deutlich machen, wie sehr Sie einander wertschätzen.

Herr, wir wollen schnell bereit sein zuzuhören, aber uns mit dem zurückhalten, was wir sagen wollen. Schenke uns Weisheit, damit wir liebe- und respektvoll miteinander kommunizieren. Wir wollen unserer Ehe nicht durch das schaden, was wir zueinander sagen. Hilf uns dabei! Amen.

17. Mai

Die Lüge der Gesetzlichkeit

Alles ist rein für die, die ein reines Herz haben. Doch für Menschen, die ihren schlechten Lebenswandel nicht ablegen wollen und die Gott kein Vertrauen entgegenbringen, ist nichts rein. Selbst ihr Verstand und erst recht ihr Gewissen sind verkommen. Sie behaupten zwar, Gott zu kennen, aber ihr konkretes Leben spricht eine ganz andere Sprache.
Titus 1,15–16 (WD)

Weil Gott barmherzig ist und uns liebt, hat er seinen Sohn auf diese Welt gesandt, um die Menschen einzuladen, zu ihm zu kommen. Egal, wie reich wir sind, welche guten Taten wir auch vollbringen oder ob wir irgendwelche Regeln bis ins Detail befolgen: Nichts davon kann uns vor der ewigen Trennung von Gott bewahren. Nur eines kann das: Wir müssen das für uns in Anspruch nehmen, was Jesus für uns getan hat – sein Tod bezahlte für unsere Schuld. Seine Auferstehung schenkt uns ewiges Leben. Sein Heiliger Geist schenkt uns Weisheit und die Kraft, so zu leben, wie es Gott gefällt. Wir können uns die Erlösung nicht durch irgendwelche Dienste verdienen, und wir können sie nicht durch irgendwelche Fehler verlieren. Wahres Leben finden wir nur durch das, was Jesus getan hat.

Seien Sie wachsam, wenn andere Ihnen erzählen wollen, woran man einen „guten Christen" erkennt. Ihre Erlösung hängt nicht davon ab, für wen Sie bei einer Wahl stimmen oder ob Sie Ihr Kind auf eine christliche Schule schicken. Sie können sie sich nicht dadurch kaufen, dass Sie einer Gemeinde Geld spenden. Sie können sie aber auch durch das, was Sie essen, trinken oder anziehen, nicht verlieren. Irrlehrer werden versuchen, Ihnen Ihr Leben durch Regeln und Schuldgefühle schwerzumachen, und Ihnen so die Freiheit rauben, die Jesus Ihnen geschenkt hat.

Bitten Sie Gott heute um Weisheit und darum, dass er Ihnen den Unterschied zwischen menschlichen Geboten und seinem vollkommenen Willen zeigt. Loben Sie Gott dafür, dass er Sie liebt, Ihnen vergibt und ein neues Leben schenkt. Wenn er Sie befreit hat, sind Sie wirklich durch und durch frei (nachzulesen in Johannes 8,36)!

Herr, hilf uns, so zu leben, wie es dir gefällt. Wir wollen darauf vertrauen, dass du durch Jesus unsere Erlösung möglich gemacht hast. Amen.

18. Mai

Mit Gott reden

Unser Vater im Himmel, offenbare uns immer mehr, wer du bist. Errichte deine Herrschaft in unserer Welt; denn wo du herrschst, da ist der Himmel. Versorge uns mit allem, was wir Tag für Tag zum Leben brauchen. Vergib uns, wo wir schuldig wurden, so wie auch wir anderen vergeben haben. Hilf uns, wenn wir durch Versuchungen hindurchmüssen, und sei bei uns im Kampf gegen das Böse. Matthäus 6,9–13 (WD)

Jesus kam, um uns den Weg zum Vater zu zeigen. Er gab uns ein Beispielgebet an die Hand, damit wir wissen, dass wir uns jederzeit mit allen unseren Anliegen an Gott wenden dürfen. Sprechen Sie heute mit Gott. Nennen Sie ihn Ihren „Vater im Himmel". Sagen Sie ihm, wie vollkommen und heilig er ist. Bitten Sie ihn, seine Herrschaft in dieser Welt zu errichten. Bitten Sie darum, dass diejenigen zu ihm finden, die ihn noch nicht kennen. Bitten Sie ihn darum, Ihre Bedürfnisse zu erfüllen, und vertrauen Sie darauf, dass er das auch tun wird. Bekennen Sie, wo Sie versagt haben. Bitten Sie darum, in Ihnen die Bereitschaft zu wecken, die Menschen zu lieben, die Ihnen das Leben schwermachen, und ihnen vergeben zu können, wie Gott ja auch Ihnen vergibt. Bitten Sie ihn um Schutz vor Versuchungen und um die Kraft, dem Bösen zu widerstehen.

Sie dürfen jederzeit mit allen Ihren Anliegen zu Gott kommen, denn Jesus hat die Mauern niedergerissen, die uns von Gott trennten. Beten Sie ihn an. Erzählen Sie anderen Menschen von ihm. Bitten Sie um Hilfe. Lassen Sie sich von ihm ein neues Leben schenken. Schließen Sie Frieden mit anderen. Erkennen Sie, wie sehr er sie liebt und dass Sie bei ihm sicher und geborgen sind.

Herr, wir wollen täglich mit dir reden. Zeige uns deine Herrlichkeit und Liebe, wenn wir mit dir sprechen. Amen.

19. Mai

Wer ist dieser Jesus?

Denn wenn du ... bekennst, dass Jesus dein Herr ist, und in deinem Herzen fest darauf vertraust, dass Gott ihn von den Toten auferweckt hat, wirst du gerettet werden. Römer 10,9 (WD)

Jeder Mensch muss für sich die Frage beantworten, die Jesus auch seinen Jüngern stellte: „Und wie steht es mit euch? Wer bin ich eurer Meinung nach?" (Matthäus 16,15; WD). Man sagt über ihn, er sei ein Prophet, ein Wundertäter und eine historische Persönlichkeit gewesen. Diese Beschreibungen erfassen aber nicht seine wahre Identität: Er ist der Sohn Gottes. Wenn man an das glaubt, was Jesus, der wahre Messias, gesagt und getan hat, findet man die Erlösung. Wir glauben daran, dass er am Kreuz für unsere Sünden gestorben und danach wiederauferstanden ist, damit wir das ewige Leben haben. Wir unterstellen unser Leben seiner Autorität als Herr über alle Herren, als König über alle Könige (nachzulesen in Offenbarung 17,14). Wenn wir an Jesus Christus glauben, sind uns unsere Sünden vergeben. Wir bekommen ewiges Leben und werden für immer bei ihm sein.

Wer ist dieser Jesus für Sie? Ist er Ihr Herr? Haben Sie Ihre Hoffnung auf ewiges Leben in seine von Nägeln vernarbten Hände gelegt? Dann danken Sie ihm dafür, dass er Sie erlöst hat. Sie können innerlich zur Ruhe kommen, weil Sie wissen, dass Ihre Zukunft bei ihm sicher ist. Erzählen Sie anderen die Gute Nachricht von all dem, was er getan hat, um die Verlorenen zu retten. Bitten Sie ihn um Durchhaltevermögen, damit Sie in den Höhen und Tiefen Ihres Lebens seiner Liebe vertrauen.

Herr, danke, dass du uns durch Jesus gerettet hast. Schenke uns einen Glauben, der durch nichts erschüttert werden kann. Vertiefe an jedem Tag unsere Liebe zu dir und unser Vertrauen in dich. Amen.

20. Mai

Gnade und Frieden

Die Gnade und der Frieden von Gott, unserem Vater, und dem Herrn Jesus Christus sei mit euch allen. Epheser 1,2 (WD)

Stellen Sie sich vor, Sie würden den Menschen das gewähren, was Gott Ihnen gewährt: Gnade und Frieden.

Gnade gewährt Vergebung, wenn andere Sie im Stich lassen. Gnade begegnet den Leidenden und Bedürftigen mit Nachsicht. Gnade ermöglicht es Menschen, sie selbst zu sein, mit all ihren Eigenheiten und Fehlern. Gnade wird aus dem tiefen Bewusstsein gewährt, dass Sie selbst auch einen Erlöser brauchen.

Frieden bedeutet, die Vergangenheit vergangen sein zu lassen. Frieden strebt nach Versöhnung. Frieden macht Schluss mit Klatsch, Verleumdung und Kritik, die andere herunterzieht. Frieden schafft einen Ort, an dem andere willkommen sind und Ruhe finden. Frieden befreit von dem Bedürfnis nach Rache, weil man weiß, dass Gott für Recht sorgen wird. Frieden findet sich in der niemals endenden Liebe von Jesus.

Machen Sie Ihrem Partner heute das Geschenk der Barmherzigkeit und des Friedens. Vergeben Sie, was passiert ist. Bieten Sie Hilfe an, wo sie benötigt wird. Lindern Sie gegenseitig Ihren Schmerz. Kommen Sie einander nahe und hören Sie einander zu. Tragen Sie danach Gottes Gnade und Frieden in eine Welt hinaus, die sich verzweifelt danach verzehrt, seine Liebe kennenzulernen.

Herr, wir danken dir für deine Gnade, die uns unsere Schuld vergibt. Danke für die Barmherzigkeit, die du uns erweist, wenn wir mit Problemen und Versagen ringen. Danke, dass du uns annimmst, wenn wir ganz auf Jesus vertrauen. Zeige uns, wie wir anderen mit Gnade begegnen und mit ihnen in Frieden leben können. Amen.

21. Mai

Geben, ohne etwas zu erwarten

"Wenn ihr nur nett zu denen seid, die euch liebenswert erscheinen – was ist daran schon Besonderes? Nicht anders verhalten sich auch die Menschen, die Gott nicht kennen. Wenn ihr nur denen helft, die dann wiederum euch helfen – erwartet ihr dafür einen besonderen Dank des Himmels? Nein, denn das geschieht auch unter Menschen, die nichts mit Gott zu tun haben wollen." Lukas 6,32–33 (WD)

Wir können in einen wahren Teufelskreis geraten, wenn wir darauf warten, dass wir uns geliebt fühlen, bevor wir unserem Ehepartner Liebe schenken. Wir halten unsere Zeit, Aufmerksamkeit, Unterstützung oder Bestätigung zurück, bis unser Partner sie sich verdient hat. Wir benutzen sexuelle Intimität als „Belohnung" dafür, dass unser Partner uns Freude bereitet hat. Wir halten uns an einen ungeschriebenen Vertrag, der besagt: „Ich tue dir Gutes, wenn du mir Gutes tust."

Das ist das Gegenteil von der Art Liebe, die Jesus uns entgegenbringt. Er starb für uns, als wir noch Sünder waren. Er diente den Menschen und heilte diejenigen, die später seine Kreuzigung verlangen würden. Er liebte diejenigen, die wenig liebenswert waren. Er diente den Egoisten. Er lehrte die Unbelehrbaren. Er gab denen alles, die es am wenigsten verdient hatten.

Bitten Sie Gott heute darum, Sie mit der Art von Liebe zu erfüllen, die er auch Ihnen entgegenbringt: bedingungslose Liebe. Ergreifen Sie jede Gelegenheit, um Ihren Partner zu ermutigen. Denken Sie darüber nach, ob Ihre Entscheidungen Ihrem Partner helfen oder ihn verletzen. Seien Sie bereit, aus Liebe Ihre Pläne zu ändern oder Vorlieben aufzugeben. Ergreifen Sie die Initiative – seien Sie derjenige, der zuerst das Gute tut und dem anderen mit Liebe begegnet.

Herr, es kostet Mut und Kraft, auch dann zu geben, wenn wir im Gegenzug nichts zurückbekommen. Hilf uns dabei, so zu lieben, wie Jesus liebt: rückhaltlos. Amen.

22. Mai

Endlich frei

„Darum richte den Israeliten aus: Ich bin der Herr! Ich will euch von eurer schweren Arbeit erlösen und euch von der Unterdrückung durch die Ägypter befreien. Mit starker Hand werde ich die Ägypter strafen und mein Urteil an ihnen vollstrecken. Euch aber werde ich retten."
2. Mose 6,6 (Hfa)

Kommen Sie sich manchmal so vor, als seien Sie gefangen? Hassen Sie Ihren Job? Ist Ihr Konto im Minus, und es trudeln ständig Mahnungen ein? Leiden Sie unter einer Erkrankung oder chronischen Schmerzen, und es wird einfach nicht besser? Begehen Sie immer wieder dieselben Fehler? Haben Sie das Gefühl, es allen recht machen zu müssen? Sehnen Sie sich danach, wirklich frei zu sein, aber es ist keine Hilfe in Sicht?

Als Jesus Christus am Kreuz für Sie starb und drei Tage später wieder ins Leben zurückkehrte, nahm er der Sünde die Macht. Da Sie ein Kind Gottes sind, hat die Versuchung keine Macht mehr über Sie: „Wenn also der Sohn euch frei macht, dann seid ihr durch und durch frei" (Johannes 8,36; WD). Sie müssen es auch nicht länger jedem recht machen: „Es geht uns nicht darum, Menschen zu gefallen, sondern ihm, der unser Innerstes kennt und prüft" (1. Thessalonicher 2,4; NGÜ). Und Sie müssen auch Ihre Schlachten nicht länger allein schlagen: „Wie gut ist Gott zu mir! Er ist meine Festung, meine Burg auf unbezwingbarer

Höhe, mein Erretter und mein Schild, der mich vor Bösem bewahrt. Er hat mich zum Herrscher über mein Volk gemacht" (Psalm 144,2; Hfa).
Bitten Sie Gott heute um Hilfe. Er liebt Sie und will Sie frei machen – ein für alle Mal.

Herr, wir wollen unser Vertrauen ganz neu auf dich setzen. Du hast uns von unserer Schuld befreit und willst uns bei allem, was wir durchmachen, zur Seite stehen. Amen.

23. Mai
Seien Sie bereit

„Genauso sollt auch ihr wachsam sein! Denn ihr wisst nicht, wann der Herr des Hauses wiederkommt – ob am Abend, mitten in der Nacht, in der frühen Morgendämmerung oder bei Tagesanbruch. Sorgt dafür, dass er euch nicht schlafend findet, wenn er ohne Vorwarnung kommt."
Markus 13,35–36 (NL)

Wir wissen, dass Jesus theoretisch jeden Moment wiederkommen kann. Doch mit jedem Monat und jedem Jahr, das vergeht, glauben wir weniger daran, dass das passiert. Wir interessieren uns mehr für das Hier und Jetzt und weniger für das, was einmal kommt. Wir geben uns schneller mit vergänglichen Dingen zufrieden, als uns nach ewigen Belohnungen zu sehnen. Sünde kommt uns gar nicht mehr so hässlich vor und Gottes Heiligkeit nicht mehr so anziehend.

Beten Sie heute für eine geistliche Erweckung. Bitten Sie Gott darum, in Ihnen eine tiefe Sehnsucht nach ihm zu wecken. Schlagen Sie die Bibel auf und entdecken Sie seine Macht und Wahrheit ganz neu für sich. Bitten Sie Gott, Ihnen zu zeigen, wo Sie von seinem Weg abgekommen sind. Bleiben Sie wachsam, damit Sie die Listen und Lügen des Feindes durchschauen. Geben Sie jede Beziehung, jedes Ziel oder jeden Besitz auf, die Ihnen wichtiger sind als Jesus.

Helfen Sie Ihrem Partner, an seinem Glauben festzuhalten. „Darum ermahnt euch gegenseitig jeden Tag, solange ihr noch Zeit dazu habt, euer Herz nicht zu verschließen und euch nicht durch eigene Schuld von Gott trennen zu lassen" (Hebräer 3,13; WD). Wie könnten Sie mit dem, was Sie zu bieten haben, großzügiger umgehen und Gott gemeinsam dienen? Verpflichten Sie sich, als Familie zu beten, Gott anzubeten und die Bibel zu studieren. Helfen Sie einander, wachsam zu sein, bis Jesus wiederkommt.

Herr, hilf uns dabei, dir treu zu sein, bis wir dich von Angesicht zu Angesicht sehen. Komm bald, Herr! Amen.

24. Mai

Die Gefahr der Begierde

Eines frühen Abends stand David auf, nachdem er sich eine Weile ausgeruht hatte, und ging auf dem flachen Dach seines Palasts spazieren. Da fiel sein Blick auf eine Frau, die im Hof eines Nachbarhauses ein Bad nahm. Sie war sehr schön. David wollte unbedingt wissen, wer sie war, und schickte einen Diener los, der es herausfinden sollte.
2. Samuel 11,2–3 (Hfa)

Gott erfüllt diese Welt mit schönen Dingen und wunderbaren Erfahrungen, an denen wir uns erfreuen können. Er überschüttet uns mit

Segensgeschenken, und er freut sich darüber, wenn wir uns freuen und dankbar sind. Schwierig wird es, wenn wir etwas haben wollen, das er einem anderen geschenkt hat.

Als David die schöne Ehefrau eines anderen Mannes erblickte, musste er eine Entscheidung treffen. Er konnte den Blick abwenden und respektieren, dass sie mit einem anderen verheiratet war und dass es nicht in Ordnung war, eine Frau heimlich zu beobachten. Er hätte Gott dafür danken können, dass er seinem treuen Soldaten eine so schöne Ehefrau geschenkt hatte. Er hätte Gott bitten können, seine Liebe zu seinen – Davids – eigenen Ehefrauen zu erneuern. Doch genau das tat der König nicht. Stattdessen gab er sich seinen Sehnsüchten hin. Um seine eigenen Wünsche zu befriedigen, log und ermordete er einen Mann.

Haben Sie das auch schon einmal erlebt? Haben Sie sich schon einmal nach etwas gesehnt, das Gott einem anderen geschenkt hatte? Begehren Sie eine Beziehung, Belohnung oder Anerkennung, die Gott Ihnen (noch) nicht geschenkt hat? Würden Sie es sich am liebsten einfach nehmen, anstatt mit dem zufrieden zu sein, was Sie bereits haben?

Wenn Sie Ihren Weg mit Gott gehen, verspricht er Ihnen Frieden und Zufriedenheit. Verlassen Sie sich darauf, dass er gütig ist. Er ist alles, was Sie brauchen, um jeden Ihrer Wünsche zu erfüllen.

Herr, wir danken dir für die Hoffnung, die Liebe und den Frieden, mit denen du uns überschüttest. Zeige uns, wie wir für all das, was du uns schenkst, dankbar und zufrieden sein können. Amen.

25. Mai

Das Leben gemeinsam leben

Freut euch mit denen, die sich freuen, weint mit denen, die weinen.
Römer 12,15 (WD)

Es kann eine Herausforderung zu sein, gemeinsam mit anderen deren Segensgeschenke zu feiern. Ein Paar wartet noch sehnsüchtig auf den ersten Nachwuchs, während ihre Freunde bereits das nächste Kind erwarten. Ein Ehemann, der beruflich in einer Sackgasse steckt, muss mitansehen, wie seine Kollegen befördert werden. Die Familie eines Alleinverdieners verbringt den Urlaub auf Balkonien, während ihre Nachbarn wieder einmal verreisen. Die Eltern eines behinderten Kindes müssen zusehen, wie andere Kinder fröhlich spielen und schulische Erfolge feiern. Es ist hart, wenn uns die Erfolge unserer Freunde unser Scheitern oder unseren Schmerz allzu deutlich vor Augen führen.

Es kann aber auch eine Herausforderung sein, den Schmerz eines anderen zu teilen. Wir wissen nicht, wie wir ihn trösten sollen. Wir können den Verlust, den er erlitten hat, nicht nachvollziehen. Wir haben keine Ahnung, wie wir ihnen helfen sollen. Uns kommen unsere Versuche, sie zu ermutigen, plump oder unzureichend vor. Wir würden am liebsten einen Bogen um dieses Thema machen, weil wir Angst haben, dass wir es schlimmer machen könnten.

In seinem Brief an die Gemeinde in Rom fordert Paulus auf, am Leben der anderen wirklich Anteil zu nehmen. Das ist Ihnen dann möglich, wenn Sie sich an die Güte und Liebe erinnern, die Sie bereits empfangen haben. Sie können sich über die Segensgeschenke anderer ehrlich freuen, wenn Sie für Ihre eigenen dankbar sind. Sie können sich dem Leiden anderer annähern, wenn Gott Sie in der Vergangenheit auch schon getröstet hat. Wenn Sie gemeinsam mit anderen durch die

Höhen und Tiefen des Lebens gehen, wird Gott Sie durch seinen Heiligen Geist eins machen.

Herr, wir danken dir dafür, dass du uns Menschen an die Seite stellst, die mit uns durch die Höhen und Tiefen unseres Lebens gehen. Erfülle uns mit Freude, wenn du für sie etwas Wunderbares tust. Und schenke uns Mut und Mitgefühl, damit wir sie trösten können, wenn sie leiden. Amen.

26. Mai
Niemals allein

Er nahm Petrus, Jakobus und Johannes mit sich. Da befiel ihn eine unbeschreibliche Angst. Er gestand ihnen: „Ich fühle mich so elend, dass ich am liebsten gleich sterben möchte. Wartet hier und bleibt mit mir wach." Er selbst ging ein Stück weiter, fiel zu Boden und bat Gott um einen Ausweg. Markus 14,33–35 (WD)

Jesus lebte so, wie es Gottes Absichten für ihn entsprach. Selbst den qualvollen Tod am Kreuz nahm er auf sich. Aber das bedeutet nicht, dass er nicht auch Angst gehabt hätte oder aufgeregt gewesen wäre. Auch er war auf die Unterstützung seiner Freunde angewiesen. Er war zutiefst erschüttert, wenn er an das dachte, was auf ihn zukam. Er war zutiefst traurig und fürchtete sich. Und er bat Gott darum, ihm einen Ausweg aus dieser Situation zu zeigen.

Tauchen am Horizont Ihres Lebens gerade Schwierigkeiten auf? Können Sie schon sehen, wie Trauer und Schmerz auf Sie zukommen? Haben Sie Gott darum gebeten, Ihre Lebensreise in eine andere Richtung zu leiten, aber er führt Sie weiter auf diesem Weg? Sie wissen, dass

Sie es allein nicht schaffen werden. Sie sind innerlich ganz zerbrochen und stehen irgendwie neben sich.

„Warten und wachen" Sie heute miteinander. Halten Sie einander fest, während Sie über Ihre Ängste sprechen. Suchen Sie in der Bibel nach Passagen, die Ihnen Hoffnung schenken. Beten Sie, wenn Ihr Partner keine Kraft mehr zum Reden hat.

Wenden Sie sich mit Ihren Gefühlen auch an Gott, und stellen Sie ihm die schwierigen Fragen. Bitten Sie darum, darauf vertrauen zu können, dass er bei Ihnen ist. Nehmen Sie die Verheißung aus dem Römerbrief für sich in Anspruch, dass er aus Ihrem Leiden etwas Gutes machen kann. Vertrauen Sie darauf, dass er Sie immer liebt – auf den Berggipfeln ebenso wie in den dunklen Tälern.

Herr, dieses Problem macht uns schreckliche Angst: _____. Schenke uns Kraft, damit wir das überstehen. Amen.

27. Mai

Zerbrechlicher Glaube

Nachdem der Pharao die Israeliten hatte ziehen lassen, führte Gott sie nicht auf der Straße in Richtung des Philisterlandes, obwohl das der kürzeste Weg gewesen wäre. Gott dachte: „Das Volk könnte seinen Entschluss ändern und nach Ägypten zurückkehren, wenn es merkt, dass ihm Kämpfe bevorstehen!" 2. Mose 13,17 (Hfa)

Wenn wir wirklich glauben, dass Jesus für uns gestorben und wiederauferstanden ist, und ihm unser Leben anvertrauen, sind wir nicht länger Sklaven der Sünde. Jesus hat die Macht des Teufels gebrochen. Wir beginnen eine völlig neue Reise, indem wir Gott folgen, wohin er uns auch führt. Aber das bedeutet nicht, dass unsere Feinde uns nicht länger das Leben schwermachen.

Skeptische Freunde und Familienmitglieder stellen uns Fragen über unseren Glauben, die Zweifel bei uns wecken. Der Feind konfrontiert uns mit Versuchungen, damit wir Gott ungehorsam sind. Schwierige Lebensumstände stellen unser Vertrauen auf Gottes Liebe und Macht auf die Probe. Wir fragen uns, ob das Leben mit Jesus den Preis, den wir dafür zahlen müssen, wirklich wert ist.

Gott hat Mitgefühl mit uns, wenn wir schwach sind. Er hört jede Lüge, die zu glauben wir versucht sind. Er weiß, wie viel Kraft es uns kostet, in einer Welt standhaft zu bleiben, die Jesus hasst. In seiner Barmherzigkeit lässt er zu, dass wir zwar mit Herausforderungen konfrontiert werden, aber stark genug sind, um sie mit seiner Hilfe zu bewältigen. Wenn wir seinem Weg folgen, wird er uns helfen, Gefahren zu meiden.

Er hält das ein, was er uns versprochen hat: „Er selbst wird euch die Kraft geben, bis zum Tag seiner Wiederkunft treu am Glauben festzuhalten. Schließlich hat Gott, der die Treue selbst ist, euch zur Gemeinschaft mit seinem Sohn Jesus berufen" (1. Korinther 1,8–9; WD).

Herr, danke, dass du uns hilfst, an unserem Glauben festzuhalten und an dir. Wir preisen dich dafür, dass du uns täglich führst. Amen.

28. Mai

Eine abgemachte Sache

Gott selbst hat unser und euer Leben auf ein festes Fundament gestellt, auf Christus, und uns mit seinem Geist erfüllt. So drückte er uns sein Siegel auf, wir sind sein Eigentum geworden. Das Geschenk des Geistes in unseren Herzen ist Gottes sicheres Pfand für das, was er uns noch schenken wird. 2. Korinther 1,21–22 (Hfa)

Auch wenn wir wissen, dass uns durch das, was Jesus getan hat, unsere Schuld vergeben wurde, können sich hier und da Zweifel einschleichen. Vergibt und vergisst Gott wirklich das, was wir in der Vergangenheit getan haben? Wenn wir scheitern oder seine Gebote übertreten, wird er uns dann irgendwann zurückweisen? Besteht die Möglichkeit, dass wir doch nicht ganz erlöst sind? Sind wir als Christen wirklich neue Menschen? Seine Versprechen sind manchmal zu schön, um wahr zu sein.

Wir können sicher sein, dass wir ein für alle Mal gerettet sind, wenn wir an Jesus festhalten. Er hat uns vor Anbeginn der Zeit erwählt. Durch seinen Tod am Kreuz zahlte er den Preis für jede Schuld – gleichgültig, ob wir sie schon begangen haben, gerade begehen oder erst noch begehen werden. Er verspricht, dass er uns auffängt, wenn wir fallen, und dass er uns hilft, an unserem Glauben festzuhalten. Seine Liebe ist bedingungslos – wir können sie uns nicht verdienen –, und deshalb können wir nichts tun, dass er sich von uns abwendet.

Sie können also innerlich zur Ruhe kommen, indem Sie sich bewusst machen, dass Sie, wenn Sie erst einmal zu Gott gehören, für immer sein Kind sind. Vertrauen Sie darauf, dass er Ihnen seine Liebe und Treue nicht wieder entziehen wird. Freuen Sie sich schon darauf, die Ewigkeit einmal mit ihm verbringen zu können. Legen Sie Ihre Ängste ab, und feiern Sie, dass Sie für immer sein Kind sind!

Herr, danke, dass du uns errettet hast! Danke, dass wir für immer deine Kinder sein dürfen. Erfülle uns mit der Hoffnung auf eine Ewigkeit mit dir. Amen.

29. Mai

Wer ist schuld?

Brich keinen Streit vom Zaun mit einem, der dir nichts getan hat.
Sprüche 3,30 (Hfa)

Wenn Sie ein paar anstrengende Tage und schlaflose Nächte hinter sich haben, fühlen Sie sich ausgelaugt. Die Nerven liegen blank, die Gemüter sind erhitzt. Etwas, das Ihnen gewöhnlich keine Probleme bereiten würde, fühlt sich plötzlich wie ein persönlicher Affront an. Sie fangen an zu glauben, dass alle gegen Sie sind.

Es gibt Zeiten, in denen Gott Schwierigkeiten zulässt. Doch er will, dass Sie wissen, dass er die Kontrolle hat, und er verspricht, alles zu Ihrem Guten zu wenden. Genau das, was Ihnen heute Schwierigkeiten bereitet, könnte Ihren Glauben wachsen lassen. Seien Sie also nicht wütend auf andere, sondern danken Sie Gott dafür, dass er Sie zwar gerade herausfordert, Sie aber auch durch diese Situation hindurchtragen wird.

Sind Sie heute auf dem Kriegspfad und brechen Sie einen Streit mit Ihren Mitmenschen vom Zaun? Suchen Sie jemanden, dem Sie den Schwarzen Peter für Ihre Probleme zuschieben könnten? Haben Sie das Gefühl, dass das Leben ungerecht ist? Als hätten es alle auf Sie abgesehen? Nehmen Sie sich einen Augenblick Zeit, um darüber nachzudenken, wen Sie womöglich zu Unrecht beschuldigen.

Richten Sie Ihren Blick nicht länger auf das, worüber Sie sich ärgern. Richten Sie ihn auf Gott. Erzählen Sie ihm von dem, was Sie wütend macht. Bemühen Sie sich darum, mit allen in Frieden zu leben. Vertrauen Sie darauf, dass Gott in jeder Situation für Sie kämpfen will.

Herr, hilf uns, darauf zu vertrauen, dass du auch aus schweren Zeiten etwas Gutes entstehen lassen kannst. Hilf uns, auf das zu achten, was wir denken und fühlen, damit wir keinen Unschuldigen anklagen. Gib uns Kraft und Geduld, wenn wir ungerecht behandelt werden. Amen.

30. Mai

Zeit mit Gott

Sooft es ihm jedoch möglich war, zog [Jesus] sich an völlig entlegene Orte zurück, um zu beten. Lukas 5,16 (WD)

Haben Sie die Möglichkeit, sich regelmäßig in die Stille zurückzuziehen? Wenn die Anforderungen von Beruf, Familie und anderen Verpflichtungen auf Sie einstürmen, kann es schwierig sein, einen ruhigen Moment zu finden. Selbst wenn die Geschäftigkeit einmal abgeflacht ist, gehen wir in Gedanken hektisch unsere Sorgen und anstehenden Aufgaben durch. Wir greifen zum Telefon oder schalten den Fernseher ein, weil wir uns in der Stille unwohl fühlen.

Jesus kann das gut nachvollziehen. Er war ständig von Menschenmassen umgeben, die wissen wollten, was er ihnen zu sagen hatte, oder geheilt werden wollten. Es gab immer noch eine Frage. Noch eine Krankheit. Noch ein Problem. Aber er war sich auch bewusst, wie wichtig es war, sich immer wieder Zeit zu nehmen, um mit seinem Vater allein zu sein. Er wusste, dass er angesichts des Lärms dieser Welt die Stimme Gottes nicht wirklich würde hören können.

Nehmen Sie sich heute etwas Zeit, um sich an einen ruhigen Ort zurückziehen. Schaffen Sie in Ihrem Terminkalender Platz, um Gottes Nähe zu suchen. Gestalten Sie Ihr Zuhause um, und richten Sie eine ruhige Ecke ein, in der Sie in aller Stille beten können. Sorgen Sie dafür, dass Sie während Ihrer Gebetszeit nicht von den Kindern oder von Telefonanrufen gestört werden. Sie werden erleben, dass Sie sich viel ruhiger und ausgeglichener fühlen, wenn Sie Zeit mit Gott verbracht haben.

Herr, hilf uns, unser hektisches Lebenstempo zu reduzieren. Wir wollen uns bewusst gemeinsam in die Stille zurückziehen, um Zeit mit dir zu verbringen. Amen.

31. Mai

Es gibt eines, das Sie immer tun können: beten

Um eines nur bitte ich euch inständig um Jesu Christi willen und weil euch die Liebe des Heiligen Geistes erfüllt: Helft mir bei meinem Kampf, indem ihr für mich betet. Römer 15,30 (WD)

Es gibt Zeiten, in denen uns die Tragödien, die sich in unserem Umfeld ereignen, schier überwältigen. Ein befreundetes Ehepaar verliert sein ungeborenes Kind. Menschen, die wir lieben, verlieren ihre Arbeitsstelle oder sind mit Ungerechtigkeiten konfrontiert. Wir wissen nicht, was wir sagen oder wie wir sie trösten sollen. Wir können ja eh nichts an ihrer Situation ändern und fürchten, dass wir sie mehr verletzen als helfen.

Doch, es gibt etwas, das Sie tun können: Beten Sie. Stürzen Sie sich in den Kampf, indem Sie mit Gott über ihre Probleme sprechen. Bitten Sie ihn, ihnen ganz nah zu sein. Wenden Sie sich an ihn, denn er ist Ihr Heiler, Retter und Freund. Bitten Sie ihn darum, Ihre Freunde ganz besonders mit seiner Liebe zu umgeben. Bitte Sie ihn darum, seine Engel zu schicken, damit sie sie schützen und gegen Angriffe verteidigen. Bitten Sie darum, dass Gottes vollkommener Wille Wirklichkeit wird.

Und am wichtigsten: Beten Sie, dass sie fähig werden, „zu begreifen, wie unvorstellbar groß und weit, wie hoch und wie tief die Liebe Christi ist, die alle Vorstellungskraft übersteigt" (Epheser 3,18; WD). Er ist da, er ist gut, und er ist alles, was sie brauchen.

Herr, sei bei _____, während sie mit diesem Problem konfrontiert sind. Hilf uns zu erkennen, was sie brauchen, damit wir dich genau um das bitten können, was sie in diesem Augenblick benötigen. Zeige uns, wie wir sie so lieben können, wie du sie liebst. Amen.

Juni

1. Juni

Die Botschaft Ihres Lebens

Nein, der einzige Brief, den wir mit uns tragen, ist in unsere Herzen hineingeschrieben, und dieser Brief seid ihr. Dieser Brief kann von jedem gelesen und verstanden werden. Sein Inhalt macht deutlich, wer diesen Brief diktiert hat: Christus. Wir haben ihn bloß geschrieben, allerdings nicht mit Tinte, sondern mit dem Geist des lebendigen Gottes. Und wir haben ihn auch nicht in steinerne Tafeln eingeritzt, sondern in die Tafeln aus Fleisch: unsere Herzen. 2. Korinther 3,2–3 (WD)

Wenn das Wort Gottes – Jesus – in Ihnen lebt, ist Ihr Leben gewissermaßen sein Brief an alle Menschen. Wenn Sie anderen mit Mitgefühl und Barmherzigkeit begegnen, erzählen Sie ihnen im Grunde von seiner Liebe. Wenn Sie nach dem leben, was in der Bibel steht, erzählen Sie anderen von einem heiligen Gott. Wenn Sie in schwierigen Situationen die Hoffnung nicht aufgeben, erzählt Ihr Lebensbrief von ewigem Leben und Frieden. Und Ihre Bereitschaft zu vergeben, berichtet von der Gnade, die Gott Ihnen durch Jesus erwiesen hat.

Was schreibt Christus heute auf die Buchseiten Ihres Herzens? Saugen Sie durch die Beschäftigung mit der Bibel die Wahrheit seines Wortes in sich auf. Empfangen Sie durch Predigt und Lehre Wegweisung. Bleiben Sie mit Gott im Gespräch, bitten Sie um den Rat gläubiger Freunde, und erfahren Sie so, was er von Ihnen möchte. Vertiefen Sie Ihre Liebe zu den Menschen, indem Sie anderen helfen und ihnen dienen. Ergreifen Sie jede Gelegenheit, um auf Gottes leises Reden zu hören und Ihren Glauben zu vertiefen.

Denken Sie auch an die Menschen, deren Leben Sie „gelesen" haben und die Ihnen geholfen haben, zu Gott zu kommen. Danken Sie Gott dafür, dass er Ihnen durch andere Gläubige zeigt, wie Sie ihn besser kennenlernen können.

Herr, schreibe deinen Brief auf unser Herz. Hilf uns dabei, Menschen, die dich noch nicht kennen, von deiner Liebe zu erzählen. Wir danken dir dafür, dass wir deine Kinder sein dürfen. Amen.

2. Juni

Achten Sie auf Ihre Schritte

Überlege, was du tun willst, und dann tu es entschlossen! Lass dich von der richtigen Entscheidung nicht abbringen, damit deine Füße nicht auf Abwege geraten. Sprüche 4,26–27 (GN)

Unser Lebensweg wird durch unsere täglichen Entscheidungen bestimmt. Harte Arbeit und Ausdauer bringen unsere Karriere voran. Freundlichkeit und Ehrlichkeit ermöglichen enge Beziehungen. Integrität führt dazu, dass Sie einen guten Ruf genießen. Kluge Entscheidungen und wohl durchdachte Ausgaben sorgen dafür, dass unser Konto in den schwarzen Zahlen ist. Eine konsequente Erziehung und viel Aufmerksamkeit helfen dabei, die Kinder großzuziehen. Treue und Liebe vertiefen die Beziehung mit Ihrem Partner.

Doch wenn man auf Abwege gerät, kann das in einer Katastrophe enden. Eine Lüge zieht die nächste nach sich. Wenn man einem Kollegen emotional näherkommt, könnte das in einer Affäre enden. Spontankäufe führen im schlimmsten Fall zu einem Berg von Schulden. Wenn man seinen Gefühlen freien Lauf lässt, treibt das einen Keil in Beziehungen. Wenn man während der Arbeitszeit private Dinge erledigt, gefährdet das die Arbeitsstelle. Und wenn man Gebet, Anbetung und Bibel vernachlässigt, beeinträchtigt das den Glauben und die Beziehung zu Gott.

Prüfen Sie Ihre Entscheidungen genau, und überlegen Sie, wohin sie Sie führen werden. Richten Sie Ihren Blick immer auf Jesus, und vertrauen Sie darauf, dass er Ihre Schritte führt. Lieben Sie Gott mit ganzem Herzen und mit allen Kräften (5. Mose 13,4), und erleben Sie, dass das Ihr Leben mit Frieden erfüllt.

Herr, hilf uns dabei, auf dem richtigen Weg zu bleiben. Schenke uns Weisheit, damit wir die richtigen Entscheidungen treffen. Bewahre uns davor, auf Abwege zu geraten, die von dir wegführen. Amen.

3. Juni

Niemals vergessen oder übersehen

„Aber denk an mich, wenn es dir wieder gut geht! Erzähl dem Pharao von mir und bitte ihn, mich hier herauszuholen!" Doch der Mundschenk dachte nicht mehr an Josef, er vergaß ihn einfach.
1. Mose 40,14.23 (Hfa)

Es tut weh, wenn man das Gefühl hat, dass man vergessen oder übersehen wurde. Unser Chef lässt die Beförderung jemand anderem zukommen. Unsere Freunde laden uns nicht zur Party ein. Unsere Verwandten erzählen uns nichts davon, dass sie gerade Sorgen oder Probleme haben. Unser Haus findet auf dem Immobilienmarkt keine Abnehmer. Unser Ehepartner verbringt lieber Zeit mit Freunden oder den Kindern oder auf der Arbeit statt mit uns. Wir fühlen uns gefangen und allein in dieser Situation, und es ist keine Hoffnung in Sicht.

Ganz egal, wie vernachlässigt Sie sich fühlen: Gott sieht Sie. Er weiß, wie viel Sie gegeben und gearbeitet haben. Er versteht, wie ungerecht das Leben ist. Aber er weiß auch schon, wie er Sie mit seinem Segen überschütten wird. Er bereitet jetzt schon das vor, was er morgen für Sie hat.

Kümmern Sie sich so umeinander, wie Gott sich um Sie kümmert. Halten Sie Ihre Versprechen, dass Sie füreinander sorgen und sich unterstützen werden. Jagen Sie nicht Ihrem eigenen Glück nach, sodass Ihr Partner auf der Strecke bleibt. Nutzen Sie die Kraft und die Segensgeschenke, die Gott Ihnen gibt, um Ihrer oder Ihrem Liebsten jeden Tag etwas Gutes zu tun.

Und bitten Sie Gott darum, Ihre Liebe zueinander noch zu vertiefen, damit Sie einander in allem beistehen können.

Herr, manchmal haben wir das Gefühl, dass man uns übersieht oder dass wir zu kurz kommen. Zeige uns, wie wir liebevoll aneinander denken können. Amen.

4. Juni

Gesehen, gehört und geliebt

Sie begriffen, dass der Herr ihre Unterdrückung gesehen hatte und ihnen helfen wollte. Und sie warfen sich anbetend vor dem Herrn nieder.
2. Mose 4,31 (GN)

Gott will Ihnen heute zur Seite stehen. Er sieht die Tränen, die Sie vergießen, weil Sie einen geliebten Menschen verloren haben. Er weiß um die Last der Verantwortung, die auf Ihren Schultern liegt. Er ist sich Ihrer Ängste vor dem morgigen Tag bewusst. Er hört jedes böse Wort, das jemand über Sie sagt. Er weiß, was es Sie kostet, ihm nachzufolgen.

Vielleicht haben Sie heute das Gefühl, dass er sich nicht für Sie interessiert. Sie zweifeln daran, dass er Ihre Gebete überhaupt hört. Sie fragen sich, ob Gott für Ihre Probleme Verständnis hat. Verlieren Sie nicht den Mut – er sieht alles und wird Ihnen helfen.

Sprechen Sie erneut mit ihm über das, was Sie gerade belastet. Vertrauen Sie darauf, dass er jedes Detail kennt. Dass er auch in diesem Moment am Werk ist, um Sie durch diese schwierige Situation hindurchzutragen. Er weiß, wie diese Herausforderung ausgeht. Er verspricht, dass jede Schwierigkeit zu Ihrem Besten dient, wenn Sie sich von ihm hindurchführen lassen. Danken Sie ihm dafür, dass er an Ihrer Seite ist. Sagen Sie ihm, wie dankbar Sie für seine Liebe sind und dass Sie in allen Höhen und Tiefen an ihm festhalten wollen.

Erzählen Sie anderen, die gerade eine schwere Zeit durchmachen, von Ihren Erfahrungen mit Gott. Versichern Sie ihnen, dass er auch sie sieht und sich um sie kümmern will. Beten Sie ihn gemeinsam an, während er für Sie kämpft.

Herr, du weißt, dass wir manchmal das Gefühl haben, dass du dich nicht um uns kümmerst oder unsere Gebete nicht hörst. Danke, dass du jederzeit für uns sorgst, auch dann, wenn es uns nicht so vorkommt. Schenke uns den Glauben, auf deine Liebe zu vertrauen. Amen.

5. Juni

Stolz und Demut

Lebt in Frieden miteinander. Versucht nicht, euch wichtig zu machen, sondern wendet euch denen zu, die weniger angesehen sind. Und bildet euch nicht ein, alles zu wissen! Römer 12,16 (NL)

Neigen Sie dazu, sich ständig mit anderen zu vergleichen? Wenn wir uns auf unser Aussehen, unsere Fähigkeiten oder unseren Besitz etwas einbilden, zeigen wir im Stillen mit den Fingern auf andere. Wir kritisieren vielleicht insgeheim diejenigen, die weniger schön, begabt oder reich sind. Im Gegenzug sind wir aber auch ein wenig ärgerlich und verunsichert, wenn wir Menschen begegnen, die größeren Erfolg haben. Doch Stolz und Unsicherheit verschließen die Tür zu liebevollen Beziehungen.

Nehmen Sie einmal Ihr familiäres und soziales Umfeld unter die Lupe: Gibt es dort Menschen mit unterschiedlichen Hintergründen und Fähigkeiten, aus unterschiedlichen Altersgruppen? Gehen Sie Ihre finanziellen Möglichkeiten durch: Erlauben sie Ihnen, denen gegenüber großzügig zu sein, die in Not sind? Überprüfen Sie Ihre Ziele: Geht es Ihnen vor allem um Status und Zufriedenheit?

In unserer Gesellschaft zählen vor allem die Reichen und Schönen. Bei Gott ist das anderes. Er belohnt vor allem die demütigen Diener. Wenn Sie einmal versuchen, andere Menschen durch seine Augen zu sehen, werden Sie erkennen, wie wertvoll jeder einzelne Mensch ist. Ihr Stolz verwandelt sich in Lobpreis, wenn Sie erkennen, dass jeder das Ebenbild Gottes ist. Und er will Ihnen seine Liebe in Ihr Herz legen, damit Sie die Menschen in seinem Namen lieben können – alle Menschen.

Herr, vergib uns, wo es uns vor allem um unsere eigene Zufriedenheit geht. Wecke in uns die Bereitschaft, deine Liebe mit allen Menschen zu teilen. Begegne uns mit Gnade und verändere unsere Beziehungen. Amen.

6. Juni

Zuerst Gott fragen

Blinder Eifer ist nicht gut, und wer es zu eilig hat, begeht schnell einen Fehltritt. Sprüche 19,2 (NGÜ)

Jeder will irgendetwas: Die eine hofft, Gewicht zu verlieren. Neue Freunde zu finden. Der andere will mehr Geld verdienen. Ein besseres Auto fahren. Die Kinder dazu bringen, sich zu benehmen. Aber selbst gute Wünsche können zu schlechten Entscheidungen führen. Wenn Sie vorschnell Entscheidungen treffen, ohne nach Gottes Willen zu fragen, könnte es sein, dass Sie hinterher schlechter dran sind als vorher.

Halten Sie deshalb inne, bevor Sie Ihren Wünschen nachjagen. Beschäftigen Sie sich erst einmal mit Erkenntnissen zum Thema „Gesundheit", bevor Sie eine dieser Modediäten machen. Seien Sie bereit, hart zu arbeiten und treu zu sparen, bevor Sie eine Abkürzung einschlagen und einen Kredit aufnehmen. Investieren Sie sich geduldig in gute Beziehungen, in denen man sich gegenseitig unterstützt. Kaufen Sie umsichtig ein, und sparen Sie auf das, was Sie brauchen. Nehmen Sie sich Zeit für Ihre Kinder, um ihnen gutes Verhalten vorzuleben, anstatt zornig zu reagieren, wenn sie sich schlecht benehmen. Beten Sie, bitten Sie um Rat, und warten Sie darauf, dass Gott eingreift.

Gott kennt Ihre Hoffnungen und Träume. Er liebt Sie und kümmert sich um das, was Sie brauchen, sei es groß oder klein. Erinnern Sie sich an seine Anweisung: „Werde weise! Werde verständig! Kein Preis darf dir zu hoch dafür sein" (Sprüche 4,7; Hfa). Beschäftigen Sie sich mit seinem Wort und leben Sie danach. Lieben Sie ihn mehr als alles andere. Denn: „Freue dich über den Herrn, und er wird dir geben, was du dir von Herzen wünschst" (Psalm 37,4; Hfa).

Herr, du sollst uns wichtiger sein als alles andere in unserem Leben. Hilf uns deshalb, erst einmal nach deinem Willen zu fragen, bevor wir uns unsere Träume erfüllen. Amen.

7. Juni

Die Freude der Eltern

Denn ich habe mich sehr gefreut, als einige Brüder vorbeikamen und über deinen Glauben nur das Beste zu berichten hatten. Sie meinten, du würdest wirklich treu zur Wahrheit der Frohen Botschaft stehen und nach ihr leben. Ich freue mich über nichts mehr, als immer wieder mitzubekommen, wie meine „Kinder" die Wahrheit von Gottes Wort in ihrem Leben umsetzen. 3. Johannes 3–4 (WD)

Wenn Sie Eltern sind, sind Sie bestimmt stolz auf Ihre Kinder. Sie feiern ihre ersten Schritte, ihre ersten Tage in der Schule und ihr erstes Gehalt. Sie sind begeistert, wenn sie in eine Sportmannschaft aufgenommen werden oder eine Rolle in einem Theaterstück bekommen. Sie belohnen ihre guten Noten und Leistungen. Wenn Ihre Kinder in irgendetwas Erfolg haben, freuen Sie sich darüber.

Aber noch mehr freuen Sie sich vermutlich darüber, wenn Ihr Kind sich für ein Leben mit Gott entscheidet. Wenn es die Bibel kennt und sich an das hält, was darin steht. Wenn es dem Gruppenzwang widersteht. Wenn es auch in schweren Zeiten an Gott festhält. Wenn es die Gute Nachricht mit Freunden teilt, die Gott noch nicht kennen. Wenn sein Charakter es von der Masse abhebt. Der Lohn, der Ihr Kind einmal im Himmel erwartet, übertrifft jede Auszeichnung und jeden Pokal der Welt.

Beten Sie heute für die Kinder – Ihre eigenen und die in Ihrem Umfeld. Bitten Sie darum, dass sie Jesus kennenlernen. Um den Mut, Gottes Wort zu gehorchen und Jesus nachzufolgen. Um die Weisheit, nach Gottes Willen für die Zukunft zu fragen. Um Mitgefühl und Freundlichkeit anderen gegenüber. Um Schutz vor dem Bösen. Beten Sie dafür, dass Gott sie täglich mehr mit Liebe füllt. Es gibt nichts, das Ihnen mehr Freude bereiten wird!

Herr, wir wissen, dass die Kinder, die wir lieben, dir noch viel mehr bedeuten. Lade sie ein, zu dir zu kommen, und schenke ihnen die Kraft, dir treu zu sein. Amen.

8. Juni

Willig, aber schwach

„Bleibt wach, betet, damit ihr nicht schwach werdet. Ihr habt so viel guten Willen, aber wie so oft schafft ihr es nicht, ihm zu folgen."
Markus 14,38 (WD)

Wir wollen Gott ja gehorchen. Wir wollen demütig, großzügig und freundlich sein. Wir wollen uns von Gottes Wahrheit leiten lassen und ehrlich und zuverlässig sein. Wir glauben das, was in der Bibel steht, und wollen auch danach leben. Wir lieben Jesus und wollen so sein wie er.

Dennoch haben wir mit Versuchungen zu kämpfen. Wir werden wütend und sagen Dinge, die wir eigentlich nicht sagen wollten. Wir lassen unseren Stress an unseren Lieben aus. Wir starren zu lange auf ein Bild, das wir uns lieber nicht anschauen sollten. Uns sind die Bedürfnisse unserer Mitmenschen egal. Wir werden stolz und drängen uns in den Vordergrund. Wir übertreiben oder erzählen eine Lüge. Wir geben dem Drang nach, unseren eigenen Kopf durchzusetzen, selbst wenn wir eigentlich Gott gefallen wollen.

Achten Sie heute doch einmal darauf, ob Sie etwas davon bei sich feststellen. Bleiben Sie wachsam, um die Versuchung zu erkennen. Überlegen Sie sich, wie Sie der Versuchung widerstehen und das Richtige tun könnten. Sprechen Sie mit Gott darüber, wie und womit Sie zu kämpfen haben. Geben Sie zu, dass Sie schwach sind, und bitten Sie um die Kraft, die Herausforderung zu überwinden. Bitten Sie Gott gemeinsam mit Ihrem Partner um Hilfe, damit Sie auf dem richtigen Weg bleiben. Sie brauchen eigentlich nur eines, um heute standhaft zu bleiben: seine Liebe und Kraft.

Herr, wir wollen dir ja gehorchen, aber wir werden immer wieder schwach. Schenke uns die Kraft, der Versuchung zu widerstehen. Sorge dafür, dass wir wachsam bleiben, damit wir dir treu bleiben können. Amen.

9. Juni

Echt sein

Die beiden waren nackt, aber sie schämten sich nicht voreinander.
1. Mose 2,25 (GN)

Es ist schwierig, sich eine Welt ohne Scham und Verlegenheit vorzustellen. Wir erschaudern vor unserem Spiegelbild, wenn wir unsere körperlichen Unzulänglichkeiten sehen. Wir bedauern Dinge, die wir gesagt oder getan haben, oder Situationen, in denen wir gescheitert sind, und das raubt uns wiederum unser Selbstvertrauen. Und manchmal haben wir sogar das Gefühl, wir könnten auch unserem Partner nicht alles zeigen oder sagen – wir sind sicher, wenn er unser wahres Ich sehen könnte, würde er uns ablehnen.

Wenn wir zu Jesus Christus gehören, gibt es jemanden, der uns durch und durch kennt, der uns annimmt und liebt. Wir müssen uns Gottes Gunst nicht verdienen. Wir müssen uns seine Zuneigung nicht erkaufen. Und dieselbe Gnade sorgt auch dafür, dass wir uns vor unserem Partner nicht schämen müssen. Wir können einander vergeben, wie Jesus uns vergeben hat. Wir können alles ertragen, alles glauben, alles hoffen und, ja, alles erdulden (nachzulesen in 1. Korinther 13,7), weil Gott fortwährend in unserem Herz und Leben am Werk ist.

Welchen Teil von sich halten Sie heute vor Ihrem Partner zurück? Welche Unsicherheiten halten Sie davon ab, echte Einheit und Vertrautheit zu erleben? Wie könnten Sie mehr Annahme und Geduld, Ehrlichkeit und Liebe an den Tag legen? Lassen Sie sich von Gottes Gnade von Scham befreien und einander näherbringen.

Herr, wir danken dir dafür, dass du uns mit Gnade und Liebe begegnest. Zeige uns, wie wir dasselbe in unserer Ehe tun können. Nimm alles, was uns davon abhält, wirklich ehrlich zueinander zu sein. Amen.

10. Juni

Worauf es wirklich ankommt

Eine Frömmigkeit, die unserem Gott und Vater wirklich Freude macht, sieht ganz anders aus: zum Beispiel Witwen und Waisen in ihrer Not beizustehen und sich von dem egoistischen Denken der Welt nicht verführen zu lassen. Jakobus 1,27 (WD)

Menschen, die Gott nicht kennen, versuchen, durch Rituale, Traditionen oder Zeremonien Frieden zu finden oder sicher zu sein, dass sie in geistlicher Hinsicht „gerettet" sind. Tragisch wird es, wenn sich Menschen im Namen der Religion gegenseitig umbringen oder beleidigen. Aber laut Bibel erkennen wir „echte Gläubige" vor allem an einem: der Liebe zu Gott und den Mitmenschen.

Zeigen Sie Gott, wie sehr Sie ihn lieben, dadurch, dass Sie nach dem leben, was in der Bibel steht. Jesus sagte: „Wenn ihr in einer liebevollen Beziehung zu mir steht, dann werdet ihr mit gespannter Aufmerksamkeit auf all das achten, was mir wichtig ist und was ich euch auftragen werde" (Johannes 14,15; WD). Beim christlichen Glauben geht es nicht darum, einem Regelbuch zu folgen oder sich gut zu benehmen, es geht darum, auf das zu achten, was Jesus wichtig ist, und danach zu leben.

Aber das ist noch nicht alles. Zu einem Leben als Christ gehört auch, dass wir die Schwachen und Verletzlichen lieben. Wir sind dazu aufgerufen, den Armen etwas zu essen zu geben, den Kindern Liebe und Wertschätzung entgegenzubringen und ältere Menschen zu ehren. Wenn wir uns um die Ausgegrenzten und Vergessenen kümmern, wird die Liebe Gottes für alle sichtbar.

Achten Sie heute bewusst darauf, dass das zwischenmenschliche Miteinander wirklich von Liebe gekennzeichnet ist und Sie nicht bloß irgendwelchen leeren religiösen Aktivitäten nachgehen. Vertrauen Sie Gott Ihr Leben wirklich ganz an, und werden Sie zu einem Kanal, durch den er seine Gnade auf jene ausgießen kann, die sie am meisten brauchen.

Herr, wir danken dir dafür, dass du uns Jesus geschenkt hast, um uns wieder mit dir zu versöhnen. Bewahre uns davor, uns mit religiösen Aktivitäten zufriedenzugeben, anstatt das Leben der Liebe zu führen, das du dir für uns wünschst. Amen.

11. Juni

Die Ungeliebten lieben

„Liebt eure Feinde und tut denen Gutes, die euch hassen. Bittet Gott um seinen Segen für die Menschen, die euch Böses tun, und betet für alle, die euch beleidigen." Lukas 6,27–28 (Hfa)

Ihr „Feind" ist kein Soldat, der sich mit einer Waffe in der Hand auf Sie stürzt. Es könnte der Nachbar sein, der samstagmorgens um 7 Uhr seinen Rasen mäht. Oder der Raser auf der Spur neben Ihnen. Der hinterhältige Kollege, der die Lorbeeren für Ihr Projekt einheimst. Der Onkel, der bei jedem Familientreffen rumpöbelt. Immer wieder werden Sie von Menschen beleidigt, in Verlegenheit gebracht oder ungerecht behandelt, denen es egal ist, was sie da tun.

Jesus fordert Sie an dieser Stelle auf, gegen Ihre Gefühle zu handeln. Sie sollen Liebe an den Tag legen und nicht um sich schlagen. Sie sollen beten, nicht bestrafen. Hilfe und Fürsorge anbieten, nicht schimpfen und kritisieren. Das bedeutet nicht, dass Sie nicht den Wunsch nach Gerechtigkeit und Rache verspüren. Aber Sie dürfen sich damit an Gott wenden. Er wird zur richtigen Zeit alles wieder in Ordnung bringen. Und er wird Ihnen für den Umgang mit diesen Menschen Nachsicht und Geduld schenken.

Wer macht Ihnen gerade das Leben schwer? Was hat man Ihnen angetan? Sprechen Sie mit Gott darüber, und er wird Ihnen Liebe, Heilung und Güte schenken.

Herr, danke, dass wir mit allen unseren Gefühlen und Problemen zu dir kommen dürfen! Du weißt, dass _____ uns gerade das Leben schwermacht. Bitte ziehe diese Person zu dir und segne sie. Schenke uns die Kraft, so zu lieben, wie Jesus liebt. Amen.

12. Juni

König der Könige

Wie aber sollt ihr euch gegenüber staatlicher Gewalt verhalten? Auch hier könnt ihr zeigen, wer euer wahrer Herr ist. Ordnet euch selbstverständlich der staatlichen Obrigkeit unter, denn niemand erlangt die Verantwortung, ein Volk zu regieren, wenn sie ihm nicht von Gott übertragen wurde. Römer 13,1 (WD)

Politiker enttäuschen unser Vertrauen. Bei Wahlen werden hässliche Anschuldigungen gegen den Gegner in Umlauf gebracht. Regierende setzen sich nicht für die Interessen derer ein, denen sie eigentlich dienen sollen. Und wenn wir uns in unserem Land umschauen, bekommen wir Angst, dass wir unsere Freiheit und unsere Sicherheit ein Stück weit verlieren.

Machen Sie sich bewusst, wer wirklich die Kontrolle hat. Gott sitzt auf seinem Thron. Er ist es, der zulässt, dass Politiker an die Macht kommen. Er kann seine vollkommenen Absichten mit den besten und den schlechtesten Regierungen erreichen. Keine menschliche Autorität übertrifft Gottes Macht und Majestät: „‚So wahr ich lebe', spricht der Herr, ‚einmal wird jedes Knie sich vor mir beugen, und alle werden mich als Gott verehren'" (Römer 14,11; WD).

Selbst wenn eine Partei an die Regierung kommt, die Sie nicht unterstützt haben: Entscheiden Sie sich fürs Beten, statt in Panik zu verfallen. „Ob Bitten, Fürbitten, Lob- oder Dankgebete – betet intensiv für alle Menschen, vor allem für die Regierenden und die Personen, die eine verantwortungsvolle Position in eurer Gesellschaft innehaben. Es geht darum, dass ihr ein ungestörtes, ruhiges Leben führen könnt, in dem eure Beziehung zu Gott zum Tragen kommen kann und Menschen eure Lebensart schätzen lernen können" (1. Timotheus 2,1–2; WD). Vertrauen Sie auf Gott; er ist Ihr wahrer Versorger und

Beschützer. Vertrauen Sie darauf, dass Sie in seinen Händen sicher sind.

Gehorchen Sie Gott, indem Sie sich auch an das irdische Gesetz halten. Erweisen Sie den Regierenden Respekt. Wenn Sie ein „ungestörtes, ruhiges Leben führen", wird das jedem zeigen, wie gütig Gott ist.

Herr, lehre uns, wie wir die staatliche Gewalt in unserem Land ehren können, auch wenn wir nicht hinter ihren Zielen stehen. Wir wollen darauf vertrauen, dass wir bei dir Sicherheit und Hoffnung finden. Amen.

13. Juni
Es ist Platz für alle

Meine Geschwister, ihr glaubt doch an Jesus Christus, unseren Herrn, dem alle Macht und Herrlichkeit gehört. Dann dürft ihr aber Rang und Ansehen eines Menschen nicht zum Kriterium dafür machen, wie ihr mit ihm umgeht! Jakobus 2,1 (NGÜ)

Wir wissen, dass es unter anderem dadurch zur Geschwisterrivalität kommt, weil Eltern oder ein Elternteil ein Lieblingskind haben. In der Schule ärgern sich die anderen Schüler über das „Lieblingskind" des Lehrers, das einfach nichts falsch machen kann. Wenn uns Freunde ausschließen, um andere Beziehungen zu pflegen, verletzt uns das, und wir fühlen uns einsam. Wenn man uns behandelt, als seien wir bloß die zweite Wahl, kommt es zu tiefen Verletzungen. Und wenn wir selbst der Liebling sind, stehen wir unter dem Druck, Leistung bringen und Erwartungen erfüllen zu müssen. Wenn jemand bevorzugt wird, kann das also Spaltung und Schmerz verursachen.

Und in der Gemeinde ist das ebenso. Gott ist kein Mensch wichtiger als der andere. In seinen Augen sind wir alle darin gleich, dass wir die Vergebung unserer Sünden brauchen. Er allein ist derjenige, dem wir unsere Gaben und Fähigkeiten verdanken, sodass sich niemand damit brüsten kann. Er setzt die Obrigkeiten ein, sodass niemand sagen kann, dass er seinen Platz in der Regierung verdient hätte. Gott gießt seine Liebe auf verschwenderische Weise über uns alle aus.

Wie geben und empfangen Sie heute Liebe? Fühlen Sie sich einsam oder ausgeschlossen oder miteinbezogen? Nehmen Sie Kontakt zu anderen auf oder bleiben Sie im sicheren Kreis Ihrer Bekannten? Sind Sie in der Lage, die äußere Erscheinung eines Menschen zu ignorieren und ihn als geliebtes Kind Gottes zu sehen?

Versuchen Sie, niemanden zu bevorzugen, sondern allen mit Zuneigung zu begegnen. Halten Sie sich bewusst von Klatsch oder Kritik fern, die Menschen nur auseinanderbringen. Breiten Sie Ihre Arme aus, um jeden im Namen von Jesus willkommen zu heißen. Auf diese Weise lieben Sie so, wie Jesus Sie liebt.

Herr, danke, dass du uns allen deine Liebe schenkst. Hilf uns dabei, uns in deinem Namen um jeden zu kümmern können, ohne jemanden zu bevorzugen. Amen.

14. Juni

Gott ist genug

Gott hat uns in seiner Güte und Allmacht alles geschenkt, was wir zum Leben mit ihm brauchen. Er ließ uns erkennen, wer uns da berufen hat: er selbst in seiner Herrlichkeit und Kraft. 2. Petrus 1,3 (WD)

Während Sie mit Jesus unterwegs sind, stellen Sie sich vielleicht das eine oder andere Mal die Frage, ob Ihnen etwas fehlt. Wo ist das „Leben in Fülle", das er versprochen hat? Warum kommt es Ihnen gelegentlich so vor, als könnten Sie den bekannten Ausspruch aus dem Philipperbrief nicht nachvollziehen: „Alles halte ich aus durch den, der mir Kraft schenkt" (Philipper 4,13; WD)? Und vielleicht verlieren Sie hin und wieder die Hoffnung, dass Ihr Glaube jemals wachsen wird.

Weil Gott barmherzig ist, erwartet er auch gar nicht, dass Sie Ihr Leben aus eigener Kraft verändern. Er übernimmt die geistliche Aufgabe, Sie behutsam so zu ändern, dass Sie ein vorbildliches Leben unter seiner Herrschaft führen können. Sein Heiliger Geist hilft Ihnen dabei, Dinge zu verstehen, wenn Ihnen das einmal schwerfällt. Er gibt Ihnen die Kraft, anderen zu helfen und zu dienen. Es sind seine Liebe und Güte, die Ihren Egoismus und Stolz verändern.

Und dazu müssen Sie nur eines tun: ihn kennen. Sprechen Sie mit ihm, und lauschen Sie auf sein leises Reden, damit Sie lernen, seine Stimme zu hören. Lesen Sie in der Bibel, um mit seinen Gedanken und seiner Wahrheit vertraut zu sein. Tauchen Sie in die biblischen Glaubensgeschichten und die Lebenszeugnisse anderer Gläubigen ein, die zeigen, wie Gott im Leben von Menschen wirkt. Folgen Sie dem Einen nach, der Sie berufen hat. Er wird Ihnen helfen, ihn immer besser kennenzulernen und immer mehr so zu leben, dass Sie ihm Ehre machen.

Herr, wir wollen darauf vertrauen, dass du alles gibst, was wir brauchen, um andere Menschen von ganzem Herzen zu lieben und dir zu gehorchen. Amen.

15. Juni

Jeder hat seine eigenen Kämpfe

Wenn einer von uns einen solchen starken Glauben hat, dann schuldet er es den Geschwistern, die noch nicht so weit sind wie er, dass er ihre Schwächen mitträgt. Römer 15,1 (WD)

Niemand ist immer liebenswert oder auch nur sympathisch. Angst und Depressionen können uns die Lebensfreude rauben. Schwangerschaft und Kindererziehung führen zu Müdigkeit und Stress. Unterschiedliche Persönlichkeiten, voneinander abweichende Ziele und selbstsüchtige Entscheidungen machen es uns manchmal schwer, mit unserem Gegenüber geduldig zu sein. Wenn unser Partner in der Vergangenheit schlimme Erfahrungen gemacht hat, müssen wir darauf warten, dass er sich davon erholt. Und wenn er schlechte Angewohnheiten hat, fragen wir uns, ob er die jemals ablegen wird.

Trotzdem ruft Gott uns dazu auf, den anderen demütig zu lieben. Wir sollen unsere eigenen Schwächen im Blick haben und nicht die des anderen. Stattdessen sollen wir ihm mit Annahme und Ermutigung begegnen. Wenn wir ihn kritisieren, sollte das liebevoll geschehen und hilfreich sein. Wir sollten vergeben, weil Gott uns vergeben hat. Und schließlich sollten wir darauf vertrauen, dass Gott gewisse Dinge zu seinem perfekten Zeitpunkt durchführt.

Erlauben Sie sich heute gegenseitig, schwach zu sein und Ihre eigenen Kämpfe auszufechten. Unterstützen Sie einander, wenn Sie mit schwierigen Gefühlen und Herausforderungen zu kämpfen haben. Glauben Sie an Gottes Verheißung, „dass der, der mit euch diesen wunderbaren Weg des Glaubens begonnen hat, ihn auch mit euch bis zum Tag Jesu Christi vollenden wird" (Philipper 1,6; WD).

Herr, wir wissen, dass wir nicht perfekt sind. Es ist so schwer, immer geduldig und verständnisvoll zu sein. Gib uns die Kraft, bedingungslos zu lieben, so wie du uns liebst. Amen.

16. Juni

Machen Sie sich Sorgen? Erzählen Sie Gott davon!

Macht euch um nichts Sorgen, sondern vertraut eure Bitten, Sorgen und Nöte eurem himmlischen Vater an. Nur vergesst eines nicht: Seid für alles dankbar. Philipper 4,6 (WD)

Stress kann alle Bereiche des Ehelebens durchdringen. In Ihren Gesprächen geht's plötzlich nur noch um berufliche Herausforderungen, Probleme mit den Kindern, finanziellen Druck und andere Dinge, die Ihnen das Leben schwermachen. Sorgen können dazu führen, dass wir unseren Partner wütend anfahren oder uns von ihm zurückziehen, während wir versuchen, unseren Alltag in den Griff zu bekommen. Die Kämpfe, denen wir uns als Team stellen wollten, reißen uns im schlimmsten Fall auseinander.

Gott lädt Sie aber dazu ein, mit allen Ihren Sorgen zu ihm zu kommen. Er brennt regelrecht darauf, diese Lasten zu tragen, die Ihnen das Leben schwermachen. Für ihn ist keine Sorge zu unbedeutend oder zu groß. Verlassen Sie sich auf seine Kraft und seine Liebe, und erleben Sie, wie befreit Sie sich plötzlich fühlen.

Beginnen Sie mit einem Gebet – erzählen Sie Gott, wie erschöpft und angespannt Sie sich fühlen. Bekennen Sie, wenn Sie versucht haben, sich auf Ihre eigene Kraft und Weisheit zu verlassen. Bitten Sie ihn konkret um das, was Sie brauchen. Und danken Sie ihm zuletzt für all das, womit er Sie in der Vergangenheit versorgt hat. Preisen Sie ihn für seine Treue und dafür, dass er sich auch morgen um Sie kümmern wird. Sie dürfen innerlich zur Ruhe kommen, wenn Sie sich bewusst machen: Er ist die ganze Zeit über bei Ihnen.

Herr, wir danken dir dafür, dass du uns versprochen hast, uns in jeder Lebenssituation zu helfen. Lehre uns, zu beten und auf dich zu vertrauen. Amen.

17. Juni
Bleiben Sie standhaft

Ein guter Mensch, der sich von einem Gottlosen beeinflussen lässt, ist so unbrauchbar wie eine trübe Quelle oder ein verschmutzter Brunnen.
Sprüche 25,26 (Hfa)

Weil Sie mit Jesus unterwegs sind, wollen Sie ihm auch in allen Dingen gehorsam sein. Sie möchten bei der Arbeit ehrlich und zuverlässig sein. Sie möchten Ihre Eltern ehren. Sie möchten das, was Gott Ihnen anvertraut hat, gut verwalten. Sie möchten ein vertrauenswürdiger Freund sein. Sie möchten Ihre Kinder lehren, Richtig von Falsch zu unterscheiden. Sie möchten Ihrem Partner treu sein und ihn lieben. Doch auch wenn Sie sich noch so sehr wünschen, das Richtige zu tun, gibt es Kräfte, die dafür sorgen wollen, dass Sie Ihre guten Vorsätze brechen.

Bitten Sie Gott um die Kraft, ihm heute treu zu bleiben. Bleiben Sie standhaft, wenn Ihr Chef Ihnen aufträgt, Kompromisse einzugehen oder die Fakten zu beschönigen. Begegnen Sie Ihren Eltern mit Respekt, auch wenn sie schwierig sind. Zerreißen Sie die Kreditkartenanträge, die Sie dazu verführen wollen, sich zu verschulden. Gehen Sie weg, wenn man Sie einlädt, sich den neuesten Klatsch anzuhören. Erziehen Sie Ihre Kinder liebevoll, aber unnachgiebig, auch wenn sie sich lauthals beschweren. Setzen Sie Grenzen, um Ihre Ehe vor Pornografie oder unangemessenen Beziehungen abzuschirmen. Antworten Sie mit Liebe auf Hass.

Vielleicht müssen Sie an der einen oder anderen Stelle einen hohen Preis dafür zahlen, dass Sie Jesus folgen und keine Kompromisse eingehen. Doch Sie dürfen darauf vertrauen, dass Gott an Ihrer Seite ist. Er wird Ihnen Mut schenken, für Sie eintreten und Sie letzten Endes mit Segensgeschenken überschütten.

Herr, wir lieben dich und wollen dir treu sein. Schenke uns die Kraft, so zu leben, wie du das von uns möchtest, und keine falschen Kompromisse einzugehen. Amen.

18. Juni

Ein Liebesbrief von Gott

Meine geliebten Geschwister, das ist nun schon der zweite Brief, den ich euch geschrieben habe. Auch in diesem wollte ich euch an die Worte der Propheten erinnern und natürlich auch an das, was unser Herr und Erlöser Jesus durch eure Apostel an euch weitergegeben hat.
2. Petrus 3,1–2 (WD)

Machen Sie sich bewusst, dass Sie mit der Bibel im Grunde einen Brief von Gott in der Hand halten. Gottes Worte beschreiben Ihnen die Welt aus seiner Sicht. Er spricht die Wahrheit in Ihr Leben hinein, um gegen die Lügen anzugehen, die Ihnen erzählt werden. Er vermittelt Ihnen die Gute Nachricht von Jesus und hilft Ihnen so, den Weg nach Hause zu finden.

Die Bibel enthält all die Verheißungen, die Gott über Jahrhunderte hinweg gemacht hat – und seinen Plan, diese zerbrochene Welt wieder mit ihm zu versöhnen. Sie erzählt davon, dass er immer gut und weise ist und stets die Kontrolle hat. Er versichert Ihnen: Wenn Sie zu ihm gehören, wird er Sie nie allein lassen. Er wird Sie immer lieben und Jesus Schritt für Schritt ähnlicher machen.

Gottes „Brief" hilft Ihnen auch dabei, zwischen Recht und Unrecht zu unterscheiden. Wenn Sie das Böse in der Welt satthaben, zeigt er Ihnen, wie ein Leben aussehen könnte, das mit Gott geführt wird. Er teilt Ihnen mit, wie Sie Ihren Vater im Himmel lieben und ihm gehorchen sollen. Er schenkt Ihnen den Mut weiterzumachen, wenn Ihr Glaube auf schwachen Beinen steht. Er erinnert Sie daran, dass Gott für immer auf seinem Thron sitzt.

Denken Sie gründlich über das Wort Gottes nach, seinen Liebesbrief an Sie. Lassen Sie es seine „Arbeit" tun – es soll Ihr Herz und Ihren Verstand verwandeln.

Herr, wecke in uns eine größere Leidenschaft für dein Wort. Wir wollen in allem so leben, wie du es sagst. Amen.

19. Juni

Geben Sie viele zweite Chancen

Da wandte sich Petrus an Jesus und fragte ihn: „Herr, wie viele Male muss ich denn einem Bruder vergeben, der mich ständig verletzt? Etwa siebenmal?" Matthäus 18,21 (WD)

Ganz gleich, wie sehr Sie Ihren Partner lieben: Es gibt bestimmt auch etwas, das Sie stört. Vielleicht ist sie zu sorglos oder zu perfektionistisch veranlagt. Vielleicht kaut er zu laut oder vergisst, auf Ihre Textnachrichten zu antworten. Vielleicht können Sie nicht schlafen, weil er schnarcht oder sie Ihnen immer die Decke klaut. Und wenn Sie nicht aufpassen oder einen schlechten Tag haben, fühlen Sie sich durch die Eigenarten und Angewohnten Ihres Partners verletzt oder angegriffen. Dann nehmen Sie an, er sei egoistisch oder unsensibel oder früher ja ganz anders gewesen.

Seien Sie Ihrem Partner gegenüber heute nachsichtig. Geben Sie ihm Raum, er selbst zu sein. Bitten Sie Gott, Ihnen zu zeigen, ob seine Angewohnheiten wirklich persönlich gemeint sind oder nur ein einzigartiger Teil dessen, wer er ist. Denken Sie an Situationen zurück, in denen Ihr Ehepartner geduldig oder nachsichtig mit Ihnen war. Versuchen Sie gemeinsam, kreative Wege zu finden, wie Sie etwas gegen die Dinge unternehmen können, die Sie stören.

Freuen Sie sich darauf, ein Leben lang jeden Tag mit Ihrem Liebsten zu verbringen. Versuchen Sie, dafür zu sorgen, dass in Ihrer Beziehung Frieden herrscht. Vergeben Sie einander Ihre Fehler. Beten Sie darum, Ihren Partner zu segnen. Entscheiden Sie sich bewusst dafür, ihm trotz seiner Eigenheiten mit Liebe zu begegnen.

Herr, erfülle unsere Ehe mit Frieden und Annahme. Schenke uns Geduld und Nachsicht und die Bereitschaft, stets zu vergeben. Amen.

20. Juni

Werden Sie nicht müde, Gutes zu tun

Lasst uns daher nicht müde werden, dem Geist Gottes in uns alle Möglichkeiten einzuräumen, damit wir Gutes tun können. Wenn wir nicht aufhören, auf ihn zu vertrauen, wird auch für uns einmal die Zeit der Ernte kommen. Galater 6,9 (WD)

Manchmal scheinen unsere Bemühungen zum Scheitern verurteilt zu sein. Ganz egal, wie konsequent wir unsere Kinder erziehen und wie sehr wir sie ermutigen, sie rebellieren doch. Wir arbeiten hart und gehen die Extrameile, aber befördert wird dann doch jemand anders. Wir sind höflich und freundlich zu unserer Schwiegermutter, aber sie hat ständig etwas an uns auszusetzen. Wir spenden den Zehnten und sparen regelmäßig Geld, aber wir kommen einfach nicht aus dem Minus. Und irgendwann fragen wir uns, ob es sich wirklich lohnt, immer das Richtige zu tun.

Zum Glück liegt Ihre Zukunft in Gottes Händen. Er erkennt, dass Sie gehorsam sind, auch wenn niemand es sonst bemerkt. Er kennt Ihren Wunsch, nach dem zu leben, was in der Bibel steht, und er verspricht, Sie zu seiner Zeit reichlich zu belohnen. Er ermutigt Sie – „Nicht aufgeben!" –, wenn Sie erschöpft und mit Ihrem Latein am Ende sind.

Vertrauen Sie aufs Neue darauf, dass er Ihnen eine „Ernte" schenken will. Tun Sie weiterhin Gutes als eine Liebesgabe für Ihren himmlischen Vater. Vertrauen Sie darauf, dass er Sie sieht und bei jedem Schritt an Ihrer Seite geht.

Herr, es ist wirklich ermüdend, das Richtige zu tun, wenn keine Belohnung in Sicht ist. Schenke uns die Kraft, dir treu und gehorsam zu bleiben. Danke für diese Verheißungen, von denen wir wissen, dass du sie in unserem Leben erfüllen wirst. Amen.

21. Juni

Verletzende Worte

Wie ein hin und her flatternder Spatz und eine Schwalbe im Flug, so verhält sich ein ohne Grund ausgesprochener Fluch: Er trifft den Verfluchten nicht. Sprüche 26,2 (NGÜ)

Gedankenloser Klatsch. Harsche Kritik. Falsche Anschuldigungen. Herabsetzende Bemerkungen. Böse Beschimpfungen. All das kann Ihr Selbstvertrauen zerstören. Vertrauen schwindet, wenn „Freunde" ihr wahres Gesicht zeigen.

Verzweifeln Sie nicht. Gott ist für Sie da. Er sieht, dass Sie ein reines Gewissen haben. Er weiß, wie wichtig Ihnen Ihre Ehe ist. Er erkennt Ihre harte Arbeit an. Er sieht, wie Sie andere in seinem Namen lieben. Er weiß, welche Hoffnungen Sie für die Zukunft hegen. Er „freut … sich über euch" und „er jubelt, wenn er an euch denkt" (Zefanja 3,17; Hfa).

Vertrauen Sie darauf, dass Gott heute für Sie einstehen wird. Sprechen Sie mit ihm über alles, was Sie verletzt hat. Bitten Sie ihn, Lügen durch Wahrheit zu ersetzen. Vertrauen Sie darauf, dass er nicht zulassen wird, dass die Verleumdungen Ihrer Familie dauerhaften Schaden zufügen. Bitten Sie ihn, Ihre Ankläger zum Schweigen zu bringen. Machen Sie sich bewusst, dass er Sie liebt und schützen will und dass Sie allen Grund haben, innerlich ganz ruhig zu sein.

Denken Sie daran: „Das Größte, was man uns Menschen je sagen konnte, ist, dass es keine Verdammnis mehr für die gibt, die zu Jesus Christus gehören" (Römer 8,1; WD). Auch wenn andere schnell mit Anschuldigungen bei der Hand sind oder versuchen, Sie fertigzumachen: Mit Gott sind Sie immer im Reinen. Niemand kann Ihnen seine Gnade oder Güte nehmen. Seine vollkommene Liebe wird die unbarmherzigen Worte von heute auslöschen.

Herr, Lügen und Anschuldigungen verursachen so viel Schmerz. Heile uns, wo wir verletzt wurden, stehe für uns ein, und gib uns Frieden. Wir wollen auf dich vertrauen. Amen.

22. Juni

Zwei Herzen, ein Leben

Aber Ruth erwiderte: „Besteh nicht darauf, dass ich dich verlasse! Ich will mich nicht von dir trennen. Wo du hingehst, da will auch ich hingehen. Wo du bleibst, da bleibe ich auch. Dein Volk ist mein Volk, und dein Gott ist mein Gott." Ruth 1,16 (Hfa)

Wenn Sie heiraten, verpflichten Sie sich, gemeinsam durchs Leben zu gehen. Sie versprechen, einander treu zu sein, egal, was kommt. Sie treffen Ihre Entscheidungen als Team – wo Sie arbeiten, leben und zum Gottesdienst gehen, ob und wie viele Kinder Sie haben, was Sie ausgeben und was Sie spenden wollen – und tragen beide die Konsequenzen dieser Entscheidungen. Sie werden ein Teil der Familie des anderen. Sie beschäftigen sich mit der Bibel, beten und erzählen anderen von Ihrem Glauben an Gott. Jeder Bereich Ihres Lebens ist mit dem des anderen verflochten.

Setzen Sie heute Ihren Weg zum Einssein fort. Lassen Sie sich nicht von Geschäftigkeit oder Ablenkungen davon abhalten. Tauschen Sie sich über Ihre Erfahrungen aus und schaffen Sie gemeinsame Erinnerungen. Lassen Sie den anderen auch an Ihren Hoffnungen und Träumen teilhaben, damit das Gute, das dabei herauskommt, auch zum Segen für den anderen wird. Setzen Sie alles daran, Ihre Schwiegereltern zu respektieren und für Harmonie in Ihren Familien zu sorgen. Folgen Sie Gott als

Paar nach, indem Sie zusammen am Gebet, am Bibelstudium und am Leben der Gemeinde teilnehmen. Ziehen Sie in allem, was Sie tun, das „Wir" dem „Ich" vor.

Herr, wir sehnen uns danach, wirklich eins zu sein. Zeige uns, wohin unser Weg uns führt. Wir wollen dich gemeinsam ehren, an allen Tagen unseres Lebens. Amen.

23. Juni

Unterstützen Sie Ihre Leiter

Liebe Schwestern und Brüder, um eines möchten wir euch doch bitten: Bringt denen unter euch, die sich ganz besonders für euch einsetzen, indem sie einer Aufgabe als Leiter nachgehen oder euch ins Gewissen reden, echte Anerkennung, ja Hochachtung entgegen. Lasst sie eure Liebe ganz besonders spüren, und seid ihnen dankbar dafür, dass sie diese Aufgabe auf sich genommen haben. 1. Thessalonicher 5,12–13 (WD)

Gott überträgt einigen Christen die Aufgabe, Gläubige zu führen und zu leiten. Pastoren vertiefen sich in die Bibel, um uns dabei zu helfen, Gottes Wort besser zu verstehen. Autoren und Redner fordern uns dazu heraus, unseren Glauben von ganzem Herzen zu leben. Andere Gläubige sind an unserer Seite, wenn wir mit Versuchungen, Entmutigung oder Schwierigkeiten zu kämpfen haben. Diese Vorteile der Familie Gottes können uns so vertraut sein, dass wir diese Gaben für selbstverständlich halten.

Wer hat seine Zeit und Energie geopfert, um Sie mit der Bibel vertraut zu machen? Wann hat Ihnen jemand geholfen, durch eine schwierige Situation zu manövrieren? Wie hat das Vorbild eines anderen

Christen Ihnen dabei geholfen, die richtigen Entscheidungen zu treffen? Listen Sie heute diejenigen auf, durch die Gott seine Wahrheit und Liebe in Ihr Leben gebracht hat.

Denken Sie dann darüber nach, wie Sie heute Ihre geistlichen Leiter unterstützen können. Beten Sie für sie, während sie ihren Dienst verrichten. Begegnen Sie ihnen mit Respekt und unterstützen Sie sie, wo Sie können. Machen Sie ihnen zum Dank ein Geschenk für alles, was sie für Sie getan haben. Danken Sie Gott heute dafür, dass es diese Menschen in Ihrem Leben gibt.

Herr, wir danken dir dafür, dass du uns durch _____ zeigst, wie wir leben sollen. Danke, dass du uns durch ihn oder sie zeigst, wie sehr du uns liebst. Erinnere uns daran, ihn/sie regelmäßig zu ermutigen und zu unterstützen. Amen.

24. Juni

Wie Jesus

So bitte ich unseren Vater, den Gott allen Trostes und aller Geduld, dass ihr in eurem Denken eins seid, wie Christus selbst es für euch erbeten hat. Nur einmütig könnt ihr Gott, den Vater unseres Herrn Jesus Christus, aus einem Mund preisen. Römer 15,5–6 (WD)

Wissen Sie, was Jesus über Sie denkt? Er nennt Sie seinen wertvollen Besitz, sagt, dass Sie auserwählt sind und geliebt werden. Sie sind seine neue Schöpfung, gerecht gemacht, unschuldig und rein. Sie wurden nach dem Ebenbild Gottes wunderbar erschaffen. Sie haben den Heiligen Geist, der in Ihnen lebt. Sie wurden als Gottes Kinder in seine

Familie aufgenommen. Sie sind Bürger des Himmels – Sie gehören für immer zu ihm.

Eine hohe Messlatte, oder? Es ist schwer, den anderen so zu behandeln, wie Jesus uns sieht. Doch wenn Gott Ihnen die Kraft dafür gibt, können Sie einander mit Gnade und Liebe begegnen. Sie können ihn dafür preisen, dass er jeden von Ihnen zu etwas Besonderem gemacht und Sie zusammengeführt hat. Sie können an der Hoffnung festhalten, dass Ihr Ehepartner sich in geistlichen Dingen weiterentwickelt und sich verändert. Sie können Vergangenes vergeben und befreit weiterleben. Ihr Glaube kann Ihre Beziehung vertiefen, wenn Sie gemeinsam beten, Gott anbeten und an Ihrem Glauben festhalten.

Bitten Sie Gott heute um Durchhaltevermögen, damit Sie einander auch dann lieben, wenn es Ihnen einmal schwerfällt. Bitten Sie ihn darum, sehen zu können, wie Ihr Partner Jesus immer ähnlicher wird. Bitten Sie darum, dass Sie echte Gemeinschaft miteinander haben. Dass Sie gemeinsam Freude daran haben, Seite an Seite Jesus nachzufolgen. Er wird Sie durch seinen Heiligen Geist eins machen.

Herr, wir wollen uns so lieben, wie du uns liebst. Bitte hilf uns dabei, dich „aus einem Mund" zu preisen. Amen.

25. Juni

Bedingungslos

Achtet darauf, dass niemand unter euch Böses mit Bösem vergilt, sondern versucht wirklich, jedem Gutes zu tun, zunächst den Glaubensgeschwistern, dann aber auch allen anderen Menschen, denen ihr begegnet. 1. Thessalonicher 5,15 (WD)

Führen Sie im Stillen Buch darüber, wer das meiste Geld gibt, den meisten Spaß oder am meisten erledigt hat? Sind Ihre Gespräche voller Nörgeleien, Klagen und Kritik? Wenn Sie sich enttäuscht oder im Stich gelassen fühlen, kann sich Verbitterung einschleichen und Sie auseinanderbringen.

Bitten Sie Gott darum, Ihnen die Kraft zu schenken, die Fehler des anderen zu vergeben. Konzentrieren Sie sich auf Ihre eigenen Schwächen und Unzulänglichkeiten und nicht auf die Ihres Partners. Verschwenden Sie keine Gedanken daran, was Ihnen zusteht oder was fair ist. Erwarten Sie auch nicht länger, dass Ihr Partner Ihnen zuerst etwas Gutes tut, bevor Sie ihm im Gegenzug etwas Gutes tun.

Erstellen Sie eine Liste mit Ideen, wie Sie einander an jedem Tag ermutigen, helfen und ehren können. Versuchen Sie, einander zu übertreffen, wenn es darum geht, dem anderen zu zeigen, wie sehr Sie ihn lieben. Schenken Sie freimütig, ohne eine Gegenleistung zu erwarten. Auf diese Weise wird die vollkommene Liebe Gottes Ihr Zuhause erfüllen.

Herr, vergib uns, wenn wir dazu neigen, Geschenke zu erwarten, bevor wir den anderen beschenken. Beschütze uns vor Wut oder dem Wunsch, dem anderen eine Verletzung heimzuzahlen. Zeige uns, wie wir einander segnen können. Amen.

26. Juni

Genug ist genug

Ich meine allerdings, dass man besser dran ist, wenn man wenig hat, dieses aber in Ruhe genießen kann, als wenn man viel besitzt und sich sein Leben lang abmüht. Das ist wie der Versuch, den Wind einzufangen.
Prediger 4,6 (NL)

Die Gesellschaft vermittelt uns die Botschaft, dass wir nach den Sternen greifen sollten: Wir jagen einer besseren Arbeitsstelle nach, einem dickeren Gehaltsscheck und einem schnelleren Auto. Wir drängen unsere Kinder dazu, immer nur Einsen zu schreiben, um dann auf die Uni zu gehen. Doch es ist eine echte Herausforderung, unsere Termine und Bemühungen mit Gottes Prioritäten in Einklang zu bringen. Wenn wir Gottes Definition von Segen mit der unserer Gesellschaft verwechseln, werden wir irgendwann entmutigt und erschöpft sein.

Fragen Sie sich doch einmal, *bevor* Sie eine weitere Verpflichtung übernehmen oder ein anderes Ziel in Angriff nehmen, ob Sie versuchen, „den Wind einzufangen", oder ob Sie wirklich eine kluge Entscheidung treffen. Geht es Ihnen um Ihren Stolz oder Ihre Seele? Wird die Anschaffung Ihrer Beziehung echte Zufriedenheit und Glück schenken oder wird sie Sie noch mehr zermürben? Lassen Sie sich doch von Gott führen, wenn es um Ihre Termine, Ihre Einstellung und Ihren Haushalt geht.

Machen Sie Ihrer Familie heute das Geschenk der Ruhe. Jagen Sie einmal nicht dem „mehr" hinterher. Entdecken Sie Gottes Liebe, die wahren Frieden schenkt. Wenn Sie ihn haben, haben Sie immer genug.

Herr, vergib uns, wenn wir uns mehr nach deinen Gaben sehnen als nach dir, dem Geber. Lehre uns deinen Weg des Friedens. Zeige uns, wie wir für alles, was du getan hast, zufrieden und dankbar sein können. Hilf uns, deine vollkommene Ruhe zu erleben, während wir mit dir unterwegs sind. Amen.

27. Juni

Glaubensgemeinschaft

Was wir nun selbst gesehen und gehört haben, das geben wir euch weiter, damit auch ihr mit uns im Glauben verbunden seid. So haben wir Gemeinschaft miteinander und zugleich mit Gott, dem Vater, und mit seinem Sohn Jesus Christus. Wir schreiben euch das, damit wir uns von ganzem Herzen freuen können. 1. Johannes 1,3–4 (Hfa)

Die Ehe birgt das Potenzial für wunderschöne Vertrautheit, Gemeinschaft und ein Leben mit gemeinsamen Erinnerungen und Zielen. Wenn wir zu Jesus gehören, ist uns sogar noch mehr verheißen – eine tiefere Gemeinschaft mit Gott und miteinander durch den Heiligen Geist.

Sie machen als Christen wahrscheinlich Erfahrungen, die zu persönlich sind, um sie mit anderen zu teilen. Aber Ihr Glaube sollte auch als Teil eines größeren Ganzen – der Gemeinde – gelebt werden. Wenn Sie Ihrem Partner Einblick in das geben, was Ihnen wirklich am Herzen liegt, wird Sie das zusammenschweißen. Sie werden auf diese Weise dem anderen helfen, Jesus noch besser kennenzulernen.

Tauschen Sie sich mit Ihrem Partner auch über persönlichere Glaubensdinge aus? Beten Sie zusammen, und erleben Sie, wie Gott Ihre Paargebete beantwortet. Halten Sie sich gegenseitig über das auf dem Laufenden, was Sie aus der Bibel lernen. Erzählen Sie dem anderen, wenn Sie im Radio oder in der Gemeinde ein Lobpreislied hören, das Ihnen gefällt. Tauschen Sie sich über herausfordernde Fragen über den Glauben oder die Bibel aus. Feiern Sie es gemeinsam, wenn Sie erleben, dass Gott andere heilt oder zu sich führt. Und erleben Sie, wie Ihre Beziehung zu Gott auch die Beziehung zu Ihrem Partner vertieft.

Herr, bitte schenke uns, dass unsere Gemeinschaft untereinander dazu führt, dass wir noch enger mit dir verbunden durchs Leben gehen. Amen.

28. Juni

Für immer gesegnet

Preise den Herrn, meine Seele, und vergiss nicht, was er dir Gutes getan hat! Er vergibt dir all deine Schuld und heilt alle deine Krankheiten. Er rettet dich mitten aus Todesgefahr, krönt dich mit Güte und Erbarmen.
Psalm 103,2–4 (NGÜ)

Als Sie die Einladung von Jesus annahmen, wurden Sie vor der Trennung von Gott bewahrt, und er hat Sie mit dem ewigen Leben beschenkt. Aber das ist natürlich nicht alles. Gott wirkt auch heute noch in Ihrem Leben. Wie hat er Ihnen seither seine Güte gezeigt? Hat seine Barmherzigkeit die Schamgefühle ausgelöscht, die Sie früher empfanden? Hat er Sie vielleicht von Missbrauch, Depressionen, Verletzungen oder Erkrankungen geheilt? Was ist mit Zorn, Abhängigkeiten, Stolz, Gier, Angst? Hat er Sie davon befreit?

Zählen Sie einmal auf, inwiefern seine Liebe und sein Mitgefühl Ihr Leben verändert haben. In welche Beziehungen sind Friede und Harmonie eingekehrt? Haben Sie heute mehr Einfühlungsvermögen? Sind Sie großzügiger? Inwiefern sehnen Sie sich nach mehr von Jesus und danach, die Bibel besser kennenzulernen?

Wenn Jesus uns erlöst und wir seinen Heiligen Geist empfangen, wird unser ganzes Selbst verwandelt. „Wenn jemand zu Christus gehört (also ihn als seinen Herrn und Erlöser angenommen hat), dann ist er eine neue Schöpfung. Das Alte ist vergangen, es ist wirklich etwas ganz Neues entstanden" (2. Korinther 5,17; WD). Verbringen Sie heute etwas Zeit damit, darüber nachzudenken, inwiefern er seine Macht in Ihrem Leben zeigt. Danken Sie ihm für alles, was er getan hat.

Herr, wir danken dir dafür, dass du uns davor bewahrt hast, auf ewig von dir getrennt zu sein. Danke, dass du uns ein neues Leben geschenkt hast und dass wir jetzt hoffnungsvoll in die Zukunft blicken dürfen. *Deine Liebe und dein Mitgefühl haben uns für immer verändert. Amen.*

29. Juni

Gottes vollkommene Macht

„Ach, Herr, mein Gott, durch deine starke Hand und deine große Macht hast du den Himmel und die Erde geschaffen. Nichts ist dir unmöglich."
Jeremia 32,17 (Hfa)

Haben Sie heute etwas vor sich, von dem Sie das Gefühl haben, dass es Ihre Kräfte übersteigt? Vielleicht haben Sie es mit einem schwierigen Kind zu tun, das jeden Tag schlimmer zu werden scheint. Oder Sie haben zu viele Rechnungen und zu wenig Geld. Es gibt eine Krankheit oder Verletzung, die einfach nicht heilt; eine Mauer zwischen Ihnen und einem anderen Menschen, die einfach nicht verschwinden will. Sie stecken beruflich in einer Sackgasse oder haben gar keine Arbeit. Haben mit Unfruchtbarkeit zu kämpfen, was Ihren Traum von einem Kind zerplatzen lässt. Wahrscheinlich kommt jeder von uns irgendwann in seinem Leben an den Punkt, an dem er am liebsten aufgeben würde.

Es gibt nur einen, der Ihnen dann neue Hoffnung schenken und helfen kann, alles zu bewältigen, was Ihnen bevorsteht: Gott. Sie können Ihre innere Anspannung und Ihre Probleme an ihn abgeben. Sie müssen Ihre Probleme nicht selbst lösen oder alle Antworten selbst finden. Sie müssen sich nie fragen, ob Sie sich allein abstrampeln müssen – er ist immer an Ihrer Seite, hört, was Sie sagen, und liebt Sie, egal, was geschieht.

Wenden Sie sich heute gemeinsam an Gott. Bitten Sie ihn, Ihre Ehe und Ihr Vertrauen in ihn, in seine „starke Hand" und seine „große

Macht" zu stärken. Geben Sie die Hoffnung nicht auf, denn Sie dürfen sicher sein, dass für ihn keine Herausforderung zu groß ist!

Herr, ohne deine Hilfe können wir diese Schwierigkeiten nicht bewältigen. Zeige uns deine Macht, zeige uns, dass du uns liebst und helfen willst. Schenke uns Hoffnung, während wir darauf warten, dass du eingreifst. Amen.

30. Juni

Von liebevollen Händen geformt

Dennoch bist du, Herr, unser Vater! Wir sind der Ton, und du bist der Töpfer! Wir alle sind Gefäße aus deiner Hand. Jesaja 64,7 (Hfa)

Wenn Sie zu Gott gehören, ist er jederzeit in Ihnen am Werk: Er befreit Sie von Ihrer Schuld, macht Sie Jesus immer ähnlicher. Er gestaltet Sie liebevoll um, damit Sie die guten Werke tun können, die er für Sie vorbereitet hat. Er macht Sie stärker. Er setzt Sie Druck aus, um Ihren Glauben zu prüfen und Sie makellos zu machen.

Dennoch fällt es uns schwer, Gott die Kontrolle zu überlassen. Wir sind versucht, Einwände zu erheben, und fragen: „Warum hast du mich so gemacht, wie ich bin?" (Römer 9,20; NGÜ). Wir wollen klug und attraktiv, kreativ und selbstbewusst sein. Wir wollen mehr Talente und Fertigkeiten. Wir wollen darüber entscheiden, wie wir für den Dienst begabt werden.

Bitten Sie Gott heute darum, Sie demütig zu machen, damit Sie sich ihm wirklich ganz anvertrauen können. Vertrauen Sie darauf, dass er gute Absichten für Sie verfolgt. Folgen Sie dem Weg, den er Sie führt.

Bereuen Sie, wenn Sie stur waren und sich ihm widersetzt haben. Gehorchen Sie ihm in den großen und den kleinen Dingen. Vertrauen Sie darauf, dass er sein Versprechen wahr machen wird: das gute Werk zu Ende zu führen, das er in Ihrem Leben begonnen hat.

Herr, wir danken dir dafür, dass du in uns am Werk bist, um uns Jesus ähnlicher zu machen. Schenke uns den nötigen Glauben, damit wir deinen Willen annehmen und befolgen können. Dein Wille geschehe. Amen.

Juli

1. Juli

Das Geschenk der Liebe

Ich danke meinem Gott, wann immer ich in meinen Gebeten an dich denke, weil ich von der Liebe und dem Vertrauen gehört habe, die du unserem Herrn Jesus und allen Geschwistern entgegenbringst.
Philemon 4–5 (WD)

Danken Sie Gott heute bewusst dafür, dass er Sie einander geschenkt hat. Preisen Sie ihn dafür, dass er Ihnen einen Partner geschenkt hat, der an Jesus glaubt. Der Sie ermutigt, in schwierigen Zeiten auf Gott zu vertrauen. Der jeden Tag an Ihrer Seite Gottes Willen tun will. Der für Sie und Ihre Familie betet. Der das ewige Leben gemeinsam mit Ihnen in der Gegenwart Gottes verbringen wird. Danken Sie ihm dafür, dass er Sie durch seinen Heiligen Geist eins gemacht hat.

Beten und danken Sie Gott für die Liebe Ihres Partners. Für die Art und Weise, wie er seine Zeit und Energie für Ihr Wohlbefinden opfert. Für den Trost und die Hilfe, die er an Ihren dunkelsten Tagen bietet. Für seine Treue und Zuneigung, Großzügigkeit und Freude. Dafür, dass er an Sie glaubt, wenn Sie den Glauben an sich selbst verloren haben. Machen Sie sich bewusst, dass Sie die Liebe Gottes geben und empfangen, indem Sie einander in seinem Namen lieben.

Machen Sie es sich zur Gewohnheit, jeden Tag füreinander zu beten. Danken Sie Gott für Ihre Ehe. Verlassen Sie sich darauf, dass er Ihren Glauben wachsen lässt, wenn Sie ihn gemeinsam darum bitten. Ihre Beziehung wird für jeden ein Zeugnis dafür sein, wie Gottes Liebe aussieht.

Herr, wir danken dir für unsere Liebe und dafür, dass wir beide an dich glauben. Erinnere uns immer wieder daran, wie wichtig es ist, regelmäßig füreinander zu beten. Amen.

2. Juli

Zwei sind besser als einer

Wenn zwei in der Kälte zusammenliegen, wärmt einer den anderen, doch wie soll einer allein warm werden? Prediger 4,11 (Hfa)

Es gibt Tage, an denen ein kalter Wind aus Stress, Konflikten oder Kummer weht. Da ist Ihre Ehe ein Segen, wenn Sie einander die Wärme Ihrer Liebe und Unterstützung anbieten.

In welcher Hinsicht weht dieser kalte Wind heute in Ihrem Leben? Wenn Sie Zurückweisung erleben oder sich einsam fühlen, dann sorgen Sie doch dafür, dass Sie zusätzlich Zeit miteinander verbringen. Haben Sie den Eindruck, dass Sie beruflich in einer Sackgasse stecken, oder reicht Ihr Einkommen nicht aus, um Ihren Lebensunterhalt zu decken? Dann loben Sie die Talente, die Stärken und die harte Arbeit des anderen. Beten Sie dafür, dass Gott Ihnen beruflich neue Türen öffnet. Haben Sie mit körperlichen Erkrankungen oder Einschränkungen zu kämpfen? Dann kümmern Sie sich umeinander, und sorgen Sie dafür, dass Sie ausreichend Zeiten der Ruhe haben. Haben Sie einen Menschen, einen Ort oder einen Besitz verloren, der Ihnen viel bedeutet? Bieten Sie einander während der Zeit der Trauer Trost und Verständnis.

Ihre Beziehung ist ein Geschenk Gottes. Sie bewahrt Sie davor, schwirige Zeiten allein durchstehen zu müssen. Schenken Sie Ihrem Partner Ihre Aufmerksamkeit und Ihr Herz – unabhängig von der „Wetterlage". Loben Sie Gott für die Wärme, die Sie einander in jeder Situation schenken können.

Herr, wir danken dir dafür, dass du uns durch unsere Ehe Ermutigung und Liebe schenkst. Bitte hilf uns, gerade in schwierigen Zeiten deine Nähe und die Nähe unseres Partners zu suchen. Amen.

3. Juli

Unser Erlöser, unser König

In dem Sohn zeigt sich die göttliche Herrlichkeit seines Vaters, denn er ist ganz und gar Gottes Ebenbild. Sein Wort ist die Kraft, die das Weltall zusammenhält. Durch seinen Tod hat er uns von unserer Schuld befreit und nun den Ehrenplatz im Himmel eingenommen, an der rechten Seite Gottes, dem alle Macht gehört. Hebräer 1,3 (Hfa)

Wenn wir an Jesus denken, sehen wir das Kind in der Krippe vor uns. Oder den Versorger, der Tausenden Fische und Brote gab. Den Heiler, der die Kranken und Zerbrochenen heilte. Den Lehrer, der Gottes Wort erklärte. Den Wunderheiler, der den Sturm stillte und die Toten auferweckte. Das und noch viel mehr war der Messias, auf den die Welt gewartet hatte.

Beten Sie heute Jesus an als das Ebenbild Gottes selbst. Er ist Ihr Schöpfer, der Ihr Leben erhält. Er starb als das heilige, vollkommene Opfer für Ihre Sünde. Er regiert für immer als König der Könige und Herr der Herren.

„Majestät und Pracht gehen von ihm aus,
seine Stärke und Schönheit erfüllen den Tempel.
Gebt dem Herrn, was ihm gebührt;
ihr Völker, erkennt seine Ehre und Macht!
Preist seinen großen Namen, kommt zu seinem Heiligtum,
und bringt ihm eure Opfer dar!
Werft euch vor ihm nieder in seiner herrlichen Pracht!
Die ganze Welt soll vor ihm erzittern!
Sagt den Völkern: ‚Der Herr ist König!'"
Psalm 96,6–10 (Hfa)

Herr, wir danken dir dafür, dass du uns durch Jesus deine Herrlichkeit offenbart hast. Wir wollen dich für immer anbeten. Amen.

4. Juli

Endlich frei!

„Ich bin der Herr, euer Gott. Aus Ägypten habe ich euch befreit, denn ich wollte nicht, dass ihr dort noch länger Sklaven seid. Das harte Joch, das dort auf euch lastete, habe ich zerbrochen. Aufrecht und frei dürft ihr nun gehen!" 3. Mose 26,13 (Hfa)

Wenn wir die Einladung von Jesus annehmen und ihm unser Leben anvertrauen, gilt: „Wenn jemand zu Christus gehört (also ihn als seinen Herrn und Erlöser angenommen hat), dann ist er eine neue Schöpfung. Das Alte ist vergangen, es ist wirklich etwas ganz Neues entstanden" (2. Korinther 5,17; WD). Wir sind von unserer Schuld befreit und nicht länger ein Sklave unseres falschen Verhaltens. Wir haben eine neue Identität bekommen und sind jetzt Kinder Gottes. Wir müssen uns nicht länger dafür schämen, wo wir versagt haben oder zerstörerische Gewohnheiten einfach nicht ablegen konnten.

Leben Sie Ihr Leben mit erhobenem Haupt? Vielleicht gibt es ja immer noch Dinge in Ihrer Vergangenheit, für die Sie sich schämen. Der Schmerz und das Bedauern löschen die Freude über Ihre Erlösung aus. Sie fühlen sich noch jetzt von dem, was Sie getan haben, gebrandmarkt, und können sich einfach nicht darüber freuen, dass Gott Sie in seiner Gnade davon befreit hat.

Bitten Sie darum, wirklich daran glauben zu können, dass Ihnen vergeben ist. Halten Sie an dem fest, was in der Bibel steht: dass Sie durch das, was Jesus für Sie getan hat, von Gott angenommen sind. Dass Sie mit ihm versöhnt sind. Dass er Sie verändert. Weisen Sie die Lüge des Feindes zurück, dass Ihre Sünden so schlimm seien, dass Gott Ihnen niemals vergeben werde. Preisen Sie Jesus dafür, dass er die volle Strafe für Ihre Schuld getragen und Sie von Schuld und Angst befreit hat.

Feiern Sie das, denn: „Durch ihn haben wir alle, die wir an ihn glauben, freien Zutritt zu Gott und dürfen zuversichtlich und vertrauensvoll zu ihm kommen" (Epheser 3,12; NGÜ).

Herr, wir wollen dir ganz offen davon erzählen, wo es Dinge in unserer Vergangenheit gibt, für die wir uns noch heute schämen: _____. Schenke uns einen Glauben, der auf deine Liebe und Erlösung vertraut. Erinnere uns daran, wer wir sind: deine geliebten Kinder. Amen.

5. Juli

Jesus versteht Sie

Denn wir haben keinen Hohepriester, der nicht mit uns gelitten hätte und uns in unserer Schwachheit nicht verstehen könnte. Ja, er wurde – genau wie wir – in allem auf die Probe gestellt, hat aber alle Anfechtungen besiegt. Hebräer 4,15 (WD)

Jesus weiß, wie schwer es ist, in dieser Welt zu leben. Er weiß, wie anstrengend körperliche Arbeit ist und wie hektisch das Berufsleben sein kann. Er weiß, wie herausfordernd es sein kann, mit dem Lohn auszukommen. Kennt die Sorge, die wir wegen unserer Kinder empfinden. Die Anziehungskraft von Gier und Lust. Die Anspannung, uns und unserem Partner gefallen zu wollen. Die Enttäuschung über verpasste

Gelegenheiten. Die Grausamkeit derer, die uns am meisten hätten lieben sollen. Jesus lebte unter uns, und so erlebte er jede Art von Leid, der wir je begegnen werden.

Sprechen Sie heute mit Gott über Ihre Sorgen. Erzählen Sie ihm, welche Situationen oder Personen eine Herausforderung für Sie darstellen. Benennen Sie Ihre Ängste und Frustrationen. Bekennen Sie, wo Sie seine Gebote übertreten haben, und empfangen Sie seine Vergebung. Bitten Sie um die Kraft, dem Feind zu widerstehen. Legen Sie Ihre Verletzungen und Lasten in seine Hände.

Vertrauen Sie darauf, dass Jesus Sie liebt – dass er Ihren Kampf kennt und mitfühlt. Lesen Sie regelmäßig in seinem Wort, wo Sie erfahren, was zu tun ist. Ermutigen Sie einander, Ihrem Weg auch dann noch zu folgen, wenn es Ihnen schwerfällt. „Lasst euch nicht vom Bösen besiegen, sondern besiegt das Böse durch das Gute" (Römer 12,21; WD).

Herr, du hast hier auf dieser Erde gelebt und weißt deshalb, wie es uns ergeht. Danke, dass du uns für unsere Schwäche und unser Versagen nicht ablehnst, sondern Mitgefühl hast. Schenke uns heute die Kraft, das zu tun, was richtig ist. Amen.

6. Juli

Ausreden, nichts als Ausreden

Wenn wir behaupten, ohne Sünde zu sein, betrügen wir uns selbst und verschließen uns der Wahrheit. Doch wenn wir unsere Sünden bekennen, erweist Gott sich als treu und gerecht: Er vergibt uns unsere Sünden und reinigt uns von allem Unrecht, das wir begangen haben.
1. Johannes 1,8–9 (NGÜ)

Wir sind wirklich gut darin, Ausreden vorzuschieben, wenn wir etwas vermasselt haben: „Ich hatte einen schlechten Tag, deshalb habe ich die Beherrschung verloren … Ich hatte keine Zeit mehr, mein Versprechen zu halten … Das tun doch alle! … Es war doch eine einmalige Sache … Es wird schon niemand merken … Ich bin immerhin nicht so schlimm wie sie!" Wir vergleichen uns mit anderen, anstatt den Maßstab zu benutzen, den Gott anlegt.

Tun Sie gerade bewusst etwas, das Gottes perfekten Maßstab verletzt? Bitten Sie ihn, Ihnen einen ehrlichen Blick in Ihr Herz und Ihr Leben zu gewähren. Bekennen Sie die Schuld, die er Ihnen zeigt. Vertrauen Sie darauf, dass er Ihnen vergibt und Sie von Ihrer Schuld befreit. Bitten Sie um die Kraft, kompromisslos zu gehorchen.

Ermutigen Sie einander, das Richtige zu tun. Nutzen Sie das Wort Gottes als Ihren Maßstab, um zu beurteilen, was richtig und falsch ist. Beten Sie füreinander, und bitten Sie Gott, Ihnen dabei zu helfen, so zu leben, dass es ihm Freude macht.

Herr, wir betrügen uns selbst, wenn wir behaupten, ohne Sünde zu sein. Danke dafür, dass du uns gnädig bist und uns immer wieder eine zweite Chance gibst. Amen.

7. Juli

Stark und zufrieden

„Immer werde ich, der Herr, euch führen. Auch in der Wüste werde ich euch versorgen, ich gebe euch Gesundheit und Kraft. Ihr gleicht einem gut bewässerten Garten und einer Quelle, die nie versiegt."
Jesaja 58,11 (Hfa)

Es kann schwer sein, mit den Anforderungen des Lebens Schritt zu halten. Der Kalender ist mit Terminen und Plänen vollgepackt. Die Bedürfnisse Ihrer Familie werden nie weniger. Ihr Chef gibt Ihnen ständig mehr Arbeit. Entscheidungen, Rechnungen und das ständige „Was wäre, wenn…" rauben Ihnen die Kraft. Sie haben nicht alle Antworten und sind irgendwann erschöpft.

Jesus sieht, wie viel Sie heute auf Ihren Schultern tragen. Er bietet Ihnen lebendiges Wasser an, um Ihre Seele neu zu beleben. Er nimmt Ihnen Ihre Probleme ab und verspricht, Ihnen den Weg durch diese hektische Zeit zu weisen. Er weiß, was Sie brauchen, und ist bereit, dafür zu sorgen. Es ist für ihn kein Geheimnis, dass Sie müde und kurz davor sind, die Segel zu streichen. Aber er will Ihnen Kraft schenken, damit Sie weitermachen können.

Lassen Sie heute von Gott Ihren Durst stillen. Beten Sie um Hilfe. Bitten Sie um Führung. Sagen Sie ihm, was Sie brauchen. Lesen Sie in der Bibel, und lassen Sie sich von ihr Hoffnung für morgen schenken. Vertrauen Sie darauf, dass seine Liebe Sie niemals loslässt. Der Eine, der Regen in die Wüste bringt, wird Ihnen Leben und Freude schenken.

Herr, wir brauchen dein lebendiges Wasser. Schenke uns durch deinen Heiligen Geist Weisheit und Kraft. Wir wollen immer auf dich vertrauen. Amen.

8. Juli

Eine Verheißung, an der man sich festhalten kann

Wir alle aber warten auf den neuen Himmel und die neue Erde, die Gott uns zugesagt hat. Wir warten auf diese neue Welt, in der endlich Gerechtigkeit herrscht. 2. Petrus 3,13 (Hfa)

Sie werfen einen Blick in die Vergangenheit und bedauern vieles von dem, was geschehen ist. Dann erinnern Sie sich an Ihre schlechten Entscheidungen und peinlichen Fehler. Im Nachhinein erkennen Sie, wo Sie versäumt haben, stark, klug und mutig zu sein. Sie trauern um das, was verloren gegangen ist. Sie würden am liebsten in die Vergangenheit zurückreisen und es besser machen.

Auch das Hier und Jetzt kann Sie gefangen nehmen. Sie verfolgen Ihre Ziele mit allem Nachdruck. Die vielen Verpflichtungen erdrücken Sie regelrecht. Sie versuchen nur, einen Tag nach dem anderen zu bewältigen.

Gott lädt uns aber ein, nach vorn zu schauen. Irgendwann wird Jesus zurückkehren und wir werden ganz andere Menschen sein: Wir werden verwandelt werden – von Sünde und Versuchung befreit. Wir werden gesund und unversehrt sein. Wir werden im Kreise von Gottes Familie vollkommenen Frieden erleben. Jede Sehnsucht wird durch Jesus ein für alle Mal gestillt und jede Enttäuschung wettgemacht. Es wird Gerechtigkeit herrschen. Wir werden für immer in der Gegenwart unseres himmlischen Vaters leben.

„Meine geliebten Geschwister, ihr wisst ja um diese kommenden Ereignisse. Daher lebt so, dass ihr keine Angst zu haben braucht, plötzlich eurem Herrn gegenüberzustehen. Lasst im Gegenteil Frieden euer Herz erfüllen" (2. Petrus 3,14; WD). Durch das, was Jesus für Sie getan hat, sind Sie schon ein neuer Mensch, deshalb können Sie die Vergangenheit hinter sich lassen. Treffen Sie heute kluge Entscheidungen, und leben Sie so, dass Sie bereit sind, ihm zu begegnen. Gehen Sie Ihren Lebensweg gehorsam. Setzen Sie Ihre Hoffnung auf Gott, nicht auf Ihre Lebensumstände. Freuen Sie sich darüber, dass er bald wiederkommt.

Herr, wir wollen so leben, dass es dir Freude bereitet. Hilf uns, in dem Bewusstsein zu leben, dass du einmal wiederkommen wirst. Amen.

9. Juli

Gemeinsam sind Sie stark

„Es scheint unvermeidlich, dass Menschen durch andere verführt werden, die Gebote zu übertreten. Doch ich kann jeden nur warnen, der es wagt, einen von diesen kleinen, unbedeutenden Menschen zu verführen. Für ihn wäre es besser, er würde sich mit einem Mühlstein um den Hals im Meer versenken lassen." Lukas 17,1–2 (WD)

Da Sie in Ihrer Ehe eng mit Ihrem Partner zusammenleben, haben Sie Einfluss auf die Einstellungen und Entscheidungen des anderen. Viele Paare passen zum Beispiel ihre Essgewohnheiten einander an. Sie vertreten ähnliche politische Ansichten und soziale Anliegen. Die Freundeskreise verschmelzen. Sie lachen über dieselben Witze und lieben dieselben Bücher oder Filme oder Sportarten. Wenn aus einem „Ich" ein „Wir" wird, ist es wichtig, sich bewusst zu machen, welchen Einfluss wir aufeinander ausüben.

Heute haben Sie die Wahl: Werden Sie zulassen, dass Ihr Partner einer Versuchung nachgibt, oder werden Sie ihn ermutigen? Werden Sie sich „immer wieder gegenseitig zur Liebe und zu guten Taten anspornen"

(Hebräer 10,24; WD)? Oder werden Sie zulassen, dass der andere in eine Falle namens Angst, Wut, Verlangen, Egoismus oder Stolz stolpert?

Entscheiden Sie sich bewusst dafür, ein Segen für Ihren Partner zu sein. Beten Sie gemeinsam. Verpflichten Sie sich, Gott in jeder Hinsicht zu gehorchen. Forschen Sie in der Bibel, um in schwierigen Lebenslagen zu wissen, was zu tun ist. Wenden Sie sich von der Sünde ab, und gehen Sie Ihren Lebensweg im Licht. Folgen Sie gemeinsam Jesus nach, und lassen Sie sich von ihm immer wieder neu Hoffnung und Kraft schenken.

Herr, wir wollen einen guten Einfluss auf das Leben des anderen haben. Erfülle unser Zuhause mit Glauben und Liebe. Mache uns heilig, wie du heilig bist. Amen.

10. Juli

Ein einzigartiges Meisterwerk

So schuf Gott den Menschen als sein Abbild, ja, als Gottes Ebenbild; und er schuf sie als Mann und Frau. 1. Mose 1,27 (Hfa)

Stellen Sie sich vor, wie sich Ihre Ehe verändern würde, wenn Sie sich wirklich bewusst machen, dass Ihr Partner das Ebenbild Gottes ist! Er hat nämlich beschlossen, seine Wesenszüge in die Menschheit hineinzulegen – das abschließende Meisterwerk von allem, was er geschaffen hat.

Können Sie Gott in Ihrem Partner sehen? Die Intelligenz und Kreativität des anderen? Das Mitgefühl und die Barmherzigkeit? Die Schönheit und Kraft? Den Sinn für Gerechtigkeit und Integrität? Das gute Urteilsvermögen und seine Weisheit? Seine Freundlichkeit und Liebe?

Trotz Ihrer Unvollkommenheiten kann man den Fingerabdruck Gottes auf wunderbare Weise in Ihnen und Ihrem Partner sehen.

Danken Sie Gott heute für die Erschaffung Ihres Partners, eines einzigartigen Meisterwerks. Benennen Sie die Eigenschaften, die Sie am meisten an ihm schätzen. Bitten Sie um eine größere Wertschätzung dafür, wer Ihr Ehepartner ist. Bitten Sie Gott darum, Ihnen dabei zu helfen, nicht auf seine Schwächen zu sehen, sondern seine Stärken zu feiern.

Vertrauen Sie darauf, dass Gott Sie „sehr gut" gemacht hat und dass er sich darüber freut, wer Sie sind. Er ist bereit, sich einer verlorenen Welt zu zeigen, indem sich sein Charakter durch Ihr Leben offenbart.

Herr, hilf uns zu verstehen, was es bedeutet, nach deinem Bild geschaffen zu sein. Wir wollen einander als deine unvergleichliche Schöpfung schätzen. Und wir wollen dich besser kennenlernen, indem wir einander näherkommen. Amen.

11. Juli

Sanftmütig wie Jesus

Ihr Männer, liebt eure Frauen und lasst nicht zu, dass sich Unversöhnlichkeit und Bitterkeit in eure Beziehung einschleichen. Kolosser 3,19 (WD)

Heute wende ich mich ganz besonders an die Ehemänner: Ihre Frau ist kein Kind, das erzogen werden muss. Sie ist keine Angestellte, die ihre Pflichten erfüllt. Sie ist keine Sklavin, die still ihren Dienst verrichtet. Sie ist kein Lustobjekt. Sie ist keine Schülerin, die Unterricht braucht. Sie ist eine Ehefrau, die Ihre Liebe braucht.

Gehen Sie mit dem Herzen Ihrer Liebsten vorsichtig um. Seien Sie geduldig, wenn sie Fehler macht. Begegnen Sie ihr stets mit Höflichkeit und Respekt. Wertschätzen Sie sie als Gottes Geschöpf – eine Hilfe, die nur für Sie erschaffen wurde (nachzulesen in 1. Mose 2,18). Kümmern Sie sich um ihre Bedürfnisse. Beschützen Sie sie. Erweisen Sie ihrem Körper Wertschätzung. Achten Sie ihre Weisheit und Einsicht. Erkennen Sie ihre Bemühungen an, Ihrer Familie ein gemütliches Zuhause zu schaffen. Beten Sie jeden Tag für sie.

Jedes Mal, wenn Sie Ihrer Frau helfen und sich um sie kümmern, zeigen Sie der Welt, wie sehr Jesus sie liebt. Lassen Sie sein Licht in Ihnen leuchten, indem Sie sie mit Ihrer Liebe überschütten. Bitten Sie den Heiligen Geist darum, Ihnen die Frucht der Sanftmut und Selbstbeherrschung zu schenken. Dadurch werden Sie zu einem Mann, dem eine Frau ihr Leben anvertrauen kann.

Herr, lehre mich, was es bedeutet, meiner Frau mit Sanftmut und Mitgefühl zu begegnen. Ich will sie so lieben, wie du mich liebst. Amen.

12. Juli

Die Schule der Liebe

Nun, dass ihr eure Brüder und Schwestern lieben sollt, habe ich ja schon erwähnt, und das muss ich auch nicht noch mal sagen. Offensichtlich seid ihr von Gott selbst darin unterwiesen worden, wie man unter Geschwistern echte Liebe lebt. 1. Thessalonicher 4,9 (WD)

Sie wollen einander lieben, aber vielleicht wissen Sie nicht genau, wie das aussieht. Ihre Eltern hatten eine kalte und distanzierte Beziehung zueinander und zu Ihnen. Oder Sie sind ein Scheidungskind. Ihre besten Freunde sind ständig wütend und enttäuscht von ihrem Partner. Oder Paare, bei denen Sie das Gefühl hatten, dass ihre Ehe gut läuft, gehen auseinander. Kein Buch und kein Psychologe hat alle Antworten auf die Fragen, die Menschen zu diesem Thema haben. Es kommt Ihnen so vor, als würden Sie im Nebel herumirren und niemand könnte Ihnen weiterhelfen.

Aber Sie sind nicht allein! Gott will Ihr Eheberater sein. Der eine, der Sie auf vollkommene Weise liebt, hat alle Antworten, die Sie brauchen, um Ihren Partner wirklich zu lieben. In der Bibel erfahren Sie, was zu tun ist:

„Die Liebe hat einen langen Atem und ist voller Güte. Sie ist nicht eifersüchtig und spielt sich nicht auf. Die Liebe hat nichts Angeberisches oder etwas, das das Empfinden anderer Menschen verletzt. Sie schaut nicht auf ihren Vorteil und lässt sich auch durch nichts provozieren. Sie trägt das Böse nicht nach, erst recht freut sie sich nicht darüber, wenn anderen Unrecht geschieht. Die Liebe freut sich allerdings sehr über die Wahrheit. Sie erträgt alles, sie glaubt alles, sie erhofft alles – ja, sie erduldet alles. Die Liebe hört niemals auf" (1. Korinther 13,4–8; WD).

Gott malt hier ein Bild dessen, was Liebe ist, und er will Ihnen die Kraft schenken, auch genauso zu lieben. Lassen Sie sich von ihm leiten. Er wird Ihnen eine wunderschöne Ehe schenken.

Herr, danke, dass du uns einen Leitfaden an die Hand gibst, wie wir einander lieben können. Schenke uns die Kraft dazu und schweiße uns eng zusammen. Amen.

13. Juli

Hilferuf

„Wenn schon er so handelt, wie viel mehr wird Gott seinen Auserwählten zum Recht verhelfen, die ihn Tag und Nacht darum bitten! Wird er sie etwa lange warten lassen? Ich sage euch, er wird ihnen schnellstens helfen." Lukas 18,7–8 (Hfa)

Es ist nicht fair, wenn wir betrogen, beleidigt oder verraten werden. Wenn wir hart arbeiten und andere die Anerkennung einheimsen. Wenn wir alles, was wir haben, in eine Sache investieren, und nichts dabei herauskommt. Wenn wir einem anderen Liebe und Aufmerksamkeit schenken, diese Person uns aber am Ende zurückweist. Wenn wir fälschlicherweise beschuldigt, zu Unrecht bestraft oder durch gebrochene Versprechen enttäuscht werden. Alle diese Enttäuschungen schmerzen und verletzen uns zutiefst.

Wenn Sie heute ungerecht behandelt werden, dann bitten Sie Gott um Hilfe, damit er für Sie eintritt. Lassen Sie sich von ihm trösten und Ihre Wunden von ihm heilen. Bitten Sie ihn darum, Ihren Ruf wiederherzustellen. Leben Sie weiterhin so, wie es ihm gefällt, und vertrauen Sie darauf, dass er Ihnen morgen neue Ziele und Träume schenkt. Vertrauen Sie darauf, dass er Ihr Freund ist, der nie von Ihrer Seite weicht. Verlassen Sie sich auf ihn, denn er ist Ihr mächtiger Befreier, der Sie beschützt und aus Schwierigkeiten rettet.

Suchen Sie die Nähe von Gott und Ihrem Partner, wenn Sie ungerecht behandelt werden. Vertrauen Sie darauf, dass Gott für Sie eintritt und Ihnen helfen wird. Glauben Sie daran, dass er auf Ihrer Seite ist und sich für Sie, seine geliebten Kinder, einsetzt.

Herr, du siehst, mit welchen Schwierigkeiten wir gerade konfrontiert werden. Hilf uns aus dieser Situation heraus! Beschütze uns vor Schaden, und repariere, was zerbrochen ist. Schenke uns wieder neue Hoffnung. Amen.

14. Juli

Der Hirte

Wir alle irrten umher wie Schafe, die sich verlaufen haben; jeder ging seinen eigenen Weg. Der Herr aber lud alle unsere Schuld auf ihn.
Jesaja 53,6 (Hfa)

Jeder sucht – bewusst oder unbewusst – nach jemandem oder etwas, dem er folgen kann. Menschen sind auf der Jagd nach Geld und Erfolg. Nach einem guten Leben und Vergnügungen. Nach Sinn und Bedeutung. Sie wollen beliebt sein und geliebt werden. Und während sie ihren eigenen Wünschen nachjagen, entfernen sie sich von Gott.

Jesus nahm die Strafe dafür auf sich, dass die Menschen sich ihren eigenen Weg suchen. Er will ihr guter Hirte sein und jeden Menschen zu Gott zurückführen. Und jeder Mensch hat die Wahl: Er kann seinen eigenen Weg gehen oder Jesus folgen.

Wem folgen Sie gerade? Wem gehört die lauteste Stimme, der Sie Gehör schenken? Wer drängt Sie, sich seiner Meinung anzuschließen? Wer außer Gott verspricht Ihnen gerade Zufriedenheit? Wer sagt Ihnen, wie Sie sich anpassen sollen? Wer rät Ihnen, welchen Weg Sie einschlagen sollen? Hören Sie heute auf Ihren Hirten. Lesen Sie in seinem Wort, damit Sie Richtig und Falsch unterscheiden können. Nehmen Sie seine Liebe an, damit Sie wiederum andere lieben können. Seien Sie so demütig wie er und zufrieden mit dem, was er Ihnen gibt. Folgen Sie Jesus nach, der Ihnen verspricht: „Ich bin das Licht der Welt. Niemand, der mir nachfolgt, muss in der Dunkelheit herumirren, sondern sein ganzes Leben wird durch mich hell werden" (Johannes 8,12; Hfa).

Herr, wir wissen, dass du nur uns das erfüllende Leben schenkst, das diesen Namen auch verdient. Deshalb wollen wir dir nachfolgen, wohin du auch gehst. Wir wollen dich lieben und dir gehorchen. Amen.

15. Juli

Die Liebe unseres himmlischen Vaters

Könnt ihr eigentlich ermessen, wie groß die Liebe unseres Vaters ist, die er uns schenkt? Wir dürfen uns Kinder Gottes nennen! Und wir heißen ja nicht nur so, wir sind es tatsächlich! 1. Johannes 3,1 (Hfa)

Eine der größten Gaben, die wir von Gott erhalten, ist unsere neue Identität als seine Kinder. Vielleicht ist Ihr irdischer Vater ein Alkoholiker, ein Verbrecher oder ein Lügner. Doch Ihr himmlischer Vater ist sanftmütig, heilig und durch und durch gut. Ihre biologische Mutter hat Sie vielleicht durch ihre Grausamkeit und Ablehnung verletzt. Aber Ihr Gott ist gütig und barmherzig und nimmt Sie so an, wie Sie sind. Selbst wenn es in Ihrer Familie über Generationen hinweg zerstörerische Verhaltensweisen gibt, können diese durch Gottes Liebe ein Ende nehmen.

Sie sind Kinder Gottes! Und Gott sagt: „Kann eine Mutter ihren Säugling vergessen? Bringt sie es übers Herz, das Neugeborene seinem Schicksal zu überlassen? Und selbst wenn sie es vergessen würde – ich vergesse dich niemals!" (Jesaja 49,15; Hfa). Ihr Name steht für immer in seinem Buch des Lebens, was Ihnen garantiert, dass Sie die Ewigkeit mit ihm verbringen. Er wird alle Tränen abwischen, die Sie über die Vergangenheit weinen. Er schenkt Ihnen für immer Sicherheit, Zugehörigkeit und Liebe.

Vergessen Sie nicht, zu wem Sie gehören. Nehmen Sie die neue Identität an, die Gott Ihnen schenken will. Leben Sie voller Freude in dem Frieden und der Liebe, die er Ihnen schenken will. Blicken Sie nicht zurück, sondern in die Zukunft, wenn Ihr Vater Sie nach Hause holt.

Herr, du weißt, wie traurig wir über das sind, was unsere Eltern uns – bewusst oder unbewusst – angetan haben, und wie sehr es uns noch heute schmerzt, dass wir von ihnen enttäuscht wurden. Heile unsere Wunden. Wir wollen in deine Arme laufen, denn du bist unser wahrer Vater. Amen.

16. Juli

Der beste Schatz von allen

Petrus schüttelte den Kopf: „Ich habe nichts, das ich dir geben könnte, aber was ich habe, das gebe ich dir. Im Namen Jesu Christi aus Nazaret: Steh auf und geh!" Apostelgeschichte 3,6 (WD)

Kranke, die sich nach Heilung sehnen, vertrauen auf Ärzte und Naturheilmittel. Einsame besuchen Onlinedating-Seiten und gesellschaftliche Veranstaltungen, um den *einen* Menschen zu finden. Hungrige bemühen sich um einen Gelegenheitsjob oder Almosen. Gelangweilte und Desillusionierte suchen das Abenteuer. Geld, Erfolg und Vergnügungen versprechen zu Unrecht, die innere Leere zu stillen.

Wir sind von verlorenen und gebrochenen Menschen umgeben. Sie brauchen jemanden, der ihnen ihre Lasten abnimmt. Sie brauchen

Hoffnung für morgen. Sie sind frustriert, weil sie auf ihrer Suche nach Glück keine Erfüllung finden. Sie wurden verletzt, weil jemand sie verraten hat. Sie wissen nicht, wohin sie unterwegs sind oder warum. Sie schleppen im Stillen Schuldgefühle und Scham mit sich herum. Im Gegensatz dazu sind Sie mit Jesus unterwegs und haben dadurch bereits alles, was Sie brauchen. Sie kennen Gottes rettende Botschaft: „Durch Jesus Christus, den Herrn aller Menschen, haben wir Frieden mit Gott" (Apostelgeschichte 10,36; WD). Sie können nicht die Lebensumstände eines Menschen ändern, aber Sie können geben, was Sie haben – die Leben spendende Botschaft des Evangeliums. Sie können anderen davon erzählen, dass Gott Hoffnung schenkt und rettet. Sie können davon erzählen, wie Gott Sie geheilt und wie er Ihnen Kraft geschenkt hat. Sie können von dem Schatz erzählen, der seinen Wert in Ewigkeit nicht verlieren wird.

Herr, wecke in uns die Bereitschaft, von der Liebe zu erzählen, die du uns geschenkt hast. Zeige uns, wie wir die Gute Nachricht von Jesus an andere weitergeben können. Amen.

17. Juli

Ich nicht!

Doch Mose bat: „Ach, Herr, sende doch lieber einen anderen!"
2. Mose 4,13 (Hfa)

Manchmal kommt es uns so vor, als könnten wir den Auftrag, den Gott uns gegeben hat, unmöglich umsetzen. Wir sind uns sicher, dass er sich die Falschen für die Aufgabe ausgesucht hat. Wir sollen lieben, was nicht liebenswert ist. Auf eine Weise dienen und arbeiten, die unsere Kraft oder Begabung übersteigt. In einer hoffnungslosen Situation Hoffnung schenken. Unsere finanziellen Möglichkeiten sprengen, um noch mehr zu geben. Uns außerhalb unseres vertrauten Wohlfühlbereiches bewegen. Für eine Wahrheit einstehen, die niemand hören will, weil sie unbequem ist. Die Aufgabe fordert uns mehr ab, als wir haben – wir würden am liebsten die Segel streichen, noch bevor wir den Hafen verlassen haben.

Wohin schickt Gott Sie heute? Inwiefern fühlen Sie sich unqualifiziert oder „nicht genug"? Welche Ausreden hindern Sie daran, Ja zu dem zu sagen, wozu er Sie beruft? Wir verlieren oft unsere Zuversicht, weil wir uns auf unsere Schwächen konzentrieren und nicht auf seine Macht.

Sprechen Sie mit Gott über Ihre Ängste und Zweifel. Bitten Sie um den Glauben, dass er Ihnen alles gibt, was Sie benötigen, um seinen Willen auszuführen. Vertrauen Sie darauf, dass er Ihnen Mut, Weisheit und Kraft schenkt, wenn Sie sie am dringendsten benötigen. Und vertrauen Sie ihm Ihr Leben ganz an, indem Sie sagen: „Ich bin bereit, sende mich!" (Jesaja 6,8; Hfa).

Herr, vergib uns, wenn wir auf uns selbst vertraut haben und nicht auf dich. Schenke uns den Mut, so zu leben, wie du dies von uns möchtest. Zeige uns deine Liebe und Macht. Amen.

18. Juli

Gastfreundschaft

Vergesst nie, gastfreundlich zu sein, denn auf diese Weise haben manche unter euch schon Engel beherbergt, ohne es zu wissen. Hebräer 13,2 (WD)

Unter Gastfreundschaft versteht man, dass man großzügig ist und dafür sorgt, dass andere sich willkommen fühlen. Gott möchte, dass Sie Ihren Mitmenschen genauso lieben, wie Sie sich selbst lieben (Markus 12,31). Und indem Sie Ihre Besitztümer, das, was Gott Ihnen anvertraut hat, Ihre Aufmerksamkeit und Ihren persönlichen Raum mit anderen teilen, machen Sie die Liebe Gottes für alle spürbar.

Gehen Sie heute auf andere zu. Versuchen Sie, neue Beziehungen zu knüpfen. Laden Sie andere zum Essen ein, helfen Sie, wo Hilfe benötigt wird, und öffnen Sie anderen Ihr Zuhause. Gibt es eine Person in Ihrem Umfeld, die einsam ist? Machen Sie ihr das Geschenk der Freundschaft. Beziehen Sie den Tag über andere in Gespräche ein. Nutzen Sie jede Gelegenheit, ihnen zuzuhören, und ermutigen Sie sie.

Bitten Sie Gott um den Mut, mögliche Mauern einzureißen und Menschen in Ihr Leben einzuladen. Lassen Sie sich von ihm aus Ihrem Wohlfühlbereich herausführen, um mit Menschen aus allen Lebenssituationen zu interagieren. Beten Sie um Großzügigkeit, damit Sie gern mit anderen teilen. Planen Sie in Ihrem vollen Terminkalender Freiräume für andere Menschen ein. Und bereiten Sie sich darauf vor, dass Sie sehen werden, wie Gott erstaunliche Dinge vollbringt, wenn Sie denen Gastfreundschaft – die Liebe Gottes – gewähren, die ihn brauchen.

Herr, bring uns bei, wie wir andere in deinem Namen willkommen heißen können. Zeige uns, wer einen Freund oder Unterstützung benötigt. Wir wollen dir unser Haus, unsere Mittel und Möglichkeiten und unsere Zeit schenken. Amen.

19. Juli

Alles oder nichts

Wir haben daran erkannt, wie sehr Gott uns liebt, dass er sein Leben für uns eingesetzt hat. Sind wir es ihm dann nicht schuldig, dass wir auch unser Leben für unsere Geschwister einsetzen? 1. Johannes 3,16 (WD)

Wäre Jesus nur auf diese Welt gekommen, um zu lehren, zu heilen und zu trösten, würden wir vermutlich sagen, dass er ein guter Mensch war. Er wäre ein wunderbares Vorbild, ein weiser Prophet oder eine faszinierende historische Persönlichkeit. Doch Jesus war mehr als das: Er verzichtete auf seine Herrlichkeit im Himmel, um zu leiden und am Kreuz zu sterben. Er gab alles auf, um uns zu retten, und er liebt uns für immer.

Auch in Ihrer Ehe ist Liebe mehr als ein schönes Gefühl oder gute Taten. Liebe bedeutet, dass Sie sich selbst zurückstellen. Sie verfolgen nicht länger Ihre eigenen Ziele, wenn diese auf Kosten Ihres Partners gehen. Sie ändern Ihre Prioritäten und Gewohnheiten so, dass er nicht darunter leidet. Sie geben Ihre Unabhängigkeit auf, um an seiner Seite zu bleiben. Sie verwenden Ihre Zeit, Ihr Geld und Ihre Kraft darauf, sich um Ihren Partner zu kümmern und ihn ein Leben lang zu beschenken.

Egoismus und Stolz sind die Feinde der Liebe. Jesus gab seine Rechte auf und beschloss, sich stattdessen zu verschenken und anderen zu dienen. Und auch wir sollten so lieben wie er – und immer bereit sein, in der Hingabe an Gott, die Menschen, die zu ihm gehören, und unsere Familie alles aufzugeben.

Herr, lehre uns, wie wir uns zurücknehmen können, um für dich und füreinander zu leben. Wir danken dir für das Opfer, das Jesus gebracht hat, der uns zeigt, was Liebe wirklich ist. Amen.

20. Juli

Unsere beste Verteidigung

Manche Völker schwören auf gepanzerte Kriegswagen und auf die Kampfkraft ihrer Reiterheere. Wir aber vertrauen auf die Kraft des Herrn, unseres Gottes. Psalm 20,8 (Hfa)

Jeder Mensch hat täglich zu kämpfen: Um ein Ziel zu erreichen oder sich einen Traum zu erfüllen. Um eine Verletzung oder ein gesundheitliches Problem in den Griff zu bekommen. Um eine zerbrochene Beziehung zu heilen. Um eine erdrückende Aufgabenliste abzuarbeiten. Um ein störrisches Kind zu erziehen. Um mit den Schmerzen der Vergangenheit klarzukommen. Um mit schwierigen Gefühlen fertigzuwerden. Um der Versuchung zu widerstehen. Wir wissen, dass wir das nicht allein schaffen können, deshalb brauchen wir Hilfe, auf die wir zählen können.

Worauf setzen Sie Ihr Vertrauen? Auf Bildung oder Technologie? Auf Geld oder auf einen guten Ruf? Auf Profis, die behaupten, alle Antworten zu kennen? Auf harte Arbeit und einen starken Willen? Auf Vergnügungen und Besitz? So viele Menschen und Dinge versprechen, Sie erfolgreich zu machen. Doch Gott ist der Einzige, der uns wirklich helfen kann.

Sprechen Sie mit Gott über das, was Ihnen gerade zu schaffen macht. Bitten Sie ihn um die Kraft, die Herausforderung zu bestehen. Bitten Sie ihn um Weisheit, damit Sie wissen, was Sie tun sollen. Verlassen Sie sich darauf, dass er Sie retten will, dass er Ihnen Heilung und alles schenkt, was Sie brauchen.

Herr, nur du kannst uns helfen, unsere Schwierigkeiten und Herausforderungen zu bewältigen. Schenke uns das nötige Vertrauen, damit wir daran glauben, dass du an unserer Seite bist. Wir danken dir für deine Kraft und deine Liebe, die uns nie im Stich lassen. Amen.

21. Juli

Vorbilder sein

Nachdem sie brutal verprügelt worden waren, wurden Paulus und Silas ins Gefängnis geworfen. Dabei wurde dem Gefängnisaufseher eingeschärft, sie unter besonders strenger Bewachung zu halten. ... Gegen Mitternacht beteten Paulus und Silas und sangen voller Freude Lieder zu ihrem Gott. Die anderen Gefangenen hörten ihnen verwundert zu.
Apostelgeschichte 16,23.25 (WD)

Ein schöner Aspekt der Ehe ist das Wissen, dass Sie Ihre Kämpfe nicht allein ausfechten müssen. Wenn Sie Schwierigkeiten haben, können Sie gemeinsam zu Gott beten. Sie können sich gemeinsam daran erinnern, wo er Ihnen in der Vergangenheit schon zur Seite gestanden hat. Sie teilen die Segensgeschenke genauso wie den Schmerz, den das Leben mit sich bringt, und erleben Seite an Seite, dass Gott in jeder Situation verlässlich ist.

Die Art und Weise, wie Sie auf Herausforderungen und Probleme reagieren, sendet eine mächtige Botschaft an die Freunde, Familienmitglieder und Kollegen, die Gott noch nicht kennen. Wenn Sie nicht zweifeln, sondern vertrauen, wenn Sie trotz allem zufrieden sind und nicht klagen, wenn Sie hoffen und nicht verzweifeln, wird Ihr Glaube für alle sichtbar. Wenn die anderen erleben, dass Gott Ihnen auch in den schmerzlichen Zeiten Freude schenkt, wird seine Herrlichkeit offenbart. Indem Sie Gott auch in Ihren tiefsten Kummer einladen, vermitteln Sie die Botschaft: Wir sind nicht allein!

Wie erleben Sie heute Gottes Gegenwart? Danken Sie gemeinsam Gott dafür. Verlassen Sie sich darauf, dass er Ihnen alles geben wird, was Sie brauchen. Erzählen Sie anderen davon, wie treu und gütig er ist. Schöpfen Sie Mut aus dem Wissen, dass Ihr Umgang mit dieser Herausforderung vielen Hoffnung schenken kann.

Herr, wir danken dir für deine Liebe und dafür, dass du uns in unserem Schmerz beistehst. Hilf uns, dir zu vertrauen und dich allezeit zu preisen. Wir wollen so mit diesen Problemen umgehen, dass andere erkennen können, wie sehr du uns und sie liebst. Amen.

22. Juli

Prioritäten setzen

Lieber in Ruhe und Frieden ein trockenes Stück Brot essen als ein Festmahl mit Zank und Streit! Sprüche 17,1 (Hfa)

Wenn Sie Dingen nachjagen, wird Ihre Familie den Preis dafür zahlen. Die Jagd nach beruflichem Erfolg hinterlässt eine Schneise aus Stress, Müdigkeit und zerbrochenen Beziehungen. Finanzielle Gewinne sind auf Dauer ein unbefriedigender Ersatz für Liebe und Nähe. Denken Sie heute einmal über Ihre Prioritäten nach. Inwiefern haben Sie Zeit mit Ihrem Partner gegen Geschäftigkeit eingetauscht? Welche Ziele und Wünsche beherrschen Ihr Denken? Gibt es Menschen außerhalb Ihrer Ehe bzw. Familie, die Sie unbedingt beeindrucken wollen? Führen die Anforderungen des Alltags zu Spannungen zwischen Ihnen und Ihrem Partner? Weiß Ihre Familie, wie viel sie Ihnen bedeutet?

Sprechen Sie mit Gott über Ihre Ziele und Ihren Terminkalender. Bitten Sie ihn darum, Ihnen zu zeigen, ob Sie kürzertreten sollten oder neue Ziele brauchen. Fällen Sie neu den Entschluss, dass Ihre Familie das Wichtigste in Ihrem Leben sein sollte. Danken Sie Gott für seine Segensgeschenke, und beschließen Sie, mit dem zufrieden zu sein, was Sie haben. Bitten Sie Gott darum, Sie innerlich zu verändern, sodass Ihnen die Anliegen der anderen wichtiger sind als Ihre eigenen Ziele.

Versuchen Sie von ganzem Herzen, alles dafür zu tun, dass in Ihrem Zuhause Frieden und Harmonie herrschen.

Herr, es ist schwer, sich einander nah zu fühlen, wenn wir in verschiedene Richtungen unterwegs sind. Hilf uns, unsere Beziehung über die übrigen Anforderungen des Lebens zu stellen. Unsere Partnerschaft und unsere Familie soll uns wichtiger sein als alles, was diese Welt zu bieten hat. Amen.

23. Juli

Freude im Sturm

Liebe Geschwister, wundert euch nicht über die Härte der Prüfungen, die ihr erleben müsst. Sie sind nichts Ungewöhnliches und auch nichts völlig Unerwartetes. Freut euch vielmehr, dass ihr in hohem Maß mit Christus leidet. Umso größer wird auch euer Jubel sein, wenn seine Gnade und Liebe an euch offenbar wird. 1. Petrus 4,12–13 (WD)

Wenn wir unser Vertrauen auf Jesus setzen, strömen seine Liebe und sein Segen in unser Leben. Wir empfangen Gnade und Vergebung. Haben Frieden mit Gott. Den Heiligen Geist. Schutz und Kraft. Ein Erbe im Himmel. Sind von unserer Schuld befreit. Er gibt uns alles, was wir brauchen. Verändert uns. Schenkt unserem Leben einen neuen Sinn und ein neues Ziel. Liebe und Freude verändern unser Leben für immer.

Das alles klingt gut. Doch das ist nicht alles, was geschieht, wenn Sie Ihr Leben Jesus anvertrauen. Es werden unweigerlich auch Herausforderungen kommen. Freunde werfen Ihnen vor, jetzt ein Langweiler zu sein. Die Familie redet hinter Ihrem Rücken über Sie. Ihr Arbeitgeber ist frustriert darüber, dass Sie sich jetzt weigern, die Wahrheit zu „verschönern". Ihre Nachbarn halten Sie für einen Heuchler. Das Fehlverhalten, das Sie eigentlich hinter sich gelassen haben, übt immer noch eine gewisse Anziehung auf Sie aus. Sie ringen mit vielen grundlegenden Fragen – welche Partei Sie wählen, wie Sie Ihre Kinder erziehen, wie Sie Ihr Geld ausgeben sollen – und müssen entscheiden, was richtig ist. Für Gott zu leben ist schwieriger, als eigene Ziele zu verfolgen.

Aber Petrus macht deutlich: Wenn die Nachfolge für Sie mit einem Preisschild versehen ist, dürfen Sie sich freuen. Wenn Sie im Eifer des Gefechts verletzt werden, dann jubeln Sie! Sie leiden mit Christus – das beweist, dass Ihre Erlösung echt ist. Sie bestehen die Anfechtung. Sie sind von Gott gesegnet. Und Sie werden „erst recht von Freude und Jubel erfüllt sein" (1. Petrus 4,13; GN), wenn Jesus einmal wiederkehrt.

Herr, auch wenn es uns schwerfällt: Wir wollen auch dann an dir festhalten, wenn unser Leben dadurch schwierig wird. Amen.

24. Juli

Ein Bund fürs Leben

Der Engel des Herrn kam von Gilgal nach Bochim herauf und sagte zu dem versammelten Volk Israel: „Ich habe euch aus Ägypten herausgeführt und euch in das Land gebracht, das ich euren Vorfahren mit einem Eid zugesagt hatte. Und ich habe zu euch gesagt: ‚Ich werde für alle Zeiten zu dem Bund stehen, den ich mit euch geschlossen habe.'"
Richter 2,1 (GN)

Wir folgen einem Gott, der zu seinen Versprechen steht. Deshalb nimmt Gott auch den Bund der Ehe so ernst und hasst es, wenn sich jemand von seinem Ehepartner scheiden lässt (nachzulesen in Maleachi 2,16). Die Ehe ist nicht nur ein Versprechen, das sich ein Mann und eine Frau geben, sondern ein Bund mit Gott selbst. Und so wie er sein Versprechen hält, uns ewig zu lieben, sollen wir auch unserem Partner alle Tage unseres Lebens treu sein und ihn lieben.

Die Ehe ist ein schönes Bild für die Beziehung zwischen Gott und der Gemeinde. Er liebt sie so und hat sich ihr so verschrieben, wie sich ein Ehepaar liebt und einander verschreibt. Mit jedem Tag, an dem wir uns dazu entschließen, unser Eheversprechen zu halten, bekommen wir eine Ahnung von der Art von Liebe, mit der uns Jesus liebt. Und an den schwierigen Tagen, an denen es uns schwerfällt, unseren Partner zu lieben, und an denen unsere Hingabe an einem seidenen Faden hängt, können wir Gott bitten, uns die Kraft dafür zu geben – und genau das wird er tun.

Nehmen Sie sich einen Moment Zeit, um Ihr Versprechen zu bekräftigen, einander zu lieben, zu ehren und ein Leben lang zu dienen. Danken Sie Gott für seine Liebe, die er Ihnen nie entziehen wird, und dafür, dass Sie die Ewigkeit einmal bei ihm verbringen werden.

Herr, du hältst alle deine Versprechen. Danke, dass du uns durch unseren Ehebund zeigst, wie du uns liebst und dich an jeden von uns gebunden hast. Gib uns die Kraft, einander treu zu sein, bis wir dich von Angesicht zu Angesicht sehen. Amen.

25. Juli

Nachsicht und Geduld

Wer über die Verfehlungen anderer hinwegsieht, gewinnt ihre Liebe; wer alte Fehler immer wieder ausgräbt, zerstört jede Freundschaft.
Sprüche 17,9 (Hfa)

Wenn Sie als Paar so viel Zeit miteinander verbringen und so eng zusammenleben, ist es unvermeidlich, dass Sie einander auch einmal enttäuschen. Sie werden ein Versprechen nicht halten. Sie werden die Beherrschung verlieren. Sie werden egoistisch und unsensibel sein. Sie werden etwas zerbrechen, etwas verlieren und etwas vergessen. Immer wieder werden Sie darauf angewiesen sein, dass der andere geduldig und verständnisvoll ist.

Wenn Sie über begangene Fehler Buch führen, werden Sie damit eine Mauer zwischen sich errichten. Wenn Sie sich bei Freunden und Familie über Ihren Partner beschweren, verletzen Sie damit sein Vertrauen. Sarkasmus und bissige Worte zerstören die Liebe und die Einheit, nach der Sie sich sehnen.

Wenn Sie dem anderen aber das Geschenk der Gnade machen, bauen Sie neue Liebe auf. Wenn Sie die Vergangenheit ruhen lassen, befreit Sie das von der Bitterkeit. Zweite Chancen bieten Hoffnung für morgen. Respekt und Vertraulichkeit schaffen Frieden und Sicherheit. Die Demut eines „Es tut mir leid" trifft dann auf die Güte des „Ich vergebe dir", und die Liebe kann starke Wurzeln bilden.

Machen Sie Ihrem Partner heute das Geschenk der Barmherzigkeit. Machen Sie ihm nicht länger Vorwürfe. Segnen Sie ihn und stärken Sie ihm den Rücken. Sprechen Sie nur mit Gott über Ihre Fehler und Ihr Scheitern. Entscheiden Sie sich dafür, den anderen bedingungslos zu lieben.

Herr, hilf uns dabei, einander mit Nachsicht und Geduld zu begegnen. Lehre uns zu vergeben, wie du uns vergeben hast. Hilf uns auch dabei, dass wir einander nur mit Respekt und Freundlichkeit begegnen. Vertiefe unsere Beziehung und lass unsere Liebe wachsen. Amen.

26. Juli

Nicht länger Ihr Eigentum

Euer Leib ist der Tempel des Heiligen Geistes. Ihn habt ihr von Gott erhalten, darum gehört er nicht mehr euch selbst, und ihr könnt auch mit ihm nicht machen, was ihr wollt. Ihr seid zu einem zu hohen Preis errettet worden! Macht also Gott auch mit eurem Leib Ehre!
1. Korinther 6,19–20 (WD)

Gott liebt Ihren Verstand, Ihren Geist, Ihre Persönlichkeit und Ihren Körper. Sie wurden als sein Ebenbild erschaffen. Sie wurden „wunderbar und einzigartig gemacht" (Psalm 139,14; Hfa) Gott hat Sie im Leib Ihrer Mutter gebildet und weiß einfach alles über Sie (nachzulesen in Psalm 139,13). Weil er Sie so sehr liebt, hat er seinen Sohn gesandt, damit dieser für Sie stirbt und Sie von Ihrer Schuld befreit. Sein Heiliger Geist lebt jetzt in Ihnen.

All das ist der Grund dafür, warum wir so mit unserem Körper umgehen, dass Gott sich darüber freut. Wir werden ihn nicht misshandeln oder verachten, was er geschaffen hat. Wir werden uns ernähren und gut ausruhen, damit wir bei Kräften bleiben. Wir werden uns angemessen kleiden, wohin wir auch gehen. Wir werden uns bemühen, uns auszukurieren, wenn wir krank sind. Wir werden uns nur mit unserem Partner vereinen, da wir zu Gott und zueinander gehören. Auch durch den Umgang mit unserem Körper werden wir zeigen, dass wir ein Kind Gottes sind.

Herr, danke, dass du unseren Körper erschaffen und uns mit deinem Heiligen Geist erfüllt hast. Wir wollen so leben, dass du Freude daran hast. Amen.

27. Juli
Stärke in der Unterwerfung

Beugt euch also unter die gewaltige Hand Gottes, damit er euch erhöht, wenn es an der Zeit ist. Werft alle eure Sorgen auf ihn, denn er sorgt sich um euch. 1. Petrus 5,6–7 (WD)

Wir versuchen gern, unser Leben selbst zu planen. Wir arbeiten, um unsere Lebensumstände zu verbessern. Wir denken: *Wenn ich klüger bin, mich mehr anstrenge und mich durchbeiße, dann kann ich das alles schaffen.* Wir verlieren dabei aus den Augen, dass Gott jeden unserer Tage in der Hand hat. Wir vergessen, dass er uns mit unseren Problemen helfen will. Stattdessen sind wir arrogant und denken, dass wir unsere Probleme ohne ihn lösen können.

Machen Sie sich heute bewusst, dass Sie das, was Ihnen vielleicht bevorsteht, nicht allein bewältigen können. Bitten Sie Gott, Ihnen zur Seite zu stehen. Bitten Sie ihn darum, Sie zu trösten, wenn Sie Trost brauchen. Ihnen Kraft zu schenken, wenn Sie am Ende sind. Erzählen Sie Gott von dem, was Ihnen Angst macht und Sie frustriert. Geben Sie Ihre Lasten an ihn ab, und vertrauen Sie ihm, wie ein Kind seinen Eltern vertraut. Ermutigen Sie einander, sich nicht länger zu beklagen und zu streiten, während Sie darauf warten, dass er eingreift. Lassen Sie sich von ihm mit seinem Frieden erfüllen, indem Sie seiner Verheißung vertrauen, dass er sich um Sie sorgt.

Gott ist auch heute stark genug, um alle Ihre Probleme und Herausforderungen zu bewältigen. Sein Zeitplan ist vollkommen. Seine Liebe zu Ihnen ist grenzenlos. Geben Sie heute alle Ihre Sorgen an ihn ab.

Herr, manchmal versuchen wir, schwierige Situationen aus eigener Kraft zu bewältigen. Aber wir brauchen deine Hilfe. Schenke uns Glauben, damit wir darauf vertrauen, dass du dich in jeder Hinsicht um uns kümmerst. Amen.

28. Juli

Noch in Arbeit

Ich bin überzeugt, dass der, der etwas so Gutes in eurem Leben angefangen hat, dieses Werk auch weiterführen und bis zu jenem großen Tag zum Abschluss bringen wird, an dem Jesus Christus wiederkommt.
Philipper 1,6 (NGÜ)

„Er wird sich nie ändern." „Jetzt fängt sie schon wieder damit an!" „Wann wird er es endlich lernen?" „Ich habe es so satt, darauf zu warten, dass sie es endlich versteht."

Die Liebe zu Ihrem Partner kann durch Enttäuschungen zerstört werden. Sie sehen, wie er seine Versprechen bricht, seine Überzeugungen verrät und mit seiner Unreife kämpft. Wenn Sie immer wieder erleben, dass er scheitert oder Schwächen nachgibt, nimmt Ihre Gereiztheit zu. Irgendwann fällt es Ihnen schwer, darauf zu hoffen, dass er sich weiterentwickelt und zum Positiven verändert.

Doch Sie gehören zu einem Gott, der niemals aufgibt. Wenn Sie ihm Ihr Leben anvertrauen, verspricht er, dass er Sie zu einem neuen Menschen macht. Aber das wird nicht von einem Augenblick auf den nächsten geschehen, sondern ist ein lebenslanger Prozess.

Bitten Sie Gott darum, Ihnen heute neue Hoffnung zu schenken. Sprechen Sie mit ihm darüber, wo Sie sich um Ihren Partner Sorgen machen, wo Sie Ängste haben. Vertrauen Sie darauf, dass er Sie Jesus immer ähnlicher machen will. Versuchen Sie nicht länger, alles selbst zu reparieren und zu ändern – lassen Sie Gott sein Werk tun, auf seine Art, zu seiner Zeit. Er hat versprochen, dass er es tun wird, und Sie werden überrascht sein, was geschieht.

Herr, danke, dass du uns veränderst, damit wir Jesus ähnlicher werden. Schenke uns Geduld und Glauben, damit wir darauf vertrauen, dass du weiterhin in uns am Werk bist. Amen.

29. Juli

Ein Leben lang lieben

Wer aber Ehebruch begeht, hat seinen Verstand verloren. Nur wer sich selbst vernichten will, handelt so. Sprüche 6,32 (NL)

Als Gott Adam, den ersten Mann, erschuf, wusste er: „Es ist nicht gut, dass der Mensch allein ist" (1. Mose 2,18; Hfa). Eine Ehefrau ist ein Geschenk Gottes, jemand, der dem Mann ein ganzes Leben lang zur Seite steht, der ermutigt und Liebe gibt. Wenn ein Ehemann seine Ehe aufs Spiel setzt, indem er eine Affäre hat, sabotiert er sein Wohlergehen. Er riskiert sein Glück, seinen Ruf und die Sicherheit seiner Kinder. Er wirft Jahre voller Erinnerungen und Zukunftsträume einfach weg. Wenn er dem Drang nachgibt, seine Frau zu betrügen, zieht das unweigerlich Verletzungen und Reue nach sich. Und das Gleiche gilt natürlich auch für die Ehefrau!

Bitten Sie Gott darum, Ihnen neu bewusst zu machen, wie wertvoll Ihre Ehe ist. Erinnern Sie sich an Ihr Eheversprechen, und verpflichten Sie sich erneut, danach zu leben. Gibt es etwas, das dazu führen könnte, dass Sie Ihren Partner betrügen? Machen Sie einen Bogen darum! Ändern Sie es! Investieren Sie Kraft, Aufmerksamkeit und Liebe in Ihre Ehe!

Gibt es in Ihrem Bekanntenkreis Paare, von denen Sie wissen, dass ihre Ehe gerade zerbricht? Finden Sie den Mut, sie an ihr Ehegelübde zu erinnern. Beten Sie für sie, und bitten Sie Gott, dass die beiden einen neuen Versuch miteinander unternehmen. Leben Sie Ihre Ehe so, dass Außenstehende eine Ahnung davon bekommen, wie gut und wunderbar Gott ist.

Herr, hilf uns, einander treu zu bleiben. Schenke uns Freude und Liebe, während wir unser gemeinsames Leben aufbauen. Danke, dass du uns so sehr liebst, dass du uns vor den Gefahren warnst, die eine Ehe bedrohen. Amen.

30. Juli

Die Freude am Sex

So ist es also besser, wenn jeder Mann seine Frau und jede Frau ihren Mann hat. Keiner soll sich dem anderen entziehen, da ja jeder sich dem anderen durch den Ehebund zum Geschenk gemacht hat.
1. Korinther 7,2–3 (WD)

Ihre intime Beziehung ist ein Geschenk Gottes. Sie verbindet Sie auf eine Weise miteinander, dass Sie wirklich „ein Fleisch" werden. Sie eröffnet Ihnen die Möglichkeit, Ihrem Partner zu vermitteln, wie sehr Sie ihn lieben. Sie unterscheidet die Beziehung zu Ihrem Partner von jeder anderen Beziehung in Ihrem Leben. Sie ist ein körperlicher, emotionaler und geistlicher Segen. Sie führt dazu, dass Sie noch mehr Freude aneinander haben. Eine befriedigende sexuelle Beziehung schützt Sie davor, sich nach einem anderen Partner zu sehnen oder diesem Wunsch nachzugeben. Und sie ist auch Teil von Gottes Plan für Ihr Leben.

Hält irgendetwas Sie davon ab, Ihre intime Beziehung zu pflegen? Gibt es in Ihrem Ehebett Distanz, Verletzungen oder Sünde? Sprechen Sie mit Gott auch über diesen Bereich Ihrer Beziehung. Bitten Sie ihn darum, mögliche Hindernisse aus dem Weg zu räumen. Beten Sie um den Mut, über Minderwertigkeits- oder Schamgefühle zu sprechen. Reden Sie mit Ihrem Partner auch darüber, wenn Pornografie oder Begierden für Sie ein Thema sind. Geben Sie Ihrer Liebe Vorrang – nehmen Sie sich Zeit, um wirklich intim zu werden und Freude am anderen zu haben.

Bitten Sie Gott, Ihre Ehe mit seiner Liebe zu erfüllen und Sie eins zu machen.

Herr, Sex ist für viele ein schwieriges Thema. Mache uns wirklich eins – nicht nur in unseren Herzen oder unserem Geist, sondern auch körperlich. Wir wollen einander rückhaltlos lieben. Amen.

31. Juli

Einsamkeit in der Ehe

Freut euch zu jeder Zeit! Hört niemals auf zu beten. Dankt Gott, ganz gleich wie eure Lebensumstände auch sein mögen. All das erwartet Gott von euch, und weil ihr mit Jesus Christus verbunden seid, wird es euch auch möglich sein. 1. Thessalonicher 5,16–18 (Hfa)

Selbst in der stärksten Beziehung wird es Zeiten geben, in denen Sie sich allein fühlen. Vielleicht ist Ihr Ehepartner beruflich sehr eingespannt oder zieht sich von Ihnen zurück, er macht sich Sorgen um etwas oder ist depressiv. Ein anspruchsvoller Job, gesundheitliche Probleme oder eine familiäre Krise können Sie auseinandertreiben. Es tut weh, wenn man das Gefühl hat, dem anderen nicht mehr nah zu sein, besonders wenn der Partner seine Kämpfe offenbar allein ausfechten will.

Gleichgültig, wie es Ihnen damit geht: Gott ist immer da, auch wenn es in Ihrer Ehe gerade Spannungen gibt. Sprechen Sie mit ihm darüber, dass Sie traurig oder frustriert sind. Bitten Sie darum, Ihnen die Kraft und die Geduld zu schenken, an Ihrer Beziehung festzuhalten. Danken Sie ihm dafür, dass er auch diese Mauern zwischen Ihnen niederreißen kann. Bitten Sie ihn, Ihrem Partner Frieden und Entlastung zu schenken und Ihnen Heilung, wo Sie verletzt sind. Danken Sie ihm für diese Zeit der Einsamkeit, und vertrauen Sie darauf, dass er sie dazu gebraucht, um Ihren Glauben wachsen zu lassen.

Sie können Gott loben, zu ihm beten und ihm vertrauen, ganz gleich, womit Sie heute zu kämpfen haben. Und Sie dürfen darauf hoffen, dass er Sie und Ihren Partner wieder zusammenführt.

Herr, wir danken dir dafür, dass wir niemals allein sein werden, sondern dass du immer bei uns bist. Mache uns heute bewusst, wie sehr wir uns lieben, und vertiefe dadurch unsere Beziehung miteinander. Amen.

August

1. August
Es geht nicht nur um mich

Tut nichts aus Streitsucht oder weil sich der eine für wichtiger hält als der andere. Im Gegenteil: Seid demütig und bescheiden und achtet den anderen höher als euch selbst. Habt auch nicht ständig nur euren eigenen Vorteil im Blick, sondern das, was für den anderen wichtig ist.
Philipper 2,3–4 (WD)

Wir haben so viel zu tun! Wir sind berufstätig, haben Verpflichtungen in Familie und Gemeinde, müssen Besorgungen erledigen ... Die Kalenderseiten füllen sich schnell und lassen uns keinen Freiraum mehr zum Luftholen. Und weil es schneller geht, wenn wir es selbst machen, kümmern wir uns um alles selbst, anstatt an einem Strang zu ziehen. Wenn wir uns aber nur auf unsere eigene Aufgabenliste konzentrieren, besteht die Gefahr, dass wir die Bedürfnisse des anderen aus dem Blick verlieren.

Nehmen Sie sich deshalb etwas Zeit, um sich über Ihre persönlichen Ziele und Prioritäten auszutauschen. Entdecken Sie, inwiefern diese sich decken oder wo Sie den Eindruck haben, allein zu sein und keine Unterstützung zu haben. Sprechen Sie darüber, welche Ihrer Aufgaben aufgeteilt könnten oder welche Ihr Partner übernehmen könnte. Achten Sie dabei aber vor allem darauf, dass Sie dem anderen vermitteln, wie wichtig er und seine Anliegen Ihnen sind.

Bitten Sie Gott um Demut, damit Sie zuerst an Ihren Partner denken und nicht länger den Drang verspüren, Ihren eigenen Weg zu gehen. Entdecken Sie, wie sehr die Vertrautheit untereinander wächst, wenn Sie Ihr Leben voller Hingabe aneinander führen.

Herr, wir wollen in Zukunft besser darauf achten, den anderen im Blick zu haben. Schenke uns ein demütiges Herz, damit wir einander respektieren und unterstützen. Mache uns Jesus ähnlicher, der bereit war, alles aufzugeben, damit wir deine Kinder sein können. Amen.

2. August

Das Geschenk der Freundschaft

Ein guter Freund steht immer zu dir, und ein Bruder ist in Zeiten der Not für dich da. Sprüche 17,17 (Hfa)

Als Gott Sie zusammenbrachte, wusste er schon, welche Probleme Sie einmal haben würden. Er hat Ihnen die Ehe geschenkt, damit Sie in stürmischen Zeiten einen sicheren Hafen haben. Damit Sie Gemeinschaft haben können, wenn Sie einsam sind. Vergebung, wenn Sie versagen. Ermutigung, wenn Sie gescheitert sind. Einen Verbündeten, wenn andere Ihnen das Leben schwermachen. Annahme, wenn jemand Sie schlechtmacht oder ablehnt. Unterstützung, wenn Sie es nicht allein schaffen. Ihr Partner ist in Zeiten der Not ein echtes Geschenk Gottes.

Verbünden Sie sich heute – nicht primär als Ehepartner, sondern als Freunde. Stärken Sie einander den Rücken. Helfen Sie einander und entlasten Sie sich gegenseitig. Lachen Sie zusammen und haben Sie Spaß miteinander. Tauschen Sie sich über Ihre Geheimnisse aus. Bleiben Sie in jeder Situation treu und loyal. Begegnen Sie einander mit bedingungsloser Liebe.

Beten Sie gemeinsam für das Gute und das Schlechte in Ihrem Leben. Danken Sie Gott dafür, dass er in Ihrem Leben am Werk ist. Ermutigen Sie einander, dem Wort Gottes zu vertrauen. Danken Sie ihm dafür, dass er Ihre Ehe gestiftet und mit Liebe erfüllt hat.

Gott hat Sie wirklich füreinander geschaffen. Nehmen Sie einander an – als Liebende, Freunde und Glaubensgeschwister.

Herr, wir danken dir für unsere Ehe. Hilf uns, wahre Freunde zu sein, in jeder Situation. Mache uns durch deinen Heiligen Geist eins. Amen.

3. August
Zweifel und Glaube

Danach verließ ihn eine große Zahl seiner Jünger und ging nicht mehr mit ihm. Daraufhin sprach Jesus auch die Zwölf direkt an: „Wollt ihr mich auch verlassen?" Johannes 6,66–67 (WD)

Viele interessieren sich für den christlichen Glauben. Sie hören die Gute Nachricht. Sie sehnen sich nach Frieden und Freude. Sie wünschen sich, dass Gott ihnen vergibt und ein neues Leben schenkt. Sie wollen Teil seiner Familie sein. Dennoch wenden sie sich irgendwann von Jesus ab.

Vieles von dem, was in der Bibel steht, widerspricht allem, was wir bis dahin geglaubt haben. Es kann schwer sein, Gottes Anweisungen zu folgen. Es kostet uns Zeit und Mühe, uns mit der Bibel vertraut zu machen. Wir merken, dass unterschiedliche Lehrer unterschiedliche Botschaften verbreiten – wem sollen wir glauben?

Und dann kommen wir immer wieder an den Punkt, an dem wir das Bibelstudium am liebsten aufgeben und Gottes Stimme in unserem Leben zum Schweigen bringen möchten. Wir sind krank und werden einfach nicht gesund. Wir fragen uns, ob Gott uns wirklich liebt. Wir zweifeln daran, dass er wirklich etwas an unserer schlimmen Situation ändern kann. Wir haben das Gefühl, dass er weit weg ist, wenn wir ihn brauchen. Wie kann Gott gut sein, wenn unsere Lebensumstände so schlecht sind?

Auch Furcht kann dazu führen, dass wir uns vom christlichen Glauben abwenden. Wir haben Angst vor Zurückweisung. Der Preis für die Nachfolge erscheint uns zu hoch. Selbst wenn uns nichts „von der Liebe Gottes trennen kann, die er uns durch Jesus Christus schenkt" (Römer 8,39; WD), macht uns die Vorstellung vom Bösen Angst.

Bitten Sie Gott heute darum, Ihren Glauben auf ein unerschütterliches Fundament zu stellen. „Werft also eure frohe Zuversicht nicht einfach weg. Sie wird euch einmal einen großen Lohn bringen. Was ihr jetzt wirklich braucht, ist Geduld. Haltet an eurem Glauben fest, damit ihr euer verheißenes Erbe in Empfang nehmen könnt" (Hebräer 10,35–36; WD).

Herr, wir wollen dir folgen, ohne zurückzublicken. Hilf uns, auch in schwierigen Zeiten an dir festzuhalten. Amen.

4. August
Angriffe

Wir brauchen wirklich euer Gebet, damit wir vor diesen bösartigen Menschen hier gerettet werden! Glaube scheint wirklich nicht jedermanns Sache zu sein. Aber der Herr ist treu und er wird uns und euch Kraft geben und vor dem Bösen bewahren. 2. Thessalonicher 3,2–3 (WD)

Wir können den zerstörerischen Einfluss böser Kräfte überall spüren: Sexuelle Versuchungen lassen uns unser Treueversprechen infrage stellen. Gemeindemitglieder kritisieren ständig unseren Dienst, was uns irgendwann völlig entmutigt. Schnelle Kredite und eloquente Verkäufer sabotieren unseren klugen Umgang mit unseren Finanzen. Sarkastische, kritische Schwiegereltern verleiten uns dazu, negative Dinge über unseren Ehepartner zu erzählen. Die leisen Anschuldigungen des Feindes lassen uns an Gottes Liebe und an unserer Erlösung zweifeln.

Bitten Sie Gott darum, Sie vor allem zu bewahren, was Ihr Vertrauen auf Gott bedroht. Bitten Sie um Weisheit, damit Sie Ihre Ehe durch gesunde Grenzen schützen können. Machen Sie einen Bogen um alles, was Ihren Gehorsam gegenüber Gott und seinem Wort sowie Ihre Hingabe aneinander untergraben könnte. Lassen Sie sich von Gott Kraft und Weisheit schenken, damit die Pläne des Feindes gegen Ihre Familie scheitern.

„Der Name des Herrn ist eine feste Burg; der Gottesfürchtige flüchtet sich zu ihm und findet Schutz" (Sprüche 18,10; NL). Flüchten Sie sich heute zu Gott; er wird Ihnen Sicherheit schenken und Sie vor allem Bösen schützen.

Herr, du weißt, welche Personen oder Dinge unseren Glauben und unsere Ehe bedrohen. Beschütze uns, und gib uns die Kraft, standhaft zu bleiben. Amen.

5. August

Vertrauen, das immer trägt

… er klammerte sich weiter an das Versprechen, das Gott ihm gegeben hatte. Er ehrte Gott durch sein Vertrauen, weil er ganz und gar von dem Gedanken erfüllt war, Gott sei mächtig genug, immer und überall das zu verwirklichen, was er verheißen hat. Römer 4,20–21 (WD)

Ist der Gedanke, dass Gott Sie über alles liebt, zu gut, um wahr zu sein? Gilt das Angebot von völliger Vergebung, einer Ewigkeit im Himmel und eines Lebens im Überfluss nur denen, die alles auf die Reihe bekommen? Ihre Zweifel, Ihr Scheitern oder Versuchungen können Ihr Vertrauen in Gottes Verheißungen erschüttern.

Wenn Sie merken, dass Sie gerade zweifeln, dann denken Sie doch einmal an den Einen, den Sie anbeten. Aus Liebe zu Ihnen ist Jesus am Kreuz gestorben, um Ihnen Ihre Schuld zu vergeben. Gottes Macht hat Jesus von den Toten auferweckt und wirkt genau in diesem Augenblick in Ihnen. Er will jedem seiner Kinder Heilung, Weisheit und ewiges Leben schenken. Wenn Sie einmal Ihr Vertrauen auf Gott gesetzt haben, wird er Sie nie mehr loslassen.

Geben Sie Gott die Ehre – beten Sie ihn an, und danken Sie ihm dafür, dass er auf jedem Schritt des Weges bei Ihnen ist. Preisen Sie ihn dafür, dass er Ihnen hilft und Sie rettet. Bitten Sie ihn darum, Ihren Glauben zu stärken, damit Sie wirklich seinen Verheißungen vertrauen. Legen Sie ihm alle Ihre Zweifel und Ängste zu Füßen, indem Sie sich dafür entscheiden, seinem Wort zu glauben. Und Sie werden erleben: „Den Erschöpften gibt er neue Kraft, und die Schwachen macht er stark" (Jesaja 40,29; Hfa).

Herr, manchmal kommt es vor, dass die Herausforderungen des Alltags und unseres Glaubens unser Vertrauen in dich erschüttern. Schenke uns durch deine vollkommene Liebe, die uns nie aufgibt, neue Kraft. Amen.

6. August

Ein Trotzdem-Glaube

Aber Josef erwiderte: "Habt keine Angst! Ich maße mir doch nicht an, euch an Gottes Stelle zu richten! Ihr wolltet mir Böses tun, aber Gott hat Gutes daraus entstehen lassen. Durch meine hohe Stellung konnte ich vielen Menschen das Leben retten." 1. Mose 50,19–20 (Hfa)

Wenn unser Leben mal wieder stressig und herausfordernd ist, fällt es uns schwer zu glauben, dass Gott mit diesen Problemen ein Ziel verfolgen könnte. Wenn wir von anderen verletzt werden, fällt es schwer, auf seine Liebe und Zuneigung zu vertrauen. Wenn wir unvorbereitet von einer Tragödie oder einem Verlust getroffen werden, fällt es schwer, nicht daran zu zweifeln, dass er die Kontrolle hat. Doch weil er allmächtig ist und uns über alles liebt, kann er auch diese Dinge zu etwas Gutem gebrauchen.

Freunde oder Familienmitglieder lassen uns im Stich, doch Gott ist in jeder Situation treu. Ziele werden verfehlt und Träume platzen, doch er schenkt uns Hoffnung und Zukunft. Tod und Krisen trennen uns von allem, was uns lieb und teuer ist, doch Gott ist unser Anker im Sturm. Er kann jedes Problem, jede Herausforderung nutzen, um unseren Glauben zu stärken und zu beweisen, dass er wirklich alles ist, was wir brauchen.

Sind Sie heute mit Problemen konfrontiert? Macht Ihnen jemand das Leben schwer? Schöpfen Sie neuen Mut aus dem Wissen, dass Gott Sie trotz allem nicht vergessen hat. Frieden und Freude werden wieder in Ihr Leben zurückkehren. Sie werden dankbar auf diese Zeit zurückblicken, weil Sie erkennen können, wie viel Gutes letzten Endes daraus entstanden ist. Vertrauen Sie auf Gott, und halten Sie am Glauben fest – Rettung ist schon unterwegs.

Herr, wir fühlen uns gerade so allein. Es tut so weh. Wir haben es nicht verdient, _____ zu erleben, und es kommt uns so vor, als würde sich nichts an unserer Situation ändern. Zeige uns, dass du uns liebst und treu bist, und bewirke auch aus diesem Schmerz etwas Gutes. Amen.

7. August

Stark bleiben

Viele Feinde verfolgen und bedrängen mich, trotzdem weiche ich kein Stück von deinen Geboten ab. Psalm 119,157 (Hfa)

Dass Sie Christ sind, wird nicht jedem gefallen. Einige werden denken, dass Sie verklemmt sind und eine Menge Spaß verpassen. Andere werden sagen, dass Ihre Erziehung zu streng oder antiquiert ist. Man wird Sie beschuldigen, Ihr Geld zu verschwenden, weil Sie regelmäßig die Gemeinde unterstützen. Freunde werden sauer sein, wenn Sie die Gemeinde anderen Aktivitäten vorziehen. Man wird sich fragen, warum Sie nicht über anzügliche Witze lachen oder nicht mitmachen, wenn Gerüchte verbreitet werden. Der Druck, der auf Sie ausgeübt wird, sich Ihrem Umfeld anzupassen, ist groß.

Geben Sie nicht auf! Jesus weiß, welche Konsequenzen es für Sie hat, dass Sie ihm folgen. Er hat am eigenen Leib erfahren, was Sie durchmachen. Man hat sich über ihn lustig gemacht und sein Verhalten kritisiert. Er hat die spöttischen Bemerkungen und die Anschuldigungen gehört. Er hat gespürt, wie weh es tut, wenn man verleumdet oder abgelehnt wird. Diejenigen, die gegen *Sie* sind, sind auch gegen den Einen, dem Sie dienen.

Bitten Sie Gott gemeinsam darum, Sie zu ermutigen. „Denn in dem Maß, in dem wir durch Leiden für Christus herausgefordert werden, in diesem überfließenden Maß beschenkt Gott uns auch mit seinem Trost" (2. Korinther 1,5; WD). Gott steht Ihnen in Ihrem Leid zur Seite. Er schenkt Ihnen die Kraft, weiterhin zu glauben und für ihn zu leben. Und er will Sie dafür belohnen, wenn Sie ihm gehorchen und dafür negative Konsequenzen in Kauf nehmen.

Herr, es gibt Menschen, die einfach nicht verstehen können, dass wir dich lieben. Hilf uns, in jeder Situation an dir festzuhalten. Amen.

8. August
Kindererziehung als Team

Erziehe dein Kind mit Strenge! Dann wird es dir viel Freude machen.
Sprüche 29,17 (Hfa)

Es kann eine Herausforderung sein, sich über die Erziehung der Kinder einig zu werden. Einer von Ihnen kommt vielleicht aus einer strengen Familie und wurde nach dem Motto erzogen: „Weil ich es gesagt habe!" Währenddessen war die Erziehung des anderen vielleicht antiautoritär. Differenzen über alle möglichen Themen können den Frieden in Ihrer Ehe stören – von der Schlafenszeit bis zur Mediennutzung, von den Hausaufgaben bis hin zu Ernährung und Sport. Wenn Sie in der Erziehung an einem Strang ziehen wollen, dann ist es von grundlegender Bedeutung, dass Sie sich über Ihre Erwartungen und Ihre Überzeugungen einig sind.

Kinder reagieren am besten auf widerspruchsfreie Erziehung. Ihre Lektionen werden dann am meisten fruchten, wenn sie von beiden Elternteilen gelehrt werden. Nehmen Sie sich heute ein wenig Zeit, um die Verhaltensweisen und Werte zu besprechen, die Sie Ihren Kindern vermitteln möchten. Werden Sie sich einig über die Belohnungen und Konsequenzen, die sich aus ihrem Verhalten ergeben sollen. Bemühen Sie sich, die Konflikte beizulegen, die Ihr Zuhause unter Umständen schon entzweit haben.

Wenn Sie in der Erziehung konsequent, aber liebevoll sind, wird das positive Auswirkungen auf Ihre Kinder haben. Wenn Sie als Paar im Team zusammenarbeiten, stärkt das das Vertrauen Ihrer Kinder und schweißt Sie als Paar zusammen. Im Gegenzug werden Sie respektvolle, gehorsame Kinder großziehen, die wissen, was richtig und was falsch ist. Entdecken Sie, wie viel Freude es macht, Kinder auf der Grundlage von Gottes Wort zu erziehen.

Herr, wir danken dir dafür, dass wir deine Kinder sein dürfen und dass du uns liebst. Auch wir wollen uns über die liebevolle Erziehung unserer Kinder einig sein und danach streben, dir als Familie zu folgen. Amen.

9. August
Die Höhen und Tiefen des Lebens

Jedes Ereignis, alles auf der Welt hat seine Zeit ... Prediger 3,1 (Hfa)

Die Ehe erfordert, dass Sie *gemeinsam* durch die Höhen und Tiefen des Lebens gehen. Sie erleben Geburt und Tod, Lachen und Trauer, enge Freundschaft und schmerzhafte Konflikte – und gleichgültig, ob das Zeiten der Freude oder des Kampfes sind, Sie erleben sie *zusammen*.

In welcher Phase befinden Sie sich heute? Arbeiten Sie an Ihrer Karriere oder gehen Sie in den Ruhestand? Planen Sie Ihr erstes Kind, kämpfen Sie sich durch die Pubertät Ihrer Tochter oder Ihres Sohnes, oder ermutigen Sie junge Erwachsene, ihren Träumen zu folgen? Sind Sie Teil einer eingeschworenen Gruppe von Freunden, oder müssen Sie sich in einem neuen Umfeld zurechtfinden? Gleichgültig, ob Sie aktuell viel Freude erleben oder über einen Verlust trauern: Ihre Ehe kann durch all das hindurch eine segensreiche Konstante sein.

Preisen Sie Gott heute für seine Treue und Liebe, die sich nie verändert. Blicken Sie in die Vergangenheit zurück, und führen Sie sich vor Augen, wie weit Sie schon gekommen sind. Erzählen Sie Ihrem Partner, was Gott heute in Ihrem Leben tut, und freuen Sie sich über Ihre Hoffnungen für die Zukunft. Bitten Sie ihn täglich darum, Ihre Beziehung noch intensiver zu machen.

Herr, wir danken dir dafür, dass du in jeder Lebenssituation an unserer Seite bist. Hilf uns, dir auf unserem Weg durch die Jahreszeiten des Lebens zu vertrauen. Wir wollen alles annehmen, was du uns zugedacht hast, denn wir wissen, dass dein Zeitplan und dein Wille vollkommen sind. Amen.

10. August

Neue Gedanken, neues Leben

Wenn du dich von deiner menschlichen Natur bestimmen lässt, führt das zum Tod. Doch wenn der Heilige Geist dich bestimmt, bedeutet das Leben und Frieden. Römer 8,6 (NL)

Unsere Gedanken und Einstellungen bestimmen unser Handeln. Unser Kampf gegen die Sünde wird im Kopf geführt. Was es auch ist, worauf wir uns verlassen, wenn wir auf der Suche nach Wahrheit, Information und Rat sind: Es wird unseren Glauben an Gott beeinflussen.

Beschäftigen Sie sich deshalb mit der Bibel, und bleiben Sie mit Gott im Gespräch, wenn Sie Ihre Welt verstehen wollen. Entscheiden Sie sich für den Glauben statt für die Angst. Streben Sie nach Integrität und Liebe und nicht nach der schnellen Befriedigung Ihrer Gelüste. Gieren Sie nicht nach Geld, sondern seien Sie großzügig, und vertrauen Sie darauf, dass Gott Sie versorgen wird. Entdecken Sie, was es bedeutet, ein Kind Gottes zu sein, und übernehmen Sie für sich nicht, was andere unter „Erfolg" verstehen.

Wenn Sie immer Ihrem Verlangen nachgeben, wird Sie das auf Dauer von Gott wegführen. Es gibt in dieser Art Leben keine Hoffnung auf eine Ewigkeit mit Gott, keine Gnade in zerbrochenen Beziehungen und nichts, was das Herz zufriedenstellt. Doch wenn Sie Ihr Denken von Gottes Heiligem Geist verändern lassen, werden Sie Frieden finden. Es macht Freude, unseren wahren Vater zu kennen. Sie werden Teil von Gottes Familie und erleben dort Liebe und Zugehörigkeit. Sie sind frei von Schuld und Scham und befreit von der zerstörerischen Kraft der Sünde.

Entscheiden Sie sorgfältig darüber, auf wessen Stimme Sie heute hören. Schauen Sie auf Gott, um so in den Genuss des Lebens und des Friedens zu kommen, nach denen Sie sich sehnen.

Herr, veränderte durch deinen Heiligen Geist unser Denken. Schenke uns Weisheit und lass uns für immer in deinem Frieden leben. Amen.

11. August

Hausputz

Darum legt alles ab, was an ihn erinnern könnte: Zorn, Bitterkeit, Bosheit, üble Nachrede, lockeres, anzügliches Geschwätz. Kolosser 3,8 (WD)

Wir können mit unseren Worten viel Schaden anrichten. Wir können das Vertrauen eines anderen zerstören. Wir lassen Leute dumm aussehen. Wir lügen und manipulieren, um selbst weiterzukommen. Wir klagen an und beschuldigen andere. Wir terrorisieren andere mit unserem Zorn. Wir werden wütend und rächen uns. Wir werden gemein und beleidigend. Unsere Worte lassen irgendwann nicht länger darauf schließen, dass wir bei Jesus Liebe und ein neues Leben gefunden haben.

Denken Sie heute daran, dass Ihr altes Ich gewissermaßen tot ist. Sie wurden mit Christus zu neuem Leben auferweckt – Sie sind gewissermaßen schon bei Gott. Sie können Ihre schmutzigen Kleider wegwerfen und Mitgefühl, Güte, Bescheidenheit, Nachsicht und Geduld anziehen (Kolosser 3,12). Sie sind nicht länger grob und gemein. Sie sagen die Wahrheit. Sie bauen Menschen auf. Sie schaffen Sicherheit und Frieden. Ihre liebevollen Worte sind der Beweis dafür, dass Sie durch Jesus Christus lebendig sind.

Herr, vergib uns, wenn wir gemeine und hasserfüllte Dinge sagen. Wir haben einander schon so manches Mal verletzt und deine Liebe mit unseren Worten zum Verstummen gebracht. Zeige uns, wie wir unsere alten Angewohnheiten ablegen können. Du hast uns ein neues Leben geschenkt und für immer frei gemacht. Amen.

12. August

Kümmert es ihn denn gar nicht?

Da kam ein gewaltiger Sturm auf. Die Wellen schlugen in das Boot und es drohte zu sinken. Jesus lag im Heck des Schiffes, den Kopf auf einem Kissen, und schlief. Sie weckten ihn mit ihrem ängstlichen Geschrei: „Meister, kümmert es dich nicht, dass unser Schiff jeden Moment untergehen kann?" Markus 4,37–38 (WD)

Während Sie fleißig arbeiten und versuchen, im Leben weiterzukommen, können Rückschläge und Probleme über Sie hinwegfegen. Finanzkrisen können Ihre Ersparnisse vernichten. Gesundheitliche Probleme lassen Sie müde und erschöpft zurück. Schwierige Beziehungen führen zu Stress und Konflikten. Kinder rebellieren. Es kommt Ihnen so vor, als würden Sie ertrinken und es sei keine Hilfe in Sicht. In diesen Zeiten der Verzweiflung schreien Sie zu Gott, wie damals schon die Jünger: „Kümmert es dich nicht, dass mein Lebensschiff jeden Moment untergehen kann?"

Doch, Jesus kümmert sich um alles, was Sie durchmachen. Die schwierigen Lebensumstände von heute werden zu einem Kapitel in der Geschichte von Gottes Güte in Ihrem Leben werden. Bitten Sie ihn um Hilfe. Vertrauen Sie darauf, dass er antwortet. Legen Sie Ihre Zukunft in seine Hände, und warten Sie geduldig darauf, dass er Sie rettet.

„Wenn aber rechtschaffene Menschen zu ihm rufen, hört er sie und rettet sie aus jeder Not.
Der Herr ist denen nahe, die verzweifelt sind,
und rettet diejenigen, die alle Hoffnung verloren haben.
Zwar bleiben auch dem, der sich zu Gott hält,
Schmerz und Leid nicht erspart;
doch aus allem befreit ihn der Herr!"
Psalm 34,18–20 (Hfa)

Herr, der Sturm tobt, und wir sind kurz davor zu ertrinken. Du hast doch alle Macht – befreie uns aus dieser Notlage. Und bis es so weit ist: Hilf uns, dir auch im Sturm zu vertrauen. Amen.

13. August

Kinder sind ein Geschenk

Auch Kinder sind ein Geschenk des Herrn; wer sie empfängt, wird damit reich belohnt. Psalm 127,3 (Hfa)

Wir wissen, dass in der Bibel steht: Kinder sind ein Segen. Aber wenn wir schlaflose Nächte hinter uns haben, rebellisches Verhalten überstehen und die täglichen Anforderungen der Elternschaft bewältigen müssen, kommen sie uns mehr wie eine Belastung vor. Wir verlieren den Glauben daran, dass sich unsere Bemühungen auszahlen, ihnen gute Werte, richtiges Verhalten und den Glauben an Gott zu vermitteln. Wir sind uns nicht immer sicher, ob wir ihnen das geben können, was sie brauchen. Wir befürchten, dass, egal, wie viel wir auch tun, es nicht genug sein wird.

Schauen Sie sich Ihr Kind heute noch einmal an (oder Ihr Patenkind, falls Sie noch keine haben). Welche seiner Eigenschaften lassen darauf schließen, dass es ein Ebenbild Gottes ist? Welche Aspekte seiner Persönlichkeit stehen in erfrischendem Gegensatz zu Ihren eigenen? Welche Stärken entstehen bei ihm und prägen sich aus? Welche Schwächen verdienen Ihr Mitgefühl und Ihre Unterstützung?

Verbringen Sie etwas Zeit damit, Gott für dieses Kind zu danken. Feiern Sie seine Einzigartigkeit und dass es eine ganz besondere Schöpfung ist. Bitten Sie darum, dass Gott Ihnen neue Freude an Ihrer Aufgabe als

Eltern oder Paten schenkt. Bitten Sie um Weisheit, damit Sie erkennen, wie Sie Ihren Kindern eine christliche Erziehung zuteilwerden lassen können. Lassen Sie sich von ihm neue Hoffnung für die Zukunft schenken.

Herr, danke für das Geschenk der Elternschaft – sie ist ein unbezahlbares Geschenk von dir. Schenke uns die Gnade, unserem Kind treu zu dienen, es zu lehren und zu lieben. Hilf uns dabei, in unserer Familie für kommende Generationen ein Vermächtnis des Glaubens zu legen. Amen.

14. August
Süße Worte

Ein freundliches Wort ist wie Honig: angenehm im Geschmack und gesund für den Körper. Sprüche 16,24 (Hfa)

Eines der wertvollsten Geschenke, die wir unserem Partner machen können, kostet uns nichts – es ist das Geschenk unserer Worte. Komplimente heben die Stimmung. Bestätigung baut Vertrauen auf. Zärtlichkeit schafft einen sicheren Ort für Intimität. Ehrlichkeit und Wahrheit erhalten das Vertrauen. Humor erfüllt unser Zuhause mit Lachen. Einfühlende und tröstliche Worte lindern unser Leiden. Wenn wir unsere Schuld bekennen und Vergebung zusprechen, schenkt dies Frieden. Gebete vertiefen den Glauben an Gott. Gütige Worte ermutigen unseren Partner und hauchen unserer Ehe neues Leben ein.

Formulieren Sie heute einen Segen für Ihren Partner. Sagen Sie ihr etwas, das Sie an ihrem Charakter bewundern. Danken Sie für etwas, das er vor Kurzem getan hat, um Ihnen zu helfen. Bringen Sie zum Ausdruck, wie stolz Sie auf die Talente und die harte Arbeit Ihres Partners sind. Lassen Sie ihn wissen, dass Sie die Lasten sehen, die er trägt, und unterstützen Sie ihn voll und ganz dabei. Sagen Sie einander, woran Sie sehen, dass der andere Jesus ähnlicher wird.

Bitten Sie Gott, Ihre Gespräche mit Gnade zu erfüllen. Lassen Sie seine Liebe und Heilung durch das fließen, was Sie Tag für Tag sagen. Genießen Sie die „Süße" dieser Worte, die das Verlangen Ihrer Seele stillen.

Herr, erfülle unsere Ehe mit deiner Gnade. Wir wollen uns durch unsere Worte zu verstehen geben, wie sehr wir einander lieben. Zeige uns, wie wir den anderen trösten, ermutigen und heilen können. Amen.

15. August

Er ist immer genug

Lasst andere durch euren Lebenswandel erfahren, dass ihr einem größeren Gott dient als dem Geld. Seid mit dem zufrieden, was ihr habt. Hat uns Gott nicht versprochen: „Niemals werde ich aufhören, mich um dich zu kümmern, und ich werde dich auch niemals verlassen"?!
Hebräer 13,5 (WD)

Wenn wir den Fernseher einschalten oder uns in Mediatheken Gottesdienste anschauen, werden wir über Fernsehprediger stolpern, die uns sagen, dass wir reich werden können, wenn wir nur genug Glauben haben. Sie verbreiten die Lehre, dass materieller Wohlstand ein Zeichen dafür sei, dass Gott uns wohlgesonnen ist. Viele schenken der Lüge Glauben, dass Gott uns alles gibt, was wir nur wollen, wenn wir nur entschlossen genug darum bitten. Die Kehrseite dieser Lehre ist jedoch, dass Zweifel aufkommen, wenn sich nichts an Ihren Problemen ändert. Sie werden sich dann fragen, ob Sie nicht genug glauben. Sie werden denken, dass Gott sich von Ihnen abgewandt hätte, weil Sie nicht gut genug wären. Sie werden sich dann fragen, ob Ihre Träume vielleicht dann wahr würden, wenn Sie nur irgendwie ausdauernder beten oder mehr glauben könnten.

Gott hat eine andere Botschaft für Sie. Er will Sie von der Liebe zum Geld und von dem Verlangen nach mehr befreien. Er will Ihnen einen größeren Schatz schenken: sich selbst! Und nichts auf der Welt ist damit vergleichbar.

Gott will mehr für Sie sein als ein himmlischer Geldautomat, der Ihre irdischen Wünsche erfüllt. Er will, dass Sie ihn voll und ganz lieben und herausfinden, dass in Wirklichkeit *er* alles ist, was Sie brauchen. Geld kommt und geht, aber seine Liebe bleibt für immer.

Herr, bewahre uns davor, an dir zu zweifeln, wenn das Geld knapp ist. Wir wollen dich mehr lieben als die Gaben, die du uns schenkst. Danke, dass du uns so treu liebst. Amen.

16. August

Zu schön, um wahr zu sein?

Da warf Abraham sich erneut zu Boden – aber im Stillen lachte er in sich hinein. Er dachte: „Wie kann ich mit 100 Jahren noch einen Sohn zeugen? Und Sara ist schon 90, wie kann sie da noch Mutter werden?"
1. Mose 17,17 (Hfa)

Sind Sie heute mit dem Unmöglichen konfrontiert? Vielleicht zerstört die Unfruchtbarkeit Ihren Traum, ein Kind zu haben. Stapel von Rechnungen stürzen Sie in jahrelange Schulden. Sie finden einfach keine Arbeitsstelle, während alle anderen berufliche Erfolge feiern. Zerbrochene Beziehungen scheinen nicht mehr repariert werden zu können. Sie schämen Sie für etwas, das Sie in der Vergangenheit getan haben, und eine leise Stimme sagt Ihnen, dass Sie sich niemals ändern werden. Unser Vertrauen in Gott liegt unter dem Gewicht der Sorge und des Zweifels begraben.

Doch wir dienen einem Gott, der größer ist als unsere Probleme. Wir können mit Jeremia beten: „Ach, Herr, mein Gott, durch deine starke Hand und deine große Macht hast du den Himmel und die Erde geschaffen. Nichts ist dir unmöglich" (Jeremia 32,17; Hfa). Nichts von dem, was wir uns vorstellen oder erhoffen können, ist für unseren himmlischen Vater zu schwierig.

Sprechen Sie heute mit Gott über Ihre Träume und Enttäuschungen. Bitten Sie darum, dass er Ihnen hilft, auf seine Verheißung zu vertrauen, dass er für Sie sorgt. Verlassen Sie sich darauf, dass er Ihnen Kraft schenken wird, wenn Sie das finsterste Tal durchqueren müssen. Finden Sie Trost in dem Wissen, dass er Sie nie im Stich lässt. Glauben Sie wieder an das, was der Psalmist schrieb: „Wenn wir am Abend noch weinen und traurig sind, so können wir am Morgen doch wieder vor Freude jubeln" (Psalm 30,6; Hfa). Legen Sie Ihre Zukunft in seine Hände.

Herr, vergib uns, wenn wir an deinen Versprechen zweifeln oder wie Sara darüber lachen. Wir wollen geduldig darauf waren, dass du handelst, und bis dahin deinem Wort glauben. Lehre uns, dir in allem zu vertrauen. Amen.

17. August
Er lässt Sie nie allein

Meine Freunde und Nachbarn ziehen sich zurück wegen des Unglücks, das über mich hereingebrochen ist. Sogar meine Verwandten gehen mir aus dem Weg. Psalm 38,12 (Hfa)

Unser Schmerz kann andere vertreiben. Sie können einfach nicht mit unserer Trauer über die Unfruchtbarkeit oder die Fehlgeburt umgehen. Sie wissen nicht, wie sie uns bei finanziellen Schwierigkeiten unterstützen sollen. Sie fühlen sich durch unser Fehlverhalten und unser Scheitern angegriffen. Ihnen fehlen die richtigen Worte, um uns bei Depressionen oder Krankheiten zu ermutigen. Sie wissen nicht, was sie sagen oder tun sollen, also ziehen sie sich schweigend zurück.

Wenn Freunde, Kollegen und Verwandte sich von Ihnen aufgrund Ihrer Schwierigkeiten fernhalten, kommt Gott Ihnen näher. Er „ist denen nahe, die verzweifelt sind" (Psalm 34,19; Hfa). Er schenkt Ihnen Kraft (Psalm 86,16). Er trägt Sie (Jesaja 40,11). Er schenkt Ihnen in Zeiten der Not seine Hilfe (Psalm 46,2). Gleichgültig, wie groß Ihr Leid oder Ihr Versagen ist: Nichts kann Ihnen Gottes Liebe rauben.

Wenden Sie sich an Gott, wenn Sie in dieser schwierigen Zeit einsam sind. Vertrauen Sie darauf, dass er an Ihrer Seite bleibt. Glauben Sie daran, dass er hört, wenn Sie ihn um Trost und Hilfe bitten. Stützen Sie sich auf ihn. Er ist ihr vollkommener, treuer Freund.

Herr, wir danken dir dafür, dass du uns deine Liebe niemals entziehst – egal, was uns geschieht, und egal, was wir getan haben. Schenke uns den Glauben, darauf zu vertrauen, dass du in unserem Schmerz bei uns bist. Gib uns heute deine Kraft und deinen Frieden. Amen.

18. August

Machen Sie eine Pause

Die Apostel kamen schließlich zu Jesus zurück und erzählten von all dem, was sie getan und gelehrt hatten. Jesus sagte zu ihnen: „Lasst uns einen einsamen Ort aufsuchen und ruht euch ein wenig aus." Denn es war ein ständiges Kommen und Gehen. Manchmal hatten sie nicht einmal Zeit zum Essen. Markus 6,30–31 (WD)

Wenn Sie fleißig sind und gern zusätzliche Aufgaben übernehmen oder ein großzügiger Mensch sind, sind Sie vermutlich auch derjenige, auf den man sich immer verlässt. Sie werden derjenige sein, auf den der Chef zukommt, wenn er ein neues Projekt hat. Ihre Familie zählt auf Ihre Unterstützung. Ihre Gemeinde oder Ihr Verein verlassen sich darauf, dass Sie schon einspringen werden. Sie geben und dienen, ohne an sich selbst zu denken.

Aber auch wenn wir es wirklich gut meinen, hat unsere Kraft ihre Grenzen. Wir stumpfen vielleicht emotional ab, wenn wir ständig die Lasten anderer tragen. Wir verbrauchen unsere Energie, ohne dass wir uns Zeit zum Auftanken nehmen. Und so, wie Jesus seinen Aposteln vorschlug, sich regelmäßig zurückzuziehen und auszuruhen, schlägt er Ihnen heute das Gleiche vor.

Planen Sie Zeiten ein, in denen Sie sich von den Anforderungen des Alltags zurückziehen. Treffen Sie sich mit Jesus an einem „einsamen Ort" und ruhen Sie sich ein wenig aus. Lesen Sie in der Bibel, und beten Sie, damit er Sie erfrischen kann. Machen Sie ein Nickerchen, genießen Sie draußen Gottes Schöpfung, und „schalten Sie ab". Treffen Sie sich mit anderen zu einem gemütlichen Essen. Rufen Sie sich in Erinnerung, wie viel Freude Ihnen Gottes Liebe und Ihre Ehe schenken.

Herr, wir danken dir dafür, dass wir in deinem Namen geben und dienen dürfen. Hilf uns aber auch zu erkennen, wann wir eine Ruhepause einlegen sollten. Schenke uns deine Kraft und deinen Frieden. Amen.

19. August

Offene Augen, offene Herzen

Greif ein, wenn das Leben eines Menschen in Gefahr ist; tu, was du kannst, um ihn vor dem Tod zu retten! Vielleicht sagst du: „Wir wussten doch nichts davon!" – aber du kannst sicher sein: Gott weiß Bescheid! Er sieht dir ins Herz! Jedem gibt er das, was er verdient.
Sprüche 24,11–12 (Hfa)

Die alleinerziehende Schwangere, die sitzengelassen wurde und jetzt über Abtreibung nachdenkt. Das Waisenkind, das nirgendwo hinkann. Das Gewaltopfer, das in die Prostitution verschleppt wurde. Alte Menschen, die in einem Pflegeheim vernachlässigt werden. Die Nachbarn, die ohne Jesus verloren sind. Der Schüler, der im Biologieunterricht für seinen Glauben verspottet wird. Während wir wissen, dass Jesus uns vor der Trennung von Gott bewahrt und uns ewiges Leben ermöglicht hat, sind die Menschen, die ihn noch nicht kennen, verloren und oft auch ohne Halt.

Wir können nicht so tun, als gäbe es diese Probleme nicht. Wir können Gottes Liebe nicht für uns selbst horten. Wir können uns nicht an unseren Gaben erfreuen, ohne sie auch zu verschenken. Bieten Sie Gott heute an, seine Hände und Füße zu sein. Beten Sie für die Menschen, die verzweifelt sind, deren Leben zerbrochen ist. Lösen Sie Ihren Klammergriff um Ihr Geld, Ihre Zeit und Ihren persönlichen Freiraum, und teilen Sie diese Dinge mit anderen. Brechen Sie die Tür Ihres Herzens auf, damit Sie den Schmerz anderer so spüren können, als sei es Ihr eigener. Seien Sie bereit, Ihre Augen wirklich zu öffnen und das Leid der Menschen wahrzunehmen.

Was immer Gott von Ihnen verlangt, dass Sie es für diejenigen geben, die leiden und verzweifelt sind: Er wird Ihnen mehr als das zurückgeben.

Herr, zeige uns, wie wir die Menschen erreichen können, die du eingeladen hast, zu dir zu kommen. Lehre uns, mit dem, was du uns anvertraut hast, freigiebig zu sein. Öffne unser Herz, damit wir in deinem Namen lieben. Amen.

20. August

Wenn wir nur ...

Doch das Jammern nahm kein Ende. Unter den Israeliten waren viele Fremde, die sich dem Volk angeschlossen hatten, als es Ägypten verließ. Sie forderten nun besseres Essen, und schon fingen auch die Israeliten wieder an zu klagen: „Niemand gibt uns Fleisch zu essen! In Ägypten war das anders! Da bekamen wir umsonst so viel Fisch, wie wir wollten, da gab es Gurken, Melonen, Lauch, Zwiebeln und Knoblauch. Aber hier haben wir nichts außer jeden Tag dieses Manna. Darauf ist uns der Appetit gründlich vergangen!" 4. Mose 11,4–6 (Hfa)

Wenn Gottes Gaben Tag für Tag unser Leben bereichern, kann es vorkommen, dass wir sie irgendwann für selbstverständlich nehmen. Die Begeisterung über ein neues Zuhause weicht der Kritik an zu kleinen Räumen oder veralteten Möbeln.

Wenn wir uns das neue Auto unserer Nachbarn anschauen, wird unser eigenes plötzlich ausgesprochen langweilig. Der Mantel, der uns im letzten Winter noch warm gehalten hat, gefällt uns plötzlich weniger als der neue im Katalog. Das Essen auf unserem Tisch kann nicht mit den Kreationen des Küchenchefs mithalten, die wir im Fernsehen sehen. Jammern verdrängt Dankbarkeit. Gemaule tötet Zufriedenheit ab.

Haben Sie Ihren „Appetit" auf das verloren, was Gott Ihnen gegeben hat? Nehmen Sie sich heute einmal Zeit, die Segensgeschenke zu zählen. Listen Sie auf, wie er Ihre körperlichen Bedürfnisse stillt. Denken Sie darüber nach, wie wertvoll Freunde und Familie sind. Machen Sie sich bewusst, dass Gott Ihnen eine Arbeitsstelle gegeben hat und auch die Kraft, dieser Arbeit nachzugehen. Danken Sie ihm für die Schönheit der Natur und dass Sie sich darin erholen können.

Bitten Sie Gott darum, dass er Sie neu mit Dankbarkeit für alles erfüllt, was er Ihnen anvertraut hat. Achten Sie darauf, dass Dankbarkeit sich wie ein roter Faden durch Ihre Gespräche zieht.

Herr, du hast uns mehr gegeben, als wir je zählen könnten: _____. Hilf uns, dankbar zu sein. Amen.

21. August

Der schöne Schein

„Ihr Heuchler! Ihr seid wie die weiß getünchten Grabstätten: Von außen erscheinen sie schön, aber innen ist alles voll stinkender Verwesung. Genauso ist es bei euch: Ihr steht vor den Leuten als solche da, die Gottes Willen tun, aber in Wirklichkeit seid ihr voller Auflehnung und Heuchelei." Matthäus 23,27–28 (Hfa)

Wir sind gut darin, uns zu verstellen. Wir wissen, wie man lächelt und so aussieht, als hätte man alles unter Kontrolle. Doch gleichgültig, wie fromm wir nach außen wirken: Gott weiß, wie es wirklich in uns aussieht.

Bitten Sie Gott, Ihnen die Kraft zu geben, heute einmal ganz ehrlich zu sein: Geben Sie zu, wenn Sie zweifeln – Gott kann auch mit Ihren Fragen umgehen. Sprechen Sie mit ihm über Ihre Ängste und Ihre Traurigkeit, damit er trösten und helfen kann. Bekennen Sie Ihr Fehlverhalten, damit er Ihnen vergeben kann. Wenn Sie nur so tun, als seien Sie fromm, wird Ihnen das keinen Frieden bringen. Wenn Sie sich nur an irgendwelche Regeln halten, wird Ihnen das Gottes Gunst nicht einbringen. Bringen Sie ihm ein Opfer, indem Sie mit Ihrer ganzen Zerbrochenheit zu ihm kommen: „… ein zerbrochenes und verzweifeltes Herz wirst du, o Gott, nicht zurückweisen" (Psalm 51,19; NGÜ).

Versuchen Sie nicht länger, die Menschen in Ihrem Umfeld zu beeindrucken. Bitten Sie Jesus darum, ihn wirklich kennenlernen und ihm folgen zu dürfen. Machen Sie sich bewusst, was Jesus am Kreuz für Sie getan hat. Sie können innerlich ganz ruhig sein und müssen nicht länger versuchen, aus eigener Kraft fehlerlos zu sein. Wenden Sie sich von leerer Religion ab, und nehmen Sie die leidenschaftliche Liebe Ihres himmlischen Vaters an.

Herr, wir wollen nicht länger so tun, als hätten wir alles im Griff. Lehre uns, demütig zu sein und darauf zu vertrauen, dass du uns ein für alle Mal erlöst hast. Du liebst uns, auch wenn wir nicht perfekt sind. Amen.

22. August

Ehren und respektieren Sie ältere Menschen

„Steht in Gegenwart alter Menschen auf und begegnet ihnen mit Respekt." 3. Mose 19,32 (Hfa)

In unserer Gesellschaft zählen nur die Jungen und Schönen, die Anliegen älterer Menschen sind nicht länger von Belang. Trotz ihrer Weisheit und Erfahrung werden Senioren gern übersehen und vergessen. Wir passen uns nicht ihrem gemächlicheren Tempo an. Wir denken, wir hätten nichts mit ihnen gemein. Wir haben wenig Mitgefühl für ihre körperlichen Einschränkungen. Wir vergessen, dass auch sie Gott wertvoll sind.

Verpflichten Sie sich heute dazu, ältere Menschen wertzuschätzen. Bieten Sie Ihren älteren Nachbarn Hilfe an. Kümmern Sie sich um die Senioren in Ihrer Gemeinde. Besuchen Sie ältere Verwandte, die einsam und ans Haus gebunden sind. Laden Sie sie ein, Ihnen mit ihrem Rat zur Seite zu stehen, von ihren Erinnerungen und ihren Problemen zu erzählen. Schenken Sie ihnen ein offenes Ohr und kümmern Sie sich um sie.

Sorgen Sie für die Älteren in Ihrer Familie, die sich nicht selbst helfen können. Setzen Sie sich für ihre medizinischen und finanziellen Belange ein. Achten Sie auf ihre körperlichen Bedürfnisse – es kann eine Herausforderung sein, im Alter die eigene Wohnung zu reinigen oder nahrhafte Mahlzeiten zuzubereiten. Suchen Sie nach Unterstützung, wenn ihre Bedürfnisse über das hinausgehen, was Sie anbieten können. Kümmern Sie sich um sie, und dienen Sie ihnen im Namen Jesu, der sie liebt.

Herr, danke, dass wir dir auch dann noch wichtig sind, wenn wir älter werden. Hilf uns, für die Menschen in unserem Umfeld zu sorgen. Indem wir sie ehren und respektieren, wollen wir auch dich ehren. Amen.

23. August

Gott versorgt Sie

Und was eure eigenen Bedürfnisse angeht, so wird derselbe Gott, der für mich sorgt, auch euch durch Jesus Christus mit allem versorgen, was ihr braucht. Philipper 4,19 (NGÜ)

Gott ist unerschöpflich reich. Er besitzt „alle Schätze der Weisheit und der Erkenntnis" (Kolosser 2,3; WD). Ihm gehört „das Vieh auf Tausenden von Hügeln" (Psalm 50,10; NGÜ). Er beschenkt uns „mit allem geistlichen Segen" (Epheser 1,3; WD). Er lässt die Gerechten nicht hungern (Sprüche 10,3; Hfa). Doch obwohl wir alle diese Verheißungen haben, zweifeln wir daran, ob Gott wirklich bereit und fähig ist, sich um uns zu kümmern.

Sprechen Sie heute mit Gott über Ihre Bedürfnisse. Nennen Sie Ihre Sorgen beim Namen. Bitten Sie ihn darum, dass er heilt, was zerbrochen ist. Bitten Sie darum, dass er Ihnen das gibt, was Sie täglich brauchen. Um die Kraft, Versuchungen zu widerstehen. Darum, Ihre Einsamkeit und Ihre Enttäuschung zu lindern. Um Einsicht, damit Sie sein Wort verstehen können. Geben Sie Ihre Lasten an ihn ab, alles, was Sie bedrückt.

Gott hat nicht gesagt, dass er nur ein paar Ihrer Bedürfnisse stillen und den Rest ignorieren würde. Nehmen Sie seine Einladung an, ihm Ihr Leben anzuvertrauen. Vertrauen Sie darauf, dass er Ihre Lebenssituation in allen Einzelheiten kennt. Er will Ihnen wirklich zeigen, wie sehr er sie liebt, und sich um Sie kümmern. Er kennt jedes Ihrer Bedürfnisse, noch bevor Sie ihm davon erzählt haben, also beten und bitten Sie. Und danken Sie ihm dann dafür, dass er für Sie sorgt.

Herr, oft fehlt uns die nötige Kraft oder die nötige Weisheit, die Herausforderungen unseres Lebens zu bewältigen. Bitte gib uns heute alles, was uns fehlt. Wir danken dir dafür, dass du uns so sehr liebst. Amen.

24. August

In seinen Armen geborgen

Ich bin zur Ruhe gekommen, mein Herz ist zufrieden und still. Wie ein kleines Kind in den Armen seiner Mutter, so ruhig und geborgen bin ich bei dir! Psalm 131,2 (Hfa)

Eine aufmerksame Mutter kann am Schreien ihres Säuglings erkennen, dass er hungrig ist. Wenn ihre Tochter fröstelt, gibt sie ihr eine warme Decke. Sie bringt ihren Sohn liebevoll ins Bett, wenn sie sieht, dass ihm ständig die Augen zufallen. Sie spürt die Bedürfnisse ihres Kindes, noch bevor es auch nur ein Wort gesagt hat. Es ist sicher, denn seine Mutter zeigt ihm jeden Tag, wie sehr sie es liebt.

Auch Gott schenkt seinen Kindern diesen inneren Frieden – und Sie sind eines dieser Kinder. Sie können in jeder Situation ruhig sein, denn Sie dürfen wissen, dass er Ihre Bedürfnisse erfüllt. Sie müssen nicht wütend oder verängstigt sein, wenn jemand Ihnen das Leben schwermacht, sondern können ruhig sein, weil Sie wissen, dass Gott auf Ihrer Seite ist. Sie können mit Ihrem Leben völlig zufrieden sein, denn er gibt denen, die er liebt, gute Dinge.

Sie dürfen „das Reich Gottes ... in der Einfachheit eines Kindes" annehmen (Lukas 18,17; WD). Sie dürfen Ihrem Vater vertrauen und glauben und sich ganz von ihm abhängig machen. Sprechen Sie heute mit ihm über die Bedürfnisse und Probleme, die Sie beunruhigen. Vertrauen Sie dann darauf, dass er sich um Sie kümmern wird, und lassen Sie sich von ihm mit seinem Frieden erfüllen.

Herr, wir wollen wie Kinder darauf vertrauen, dass du dich um alle unsere Anliegen kümmerst. Vergib uns, wenn wir daran zweifeln, dass du das tust. Danke, dass du uns Frieden schenkst, indem du über uns wachst und uns gibst, was wir brauchen. Amen.

25. August
Arbeiten und warten

Was der Fleißige plant, bringt ihm Gewinn; wer aber allzu schnell etwas erreichen will, hat nur Verlust. Sprüche 21,5 (Hfa)

Es kann eine echte Herausforderung sein, sich bei einem Projekt abzustrampeln, wenn kein Ende in Sicht ist. Es ist verlockend, nach einer schnellen Lösung für ein Problem zu suchen, das wir bewältigen möchten. Oft sehnen wir uns nach einer Abkürzung, einem Ausweg aus dem langsamen, beharrlichen Bemühen, unser Ziel zu erreichen. Eine Modediät, ein Lotterielos, eine Kreditkarte oder eine billige Lösung bringen uns aber nur an den Ausgangspunkt zurück, anstatt uns vorwärtszubringen.

Welche Pläne verfolgen Sie heute? Was hindert Sie daran, die Ziellinie zu erreichen? Sind Sie versucht, aufzugeben oder sich mit weniger zufriedenzugeben? Sprechen Sie mit Gott über Ihre Hoffnungen und Ziele. Bitten Sie ihn um Ausdauer, damit Sie am Ball bleiben. Vertrauen Sie darauf, dass er bis zum Ende an Ihrer Seite sein wird, und bitten Sie bis dahin um Geduld und Ausdauer. Danken Sie ihm schon jetzt dafür, dass er Sie ans Ziel bringen will.

Halten Sie an seiner Verheißung fest: „Wenn wir Jesus immer besser kennenlernen, gibt seine göttliche Kraft uns alles, was wir brauchen, um ein Leben zu führen, über das sich Gott freut" (2. Petrus 1,3; NL). Wenn Sie mit Jesus unterwegs sind, können Sie alles erreichen, wozu er Sie berufen hat.

Herr, gib uns die Kraft weiterzumachen, auch wenn wir müde sind. Hilf uns, deine guten Pläne mit Weisheit, Ausdauer und Glauben zu verwirklichen. Amen.

26. August

Wenn der Glaube auf schwachen Füßen steht

Jesus entgegnete: "Wenn? Unter Glaubenden gibt es keine ‚Wenns'. Alles ist dem möglich, der glaubt." Kaum hatte er das gesagt, sagte der Vater auch schon: "Dann glaube ich! Vielleicht schaffe ich es aber auch nicht. Darum hilf mir bitte!" Markus 9,23–24 (WD)

Wenn wir verzweifelt sind, kann uns oftmals nur noch einer helfen: Gott. Und doch sind wir nicht sicher, ob er unsere Gebete wirklich hört. Wir glauben daran, dass er mächtig ist und alles tun kann, aber wir fragen uns, ob er diese Macht auch für uns einsetzen wird. Wir vertrauen darauf, dass er uns liebt und nur unser Bestes will, zögern aber, ihn um etwas Großes zu bitten. Auch sein Versprechen, unsere Lasten zu tragen und uns vom Bösen zu befreien, kommt uns manchmal zu schön vor, um wahr zu sein.

Gott wird Sie nicht ablehnen, wenn Sie zweifeln. Er weiß, dass viele Dinge geschehen, die Ihren Glauben auf die Probe stellen. Seine Liebe ist aber ein Geschenk, das Sie sich nicht erst verdienen müssen. Während Sie um Hilfe bitten, können Sie auch gleichzeitig darum bitten, dass er Ihnen das feste Vertrauen darauf schenkt, dass er es wirklich tun wird.

Bitten Sie Gott heute um Hilfe. Geben Sie Ihre tiefsten Ängste, Sehnsüchte und Kämpfe an ihn ab. Bitten Sie um einen stärkeren Glauben an seine Güte und Macht. Laden Sie ihn in jeden Bereich Ihres Lebens ein. Machen Sie sich darauf gefasst, dass er über Ihre kühnsten Erwartungen hinaus handeln wird. Danken Sie ihm für seine Barmherzigkeit und Liebe, an denen sich nie etwas ändern wird.

Herr, wir brauchen heute deine Kraft und Hilfe. Schenk uns Hoffnung, damit wir glauben können, dass du bei uns bist. Stelle unseren Glauben auf ein festes Fundament, wenn wir an deinen Verheißungen zweifeln. Danke für alles, was du tun wirst. Amen.

27. August

Geben Sie ihm alles

„Abraham, Abraham!", rief da der Engel des Herrn vom Himmel. „Ja, Herr?" „Leg das Messer beiseite und tu dem Jungen nichts! Denn jetzt weiß ich, dass du Gott gehorsam bist – du hättest deinen einzigen Sohn nicht verschont, sondern ihn für mich geopfert!" 1. Mose 22,11–12 (Hfa)

Gott verspricht, dass er uns unsere Herzenswünsche erfüllen wird, wenn wir ihm vertrauen (nachzulesen in Psalm 37,4). Wir sind dankbar für unsere wunderbare Familie. Für die Karriere, die das Ergebnis unserer Fähigkeiten und unseres Einsatzes ist. Für die Freunde, die uns über die Jahre hinweg auf unbezahlbare Weise zur Seite stehen. Heilung, Segen, Sinn – Gott schenkt uns seine Liebe und Güte im Überfluss, weit über das hinaus, was wir uns vorstellen können.

Auch wenn es seltsam klingt: Unser Glaube wird auch anhand unserer Reaktion auf Gottes Großzügigkeit geprüft. Behalten wir seine Gaben für uns? Haben wir Angst zu verlieren, was wir bekommen haben? Sind unser Selbstwert und unser Glück von einer Person oder einem Besitz abhängig? Wäre unser Leben hoffnungs- oder bedeutungsloser, wenn uns eines dieser Segensgeschenke genommen würde? Dass Abraham Gott wirklich vertraute und gehorsam war, zeigte sich durch seine Bereitschaft, seinen einzigen Sohn an Gott zurückzugeben.

Was ist Ihr größtes Geschenk? Bieten Sie es bereitwillig dem Schenker an, Gott. Danken Sie ihm für jede Segnung, aber sorgen Sie dafür, dass sich Ihre Dankbarkeit nicht auf das Geschenk selbst richtet, sondern auf den, der es Ihnen gemacht hat. Und nichts, was er Ihnen jemals schenken wird, kann das größte Geschenk übertreffen, das er Ihnen macht: Jesus.

Herr, danke für deine Güte, die zu groß ist, um sie zu messen. Wir wollen dir all die Segensgeschenke zur Verfügung stellen, die du uns anvertraut hast. Du bedeutest uns mehr als alle diese Dinge! Amen.

28. August
Liebevoll korrigieren

Meine Schwestern und Brüder, kann es vor diesem Hintergrund unter euch überhaupt noch jemanden geben, der sich falsch verhält oder sogar wirkliche Schuld auf sich lädt? Aber ja. Wir bleiben angefochten, doch wenn einer von euch schwach wird, dann zeigt, dass euch der Geist Jesu Christi geschenkt wurde. Korrigiert einen solchen Bruder oder eine solche Schwester so behutsam, wie ihr nur könnt. Bleibt euch dabei bewusst, dass ihr nicht weniger gefährdet seid als der, den ihr korrigieren müsst. Galater 6,1 (WD)

Für unseren Partner ist unser Leben wie ein offenes Buch. Wir kennen die Fehler und Schwächen des anderen. Wir wissen, wenn der Glaube unseres Partners auf wackligen Beinen steht. Und wenn er einen Fehler begeht, tragen wir ebenfalls die Konsequenzen seines Verhaltens.

Als Christen sind Sie aber nicht nur Ehemann und Ehefrau, sondern auch Glaubensgeschwister. Daher können Sie einander auch dazu ermutigen, gemeinsam nach dem Willen Gottes zu leben. Sie können einander mit Nachsicht und Mitgefühl begegnen und im Namen von Jesus Vergebung zusprechen. Sie können einander zu mehr Gehorsam anspornen. Sie können für Kraft beten, wenn Sie sehen, dass Ihr Partner herausgefordert wird. Sie können dem anderen die Erlaubnis geben, Sie für Ihr Verhalten zur Rechenschaft zu ziehen, damit Sie das Richtige tun, auch wenn es schwierig ist.

Seien Sie demütig und bereit, den Rat Ihres Partners anzunehmen. Seien Sie bereit, Fehler einzugestehen und um Hilfe zu bitten. Und wenden Sie sich gemeinsam an Gott, um ihn darum zu bitten, Ihnen die Kraft zu schenken, bei allen Dingen nach seinem Willen zu fragen.

Herr, schenke uns die Kraft, uns gegenseitig liebevoll zu korrigieren und Korrekturen anzunehmen. Zeige uns, wie wir uns gegenseitig dazu ermutigen können, so zu leben, wie es dir gefällt. Amen.

29. August

Segen und Fluch

Mit unserer Zunge preisen wir Gott, unseren Vater, und mit ihr ziehen wir gleichzeitig über Menschen her, obwohl doch jeder Mensch nach dem Ebenbild Gottes von ihm aus Liebe erschaffen wurde. Meine Schwestern und Brüder, es gibt nicht den geringsten Grund, sich so zu verhalten! Jakobus 3,9–10 (WD)

Gott weiß, dass wir oft widersprüchlich sind. Wir sagen zärtliche Worte, und dann schlagen wir wütend um uns, wenn der geliebte Mensch uns im Stich lässt. Wir beten an und fassen unsere Liebe zu Gott in Worte, aber wir urteilen und ziehen über diejenigen her, die er geschaffen hat.

Wir danken ihm für unser Glück und unseren Wohlstand, aber wir beklagen uns, wenn er Leiden zulässt. Unsere Worte sind wie Fenster, die zeigen, wer wir im Inneren wirklich sind.

Bitten Sie Gott heute um ein reines Herz. Beten Sie dafür, dass die Frucht des Geistes – Liebe, Freude, Frieden, Geduld, Freundlichkeit, Güte, Treue und Selbstbeherrschung – Ihr Leben bestimmt. Vertrauen Sie darauf, dass er Sie Schritt für Schritt verändert, denn er will Sie wirklich zu einem neuen Menschen machen.

Bitten Sie darum, dass er Sie darauf aufmerksam macht, wenn Sie über andere herziehen. Bemühen Sie sich um Versöhnung, wenn Ihre Worte jemanden verletzt haben. Nutzen Sie jede Gelegenheit, um Ihre Mitmenschen zu ermutigen und aufzubauen.

Herr, vergib uns, wenn wir Dinge sagen, die andere verletzen. Verändere unser Denken und unsere Einstellung, damit unsere Worte andere aufbauen. Wir danken dir dafür, dass du Worte der Liebe in unser Leben hineinsprichst. Amen.

30. August
Freud und Leid

Ein fröhliches Herz macht den Körper gesund; aber ein trauriges Gemüt macht kraftlos und krank. Sprüche 17,22 (Hfa)

Sorgen können Sie kaputt machen. Finanzielle Belastungen und Stress am Arbeitsplatz saugen Ihnen die Kraft aus. Konflikte mit Freunden und Verwandten rauben Ihnen den Frieden. Körperliche Erkrankungen und Schmerzen zehren an Ihrer Kraft. Trauer und Verlust höhlen

Sie innerlich aus. Depressionen und Ängste verwandeln Freude und Hoffnung in Fremdworte. Es fällt Ihnen schwer, sich dem Tag zu stellen. Ist der Mann oder die Frau an Ihrer Seite heute entmutigt? Bieten Sie als heilsame Medizin ein fröhliches Herz an. Begegnen Sie ihrer Trauer mit Wärme und Freundlichkeit. Danken Sie für die täglichen Segensgeschenke, mit denen Gott Sie versorgt. Spenden Sie Trost, anstatt ihre oder seine Schwierigkeiten zu kritisieren. Freuen Sie sich darüber, dass Gott Ihnen Frieden schenkt und treu zur Seite steht, und geben Sie diese Freude an Ihren Partner weiter.

Bitten Sie Gott gemeinsam darum, dass Sie lernen, in jeder Lebenslage zufrieden zu sein. Bitten Sie ihn um den Mut, sich allem zu stellen, was auf Sie zukommt. Erlauben Sie seiner heilenden Liebe, Ihren Schmerz zu lindern. Glauben Sie seinem Versprechen, dass am Ende alles zu Ihrem Guten dienen wird. Erlauben Sie ihm, Ihren müden Herzen neues Leben einzuhauchen. Wenn Sie mit ihm unterwegs sind, wird es Ihnen möglich sein, sich zu freuen, was auch immer geschieht.

Herr, wir wollen uns von dir in jeder Lebenslage Freude und Frieden geben lassen. Schenke uns eine fröhliche Einstellung, und mache uns bereit, einander in schwierigen Zeiten zu ermutigen. Amen.

31. August

Laufen lernen

Doch immer wenn ich dachte: „Jetzt gerate ich ins Stolpern!", dann stützte mich, Herr, deine Gnade. Als viele Sorgen mich quälten, erfüllte dein Trost mein Herz mit Freude. Psalm 94,18–19 (NGÜ)

Egal, wie sehr wir uns auch bemühen: Wir haben bestimmte Dinge einfach nicht in der Hand. Wir machen Überstunden, werden aber trotzdem gefeuert. Wir befolgen den Rat des Arztes, aber unser Zustand verschlechtert sich. Wir lieben unser Kind und stehen ihm zur Seite, aber es rebelliert trotzdem und schließt uns aus. Wir arbeiten mit den Gläubigern zusammen, stehen aber weiterhin vor der Privatinsolvenz. Wir suchen einen Eheberater auf, aber unsere Beziehung scheint doch zu zerbrechen. Wenn wir am Abgrund stehen, ist der Stress schier überwältigend.

Doch all das ändert nichts an Gottes Liebe zu Ihnen. Er ist immer bereit, Ihre Gebete zu hören. Er will allen, die ihn darum bitten, Weisheit schenken. Er will Ihnen Hoffnung schenken, wenn Sie am liebsten aufgeben würden. Er bleibt an Ihrer Seite und tröstet Sie, wenn Sie sich allein fühlen. Wenn Sie mit Gott unterwegs sind, können Sie auch in der finstersten Nacht Freude empfinden.

Haben Sie gerade das Gefühl, dass alle Hoffnung verloren ist? Sind Sie verzweifelt und würden am liebsten aufgeben? Bitten Sie Gott um seine liebevolle Unterstützung. Lassen Sie sich von ihm trösten und mit seiner bedingungslosen Liebe beschenken. Vertrauen Sie darauf, dass er bei Ihnen ist und bis zum Ende bleiben wird.

Herr, selbst wenn alles zerbricht: Du änderst dich nie. Danke für deine unerschöpfliche Liebe. Nimm uns unsere Angst, wir wollen darauf vertrauen, dass du dich in jeder Hinsicht um uns kümmerst. Amen.

September

1. September

Zur Ruhe kommen

„Ihr sollt sechs Tage arbeiten und am siebten Tag ruhen! Das gilt auch für die Zeit, in der ihr pflügt und erntet." 2. Mose 34,21 (Hfa)

Als Gott die Israeliten anwies, am Sabbat auszuruhen, ging es nicht nur darum, eine Pause einzulegen. Er wusste, dass sie von ihrer Arbeit müde und erschöpft sein würden. Er wusste, dass sie sich Zeit nehmen sollten, um ihn anzubeten. Er wusste, dass sie ein paar ruhige Stunden mit ihren Familien verbringen mussten. Aber er wusste auch, wie es in den Menschen aussieht: dass sie stolz sind, ein riesiges Selbstvertrauen haben und den Drang verspüren weiterzukommen. Indem er den siebten Tag zum Ruhetag erklärte, zwang er gewissermaßen jeden dazu, sich an die wahre Quelle von all dem zu erinnern, was er hatte und brauchte: Gott.

Sind Sie gerade am Ende Ihrer Kraft, weil Sie versuchen, all Ihre Probleme selbst zu lösen? Haben Sie Angst davor, dass es Ärger gibt, wenn Sie einmal nicht auf der Hut sind? Verlassen sich alle auf Sie? Kümmern Sie sich um die Bedürfnisse Ihrer gesamten Familie? Denken Sie heute doch einmal darüber nach, wer sich um Sie kümmert. Machen Sie sich bewusst, dass Gott Ihr Versorger ist. Ruhen Sie sich aus – emotional, mental und körperlich –, indem Sie Ihr Leben in seine Hände legen.

Geben Sie Ihre Bedürfnisse und Lasten heute an Gott ab. Bitten Sie ihn darum, dass er Ihnen den Glauben schenkt, darauf zu vertrauen, dass er sich um Sie kümmert. Lassen Sie sich von ihm Ruhe schenken.

Herr, wir haben uns so hart darum bemüht, alles aus eigener Kraft zu schaffen. Wir sind müde, weil wir ständig versuchen, alle unsere Bedürfnisse allein zu stillen. Mach uns heute bewusst, dass du unser Versorger bist. Lass uns auf dich vertrauen und so innerlich zur Ruhe kommen. Amen.

2. September

Die Liebe zum Geld

„Habt ihr eine Vorstellung davon, wie schwierig es für Menschen ist, die an ihrem Besitz hängen, sich unter die Herrschaft Gottes zu begeben?"
Markus 10,23 (WD)

Gott weiß, dass wir innerlich oft gespalten sind: Es ist verlockend, diese Welt und das, was sie zu bieten hat, mehr zu lieben als den, der sie geschaffen hat. Wir vertrauen auf unsere eigenen Stärken und Mittel und nicht auf unseren Versorger. Wir mehren unseren Wohlstand, statt an Gottes Reich zu bauen. Wir leben, wie es uns gefällt, und nicht, wie es unserem Vater gefällt.

Ob Sie nun reich sind oder zu kämpfen haben, um über die Runden zu kommen: Geld will Ihr Herz erobern. Doch wie können Sie etwas lieben, das diese Liebe nicht erwidern kann? Danken Sie Gott heute für all die Segensgeschenke, die er Ihnen gibt. Werfen Sie einen ehrlichen Blick in sich hinein: Steht Gott dort an erster Stelle? Sprechen Sie mit ihm über Ihre Ziele und Träume für die Zukunft – geht es dabei nur um Sie selbst oder sind Sie im Einklang mit seinen Zielen und Träumen für Ihr Leben? Wie können Sie seine Segensgeschenke mit anderen teilen? Lassen Sie Ihren Klammergriff um jeden Euro, jeden Besitz und jede Errungenschaft los, und vertrauen Sie sie seiner Kontrolle an.

Gott ist stark genug, um über Ihr Herz zu wachen und dafür zu sorgen, dass Sie ihm treu bleiben. Nichts kann Ihre Sehnsucht so zufriedenstellen wie er. Ermutigen Sie Ihren Partner, für Gott zu leben und sein Reich zu Ihrem wichtigsten Anliegen zu machen.

Herr, wie wichtig ist uns Geld? Wir sind Bewohner deines Reiches und wollen dich mehr als lieben alles andere. Amen.

3. September

Lieben und gehorchen

Wenn ihr in einer liebevollen Beziehung zu mir steht, dann werdet ihr mit gespannter Aufmerksamkeit auf all das achten, was mir wichtig ist und was ich euch auftragen werde. Worum ihr dann bittet, das geschieht dann wirklich in meinem Namen. Außerdem werde ich meinen Vater bitten, euch einen Helfer zur Seite zu stellen, der euch Mut macht und für alle Zeiten bei euch bleiben wird. Dieser euer zukünftiger Begleiter ist der Geist der Wahrheit." Johannes 14,15–17 (WD)

Es ist schwer, immer gehorsam zu sein. Die Verlockung ist groß, die Wahrheit zu verbiegen. Wir machen uns Sorgen und haben Zweifel. Wir wollen so leben, wie es uns gefällt, und uns nicht für andere einsetzen. Wir sind eifersüchtig, undankbar und stolz. Wir haben trotz unserer Liebe zu Jesus mit der Sünde zu kämpfen. Wir wollen Jesus zeigen, wie sehr wir ihn lieben, indem wir so leben, wie es ihm gefällt, aber wir sind schwach und schaffen es einfach nicht.

Gott lässt Sie in Ihrem Ringen nicht allein. Er schenkt Ihnen den Heiligen Geist, um Ihren Glauben stark zu machen. Er hilft Ihnen, das Wort Gottes zu verstehen, und schreibt es Ihnen ins Herz. Er will Ihr Denken verändern, damit Sie Jesus ähnlicher werden. Er ändert Ihre Wünsche und Prioritäten, damit Sie gern das Richtige tun. Er befreit Sie aus der Sklaverei der Sünde.

Bitten Sie Gott darum, Sie mit Liebe und Kraft zu erfüllen, damit Sie darauf achten, was ihm wichtig ist und was er Ihnen aufträgt. Danken Sie ihm für den Heiligen Geist, der Ihnen jederzeit dabei hilft. Halten Sie daran fest, dass „Gott sein gutes Werk, das er bei euch begonnen hat, zu Ende führen wird, bis zu dem Tag, an dem Jesus Christus kommt" (Philipper 1,6; Hfa).

Herr, wir wollen dich lieben und in jeder Hinsicht so leben, wie es dir gefällt. Hilf uns durch die Kraft deines Heiligen Geistes. Amen.

4. September

Das Geschenk der Ehefrau

So soll auch ein Mann seine Frau lieben, als wäre sie ein Stück von ihm. Wer seine Frau wirklich liebt, zeigt damit, dass er gelernt hat, auch sich selbst zu lieben. Denn wer sich selbst ablehnt und hasst, kann auch seinen Partner nicht wirklich lieben. Normal ist, dass man sich selbst etwas Gutes tut und sich vor allem Schmerzhaften schützt. Christus macht es nicht anders. Er kümmert sich um seine Gemeinde, die ja sein Leib ist, mit großer Liebe und Sorgfalt. Epheser 5,28–30 (WD)

Heute geht es ganz besonders um die Ehemänner: Ihre Frau ist ein Geschenk Gottes. Paulus macht in seinem Brief an die Epheser deutlich, dass sie dazu berufen ist, Sie zu respektieren, zu ermutigen und zu unterstützen. Sie wird vermutlich auch diejenige sein, die sich primär um Ihre Familie und das Haus bzw. die Wohnung kümmert und dafür sorgt, dass Sie und die Kinder sich rundum wohlfühlen. Sie wird Ihnen den Rücken freihalten und hinter Ihnen stehen. Und sie wird Sie mit allem lieben, was sie hat und ist. Um es auf den Punkt zu bringen: Sie ist das größte Segensgeschenk, das Sie in diesem Leben erhalten werden.

Aber das ist nur eine Seite der Medaille: Sie wiederum sollen sie lieben, damit ihre Berufung ihr Freude macht. Denn das wird ihr schwerfallen, wenn Sie sie nicht auch unterstützen. Sie wird entmutigt sein, wenn Sie bei anderen schlecht über sie reden und ihr nicht mit Respekt begegnen. Sie wird sich zurückziehen, wenn Sie hart und kritisch sind.

Sie wird das Handtuch werfen wollen, wenn sie ignoriert und ihr Einsatz nicht gewürdigt wird. Wenn Sie sie verletzen, ist das, als würden Sie sich selbst verletzen.

Lieben Sie Ihre Frau. Behandeln Sie sie wie einen gleichwertigen Partner. Finden Sie heraus, was sie beschäftigt. Respektieren Sie ihren Intellekt. Beschützen und ehren Sie ihren Körper. Sorgen Sie für ihre Bedürfnisse und unterstützen Sie sie bei der Erfüllung ihrer Träume. Lassen Sie sie wissen, dass sie ein echtes Gottesgeschenk ist.

Herr, wir danken dir für das Geschenk der Ehe. Lehre uns, einander so zu lieben und zu dienen, wie Jesus uns liebt und dient. Amen.

5. September

Auserwählt

Ihr aber seid ein von Gott auserwähltes Volk, eine königliche Priesterschaft, sein Eigentum, damit ihr einer gottlosen Welt verkündet, wie herrlich Gott an euch gehandelt hat, als er euch aus der Finsternis heraus in sein wunderbares Licht gerufen hat. 1. Petrus 2,9 (WD)

Vielleicht werden Sie von Ihrer Familie abgelehnt. Von Ihren Arbeitgebern übergangen. Ausgeschlossen und nicht willkommen geheißen. Aber Gott sagt, dass Sie auserwählt sind, zu ihm zu gehören. „Schon vor Beginn der Welt, von allem Anfang an, hat Gott uns, die wir mit Christus verbunden sind, auserwählt. Er wollte, dass wir zu ihm gehören und in seiner Gegenwart leben, und zwar befreit von aller Sünde und Schuld" (Epheser 1,4; Hfa). Er hat Sie erschaffen und berufen, und er hat jetzt und für immer einen Plan für Sie.

Sie sind Gottes ganz besonderer Schatz. Er liebt Sie so sehr, dass er Jesus opferte, um Ihr Leben zu retten. Er schenkte Ihnen seinen Heiligen Geist, um Sie zu trösten und zu leiten. Er hat seine Gemeinde eingesetzt, damit Sie eine Familie haben, zu der Sie gehören können. Er hat sein Wort mit all der Weisheit und Wahrheit versehen, die Sie für dieses Leben benötigen. Er kümmert sich um Sie und bleibt immer an Ihrer Seite.

Sie sind nicht länger von Ihren Sünden und Fehlern gezeichnet. Sie sind rein, ein neuer Mensch. Sie sind Kinder des Lichts, es gibt keine Dunkelheit in Ihnen. Scham und Angst sind weg. Niemand kann Sie mehr anklagen. Sie sind dazu befreit, ihn zu lieben und rückhaltlos für ihn zu leben.

Danken Sie Gott für seine Liebe. Lassen Sie heute sein Licht in die Finsternis leuchten, indem Sie seinen Namen preisen.

Herr, schenke uns Glauben, damit wir darauf vertrauen, auserwählt und für dich etwas Besonderes zu sein. Danke, dass du uns in dein Licht gerufen hast. Amen.

6. September

Dankbar geben

Ehre den Herrn mit dem, was du hast; schenke ihm das Beste deiner Ernte. Dann wird er deine Vorratskammern füllen und deine Weinfässer überfließen lassen. Sprüche 3,9–10 (Hfa)

Wenn sich unser Glaube vertieft, verstehen wir auch besser, wie großzügig Gott ist. Jeder Segen und jeder Euro sind ein Geschenk aus seiner

Hand. Unsere erste Reaktion auf alles, was wir erhalten, sollte deshalb Lobpreis und Dankbarkeit gegenüber Gott sein.

Er möchte, dass wir ihn mit unserem Geld und unserem Besitz ehren. Da wir seine Großzügigkeit genießen, sollten wir freigebig sein und etwas davon an andere abgeben. Wir sollten unsere Gemeinde unterstützen und Personen, die Gottes Gute Nachricht verbreiten. Wenn wir mit Jesus unterwegs sind, werden wir den Wunsch verspüren, Menschen zu helfen. Wir halten das, was wir haben, nicht krampfhaft fest, denn wir verstehen, dass uns im Grunde alles nur anvertraut ist.

Und nichts davon entgeht Gottes Aufmerksamkeit. Er freut sich so sehr darüber, wenn wir etwas weitergeben, dass er eine noch größere Fülle über uns ausschüttet. Wir können seine Großzügigkeit nie übertreffen!

Danken Sie heute für das, was Sie besitzen, ob es nun wenig oder viel ist. Öffnen Sie Ihre Augen für die Bedürfnisse der Menschen in Ihrem Umfeld, und geben Sie von dem ab, was Gott Ihnen anvertraut hat. Warten Sie voller Freude darauf, wie er Ihre Familie versorgen und segnen wird.

Herr, wir möchten für das, was du uns gibst, dankbar sein. Du kennst unsere Bedürfnisse und bist die Quelle von allem, was wir haben. Lehre uns, dich zu ehren, indem wir deine guten Gaben mit anderen teilen. Amen.

7. September

Großzügigkeit

Jeder soll für sich selbst entscheiden, was er geben will. Wenn er sich dabei unter Druck gesetzt fühlt oder wenn es ihm später um sein Geld leidtut, dann soll er lieber nichts geben. Denn Gott liebt Menschen, die gern und fröhlich geben. 2. Korinther 9,7 (WD)

Wenn wir unser gemeinsames Leben beginnen, freuen wir uns darauf, einander ein Leben lang zur Seite zu stehen. Wir stellen uns vor, wie wir unserem Partner auf jede nur erdenkliche Weise helfen, wie wir ihn ermutigen und unterstützen. Aber mit der Zeit kann die Freude am „Sich-Verschenken" verblassen. Wir fühlen uns nicht gewürdigt. Wir konzentrieren uns auf unsere eigenen Bedürfnisse und Wünsche. Wir fragen uns, ob es das Opfer wert ist, wenn wir unseren Partner mit Zeit, Kraft, Kreativität und anderem beschenken.

Entscheiden Sie sich heute erneut dazu, „gern und fröhlich" zu geben. Nehmen Sie Ihrem Partner seine Lasten ab. Sagen Sie ermutigende und aufbauende Dinge zueinander. Stellen Sie freimütig Ihre Zeit und ein offenes Ohr zur Verfügung. Kaufen Sie ein Geschenk, das deutlich macht: „Ich habe an dich gedacht!" Versuchen Sie, auf kreative Weise „Ich liebe dich!" zu sagen. Erspüren Sie die Bedürfnisse des anderen, und helfen Sie ihm, noch bevor er ein Wort gesagt hat.

Gott weiß, ob Sie gern und fröhlich schenken oder nur aus einem Schuld- oder Pflichtgefühl heraus. Er liebt es, wenn Sie den anderen segnen. Bitten Sie ihn darum, in Ihnen den Wunsch zu wecken, Ihrem Partner zu dienen. Bitten Sie um eine großzügige Haltung. Verlassen Sie sich darauf, dass er Ihnen zeigt, was Ihr Partner gerade am meisten braucht.

Herr, vergib uns, wenn wir mit unserer Zeit, unserer Kraft oder unserer Liebe einmal etwas „geizig" waren. Hilf uns, einander immer wieder auf unterschiedlichste Weise zu zeigen, wie sehr wir einander lieben. Schenke uns ein großzügiges Herz, so wie du eines hast. Amen.

8. September

Das Elternprinzip

„Du sollst deinen Vater und deine Mutter ehren" ist das erste und grundlegende der Gebote, die das Verhalten der Menschen untereinander betreffen. Darum folgt ihm auch eine Zusage: „Dann wird es dir gut gehen und du wirst lange leben auf dieser Erde." Epheser 6,2–3 (GN)

Mit unserer Heirat ändert sich unsere Beziehung zu unseren Eltern. Sie haben nicht länger das Sagen, sondern sind nun Ratgeber. Paare sorgen für sich selbst und sind im Normalfall nicht länger auf die Eltern angewiesen. Es entstehen zwei getrennte Haushalte mit unterschiedlichen Traditionen, Gewohnheiten und Zielen.

Dieser Übergang ist nicht immer einfach. Es kann für Eltern schwierig sein, ihre Kinder in die Unabhängigkeit zu entlassen. Und es kann für Paare schwierig sein, eine Identität als neue Familie zu erlangen. Es braucht Weisheit, um gesunde Grenzen zu setzen und der Anweisung Gottes zu folgen, das Haus der Eltern zu verlassen und mit einem anderen Menschen eins zu werden (nachzulesen in Matthäus 19,5).

Bemühen Sie sich trotzdem darum, Ihre Eltern zu ehren, wenn Sie Ihren eigenen Haushalt gründen. Seien Sie geduldig und verständnisvoll, wenn sie sich schwer damit tun, Sie gehen zu lassen. Sprechen Sie liebevoll und freundlich mit ihnen über Grenzen. Respektieren Sie ihren Rat, wenn Sie Entscheidungen treffen. Bringen Sie Ihre Anerkennung für ihre Großzügigkeit zum Ausdruck und für das Interesse an Ihrem Leben. Beten Sie für Ihre Eltern. Seien Sie bereit, sich in schwierigen Zeiten um sie zu kümmern. Wenn Sie Ihren Vater und Ihre Mutter ehren, werden Sie damit auch Gott ehren.

Herr, zeige uns, wie wir unsere Eltern ehren können, während wir unsere eigene Familie gründen. Zeige uns, wie wir dir gehorsam sein und ihnen helfen und sie lieben können. Amen.

9. September

Vom Umgang miteinander

Wie schön und angenehm ist es, wenn Brüder in Frieden zusammenleben! Psalm 133,1 (Hfa)

Streit führt zu Stress und raubt Ihnen die Freude. Zank, ständiges Gemaule und kritische Worte zerstören Ihre Vertrautheit und ersetzen diese durch schlechte Stimmung und Sturheit. Es ist alles andere als „schön und angenehm", wenn Sie in Ihrer Ehe ständig Kämpfe austragen.

Wenn es erst einmal so weit ist, gibt es nur eine Lösung: Demut und Gebet. Wenn Sie harmonisch zusammenleben wollen, müssen Sie bereit sein, den Standpunkt des anderen anzuhören. Das bedeutet, dass Sie den Wunsch aufgeben müssen, recht zu haben und sich durchzusetzen. Wenn Sie harmonisch zusammenleben wollen, müssen Sie sich auf die Stärken Ihres Partners konzentrieren und darauf, dass er ein wertvoller Mensch ist. Sie müssen zugeben, wo Sie im Irrtum sind und sich ändern müssen. Sie müssen den Weg der Selbstaufopferung einschlagen.

Bitten Sie heute darum, dass Gott Ihnen und Ihrem Partner Frieden schenkt. Geben Sie zu, wo Sie sich selbst wichtiger genommen haben. Bitten Sie um Weisheit bei schwierigen Entscheidungen und darum, die Denkweise Ihres Partners zu verstehen. Danken Sie Gott dafür, dass er Ihnen einen Partner fürs Leben geschenkt hat.

Lassen Sie Ihrer Beziehung von Jesus neuen Frieden einhauchen. Er wird Ihnen die Kraft schenken, Ihrem Partner Dinge zu vergeben, die in der Vergangenheit vorgefallen sind, und Ihnen Verständnis füreinander geben. Ihre harmonische Ehe wird einer chaotischen Welt, in der man sich ständig gegenseitig verletzt, zeigen, wie sehr Gott Sie liebt.

Herr, mach uns durch deinen Heiligen Geist eins. Vertiefe unsere Zuneigung zueinander, und zeige uns, wie wir einander in jeder Situation so lieben können, wie Jesus uns liebt. Amen.

10. September

In Anfechtungen vertrauen

Er wurde übel beschimpft und doch schwieg er zu allen Vorwürfen. Man folterte ihn und doch drohte er keinem. Er übergab alles dem, der einmal ein gerechtes Gericht halten wird. 1. Petrus 2,23 (WD)

Jesus kündigte schon an, dass die Menschen, die ihn hassten, auch uns hassen würden. Sie würden uns alle möglichen Vorhaltungen machen: dass wir gesetzlich, engstirnig oder voreingenommen seien. Dass wir ahnungslos und altmodisch seien. Dass wir rückständig seien und man uns einer Gehirnwäsche unterzogen habe. Wir werden das Ziel für den Spott der Medien sein. Wir werden am Arbeitsplatz übergangen. Wir werden sogar in unseren eigenen Familien einsam sein, wenn sie unsere Entscheidungen kritisieren.

Gleichgültig, wie man uns behandelt: Wir sollen die Menschen trotz allem lieben. Wir sollen schweigen, wenn man hässliche Dinge zu uns sagt. Wir sollen andere aufbauen, während sie uns niedermachen. Wir sollen darauf verzichten, uns dafür zu rächen, und darauf vertrauen, dass Gott am Ende für uns einstehen wird. Wir dürfen mit allen unseren Ängsten zu dem Einen gehen, der über uns wacht. Wir dürfen mit jeder Verletzung zu demjenigen kommen, der uns heilt. Wir sollen dem Vorbild von Jesus folgen, der denen vergab, die ihn ans Kreuz genagelt hatten.

Legen Sie Ihr Leben heute bewusst noch einmal in Gottes Hände. Schöpfen Sie neue Hoffnung, in dem Wissen, dass er Sie für alles belohnen wird, was Sie in seinem Namen erleiden.

Herr, du bist unser sicherer Ort im Sturm des Hasses gegen die Menschen, die zu dir gehören. Schenke uns Mut und Frieden. Wir wollen auf dich vertrauen. Amen.

11. September

Unzufriedenheit oder Dankbarkeit

Auch wenn es euch manchmal schwerfällt: Tut alles ohne Widerwillen und ständiges Hinterfragen. Seid wirklich wie Gottes Kinder, mit klaren Augen, offen und voller Vertrauen. Ich weiß, die Welt um euch herum sieht anders aus. Ihr seid umgeben von einer verkehrten, heruntergekommenen Generation, in der viel Finsternis herrscht. Solange ihr am Wort des Lebens festhaltet, strahlt ihr jedoch in dieser dunklen Welt wie Sterne in der Nacht. Philipper 2,14–15 (WD)

Unzufriedenheit und Streitsucht liegt in unserer Natur. Wir beschweren uns, wenn wir nicht haben können, was wir haben wollen. Wir streiten und bestehen darauf, unseren Kopf durchzusetzen. Diese Gewohnheiten machen auch vor unserer Ehe nicht halt. Der Gedanke, dass wir nicht unzufrieden sein oder nicht streiten sollen, kommt Ihnen vielleicht völlig abwegig vor. Aber Jesus hat uns vorgelebt, wie man seine eigenen Rechte aufgibt, anderen dient und freiwillig sein Leben für andere gibt. Wenn wir ihm wirklich nachfolgen, wird er uns dabei helfen, seinem Vorbild zu folgen.

Sie haben die Wahl: Sie können selbstlos lieben, oder Sie können unzufrieden sein und streiten, weil es Ihnen nur darum geht, Ihren Kopf durchzusetzen. Wenn Sie sich bereitwillig und gern zurücknehmen und für andere aufopfern, wird Ihre Umwelt das bemerken. Sie werden sich von der Masse abheben. Oder um es mit Paulus zu sagen: Sie werden „in dieser dunklen Welt wie Sterne in der Nacht" strahlen. Ihre Worte und Ihr Handeln werden den Menschen zeigen, dass Sie wirklich zu Jesus gehören!

Dienen Sie Ihrem Partner heute mit Freude. Reagieren Sie geduldig und freundlich auf Gegenwind von Menschen, die Gott nicht kennen. Bitten Sie Gott darum, Ihnen seinen Willen für diesen Tag zu zeigen – gleichgültig, ob dieser Freuden oder Herausforderungen enthält –, und leben Sie so, dass andere sehen können, dass er sie liebt.

Herr, vergib uns, wenn wir manchmal nicht geduldig und nachsichtig mit dir und miteinander sind. Das, was wir sagen und tun, soll die Menschen auf dich hinweisen. Amen.

12. September

Unser wahrer Schatz

„Stapelt eure Schätze im Himmel, wo sie vor Motten, Rost und Dieben sicher sind. Ist das nicht einleuchtend? Der Platz, an dem euer Schatz ist, ist der Ort, an dem ihr euch am liebsten aufhalten möchtet. Ihr werdet nicht ruhen, bis ihr eines Tages für immer dort sein werdet."
Matthäus 6,20–21 (WD)

Wir investieren viel Geld und Energie, um das zu schützen, was uns gehört. Versicherungspolicen, Schließfächer und Rentenfonds stellen nur einen Versuch dar, das zu sichern oder erhalten, was wir in diesem Leben erwerben. Dennoch können wir Verluste oder Katastrophen nicht völlig vermeiden – nichts auf dieser Welt ist wirklich sicher.

Gott schenkt uns jedoch Schätze, die weder rosten noch von Motten gefressen werden. Seine himmlischen Vorratskammern sind ewig geschützt. Geld, das gehortet wird, kann man doch verlieren, aber wenn man großzügig gibt, bekommt man noch viel mehr zurück. Was auch immer Sie in diesem Leben geben – Ihre Zeit, Mittel, Kraft oder Gebet –, wird von Ihrem himmlischen Vater aufgespart, und er wird Sie in der Ewigkeit damit überhäufen.

Sie können sich darum bemühen, Ihr Haus mit neuen Möbeln oder technischen Spielereien und Ihr Bankkonto mit Geld zu füllen. Oder Sie können in Jesu Namen lieben, dienen und reichlich geben. Sie können Zeit und Energie in das investieren, was Sie einmal zurücklassen müssen, oder in die herrlichen Geschenke, die Sie noch bekommen werden. Der einzige Schatz, der es wert ist, angesammelt zu werden, ist die Belohnung Ihres Vaters. Lassen Sie ihn Ihr himmlisches „Lagerhaus" bis zum Platzen füllen!

Herr, wir wollen unser Augenmerk auf die Ewigkeit richten und nicht nur auf diese Welt. Hilf uns, wirklich zu verstehen, dass wir alles, was wir geben, letztendlich aus deiner Hand erhalten. Danke für deine Schätze. Amen.

13. September

Wie Ehefrauen auch anbeten können

Ihr Frauen, ordnet euch euren Männern unter, so wie ihr euch dem Herrn unterordnet. Denn wie Christus als Haupt für seine Gemeinde verantwortlich ist, die er erlöst und zu seinem Leib gemacht hat, so ist auch der Mann für seine Frau verantwortlich. Und wie sich die Gemeinde Christus unterordnet, so sollen sich auch die Frauen in allem ihren Männern unterordnen. Epheser 5,22–24 (Hfa)

Heute geht es ganz besonders um die Ehefrauen: Gott weiß, dass Sie ihn lieben. Er weiß, dass Sie ihm gehorchen wollen. Und Ihre Ehe bietet Ihnen ebenfalls einen Weg, wie Sie ihm dienen und ihn anbeten können.

Ordnen Sie sich Gott dadurch unter, dass Sie Ihrem Ehemann mit Respekt begegnen. Akzeptieren Sie bereitwillig seine von Gott zugewiesene Rolle als Haupt Ihrer Familie. Werden Sie nicht wütend, wenn Sie sich unterhalten, und kritisieren Sie nicht unbedacht an ihm herum. Geben Sie ihm Raum für eigene Ideen und Meinungen. Halten Sie nach dem Guten in ihm Ausschau und sprechen Sie es an. Beten Sie, wenn er Schwierigkeiten hat. Tun Sie nichts, was seinem Ruf schadet. Sorgen Sie dafür, dass er sich auf Sie verlassen kann. Haben Sie Geduld, wenn er versagt, und begegnen Sie ihm mit der gleichen Nachsicht, mit der Gott Ihnen begegnen.

Vielleicht kommt es Ihnen so vor, als würde Ihr Ehemann nicht immer Ihren Respekt verdienen. Seine Entscheidungen mögen bisweilen nach hinten losgehen. Seine Gefühle gehen mit ihm durch und er tut unkluge Dinge. Er wird auch mal egoistisch sein und Sie verletzen. Aber Sie sind dazu berufen, ihn aufzubauen und nicht niederzumachen. Wenn Sie sich bewusst seiner Führung anvertrauen, leben Sie anderen vor, wie Christen Jesus vertrauen und sich ihm in allem anvertrauen.

Gott liebt Sie – Sie sollen kein Fußabtreter, kein Opfer, keine Sklavin sein. Ihre Unterordnung ist ein freiwilliges Geschenk. Bitten Sie um die Kraft, Ihren Ehemann heute zu ehren.

Herr, erfülle unsere Ehe mit Liebe und Respekt. Wir wollen dir beide gehorsam sein. Amen.

14. September
Liebe ohne Grenzen

Für Gott ist es kein Problem, euch mit allem zu beschenken, und das noch im Überfluss! Ihr werdet jederzeit genügend für euer Auskommen haben und darüber hinaus noch genug, um damit Gutes tun zu können.
2. Korinther 9,8 (WD)

Es ist nicht immer leicht, Ihrem Partner Vorrang zu geben und eigene Bedürfnisse zurückzustellen. Sie sind gestresst. Ausgelastet. Mit sich selbst beschäftigt. Der tägliche Ärger und Auseinandersetzungen drängen sich zwischen Sie. Sie sind distanziert und müde. Lassen Sie sich ermutigen: Gott kann Ihnen alles geben, was Sie benötigen, um Ihren Partner so zu lieben, wie Sie es nach seinem – Gottes – Willen tun sollen.

Beschenken Sie einander heute auf unterschiedliche Art und Weise. Bitten Sie Gott um Zeit zum Zuhören und zur Anteilnahme. Bitten Sie um die Kraft, den Haushalt gemeinsam zu stemmen. Machen Sie einander Hoffnung und ermutigen Sie den anderen. Segnen Sie sich gegenseitig, indem Sie sich das bewusst zusprechen, und sagen Sie immer wieder: „Ich liebe dich!" Begegnen Sie dem anderen mit Mitgefühl und Geduld, wenn er scheitert. Beten Sie, wenn er Schwierigkeiten hat. Werden Sie auf liebevolle Weise intim miteinander. Begegnen Sie einander mit Höflichkeit und Respekt. Nutzen Sie jede Gelegenheit, einander etwas Gutes zu tun und sich gegenseitig aufzubauen.

Erzählen Sie Ihrem Partner offen von dem, was Sie gerade jetzt brauchen. Sprechen Sie auch mit Gott über Ihre Bedürfnisse. Bitten Sie ihn, alle Hindernisse auszuräumen, die Ihrer Liebe im Weg stehen. Bitten Sie Ihn um die Kraft, sich gegenseitig in jeder Hinsicht zu segnen. Danken Sie ihm für das Geschenk der Ehe.

Herr, vergib uns, wenn wir einander nicht unterstützt und gedient haben. Schenke uns Kraft und Güte, damit wir rückhaltlos lieben können. Amen.

15. September
Zurück in den Stall

Ihr wart wie herumirrende Schafe, doch jetzt habt ihr euch dem Hirten zugewandt, der auch weiterhin eure Seelen leiten wird.
1. Petrus 2,25 (WD)

Können Sie sich noch daran erinnern, wie Sie gelebt haben, bevor Sie Jesus kannten? Sie dachten damals vielleicht, Sie wären glücklich, wenn

Sie sich etwas kaufen oder viel Geld verdienen. Sie glaubten, Sie wären jemand, wenn die Leute Sie mögen. Sie versuchten vielleicht, Ihren inneren Hunger dadurch zu stillen, dass Sie sich irgendwelchen Vergnügungen hingaben. Sie gingen davon aus, dass Sie durch Intelligenz und Bildung auch wüssten, wie Sie ein gutes Leben führen. Sie nahmen eventuell an, dass Familie, Freunde und romantische Liebe die Leere in Ihrem Herzen füllen könnten. Sie versuchten, Ihre Schuldgefühle loszuwerden, indem Sie Gutes taten. Welchen Weg Sie auch immer einschlugen: Er führte Sie weiter weg von Gottes Liebe.

Danken Sie Jesus heute dafür, dass er Sie nach Hause geführt hat. Danken Sie ihm für seine Nachsicht und seine Annahme. Dafür, dass er für Sie sorgt und Ihnen zeigt, dass er Sie liebt. Erinnern Sie sich daran zurück, wie sich Ihr Leben geändert hat, nachdem Sie seine Einladung annahmen. Verpflichten Sie sich neu dazu, ihm zu folgen, wohin er Sie auch führt. Bitten Sie darum, dass er Ihnen dabei hilft, sein Wort und seine Absichten für Ihr Leben besser zu verstehen. Vertrauen Sie auf seine Liebe, die Sie nie im Stich lassen wird.

„Meine Schafe kennen meine Stimme. Ich kenne sie und sie folgen mir. Ich gebe ihnen ein Leben, das bis in die Ewigkeit reicht. Man kann sie weder umbringen noch meiner Hand entreißen" (Johannes 10,27–28; WD).

Herr, danke, dass du deine Hand nach uns ausgestreckt hast, als wir dich noch nicht kannten. Wir wollen dir treu folgen und dich für immer lieben. Amen.

16. September
Das Erbe des Glaubens

Wer auf Gott hört, führt ein unbescholtenes Leben, seine Nachkommen können sich glücklich preisen. Sprüche 20,7 (NGÜ)

Kinder sind aufmerksam – sie wissen, wer und wie wir wirklich sind. Wenn es um unsere Gewohnheiten, Prioritäten und Beziehungen geht, haben sie gewissermaßen einen Platz in der ersten Reihe. Sie lernen durch unser Vorbild: wie wir mit Konflikten oder mit Scheitern umgehen oder unsere Gefühle zum Ausdruck bringen. Wenn wir in allen Dingen nach Gottes Willen fragen, zeigen wir ihnen, wie sie ihn selbst lieben und ihm dienen können.

Segnen Sie Ihre Kinder dadurch, dass Sie nur Gott nachfolgen. Lassen Sie sie sehen, dass Ihr Glaube echt ist, indem Sie sich regemäßig mit der Bibel beschäftigen und danach leben. Laden Sie sie ein, mit Ihnen zu beten, damit sie selbst erleben, dass Gott Gebete beantwortet. Dienen Sie anderen, damit sie sehen können, wie Liebe in Aktion aussieht. Danken Sie Gott bewusst für das, was er in Ihrem Leben tut, damit sie ihn als Ihren Versorger kennenlernen. Wenn Sie das Jahr für Jahr tun, werden Ihre Kinder sehen, was es bedeutet, Jesus Christus nachzufolgen.

Wir können unseren Kindern kein größeres Geschenk machen als die gute Nachricht, dass Jesus ihr Freund sein will. Unsere Kinder werden für immer gesegnet sein, wenn wir ihnen von Jesus erzählen und ihm unser Leben anvertrauen.

Herr, unsere Kinder schauen sich genau an, wie wir unser Leben führen, deshalb wollen wir dir in allem gehorchen. Wir wollen ihnen vorleben, was es bedeutet, mit dir unterwegs zu sein. Lass sie sehen, wie real du bist, indem du uns Tag für Tag führst. Amen.

17. September

Nur Gott

Wer sein Heil bei anderen Göttern sucht, die ja doch nicht helfen können, verspielt die Gnade, die er bei dir finden kann. Jona 2,9 (Hfa)

Wir halten uns an dem fest, was wir lieben. Wir greifen nach dem, was uns das Gefühl vermittelt, dass wir sicher sind. Dass wir wichtig sind. Oder zufrieden. Was wir – bildlich gesprochen – festhalten, zeigt, was in unseren Herzen ist.

Lassen Sie sich von Gott, der Sie versorgt, mit Liebe beschenken, anstatt an Erfolg und Geld festzuhalten. Danken Sie ihm dafür, wenn er Ihnen Kinder geschenkt hat; auch ihre Zuneigung ist ein Segen von ihm. Legen Sie den Spiegel zur Seite, und konzentrieren Sie sich auf die Schönheit von Jesus Christus. Seien Sie zufrieden damit, den Geber zu kennen; hängen Sie Ihr Herz nicht an seine Gaben.

Lösen Sie Ihren Griff um alles, was Ihnen mehr bedeutet als Gott. Werfen Sie die Götzen hinaus, die um Ihre Aufmerksamkeit und Loyalität kämpfen. Fliehen Sie vor der Versuchung. Machen Sie einen Bogen um Menschen, die sich über Ihren Glauben lustig machen. Legen Sie das Verlangen ab, mehr und immer mehr haben zu wollen.

Wenden Sie sich heute der Liebe Gottes zu. Erinnern Sie sich daran, wer er ist und was er für Sie getan hat. Verdient das nicht Ihren Lobpreis? Vertrauen Sie darauf, dass er jedes Bedürfnis stillen wird. Machen Sie Ihre Seele mit seinem Wort, mit Anbetung und mit Gebet satt. Erinnern Sie sich daran zurück, wie es war, als Sie seine Einladung angenommen haben – als er Ihr Retter und Freund wurde. Richten Sie Ihren Blick auf Gott. Er sollte der Mittelpunkt von allem sein, was Sie tun und haben.

Herr, vergib uns, dass wir Dinge lieben, die uns nie wirklich auf Dauer glücklich und zufrieden machen können. Wir wollen dich allein lieben, denn an deiner Liebe zu uns ändert sich nie etwas. Lass uns für immer nur deinen Namen preisen. Amen.

18. September

Am Wettkampf teilnehmen

Darum sollten wir, die wir geradezu von einer Wolke von Glaubenszeugen umgeben sind, alles ablegen, was uns behindern könnte, vor allem auch die Sünde, die uns so leicht zu Fall bringen kann, und mit Ausdauer in dem vor uns liegenden Wettkampf laufen. Dabei sollten wir unsere Augen nicht von dem abwenden, der unseren Glauben in Bewegung setzt und vollendet, nämlich Jesus. Hebräer 12,1–2 (WD)

Wenn wir mit Schwierigkeiten, Zweifeln oder Herausforderungen konfrontiert sind, kann es ermutigend sein, sich an Christen zu erinnern, die Ähnliches durchgemacht haben. Zum Beispiel Glaubenshelden wie Noah, Abraham, Sara und Mose, die an Gott festhielten und ihm trotz ihrer schwierigen Umstände vertrauten.

Auch für unsere Ehe sind solche „Zeugen" hilfreich: Paare, die schwere Zeiten durchgemacht haben, sich aber trotzdem gegen eine Scheidung entschieden. Paare, die ebenfalls ein Kind verloren haben. Paare, die wissen, wie es ist, wenn ein Partner länger arbeitslos ist. Wenn wir uns fragen, ob unsere Liebe auch schwierige Zeiten übersteht, kann uns die Ausdauer eines anderen Paares Mut machen durchzuhalten. Und dann wird es vielleicht unsere Ehe sein, die eines Tages einem anderen Ehepaar, das zu kämpfen hat, als Vorbild dient.

Ihre Route ist bereits markiert: Sie sollen einander bis zum Tod lieben. Legen Sie deshalb alles ab, was Sie in Ihrem Fortschritt behindert: Bitterkeit, Zweifel, Sünde... Halten Sie sich Jesus vor Augen, dessen Motivation in jeder Situation und jeder Beziehung Liebe war. Bitten Sie ihn um die Kraft, Ihr Eheversprechen zu halten und zusammenzuwachsen.

Herr, wir wollen in jeder Situation an dir festhalten – und auch aneinander. Bitte schenke uns Freundschaften mit anderen Paaren, die uns dabei helfen können, eine gute Ehe zu führen. Lehre uns, einander jeden Tag mehr zu lieben. Amen.

19. September

Hoffnung im Kummer

Aber eine Hoffnung bleibt mir noch, an ihr halte ich trotz allem fest: Die Güte des Herrn hat kein Ende, sein Erbarmen hört niemals auf...
Klagelieder 3,21–22 (Hfa)

Sie haben zusammen gelitten. Sie haben einander enttäuscht. Sie wurden von Wut überwältigt. Sie haben einander zutiefst verletzt. Dennoch sind Sie heute noch hier und stehen alles gemeinsam durch.

Gott begegnet Ihnen mit Mitgefühl. Er liebt Sie zu sehr, um Sie alleinzulassen. Er bietet seine Kraft an, wenn Sie keine eigene mehr übrig haben. Er hilft Ihnen, die Vergangenheit hinter sich zu lassen und Hoffnung für die Zukunft zu schöpfen. Er stärkt Ihnen den Rücken, damit Sie Ihr Eheversprechen halten, am Glauben festhalten und Ihr Leben weiter in Angriff nehmen können.

Die wütende Stimme in Ihrem Ohr sagt vielleicht, dass Ihr Partner Ihre Liebe nicht verdient. Die Gesellschaft vermittelt Ihnen, dass Sie sich scheiden lassen sollen, wenn Sie nicht länger glücklich sind. Aber Gott sagt: Bleibt und kämpft. Wehren Sie sich gegen alles, was Ihre Beziehung bedroht. Weigern Sie sich aufzugeben. Vertrauen Sie darauf, dass er Ihnen die Liebe und Güte schenkt, die Sie brauchen, um an Ihrer Beziehung festzuhalten. Er kann Ihnen alles geben, was Sie brauchen, um durchzuhalten und die Probleme zu bewältigen.

Herr, hilf uns, dass wir unsere Beziehung auch in schwierigen Zeiten nicht aufgeben. Wir wollen auf deine Gnade vertrauen und einander so lieben, wie du uns liebst. Amen.

20. September

Worüber Gott sich freut

Zeigt also in allem, was ihr tut, zu welcher Familie ihr gehört und dass ihr Gottes geliebte Kinder seid. Eure Liebe darf sich ruhig an der Liebe messen, die Christus uns entgegenbringt und die ihn veranlasste, sein Leben für uns zu opfern. Über nichts freut Gott sich mehr als über eine solche Liebe. Epheser 5,1–2 (WD)

Wahre Liebe bedeutet Opfer, denn sie verlangt von uns, dass wir den anderen lieben, ob er es nun verdient hat oder nicht. Glücklicherweise hat uns unser großer Gott das ultimative Beispiel für diese Art von Liebe gegeben – er hat seinen einzigen Sohn geopfert, damit dieser für uns stirbt, als wir noch Sünder waren. Kann sich die Liebe zu unserem Partner mit dieser Liebe messen?

Machen Sie sich bewusst, dass die Liebe, die Sie einander entgegenbringen, gewissermaßen ein Akt der Anbetung und des Gehorsams gegenüber Gott ist. Ihre Freundlichkeit und Ihre Ermutigung spiegeln seine Barmherzigkeit Ihnen gegenüber wider. Ihre Großzügigkeit entspringt dem Segen, mit dem er Sie überschüttet. Ihre Demut und Geduld sind ein Echo der Dienstbereitschaft von Jesus. Wenn Sie füreinander leben, leben Sie auch mehr und mehr so, wie Gott dies von Ihnen möchte.

Denken Sie heute einmal darüber nach, wie Sie Ihrem Partner Ihre Liebe zeigen können. Braucht er gerade Trost? Könnte sie Ihre Vergebung gebrauchen? Braucht sie Ihre Hilfe? Er Ihre Zeit, etwas Geld oder Ihre Gaben? Gilt es, Hoffnungen und Träume zu unterstützen? Begegnen Sie einander mit aufrichtiger Liebe. Auch damit machen Sie Gott Freude!

Herr, danke für deine verschwenderische Liebe, die keine Grenzen kennt. Hilf uns, unseren Partner ebenso zu lieben. Wir wollen, dass unsere Ehe dir Freude bereitet. Amen.

21. September

Nie zu spät

Noch während er mit ihr sprach, kamen einige Leute aus dem Haus von Jaïrus und teilten diesem mit: „Deine Tochter ist tot. Du brauchst den Meister nicht länger zu belästigen." Jesus bekam mit, worüber sie sprachen, und sagte zu dem Vater: „Hör nicht auf sie. Vertrau einfach mir."
Markus 5,35–36 (WD)

Wenn wir eine Enttäuschung erleben, glauben wir manchmal, dass wir damit alle Chancen vertan haben: Die offene Stelle geht an jemand anderen. Ein weiterer Schwangerschaftstest fällt negativ aus. Unser Angebot für ein Haus wird abgelehnt. Die Krankenversicherung lehnt unseren Antrag auf eine Kur ab. Unsere Hoffnungen für die Zukunft zerschlagen sich. Es sieht ganz so aus, als wäre es jetzt zu spät, als dass Gott da noch etwas tun könnte.

Doch Gott regiert das Universum. Weder Zeit noch Raum setzen ihm irgendwelche Grenzen. Seine Möglichkeiten sind unendlich, und seine Macht ist groß. Vertrauen Sie ihm. Glauben Sie daran, dass er nur das Beste für Sie im Sinn hat. Wenden Sie sich mit allen Dingen, die Sie belasten, an ihn.

Wenn andere Ihnen sagen, dass Sie aufgeben sollen, ermutigt er Sie: „Hör nicht auf sie. Vertrau einfach mir" (Vers 36). Loben Sie Gott dafür, dass er jede Herausforderung gebrauchen kann, um Ihren Glauben zu stärken und Ihnen zu zeigen, wie sehr er Sie liebt. Erinnern Sie sich an seine Verheißung: dass er Ihnen eine Zukunft schenken will, wie Sie sie sich erhoffen (nachzulesen in Jeremia 29,11). Egal, vor welchem Problem Sie stehen: Jesus wird das letzte Wort haben!

Herr, du bist der Gott aller Hoffnung! Erfülle uns mit deiner Freude. Schenke uns durch die Kraft deines Heiligen Geistes unermesslich große Hoffnung. Amen.

22. September

Herrliche Aufrichtigkeit

Eine klare und aufrichtige Antwort ist Ausdruck liebevoller Zuwendung – so wie ein Kuss auf die Lippen. Sprüche 24,26 (NGÜ)

Ehrlichkeit ist eines der schönsten Geschenke, die Sie Ihrem Partner machen können. Er kann sich darauf verlassen, dass Sie zu Ihren Fehlern stehen. Er fühlt sich respektiert, weil er weiß, dass Sie ihn nicht manipulieren werden, um Ihren Willen durchzusetzen. Er muss sich auch keine Sorgen darüber machen, dass Sie ihn heimlich betrügen. Er ist stolz auf Ihre liebevolle Gradlinigkeit, weil er weiß, dass Sie das, was Sie sagen, auch wirklich so meinen. Er fühlt sich Ihnen nah, weil Sie offen über Ihre Gedanken und Gefühle sprechen. Wenn Sie Ihre Ehe so gestalten, werden Sie wirklich eine Einheit sein!

Zeigen Sie Ihrem Partner heute, wie sehr Sie ihn lieben, indem Sie offen und ehrlich zu ihm sind. Teilen Sie einander mit, was Sie denken. Geben Sie zu, wo Sie sich geirrt oder versagt haben. Legen Sie Ihre Ängste und Enttäuschungen offen. Sagen Sie ehrlich, wohin Sie gehen, wen Sie treffen und was Sie tun. Halten Sie Ihre Versprechen. Seien Sie aufrichtig, damit Sie den anderen wirklich kennenlernen können.

Beten Sie heute zusammen. Bekennen Sie offen, wo Sie sich falsch verhalten haben, und vergeben Sie einander. Erzählen Sie, was Sie verletzt hat, und finden Sie Heilung. Bringen Sie Gott Ihre Zweifel und Enttäuschungen, damit er Sie aufbauen kann. Sagen Sie ihm, wie sehr Sie seine Hilfe brauchen, und vertrauen Sie ihm. Zeigen Sie ihm, wie sehr Sie ihn lieben, indem Sie ihn in jeden Bereich Ihres Lebens einladen.

Herr, wir wollen ganz aufrichtig zueinander sein und unsere Gedanken, Gefühle und unser Handeln nicht voreinander verbergen. Wir brauchen dabei deine Hilfe, damit wir einander nicht verletzen. Amen.

23. September

Liebe in Aktion

Stellt euch vor, es kommt jemand zu euch, der fast nichts zum Anziehen hat und noch dazu völlig ausgehungert ist, und ihr würdet ihn mit einem frommen Spruch abspeisen, etwa so: „Der Herr schenke euch seinen Frieden, wärmt und sättigt euch an seiner Liebe!" Wenn ihr ihm dann aber nicht das gebt, was er zum Leben braucht, was nutzt ihm das und was nutzt es euch? Ein Glaube, der sich nicht in tätiger Liebe äußert, ist tot. Es gibt ihn einfach nicht. Jakobus 2,15–17 (WD)

Manchmal sind Worte wirklich nur das: Worte. Selbst gekochte Hühnersuppe kann unter Umständen mehr Trost bieten als ein „Gute Besserung". „Ich vermisse dich" bedeutet mehr, wenn eine Einladung zum Essen folgt. „Ich wünsche dir einen schönen Tag!" wird Wirklichkeit, wenn wir dem anderen auch tatsächlich mit Rat und Tat zur Seite stehen und wenn Lasten zusammen getragen werden. Wir beweisen, dass unsere Gefühle echt sind, wenn wir dem anderen wirklich Zeit, Energie und unsere Mittel opfern.

Gott will, dass Ihr Glaube sichtbar wird. Machen Sie Gehorsamsschritte in die Richtung, in die er Sie innerlich führt. Wenden Sie sich mit mehr als nur einem freundlichen Winken an Ihre Nachbarn. Geben Sie Geld, um Armut und Leid zu lindern. Ignorieren Sie Ihren Terminplan, um einen trauernden Freund zu trösten. Nehmen Sie sich Zeit für Bibelstudium und Gebet. Bemühen Sie sich darum, zerbrochene Beziehungen zu heilen. Vertrauen Sie Ihr Leben Gottes Führung an.

Setzen Sie heute Ihren Glauben in die Tat um. Wenn Gott Ihnen den inneren Anstoß gibt, sich freiwillig dafür zu melden, etwas zu geben oder jemanden zu erreichen, dann tun Sie doch einmal genau das. Tauchen Sie tiefer in das Wort Gottes ein. Beten Sie für die Menschen, die ihn noch nicht kennen. Zeigen Sie, wie sehr Sie darauf vertrauen, dass Gott Sie liebt, indem Sie diese Liebe an jemand anderen weitergeben.

Herr, unser Glaube soll mehr sein als nur leere Worte. Zeige uns, wie wir unseren Glauben ganz praktisch werden lassen können. Schenke uns heute Begegnungen mit Menschen, die ganz konkret Hilfe brauchen. Amen.

24. September

Wir sitzen im selben Boot

Euer Einsatz bei diesem Projekt zeigt, dass ihr in eurem Glauben bewährt seid, und dafür werden die, denen ihr dient, Gott preisen. Sie werden ihn dafür preisen, dass ihr euer Bekenntnis zum Evangelium von Christus ernst nehmt und eure Verbundenheit mit ihnen und allen anderen auf eine so großzügige und uneigennützige Weise zum Ausdruck bringt.
2. Korinther 9,13 (NGÜ)

Wenn Sie einander dienen, leben Sie genau so, wie Gott das von Ihnen möchte. Wenn Sie anderen durch Ihre Worte und Ihr Handeln zeigen, wie sehr sie Ihnen am Herzen liegen, verleihen Sie damit auch Ihrer Liebe zu Gott Ausdruck. Wenn Sie einander großzügig beschenken, ist das Ihr Dankeschön für die Segensgeschenke von Gott. Wenn Sie sich um Ihren Partner kümmern, veranlasst ihn das dazu, Gott dafür zu danken, dass es Sie gibt.

Zeigen Sie Gott heute, wie sehr Sie ihn lieben, indem Sie einander mit Liebe begegnen. Ermutigen Sie den anderen. Legen Sie Ihr Smartphone und die Fernbedienung zur Seite, um dem anderen Ihre ungeteilte Aufmerksamkeit zu schenken. Tragen Sie Ihre Lasten gemeinsam. Springen

Sie ein, ohne erst gefragt werden zu müssen. Seien Sie liebevoll. Halten Sie Ihre Versprechen ein. Entscheiden Sie sich dafür, Ja zu sagen, ohne erst mit dem anderen zu streiten.

Erzählen Sie allen, wie dankbar Sie für Ihren Partner sind. Lieben Sie sich aufrichtig, damit die Menschen in Ihrem Umfeld durch Ihre Ehe eine Ahnung davon bekommen, wie sehr Gott sie liebt.

Herr, durch unsere Liebe zueinander wollen wir dir zeigen, wie sehr wir dich lieben. Wir wollen so füreinander da sein, wie du für uns da bist. Unsere Ehe soll den Menschen in unserem Umfeld zeigen, wie sehr du die Gemeinde liebst. Amen.

25. September

Er weiß, was Sie brauchen

„Macht euch also keine Sorgen und fragt nicht: ‚Werden wir genug zu essen haben? Und was werden wir trinken? Was sollen wir anziehen?' Nur Menschen, die Gott nicht kennen, lassen sich von solchen Dingen bestimmen. Euer Vater im Himmel weiß doch genau, dass ihr dies alles braucht." Matthäus 6,31–32 (Hfa)

Schon allein die Entscheidung, was wir essen sollen, ist eine echte Herausforderung: biologisch angebaut, genmanipuliert oder aus dem Garten? Kohlenhydratarm oder fettarm? Mit Weizen oder glutenfrei? Es kann anstrengend sein, mit einem begrenzten Budget gesunde Entscheidungen zu treffen. Und manche sind aufgrund von finanziellen Problemen nicht einmal in der Lage, drei einfache Mahlzeiten pro Tag zu sich zu nehmen.

Der Kleiderschrank stellt eine weitere Herausforderung dar. Wir brauchen Kleidung für die unterschiedlichsten gesellschaftlichen Anlässe. Und unsere Familie in jeder Jahreszeit angemessen zu kleiden ist kostspielig und ebenfalls herausfordernd.

Diese Grundbedürfnisse Ihrer Familie zu stillen kann Ihre ganze Aufmerksamkeit verlangen. Sie machen sich Sorgen oder klagen darüber, dass Sie einfach nicht genug haben. Doch Gott bietet Ihnen an, sich um alle Ihre Bedürfnisse zu kümmern.

Sprechen Sie mit ihm über Ihre Sorgen und Fragen. Bitten Sie ihn um Rat, wenn es darum geht, die richtigen Entscheidungen für Ihre Familie zu treffen. Nennen Sie ihm Ihre konkreten Bedürfnisse und was Sie belastet, und bitten Sie ihn, sich darum zu kümmern. Nichts ist zu unwesentlich oder zu gravierend, um ihn um Hilfe zu bitten.

Und Gott weiß alles, was Sie betrifft. Geben Sie Ihre Sorgen an ihn ab, und lassen Sie sich von ihm mit neuer Zufriedenheit beschenken.

Herr, wir brauchen deine Hilfe, damit regelmäßig Essen auf dem Tisch steht und Kleidung in unserem Schrank hängt. Wir danken dir dafür, dass du uns liebst und von allem weißt, was uns betrifft. Hilf uns dabei, auf das Versprechen zu vertrauen, dass du dich um alles kümmern willst. Amen.

26. September

Eine Schleuder oder ein Schwert

So überwältigte David den mächtigen Philister mit einer einfachen Steinschleuder und einem Kieselstein. Da er kein eigenes Schwert hatte, lief er schnell zu dem Riesen, zog dessen Schwert aus der Scheide und schlug ihm den Kopf ab. 1. Samuel 17,50 (Hfa)

Es gibt Menschen, die Ihnen Ihr Leben schwermachen werden. Sie werden Ihre Ellbogen gebrauchen, um weiterzukommen. Sie werden Ihren Ruf angreifen, um sich in den Vordergrund zu spielen. Sie werden sich nehmen, was eigentlich Ihnen gehört. Sie werden sich über Ihren Glauben lustig machen. Sie werden Sie fertigmachen, damit Sie sich klein fühlen. In solchen Situationen stehen Sie vor einer Entscheidung: Sie können sich verkriechen oder darauf vertrauen, dass Gott für Sie kämpfen wird.

Sie brauchen nicht mehr Geld oder mehr Macht, um sich gegen diese Menschen zur Wehr zu setzen. Sie brauchen nicht mehr Kraft. Titel und Auszeichnungen werden nicht für Sie eintreten. Ihre Popularität wird Sie nicht weit bringen. Nur Gott, der Sie liebt, kann diese Situation wenden. Er ist Ihr Fels, Ihre Festung und Ihr Erretter (nachzulesen in Psalm 18,3). „Der Herr selbst wird für euch kämpfen, wartet ihr nur ruhig ab!" (2. Mose 14,14; Hfa).

Legen Sie den Kampf, den Sie gerade ausfechten, in Gottes Hände. Vertrauen Sie darauf, dass er mächtig ist und auf Ihrer Seite steht. Seien Sie mutig, denn Sie dürfen wissen, dass er jederzeit bei Ihnen ist. Setzen Sie Ihr Vertrauen auf seine Stärke und nicht auf Ihr eigenes Können. „Und alle Soldaten hier sollen sehen, dass der Herr weder Schwert noch Speer nötig hat, um uns zu retten. Er selbst führt diesen Krieg und wird euch in unsere Gewalt geben" (1. Samuel 17,47; Hfa).

Herr, wir sind schwach, aber du bist stark. Zeige deine Kraft und Liebe, indem du heute für uns kämpfst. Amen.

27. September

Die Gute Nachricht

Denn dass Gott uns seine Liebe dadurch gezeigt hat, dass Jesus am Kreuz für uns starb, erscheint manchen Menschen einfach absurd. Sie werden sich immer gegen die Liebe Gottes sperren. Für uns ist dagegen das Kreuz Zeichen unserer Errettung und die Kraft Gottes in unserem Leben.
1. Korinther 1,18 (WD)

Die Gute Nachricht kommt Menschen, die nicht an Gott glauben, unsinnig vor. Falls Sie erwarten, dass Freunde oder Familienmitglieder, die Gott noch nicht kennen, sich darüber freuen, dass Sie die Entscheidung getroffen haben, sein Rettungsangebot anzunehmen, werden Sie schnell entmutigt und frustriert sein. Wie können sie einen Gott loben, mit dem sie nichts zu tun haben wollen? Wie können sie sich darüber freuen, dass er Sie von Ihrer Schuld befreit hat, wenn sie sich gar nicht bewusst sind, dass sie ein Schuldproblem haben? Wie können sie Sie dazu ermutigen, nach dem zu leben, was in der Bibel steht, wenn sie davon überzeugt sind, dass sie bloß ein religiöses Buch ist? Für diejenigen, die Gott nicht selbst kennen, sind Ihre Entscheidungen und Überzeugungen vielleicht völlig verwirrend und sogar beleidigend.

Sie haben die Leben spendende, verändernde Kraft des Kreuzes erlebt. Sie haben erlebt, wie es ist, wenn man vor der ewigen Trennung von Gott bewahrt wird. Sie kennen die Botschaft des Evangeliums. Seien Sie nachsichtig mit Ihren Verwandten, Freunden und Kollegen, die sich gegen den Glauben an Gott sperren. Reagieren Sie auf ihre Kritik mit Freundlichkeit, auf ihren Hochmut mit Demut. Antworten Sie auf ihre Verzweiflung mit der Hoffnung, die wir nur bei Jesus finden. Halten Sie an Gottes Wahrheit fest, wenn Menschen Sie dazu verleiten wollen, ihm den Rücken zu kehren. Begegnen Sie jedem mit der bedingungslosen Liebe, die Gott auch Ihnen entgegenbringt.

Danken Sie Gott dafür, dass er Sie gerettet hat. Feiern Sie das Leben, das Sie in der Guten Nachricht vom Kreuz finden.

Herr, danke, dass du uns zu dir gezogen hast. Wir wollen für jene Menschen, die dich noch nicht kennen, deine Botschafter sein. Amen.

28. September

Unser Zuhause im Himmel

Nein, sie sehnten sich nach einer besseren Heimat, nach der Heimat im Himmel. Deshalb bekennt sich Gott zu ihnen und schämt sich nicht, ihr Gott genannt zu werden; denn für sie hat er seine Stadt im Himmel gebaut. Hebräer 11,16 (Hfa)

Sie leben unter derselben Adresse wie der eine Mensch, mit dem Sie alt werden wollen. Auch wenn Verpflichtungen Sie mal für eine Weile trennen sollten, befindet sich Ihr wahres Zuhause unter demselben Dach. Es würde Ihre Ehe zerstören, wenn einer von Ihnen sich an einem anderen Ort ein neues Leben aufbauen würde.

Ebenso liebt Gott Sie und will für immer bei Ihnen sein. Er bereitet gerade jetzt einen Platz in seinem Haus für Sie vor. Sein „Haus" ist ein wunderschönes Paradies, in dem es weder Schmerz noch Trauer oder Tod gibt. Dort ist immer Tag, und es wird von Gottes Herrlichkeit erhellt. Und es ist Ihr Erbe, das er denen versprochen hat, die die Einladung von Jesus angenommen haben. Sie sind sein Kind, und deshalb ist es Ihre wahre Heimat.

Doch selbst wenn wir wissen, was uns einmal erwartet, hängen wir an dieser Welt. Wir sind schnell zufrieden mit dem, was wir berühren und sehen können. Ärger und Geschäftigkeit nehmen unsere Aufmerksamkeit gefangen. Bitten Sie Gott heute darum, in Ihnen eine neue Sehnsucht nach der „besseren Heimat" zu wecken. Halten Sie nicht krampfhaft an diesem Leben fest, denn: „Wir aber wollen daran festhalten, dass unsere wahre Heimat dort ist, wo wir unserem Herrn Jesus Christus begegnen werden. Eines Tages wird er unseren armseligen Leib verwandeln und ihn seinem Leib, den er jetzt in der Herrlichkeit Gottes hat, gleichgestalten. Das wird mit derselben Kraft geschehen, mit der er auch seine Herrschaft über das ganze All ausüben wird" (Philipper 3,20–21; WD).

Leben Sie so, als wären Sie schon auf dem Weg dorthin – gehorchen Sie Gott, geben Sie die Gute Nachricht weiter, und warten Sie gespannt darauf, dass Jesus wiederkommt.

Herr, wir danken dir dafür, dass du uns so ein schönes Zuhause geschenkt hast. Aber erinnere uns immer wieder daran, dass unsere wahre Heimat bei dir ist. Amen.

29. September

Die Herrlichkeit kam herab

Das Wort wurde Mensch und es wohnte mitten unter uns. Wir haben seine Herrlichkeit mit eigenen Augen gesehen, die Herrlichkeit, die er als Sohn des Vaters besitzt und die ihn eins macht mit ihm. Ja, wir haben seine Gnade erfahren und wissen, dass er die Wahrheit selbst ist.
Johannes 1,14 (WD)

Jesus war hier. Er wuchs unter dem Dach seiner Eltern auf und war im Familienbetrieb tätig. Er aß mit seinen Freunden Fisch am Strand. Er sprach mit den Leuten über das, was in den Heiligen Schriften steht. Er feierte die Festtage. Er mochte Kinder. Er weinte, als Menschen starben. Er wurde wütend auf Betrüger, die ihre Macht missbrauchten. Er wurde geliebt und gehasst. Er war einer von uns.

Aber er war noch so viel mehr: In ihm zeigte sich uns Gott. Er trieb Dämonen aus. Er verwandelte Wasser in Wein. Er befahl den Wellen, still zu sein. Er heilte die Kranken und erweckte die Toten zum Leben. Er nahm der Sünde ihre Macht. Er offenbarte seine Herrlichkeit und kehrte zu seinem Vater in den Himmel zurück. Er war und ist und wird kommen.

Weil er durch und durch Mensch war, kennt er die Herausforderungen und Kämpfe, mit denen wir täglich konfrontiert werden. Und weil er der lebendige, ewige, heilige Sohn Gottes ist, befreit er uns von unserer Schuld. Er hat uns mit dem Vater versöhnt. Er schenkt uns ewiges Leben.

Was können wir vor diesem Hintergrund anderes tun, als ihn anzubeten? Schenken Sie ihm Ihre Liebe. Gehorchen Sie seinem Wort. Vertrauen Sie ihm heute Ihr Leben an.

Herr, wir danken dir dafür, dass du Jesus auf diese Welt geschickt hast. Er ist die Wahrheit in Person, und er schenkt uns Leben, das diesen Namen auch verdient. Amen.

30. September

Ihr Ein und Alles

Ja, eine Lilie bist du, meine Freundin, eine Lilie unter lauter Dornen, schöner als alle anderen Mädchen! Und du, mein Liebster, bist wie ein Apfelbaum unter den Bäumen des Waldes, du übertriffst alle anderen Männer! Hoheslied 2,2–3 (Hfa)

Sie sehnen sich danach, von Ihrem Partner geliebt zu werden. Sie wollen, dass er Ihnen sein ganzes Herz und seine ganze Hingabe schenkt. Doch die Mühen des Alltags können Ihnen hier Steine in den Weg legen. Zuneigung weicht Gereiztheit. Komplimente werden von Kritik begraben. Romantik geht durch die Hektik verloren.

Danken Sie Gott heute für Ihren Partner. Denken Sie darüber nach, was ihn von allen anderen Menschen unterscheidet. Danken Sie für seine Stärken, die Ihre Schwächen ausgleichen. Erzählen Sie ihm, welche Seiten seines Charakters und welche Fähigkeiten Sie besonders an ihm schätzen. Machen Sie sich neu bewusst, dass Ihr Partner ein Geschenk Gottes an Sie ist.

Bitten Sie Gott, Sie davor zu bewahren, Ihren Partner mit anderen Männern bzw. Frauen zu vergleichen. Falls Sie sich insgeheim einen Partner wünschen, der attraktiver, erfolgreicher oder aufregender ist: Legen Sie diesen Wunsch ab. Bitte Sie Gott, Ihrer Beziehung neues Leben und neue Leidenschaft einzuhauchen, und er wird genau das tun, damit sich Ihre Liebe wieder vertieft.

Herr, unsere Ehe ist ein echtes Geschenk! Hilf uns, die Vorzüge unseres Partners wieder ganz neu zu entdecken und uns wieder ganz neu ineinander zu verlieben. Amen.

Oktober

1. Oktober

Er wählt die Schwachen aus

Es sieht eher so aus, als habe Gott die einfachen Gemüter unter den Menschen erwählt, um die zu beschämen, die sich für weise halten. Gott hat eine Vorliebe für das Schwache, um damit das Starke zu beschämen ... 1. Korinther 1,27 (WD)

Wir wurden nicht etwa deshalb errettet, weil wir schlauer wären als alle anderen. Wir sind nicht etwa deshalb mit Hoffnung erfüllt, weil wir besonders mutig oder optimistisch wären. Wir halten nicht etwa deshalb der Versuchung stand, weil wir moralisch überlegen wären. *Gott schenkt uns diesen Glauben und diese Kraft.*

Wir sind der lebende Beweis dafür, dass Gott liebt, was eigentlich wenig liebenswert ist. Er heilt, was eigentlich zu kaputt ist, um es zu reparieren. Er schenkt Weisheit, wenn wir nicht weiterwissen. Er vergibt das hässlichste Fehlverhalten, um zu beweisen, dass seine Liebe keine Grenzen hat. Menschen, die sich abstrampeln, um Gott für sich einzunehmen, fällt es schwer, diese Art von Gnade zu verstehen.

Danken Sie Gott heute dafür, dass er Sie auserwählt hat. Sie sind sich bewusst, dass Sie nicht etwa deshalb angenommen wurden, weil Sie etwas ganz Besonderes wären. Sie sind nicht die Attraktivsten, Talentiertesten oder die Besten. Sie wurden erlöst, weil er Jesus aus Liebe für Sie geopfert hat, eine Liebe, die zu groß ist, um sie zu begreifen. Er verdient Ihren ganzen Dank für das, was er getan hat.

Erzählen Sie anderen davon, wie Sie zu Gott gefunden haben. Wie er Sie trotz Ihrer Fehlerhaftigkeit angenommen und zu einem neuen Menschen gemacht hat. Wie er Ihnen die Kraft gab, als Sie am Ende waren. Wie er Ihnen den Weg zeigte, als Sie nicht weiterwussten. Ihr Leben soll den „Starken" und denen, „die sich für weise halten", deutlich machen, dass sie ihn wirklich brauchen.

Herr, wir danken dir dafür, dass wir deine Kinder sein dürfen. Deine Weisheit, Kraft und Liebe verändern unser Leben! Amen.

2. Oktober

Ihre Zukunft ist gesichert

Nachdem ihr zum Glauben an Jesus Christus gekommen seid, wurdet ihr durch den Heiligen Geist, den Gott euch verheißen hat, wie ein kostbarer Brief versiegelt. Euch wurde der Geist Gottes als erster Anteil an eurem Erbe geschenkt. Durch ihn wisst ihr, dass ihr erlöst und somit Gottes Eigentum geworden seid. Was für ein Grund, seine Herrlichkeit immer wieder zu preisen! Epheser 1,13–14 (WD)

Jeder, der sein Vertrauen auf Jesus setzt, empfängt den Heiligen Geist. Er ist Ihr Siegel – Ihr Pfand – dafür, dass Ihre Zukunft bei Gott gesichert ist. Niemand kann Ihnen diese Zukunft wieder entreißen.

Fragen Sie sich, ob Gott seine Meinung über Sie vielleicht wieder ändern könnte? Sie haben einen schrecklichen Fehler begangen, und das hat Ihr Vertrauen in seine Vergebung erschüttert. Freunde und Familie denken, dass Ihr Glaube „nur eine Phase" sei, die vorübergehen werde. Skeptiker zweifeln an der Wahrheit von Gottes Wort. Die Welt scheint sich immer weiter von Gott zu entfernen, und Sie fragen sich vielleicht, ob er *wirklich* einen Plan hat.

Nichts kann dazu führen, dass Gott Sie fallen lässt. Ihre Belohnung wartet bereits im Himmel. Ihr Zimmer im Haus Ihres Vaters wird bereits vorbereitet. Die endgültige Bezahlung für Ihre Sünde ist bereits erfolgt. Ihr Name steht im Buch des Lebens geschrieben. Sie haben gerade jetzt den Heiligen Geist, der Ihnen Hoffnung gibt.

Danken Sie Gott dafür, dass er Sie vor der ewigen Trennung von ihm bewahrt und dass er Ihnen seinen Heiligen Geist gegeben hat. Halten Sie an Ihrem Glauben fest, denn er ist „das zuversichtliche Rechnen mit dem, was man erhofft, und ein festes Vertrauen auf das, was man nicht sieht" (Hebräer 11,1; WD).

Herr, danke, dass wir für immer zu dir gehören dürfen. Schenke uns den Glauben, hoffnungsvoll auf das zu warten, was du schon für uns vorbereitet hast. Amen.

3. Oktober
Zurück zu Gott

Ich weine hemmungslos, wenn ich sehe, wie andere dein Gesetz missachten. Psalm 119,136 (Hfa)

Wenn wir mit Jesus unterwegs sind, beschäftigen wir uns auch intensiv mit der Bibel. Sie zeigt uns den Weg, wenn wir nicht weiterwissen. Sie spornt uns an, ein großes Herz für andere zu haben. Sie ist ein Licht der Wahrheit in einer dunklen, verwirrenden Welt. Sie schenkt Weisheit, korrigiert uns, wenn wir falschliegen, und lehrt uns, wie wir ein gutes Leben führen. Sie ist das Wort Gottes selbst.

Es kann schwer sein mitanzusehen, wie Gott abgelehnt wird. Freunde, die ein selbstsüchtiges Leben führen, müssen mitansehen, wie ihr Leben zerbricht. Menschen, die wir lieben, verlieren den Weg aus den Augen, weil sie Gottes Wegweiser nicht sehen können. In Stadtteilen halten Armut und Gewalt Einzug, weil die Menschen nichts von Gott wissen wollen. Frieden und Freude werden Fremdbegriffe für sie.

Beten Sie heute für Freunde, die Gott noch nicht kennen. Bitten Sie ihn darum, ihnen zu begegnen. Beten Sie für die Familie, die ihren Glauben aufgegeben hat. Bitten Sie Gott, dass er sie zu sich zurückführt. Beten Sie für Nachbarn und Kollegen, die Gott ablehnen. Bitten Sie ihn, ihre Herzen und Gedanken für seine Wahrheit zu öffnen. Beten Sie für Ihre Gemeinde, dass sie wirklich dem Weg folgt, den Gott sie führen will. Bitten Sie um Weisheit für diejenigen, die im Stadtrat, in der Landes- oder Bundesregierung sitzen. Beten Sie dafür, dass Gott die Menschen mit seinem Heiligen Geist erfüllt, damit sie sich ihm zuwenden.

Herr, es tut weh zu sehen, wie andere dir den Rücken kehren. Mach die Menschen mit deinem Wort vertraut, damit viele Jesus kennenlernen. Amen.

4. Oktober
Ein tiefer Glaube

Eines muss uns klar sein: Ohne Glauben ist es unmöglich, Gott zu gefallen. Wer auf Gott zugeht, muss darauf vertrauen, dass es ihn gibt und dass er jeden, der nach ihm sucht, mit seiner Liebe belohnen wird.
Hebräer 11,6 (WD)

Beim christlichen Glauben geht es nicht um ein religiöses System oder eine Reihe von Traditionen, die es zu bewahren gilt. Es geht darum, daran zu glauben, dass Gott wirklich existiert. Zu erwarten, dass Gott Sie hört, wenn Sie beten, und dass er Ihnen hilft, wenn Sie sich mit Ihren Problemen an ihn wenden. Der Glaube sieht, wie sich Gottes Herrlichkeit in seiner Schöpfung zeigt. Er erkennt, dass Gott spricht, und vertraut auf sein Wort. Der Glaube ist so überzeugt von der Wirklichkeit Gottes, dass er Sie innerlich und äußerlich verändert.

Sorgt Ihr Glaube dafür, dass Sie Zeit mit Gott verbringen und ihn immer besser kennenlernen wollen? Vertrauen Sie darauf, dass er Ihre Bedürfnisse stillt? Erwarten Sie, dass er Ihre Verletzungen heilt? Verlassen Sie sich darauf, dass er Ihnen Frieden schenkt, damit zerrüttete Beziehungen wieder heilen oder Sie innerlich endlich zur Ruhe kommen?

Beschäftigen Sie sich intensiv mit der Bibel. Suchen Sie dort nach Antworten auf die Ängste und Fragen, die Sie umtreiben. Wenn Sie sich vertrauensvoll an ihn wenden, freut Gott sich darüber. Er kann es kaum erwarten, Ihre Glaubensschritte zu belohnen.

Herr, schenke uns einen tiefen Glauben an dich. Wir wollen uns immer an dich wenden, wenn wir Hilfe, Weisheit und neue Kraft brauchen. Amen.

5. Oktober

Liebe ist mehr als nur Worte

Darum, meine Kinder, lasst uns nicht nur von Liebe zu anderen reden, sondern sie im Alltag auch wirklich in die Tat umsetzen!
1. Johannes 3,18 (WD)

Es ist berauschend, sich zu verlieben. Wir schauen uns bei Kerzenlicht tief in die Augen. Wir schlendern Hand in Hand den Strand entlang. Wir tauschen romantische Geschenke aus, reden bis tief in die Nacht und wären am liebsten ständig zusammen. Uns fehlen die Worte, um auszudrücken, wie sehr wir den anderen lieben.

Mit der Zeit wird die Intensität der romantischen Gefühle aber nachlassen. Leidenschaftliche Worte weichen der tätigen Liebe. Sie werden den Haushalt führen, während Ihr Partner krank im Bett liegt. Sie werden die Rechnungen, Besorgungen und die Hausarbeit gemeinsam erledigen. Sie werden Zeit und Energie investieren, um Kinder zu erziehen, anderen zu dienen und eine Karriere aufzubauen. Sie werden dem anderen in jeder Situation loyal zur Seite stehen und ihn unterstützen.

Zärtliche, liebevolle Worte tun Ihnen gut. Aber Selbstaufopferung, Ehrlichkeit und Treue bewirken noch mehr. Zeigen Sie heute durch Ihr Handeln, wie sehr Sie Ihren Partner lieben? Wodurch fühlen Sie sich am meisten geliebt? Wie können Sie einander auf neue Weise dienen, um die Liebe zwischen Ihnen zu vertiefen?

Jesus zeigte, wie sehr er uns liebt, indem er sein Leben für uns alle gab. Lieben Sie heute so, wie er es tat: Seien Sie bereit, sich selbst für den anderen zurückzustellen und alles zu geben.

Herr, wir danken dir dafür, dass du uns zusammengeführt hast. Hilf uns, die Liebe zwischen uns noch zu vertiefen, indem wir uns zurücknehmen, dem anderen in jeder Situation zur Seite stehen und gemeinsam so leben, wie es deinem liebevollen Willen für uns entspricht. Amen.

6. Oktober

Die Tür steht Ihnen immer offen

Durch [Jesus] haben wir alle, die wir an ihn glauben, freien Zutritt zu Gott und dürfen zuversichtlich und vertrauensvoll zu ihm kommen.
Epheser 3,12 (NGÜ)

Gott will, dass wir uns in jeder Lebenslage an ihn wenden, gleichgültig, wie klein unser Anliegen ist oder was wir getan haben: „Bittet Gott, und er wird euch geben! Sucht, und ihr werdet finden! Klopft an, und euch wird die Tür geöffnet! Denn wer bittet, der bekommt. Wer sucht, der findet. Und wer anklopft, dem wird geöffnet" (Matthäus 7,7–8; Hfa). Doch dieses Angebot scheint manchmal zu schön, um wahr zu sein. Ängste und Zweifel lassen Sie zögern. Hält Sie heute etwas vom Beten ab?

Lassen Sie nicht zu, dass Schamgefühle oder Fehler Sie von Gott fernhalten. Durch das, was Jesus für uns getan hat, werden Sie nicht länger von Gott verurteilt. Sie haben gewissermaßen wieder eine reine Weste. Sie können „mit ehrlichem Herzen und voller Vertrauen und Zuversicht vor Gott treten" (Hebräer 10,22; WD).

Lassen Sie sich nicht von Zweifeln oder Sorgen zum Schweigen bringen. „Weil wir zu ihm gehören, können wir ihn voller Freude und Zuversicht um alles bitten, was seinem Willen entspricht. Er hört uns auf jeden Fall. Weil wir nun wissen, dass er uns hört, wenn wir mit unseren Anliegen zu ihm kommen, wissen wir auch, dass er auf seine Weise unsere Bitten erfüllen wird" (1. Johannes 5,14; WD). Er wird Ihnen nie den Rücken kehren. Er hat mehr als genug Macht und Liebe, um sich um Sie zu kümmern. Legen Sie Ihre Bedürfnisse und Probleme in seine Hände.

Lassen Sie nicht zu, dass Ihre Unerfahrenheit Sie vom Beten abhält. Die Bibel kann Ihnen da den Weg zeigen. Der Heilige Geist bittet stellvertretend für Sie, wenn Ihnen die Worte fehlen. Sie müssen nur aufrichtig sein, dann wird er Ihnen zuhören.

Sprechen Sie also heute vertrauensvoll mit Gott über alles, was Ihnen am Herzen liegt.

Herr, zeige uns, wie wir beten sollen. Wir wollen dich besser kennenlernen, uns mehr auf dich verlassen und dich mehr lieben. Amen.

7. Oktober

Das Wort des Lebens

Herr, schon oft hast du dein Erbarmen gezeigt; richte mich auch jetzt wieder auf durch dein gerechtes Urteil! Psalm 119,156 (Hfa)

Die Bibel ist von zentraler Bedeutung: „Denn es sind keine leeren Worte, sondern sie sind euer Leben" (5. Mose 32,47; Hfa). Sie schenkt uns Weisheit für jede Situation. Ob es ums Essen oder Schlafen geht, ums Arbeiten oder Planen: Sie leitet unsere Schritte.

Sie gibt uns Ratschläge, wie wir unsere Kinder großziehen sollten. Wie wir unserem Partner begegnen sollten. Wie wir mit Geld umgehen sollten. Wie wir mit Stress und Versuchungen umgehen sollten. Wie wir uns gegenüber unseren Vorgesetzten verhalten sollten bzw. gegenüber denen, die uns regieren. Wie wir uns in die Gemeinde einbringen sollten. Wenn wir uns an diesen Vorgaben orientieren, können wir sicher sein, dass unser Leben im Einklang ist mit Gottes gutem und vollkommenem Willen.

Überlegen Sie heute, wie viel Einfluss die Bibel in Ihrem Zuhause hat. Greifen Sie zur Bibel, wenn Sie nicht weiterwissen? Bitten Sie Gott, Ihnen dabei zu helfen, sein Wort besser kennenzulernen und zu verstehen. Lernen Sie gemeinsam Bibelverse auswendig. Beten Sie gemeinsam Psalmen. Lesen Sie in der Bibel, wenn Sie vor einer Herausforderung oder Entscheidung stehen. Gehen Sie regelmäßig in den Gottesdienst, wo Ihnen die Predigten dabei helfen, die Bibel besser zu verstehen und anzuwenden. Erlauben Sie Gott, Ihr Leben durch sein Wort zu segnen.

Herr, dein Wort zeigt uns, wie wir ein gutes Leben führen können. Vertiefe dadurch unseren Glauben, und hilf uns, geistlich zu wachsen. Wir wollen dir in jeder Hinsicht gehorsam sein. Amen.

8. Oktober

Liebe und Vertrauen

Doch was sind seine Gebote? Gott verlangt von uns, dass wir unser ganzes Vertrauen auf den Namen seines Sohnes Jesus Christus setzen und einander so lieben sollen, wie er es uns aufgetragen hat.
1. Johannes 3,23 (WD)

Was ist Gottes Wille für Ihre Ehe? Dass Sie an Jesus Christus glauben und einander lieben. Beides geht Hand in Hand: Durch Ihre Liebe und Ihren gemeinsamen Glauben vertieft sich Ihre Beziehung.

Glaube ohne Liebe ist nur leere Religion. Sie stimmen der Bibel rein verstandesmäßig zu, aber wenn die Liebe zu Jesus nicht Teil der Gleichung ist, bleibt Ihr Glaube kalt und leer.

Liebe ohne Glauben ist unbeständiger und oberflächlicher. Diese Liebe basiert rein auf Gefühlen und hat nicht die Tiefe und Kraft, die man nur dann findet, wenn Jesus Teil der Gleichung ist. Ohne Glauben wird Ihre Liebe zu sich selbst die Liebe zu Ihrem Partner vermutlich irgendwann überflügeln. Wenn Ihre Beziehung nicht auf dem Fundament des Glaubens an Gott steht, werden Sie irgendwann nicht mehr die Kraft oder die Bereitschaft haben, einander zu vergeben, zu dienen und sich füreinander aufzuopfern.

Gott überschüttet Sie mit Liebe, und Sie sollten diese Liebe miteinander teilen. Vergeben Sie, denn Gott hat auch Ihnen vergeben. Schenken Sie, denn Gott beschenkt auch Sie. Nehmen Sie sich zum Wohl Ihres Partners zurück, denn auch Jesus hat sein Leben für Sie gegeben. Bitten Sie Gott heute, Ihre Ehe mit seiner vollkommenen Liebe zu erfüllen.

Herr, hilf uns, dir mehr zu vertrauen. Wir wollen Jesus immer besser kennenlernen. Zeige uns, wie wir einander so lieben können, wie du uns liebst. Amen.

9. Oktober

Glaube und Täuschung

Meine schriftlichen Anweisungen, die ihr hier in den Händen haltet, beziehen sich auf Menschen, die sich gern in der Gemeinde „Bruder" nennen lassen, in ihrem Privatleben aber alles andere als Nachfolger Christi sind. Soll ich sie noch einmal aufzählen: Unzüchtige, Habsüchtige, Götzendiener, Lästerer, Trunkenbolde, Räuber – um nur einige zu nennen. Wer so etwas tut und nicht bereit ist, davon abzulassen und sein Wesen von Gott verändern zu lassen, mit so jemandem dürft ihr nicht einmal mehr Tischgemeinschaft haben. 1. Korinther 5,11 (WD)

Eine der größten Gefahren für Glaube und Gehorsam sind fromme Heuchler. Eine Person, die von sich behauptet, Christ zu sein, aber doch so weiterlebt wie bisher oder bewusst Gottes Gebote übertritt, kann Ihrem eigenen Glauben großen Schaden zufügen. Wenn Sie Zeit mit solchen Menschen verbringen, kann das dazu führen, dass Sie plötzlich auch nicht mehr wissen, was richtig oder falsch ist. So zu leben, wie es Gott gefällt, kommt Ihnen unter Umständen altmodisch vor, und an ihn zu glauben ausgesprochen dumm.

Die Wahrheit ist: „Wenn ein Baum gut ist, erntet man auch gute Früchte. Wenn die Früchte ausbleiben oder ungenießbar sind, besteht kein Zweifel, dass der Baum schlecht ist" (Matthäus 7,17–18; WD). Wenn jemand wirklich Christ ist, wird sich bei ihm die sogenannte Frucht des Geistes zeigen: Selbstbeherrschung statt Unmoral und Abhängigkeit. Geduld und Zufriedenheit statt Gier nach mehr. Güte statt Lügen und Betrug. Diese Person wird freundlich ein und sich nicht rächen oder andere niedermachen. Ihre Liebe zu Gott wird das Wichtigste in ihrem Leben sein.

Gläubige, in deren Leben man diese Frucht sieht, werden Sie ermutigen, Gott von ganzem Herzen zu folgen.

Gibt es Menschen in Ihrem Leben, die Ihnen dabei helfen, an Gott festzuhalten? Wer ermutigt Sie dazu, Gott bei allem zu vertrauen und ihm zu gehorchen? Danken Sie Gott dafür, dass er Ihr Leben durch diese Menschen bereichert. Bitten Sie um Weisheit, damit Sie erkennen, wer einen positiven und wer vielleicht einen eher negativen Einfluss auf Ihr Leben als Christ hat.

Herr, gib uns die Kraft, dir treu zu bleiben. Umgib uns mit Christen, die uns ermutigen, dich immer mehr zu lieben. Amen.

10. Oktober
Menschen auf Jesus hinweisen

So wollen wir euch bloß noch ermutigen, ein geregeltes Leben zu führen. Betrachtet es als Ehrensache, euren Lebensunterhalt mit eigener Hände Arbeit zu verdienen, damit ihr nicht zuletzt auch für die Nichtchristen ein überzeugendes Beispiel abgebt. Das habe ich euch ja schon damals gesagt. Es würde bei ihnen keinen guten Eindruck hinterlassen, wenn ihr ständig andere Menschen um Unterstützung anbetteln müsstet.
1. Thessalonicher 4,11–12 (WD)

Heutzutage will jeder ein Star sein. Schon Teenies wollen auf der Bühne oder hinter einem Mikrofon stehen. Die Menschen streben nach Einfluss und Autorität, nach Erfolg und Ansehen in der Gesellschaft. „Durchschnittlich" ist nicht gut genug – sie wollen auffallen und wahrgenommen werden.

Es kann aber passieren, dass man auf dieser Jagd nach *mehr* vergisst, ein „normales", ruhiges Leben wertzuschätzen. Wenn Sie als Christ immer pünktlich zur Arbeit kommen und hart arbeiten, vermitteln Sie Ihrem Umfeld eine Ahnung davon, dass auch Jesus verlässlich ist. Wenn Sie Ihre Fähigkeiten einsetzen, um anderen zu dienen, tun Sie das, wofür Gott Sie geschaffen hat. Wenn Sie sich um Ihre eigenen Angelegenheiten und Belange kümmern, leben Sie wie Jesus. Sie weisen die Menschen auf Ihren großen Gott hin und nicht auf sich selbst.

Leben Sie ein friedliches Leben in stillem Gehorsam auf Gott. Vertrauen Sie darauf, dass er Ihre Schritte lenkt. Gerade bei den einfachen Aufgaben, die Ihnen unwichtig vorkommen, zeigen sich Ihr Glaube und Ihr Charakter. Seien Sie mit Ihrem „durchschnittlichen" Leben zufrieden, und vertrauen Sie darauf, dass Gott sich auf die eine oder andere Weise den Menschen durch alles zeigt, was Sie tun.

Herr, wir wollen lernen, mit dem zufrieden zu sein, was wir haben. Wir wollen nicht so leben, dass andere beeindruckt sind, sondern so, dass du Gefallen daran hast. Wir wollen die Aufgaben, die du uns heute gibst, treu und gehorsam ausführen. Amen.

11. Oktober

Eine durstige Seele

Wie ein Hirsch nach frischem Wasser lechzt, so sehne ich mich nach dir, o Gott! Psalm 42,2 (Hfa)

Jedes Lebewesen braucht Wasser. Ohne Wasser ist ein Hirsch nicht in der Lage, sich um seine Jungen zu kümmern, vor seinen Feinden zu flüchten, Krankheiten etwas entgegenzusetzen und letztlich zu überleben. Seinen Durst zu verleugnen bedeutet Leiden und Tod.

Gibt es hier vielleicht einen Bezug zu Ihrem eigenen verzweifelten Bedürfnis nach Gott?

So wie Ihr Körper Wasser benötigt, um zu funktionieren, hängt das Wohlergehen Ihrer Seele mit Gott zusammen. Er stillt jedes Bedürfnis und jeden Wunsch. Er ist die Quelle Ihrer Hoffnungen und Träume. Er ist der Friedensstifter, der zerbrochene Beziehungen heilt. Er ist Ihre Verteidigung, wenn Sie angegriffen werden. Er ist Ihr Heiler, wenn Sie krank und traurig sind. Er schenkt Ihnen den Sieg im Kampf gegen die Versuchung. Er ist Ihr Retter – er schenkt Ihnen Hoffnung auf ewiges Leben.

Bitten Sie Gott, diesen geistlichen Durst in Ihnen zu wecken. Lassen Sie sich heute von ihm Kraft und Heilung schenken. Trinken Sie in tiefen Zügen aus seinem Wort, und bitten Sie ihn, Ihre Seele zu erfrischen.

Herr, danke, dass du uns Leben und Kraft schenkst. Erfülle unsere Seele mit tiefer Sehnsucht nach mehr von dir. Wir wollen immer wieder in deine Nähe kommen und uns von dir erfrischen lassen. Amen.

12. Oktober

Sind Sie ganz dabei?

Ihr sollt ihn von ganzem Herzen lieben, mit ganzer Hingabe und mit all eurer Kraft. 5. Mose 6,5 (Hfa)

Wir sollen Gott mit ganzem Herzen, mit ganzer Seele und mit ganzer Kraft lieben. Doch es gibt Menschen und Dinge, die um unsere Hingabe werben. Wir empfinden eine tiefe Zuneigung zu unserem Partner und unseren Kindern. Andere verfolgen leidenschaftlich ihre Karriere. Und dann nimmt auch unser Verlangen nach einem gemütlichen Zuhause, den neuesten technischen Geräten oder unserem sozialen Status unsere Aufmerksamkeit in Anspruch. Wir verteilen unsere Liebe auf verschiedene Dinge – die Hingabe an Gott zieht dabei so manches Mal den Kürzeren.

Nehmen Sie Ihr Leben heute einmal ehrlich unter die Lupe. Gibt es etwas, das gewissermaßen zu einem Ersatz für Gott geworden ist? Woraus beziehen Sie Ihre Identität? Was schenkt Ihnen Zufriedenheit? Wem wollen Sie vor allem gefallen? Sind Sie traurig, wenn Sie einmal keine Zeit zum Beten haben? Oder haben Sie die Vertrautheit mit Gott vielleicht für eine oberflächliche Form der Religiosität aufgegeben?

Erinnern Sie sich an den Einen, der Sie zuerst geliebt hat. Danken Sie ihm dafür, dass er Sie von Ihren Sünden befreit hat. Beschäftigen Sie sich intensiv mit der Bibel, die seine unglaubliche Kraft, Barmherzigkeit und Weisheit beschreibt. Bitten Sie ihn, Ihre Liebe zu ihm wieder neu zu entfachen, damit Ihr Herz wirklich nur für ihn schlägt.

Herr, wir wollen dich von ganzem Herzen, von ganzer Seele und mit aller Kraft lieben. Wir wollen dich mehr lieben als das, was du uns gibst. Amen.

13. Oktober

Vergessen Sie es niemals

Weil ihr nicht zum auserwählten Volk gehört habt, dem nicht nur das Gesetz und der Bundesschluss mit Gott, sondern auch alle Verheißungen anvertraut worden sind, hattet ihr in dieser Welt ohne Gott nichts, auf das ihr eure Hoffnung hättet setzen können. Epheser 2,12 (WD)

Ein leckeres Essen schmeckt niemandem so gut wie einem hungernden Menschen. Ein warmes, gemütliches Zuhause ist vor allem in einer kalten, dunklen Nacht willkommen. Ein vertrautes Gesicht ist gerade dann ein erfreulicher Anblick, wenn wir uns unter Fremden befinden. Ein weit offener Himmel ist das Schönste für einen Gefangenen. Unsere Freude ist dann am größten, wenn ihr Schmerzen vorausgegangen sind.

Wenn Sie Gott wieder ganz nahekommen wollen, müssen Sie nur daran zurückdenken, wie er Ihnen bislang seine Liebe gezeigt hat. Wie war Ihr Leben, bevor Sie ihn kannten? Gab es Zweifel? Angst vor der Zukunft? Fühlten Sie sich schuldig und konnten nichts dagegen unternehmen? Waren Sie von irgendetwas abhängig und konnten sich einfach nicht davon befreien? Sie fühlten sich ganz allein. Und der Gedanke daran, dass mit dem Tod alles vorbei war ...

Denken Sie an die Veränderungen zurück, und lassen Sie sich davon neue Liebe für Jesus schenken. Weil Sie zu ihm gehören, haben Sie Hoffnung. Ihnen wurde vergeben, und Sie sind rein. Sie haben Ihren Platz gefunden und gehören jetzt zu seiner Familie. Sie haben einen treuen Gott, der für Sie sorgt und Ihnen den Weg weist. Sie haben eine wunderbare Zukunft vor sich, die nie enden wird. Seine Liebe wird niemals enden!

Herr, lass uns nie vergessen, wer wir ohne dich waren. Danke, dass du uns liebst und dass wir deine Kinder sein dürfen. Amen.

14. Oktober

Sein Licht in Ihrer Dunkelheit

Warum nur bin ich so traurig? Warum ist mein Herz so schwer? Auf Gott will ich hoffen, denn ich weiß: Ich werde ihm wieder danken. Er ist mein Gott, er wird mir beistehen! Psalm 42,12 (Hfa)

Manchmal entwickeln unsere Gefühle ein Eigenleben. Sosehr wir uns auch darum bemühen: Wir können einfach keinen Grund zur Freude finden. Wir sehen alles ganz schwarz. Wir tappen in der Finsternis umher und finden einfach keinen Ausweg.

Wenn Sie in einem sprichwörtlichen Loch sitzen, kommt es Ihnen vermutlich so vor, als würde es nie wieder besser werden. Es fällt Ihnen schwer, sich dem Tag zu stellen und so zu tun, als wäre alles in Ordnung. Die Angst hat Sie im Griff und Sie warten nur auf die nächste Krise. Es fällt Ihnen schwer, abzuschalten oder sich zu konzentrieren, und Sie ziehen sich von anderen Menschen zurück. Es kommt Ihnen so vor, als wären Sie unsichtbar, als könnte niemand Ihren Schmerz nachempfinden.

Weil Gott Sie liebt, wird er Ihnen eine Tür zum Leben und zu neuer Freude öffnen. Er verspricht, an Ihrer Seite zu sein, wenn es Ihnen schlecht geht. Er bietet Ihnen Rettung und Schutz, wenn Sie Angst haben. Er lässt einen Hoffnungsschimmer durch die Finsternis brechen – einen Vorboten des kommenden Tages.

Sprechen Sie mit Gott über Ihre Gefühle. Bitten Sie um Hoffnung, um innere Freiheit und Heilung. Bitten Sie ihn darum, die Lügen des Feindes, denen Sie heute noch Glauben schenken, mit seiner Wahrheit wegzuspülen. Der Eine, der Sie geschaffen hat, sieht Sie, er hört, und er liebt Sie! Er ist in jedem Augenblick bei Ihnen. Ein neuer Tag voller Freude wird anbrechen! Danken Sie ihm für alles, was er für Sie getan hat.

Herr, schenke uns heute neue Hoffnung. Nimm unsere Ängste und düsteren Stimmungen und ersetze sie durch Frieden und Freude. Hilf uns, fest daran zu glauben, dass du die Finsternis mit deinem Licht erfüllst. Amen.

15. Oktober

Gott ändert sich nie

Jesus Christus bleibt immer derselbe, gestern und heute und in alle Ewigkeit. Hebräer 13,8 (WD)

Mit der Zeit wird der Mensch, mit dem Sie verheiratet sind, nicht länger der Mensch sein, den Sie geheiratet haben! Sein Haaransatz weicht zurück. Ihr Gewicht schwankt. Träume und Ziele ändern sich. Ängste und Ansichten kommen und gehen. Stress und das Alter nagen an dem „perfekten" Menschen, in den Sie sich einst verliebt haben. Und vielleicht stellen Sie auch fest, dass Ihr Partner Ihnen nicht das Glück oder die Sicherheit bieten kann, die Sie sich am Anfang von ihm erhofft hatten.

Gott weiß das. Er wollte auch nie, dass eine menschliche Beziehung den Platz von Jesus in Ihrem Leben einnimmt. Selbst wenn Sie müde werden, ändert sich nichts an seiner Macht und Stärke. Selbst wenn Sie die Geduld verlieren und es Ihnen schwerfällt, Ihrem Partner zu vergeben, ändert sich doch nichts an seiner Barmherzigkeit. Selbst wenn Sie trotz Ihrer Begabungen und Ihrer Intelligenz nicht in der Lage sind, eine Aufgabe zu bewältigen, verfügt Gott doch über alle Weisheit und über alles Wissen. Wenn Sie Ihre Bedürfnisse nicht aus eigener Kraft erfüllen können, will er Ihnen alles geben, was Sie brauchen.

Es wird Zeiten geben, in denen in Ihrem Zuhause nicht gerade Frieden und Freude herrschen. Lassen Sie sich mit dem Wissen trösten, dass sich an Gottes Liebe niemals etwas ändert. Stützen Sie sich auf Jesus. Er kann Ihnen die Kraft und die Hoffnung schenken, die Ihnen Ihr Partner nie geben könnte. Sie können innerlich frei werden, wenn Sie nicht länger erwarten, dass Ihr Partner etwas ist, das er einfach nicht sein kann. Nur Jesus ist Ihre ewige Quelle der Liebe und Hoffnung.

Herr, danke, dass du dich nie änderst. Danke, dass du uns deine nie endende Liebe und Fürsorge schenkst. Amen.

16. Oktober

Das Geschenk des Heiligen Geistes

Vergesst nicht, dass ihr den Heiligen Geist wirklich traurig machen könnt. Er ist euch am Tag eurer Erlösung für immer geschenkt worden.
Epheser 4,30 (WD)

Nach der Hochzeit leben Sie, wie Verheiratete eben leben: Sie haben vermutlich einen gemeinsamen Nachnamen, teilen Ihr Bett miteinander und lieben Ihren Partner über alles. Sie tragen einen Ring – ein Symbol dafür, dass Sie ein Leben lang zueinander gehören. Wenn einer von Ihnen untreu ist, sind Sie zutiefst getroffen und verletzt.

Beim Christsein ist es ähnlich: Als Sie Jesus Ihr Leben anvertraut haben, hat Gott Ihnen ein neues Leben geschenkt. Sie tragen gewissermaßen denselben Namen – Christ – und folgen ihm, wohin er Sie auch führt. Sie haben den Heiligen Geist erhalten, der Sie alles lehren und an alles erinnern wird, was Jesus gesagt hat. Wenn Sie sich aber dafür entscheiden, bewusst Gottes Gebote zu übertreten und Ihren eigenen Weg zu gehen, beleidigen Sie damit den Geist Gottes.

Machen Sie sich heute bewusst, zu wem Sie gehören. Leben Sie so, wie ein Mensch leben sollte, der zu Gott gehört. Legen Sie Ihr altes Ich ab – die zornige, verbitterte, fehlerhafte Person, die Sie einmal waren. Entscheiden Sie sich dafür, „den neuen Menschen anzuziehen, der nach Gottes Bild erschaffen ist und dessen Kennzeichen Gerechtigkeit und Heiligkeit sind, die sich auf die Wahrheit gründen" (Epheser 4,24; NGÜ). „Überhebt euch nicht über andere, seid freundlich und geduldig! Geht in Liebe aufeinander ein!... Seid vielmehr freundlich und barmherzig und vergebt einander, so wie Gott euch durch Jesus Christus vergeben hat" (Epheser 4,2.32; Hfa). Bereiten Sie dem Heiligen Geist durch Ihre Liebe zueinander Freude.

Herr, danke, dass wir uns deine Kinder nennen dürfen. Wir wollen dir eine Freude machen, indem wir an unserer Liebe zueinander festhalten. Amen.

17. Oktober

Laufen, um zu gewinnen

Ihr wisst doch, dass bei einem Wettkampf in einem Stadion zwar alle laufen und das Letzte geben, aber nur einer den Siegespreis erhält. Also strengt euch an und lauft, damit ihr ihn bekommt! Jeder, der sich auf einen großen Wettkampf vorbereitet, lebt diszipliniert und verzichtet auf vieles, das andere sich leisten können. Athleten tun dies, um einen Siegeskranz zu erringen, der doch irgendwann verwelkt. Wir dagegen strengen uns an, weil es um einen Siegespreis geht, der unvergänglich ist. Ich laufe daher nicht einfach blindlings durch die Gegend, und ich schlage als Boxer auch nicht einfach nur in die Luft ...
1. Korinther 9,24–26 (WD)

Wenn Sie zu Jesus gehören, hat Ihr Leben eine Bestimmung und ein Ziel. Sie bereiten sich auf den Tag vor, an dem Sie Ihrem Erlöser gegenüberstehen werden. Dabei lernen Sie ihn immer besser kennen, Ihr Glaube wächst, und Sie dienen ihm immer treuer.

Um diesen „Lauf" zu bewältigen, bedarf es aber einer bewussten Anstrengung. Beschäftigen Sie sich intensiv mit der Bibel, damit Sie erfahren, wie Sie nach Gottes Willen leben sollen. Legen Sie die Waffenrüstung Gottes an, um standhaft zu bleiben, wenn der Feind angreift. Bitten Sie Gott um Weisheit, damit Sie wissen, welchen Weg Sie einschlagen sollen. Lernen Sie von den Erfahrungen anderer Christen und folgen Sie ihrem Vorbild. Laufen Sie vor der Versuchung davon – vor allem, was dazu führt, dass Sie Ihr Rennen nicht beenden –, und richten Sie Ihren Blick immer auf Jesus.

Wie läuft Ihr Wettkampf gerade? Stehen „Hürden der Sünde" auf Ihrem Weg? Sind Sie müde und brauchen Ermutigung? Bitten Sie Gott um Hoffnung und darum, dass er Ihnen neue Kraft schenkt. Verlieren Sie den Siegespreis nicht aus den Augen!

Herr, wir danken dir dafür, dass wir die Ewigkeit mit dir verbringen dürfen. Hilf uns, an unserem Glauben festzuhalten und unsere Augen immer auf dich, den Siegespreis, zu richten. Amen.

18. Oktober

Ehrlich leben

Lügen über einen anderen zu verbreiten ist ebenso verletzend, wie ihn mit der Axt zu schlagen, mit einem Schwert zu verwunden oder mit einem scharfen Pfeil auf ihn zu schießen. Sprüche 25,18 (NL)

Eine Lüge kann eine Waffe sein. Klatsch kann eine Freundschaft zerstören. Verleumdung kann einen Ruf ruinieren. Ein Meineid kann einem Menschen die Freiheit rauben. Betrug kann ein Unternehmen zerstören. Und wenn jemand die Wahrheit vor seinem Partner verbirgt, kann das Vertrauen zerstören und die Beziehung gleich mit.

Gott möchte, dass Sie ein durch und durch ehrliches Leben führen. Weil er gütig ist, haben Sie die Freiheit, Ihre Fehler einzugestehen. Weil er Ihnen Kraft schenkt, können Sie Ihre Versprechen halten. Weil er Ihnen alles gibt, was Sie brauchen, können Sie Ihre Schulden begleichen. Weil er Sie liebt, können auch Sie anderen mit Aufrichtigkeit und Wohlwollen begegnen. Durch sein Wort – die Bibel – und seinen Heiligen Geist können Sie ein durch und durch ehrlicher und authentischer Mensch werden.

Lassen Sie heute Gottes Licht in die dunklen Ecken strahlen, die Sie bislang vor ihm verborgen haben. Sagen Sie den Menschen in Ihrem Leben, was Sie an ihnen schätzen. Halten Sie sich an die Regeln; halten Sie Ihr Wort. Seien Sie bei allem, was Sie tun und sagen, vertrauenswürdig. Auf diese Weise beschützen und ehren Sie die, die Sie lieben. Und so bekommen auch die Menschen in Ihrem Umfeld einen Vorgeschmack davon, dass der Gott, dem Sie folgen, treu und vertrauenswürdig ist.

Herr, wir wollen unsere Familie, unsere Freunde und die Menschen, mit denen wir tagtäglich Kontakt haben, nicht durch Lügen oder gebrochene Versprechen verletzen. Hilf uns, nach den „Lebensregeln" zu leben, die du uns in deinem Wort gegeben hast. Amen.

19. Oktober

Wortlose Gebete

Wie wertvoll ist uns dabei die Gewissheit, dass der Heilige Geist uns beisteht, wenn uns die Kraft verlässt oder die Geduld ausgeht. Er tritt mit unaussprechlichen Seufzern für uns ein. Römer 8,26 (WD)

Leid und Schmerz rauben uns die Luft zum Atmen. Angst und Panik lassen uns erstarren. Verwirrung und Zweifel lassen uns sprachlos zurück. Wir würden Gott ja gern um Hilfe bitten, aber wir haben einfach keine Kraft zum Beten.

Doch Gott ist nachsichtig mit Ihnen, wenn Sie nicht die richtigen oder überhaupt keine Worte finden. Er weiß, wann Sie Führung, Trost oder Wegweisung brauchen. Weil er Sie so sehr liebt, weiß er schon, was Sie brauchen, noch bevor Sie ihn überhaupt fragen. Wenn Sie also nicht wissen, was Sie sagen sollen, können Sie einfach wortlos in seiner Gegenwart dasitzen und darauf vertrauen, dass er weiß, was Sie belastet oder beschäftigt.

Sie können sicher sein, dass Gott heute auf Ihrer Seite ist. Er sieht Ihre Probleme. Er kennt Ihre Verzweiflung. Er steht zu Ihnen, wenn Sie mit Ihrer Kraft am Ende sind. Vertrauen Sie darauf, dass er an Ihrer Seite kämpft. Der Gott des Himmels lebt, liebt und wirkt auch gerade jetzt in Ihrem Leben.

Herr, wir wissen nicht, was wir angesichts von _____ sagen sollen. Danke, dass du uns liebst, auch wenn uns die Worte fehlen. Steh uns bei und schenke uns deine Kraft. Amen.

20. Oktober

Wieder vereint

Was eure Verstorbenen anbelangt, so möchten wir euch nicht im Unklaren darüber lassen, was mit ihnen geschieht, damit ihr nicht genauso trostlos seid wie all die Menschen, die keine Hoffnung auf ein Leben nach dem Tod haben. Wenn es zum Kern unseres Glaubens gehört, dass Jesus gestorben und auferstanden ist, dann wird Gott auch unsere Verstorbenen durch das, was Jesus getan hat, zu sich führen, wenn sie ihr Vertrauen auf ihn gesetzt haben. 1. Thessalonicher 4,13–14 (Hfa)

Auf Wiedersehen zu sagen fällt uns allen schwer. Unser Herz bricht, wenn geliebte Menschen sterben. Wenn sie Christen waren, wissen wir, dass wir sie einmal wiedersehen werden, aber das Warten dauert viel zu lange. Es kann uns so schwerfallen, sie gehen zu lassen, dass die Trauer uns die Hoffnung raubt.

In seinem Brief an die Thessalonicher erinnert uns Paulus daran, dass wir die Ewigkeit im Blick behalten sollen. Wir werden uns einmal nicht nur darüber freuen, dass Jesus wiedergekehrt ist, sondern auch darüber, dass wir verstorbene Freunde und Familienmitglieder wiedersehen. Wir müssen nicht verzweifeln, denn Gott hat uns versprochen, dass er uns einmal wieder vereinen wird.

Wen vermissen Sie? Lassen Sie sich von Gott trösten. Er will Ihnen neue Hoffnung schenken. Halten Sie an Ihren Erinnerungen fest, und danken Sie Gott für die schönen Erinnerungen, die Sie noch an diese Menschen haben. Danken Sie ihm dafür, dass sie jetzt bei ihm sind. Bitten Sie ihn, Ihnen Kraft zu schenken und den Weg zu weisen, bis Sie sich wiedersehen.

Herr, es tut so weh, geliebte Menschen zu verlieren. Tröste uns, während wir uns gleichzeitig darauf freuen, sie einmal wiederzusehen. Erfülle uns auch mit Freude, während wir darauf warten, in Zukunft einmal bei dir zu sein. Amen.

21. Oktober

Lobpreis und Anbetung

Wir wollen Gott zu jeder Zeit und in jeder Lebenslage Dank sagen, ihn loben und seinen Namen preisen. Hebräer 13,15 (WD)

Wenn wir unser Leben betrachten, fällt es uns manchmal schwer, darin Gottes Gegenwart und Kraft zu sehen. Wir sind selbst dafür verantwortlich, dass unser Leben erfolgreich und sicher verläuft, meinen wir. Wir schreiben uns das Gute in unserem Leben selbst zu und schämen uns für unsere Schwächen. Dabei vergessen wir aber, dass Gott der Autor unseres Lebens ist.

Zu einem Leben als Christ gehört es dazu, dass Sie Gott „loben und seinen Namen preisen". Was heißt das? Gott zu preisen bedeutet einfach, die Wahrheit darüber zu verkünden, wer er ist. Machen Sie sich bewusst, dass er die Macht hat, Sie zu retten, und spüren Sie, wie Ihre Angst nachlässt. Bringen Sie Ihre Hoffnungen und Träume Gott gewissermaßen als Opfer dar, indem Sie seinen Absichten für Ihr Leben vertrauen. Geben Sie Ihre Sünden und Geheimnisse auf, und preisen Sie von ganzem Herzen seinen heiligen Namen (nachzulesen in Psalm 103,1). Geben Sie Gott die Ehre, und erzählen Sie von seiner Herrlichkeit, selbst wenn Angst und Müdigkeit an Ihnen zehren.

Was hält Sie heute davon ab, Gott zu preisen? Schlagen Sie die Bibel auf, und lesen Sie nach, was der Eine, dem Sie dienen, alles getan hat. Sagen Sie ihm, warum Sie ihn lieben, ihn brauchen und an ihn glauben.

Herr, nimm heute unser Lob und unsere Anbetung entgegen. Erfülle uns wieder neu mit Staunen über deine unglaubliche Kraft und Liebe. Schenke uns den Mut, uns zu dir zu bekennen. Amen.

22. Oktober

Bemühen Sie sich um Frieden

Solltet ihr über irgendetwas zornig sein, dann vergesst trotzdem nicht, dass die Liebe das Wichtigste ist. Lasst die Sonne nicht über eurem Zorn untergehen, sondern versöhnt euch spätestens am Ende eines Tages. Dadurch bietet ihr dem Widersacher keine Angriffsfläche.
Epheser 4,26–27 (WD)

Unser Leben läuft nicht immer so wie geplant. Andere Menschen enttäuschen uns. Hindernisse und Unterbrechungen halten uns auf. Schmerz und Ärger klopfen an unsere Tür, und die Wut in unserem Inneren würde am liebsten darauf antworten. Im Eifer des Gefechts würden wir selbst Menschen, die uns wichtig sind, am liebsten den Kopf abreißen.

Waren Sie heute wütend aufeinander? Was ist geschehen? Worauf könnte das zurückzuführen sein? Gab es vielleicht Verletzungen, die noch immer nicht verheilt sind? Wut und Verbitterung können das Gewebe Ihrer Ehe leicht zerreißen.

Versöhnen Sie sich möglichst, bevor Sie zu Bett gehen. Oder wenn es ganz schlimm ist: Schlafen Sie vielleicht eine Nacht darüber, um Klarheit zu gewinnen. Bitten Sie Gott, Ihnen zu zeigen, ob diese Auseinandersetzung durch ein Fehlverhalten verursacht wurde. Geben Sie zu, wo Sie versagt oder dem anderen Unrecht getan haben. Machen Sie einen Neuanfang miteinander. Vergeben Sie Ihrem Partner, und lassen Sie sich nicht von diesem Streit auseinanderbringen. Erlauben Sie Gott, Ihr Denken, Ihren Geist und Ihre Beziehung mit neuem Frieden zu füllen.

Herr, hilf uns, erst einmal tief durchzuatmen, wenn wir wütend sind. Unsere Liebe soll über die Sünden der Vergangenheit hinwegsehen, damit wir von vorne anfangen können. Fülle unser Zuhause mit deinem Frieden. Amen.

23. Oktober
Liebe und Freiheit

Wenn ihr euch euren Brüdern und Schwestern gegenüber so rücksichtslos verhaltet und ihr Gewissen verletzt, so versündigt ihr euch an Christus. Darum: Wenn ich befürchten muss, dass mein Bruder zur Sünde verführt wird, weil ich bedenkenlos Opferfleisch esse, dann will ich lieber mein Leben lang überhaupt kein Fleisch mehr essen, als ihm das anzutun! 1. Korinther 8,12–13 (Hfa)

Gott gab uns die Bibel, den Heiligen Geist und unser Gewissen, um uns dabei zu helfen, Richtig von Falsch zu unterscheiden. Als Christen sind wir Gott gegenüber rechenschaftspflichtig. Allerdings kann es sein, dass etwas, das für den einen richtig ist, für den anderen falsch ist, denn „was nicht aus dem Glauben heraus getan wird, ist Sünde" (Römer 14,23; WD). Unser Hintergrund, unsere Kenntnis der Bibel und unsere Reife in Glaubensdingen werden unsere Entscheidungen beeinflussen.

Zeigen Sie Ihrem Partner, dass Sie ihn lieben und respektieren, indem Sie anerkennen, dass sein Gewissen ihm vielleicht manchmal etwas anderes sagt als Ihres. Seien Sie bereit, Ihre Freiheit einzuschränken, wenn sich Ihre Werte unterscheiden. Zwingen oder verleiten Sie ihn nicht, gegen sein Gewissen zu handeln. Ermutigen Sie sich liebevoll, Gott zu gehorchen.

Kommt es in Ihrer Ehe zu Konflikten oder Missverständnissen, wenn Sie versuchen, Ihrem Gewissen zu folgen? Sprechen Sie darüber, wie Sie Gott gehorchen wollen und wie Sie einander da unterstützen können. Stellen Sie heute Ihre Liebe über Ihre Freiheit.

Herr, wir wollen dir in allem gehorchen. Hilf uns, ehrlich darüber zu reden, wo wir vor Gewissensentscheidungen stehen. Amen.

24. Oktober

Aufbruch in die Freiheit

"Vergiss nicht, dass auch du einmal Sklave in Ägypten warst und dass ich, der Herr, dein Gott, dich von dort mit starker Hand und großer Macht befreit habe." 5. Mose 5,15 (Hfa)

Es gibt etwas, das Ihnen dabei helfen kann, Gott heute gehorsam zu sein: die Erinnerung an das, was er in der Vergangenheit für Sie getan hat. Hat er Sie von einer Abhängigkeit befreit? Hat er Ihnen dabei geholfen, ein ehrlicherer Mensch zu werden? Ihnen geholfen, Ihr Wutproblem in den Griff zu bekommen? Hat er Ihre Traurigkeit durch Freude ersetzt? Ihre Angst und Unsicherheit in Mut verwandelt? Hat er Ihnen geholfen, Ihre Beziehung zu retten, als sie auseinanderzubrechen drohte? Aber das ist nicht alles: Vor allem hat er Ihnen Ihre Schuld vergeben, macht Sie Jesus ähnlicher und schenkt Ihnen ewiges Leben.

Es ist wichtig, dass Sie an der Guten Nachricht festhalten und nicht „achtlos an dem großen Heilsangebot vorübergehen, das der Herr uns gemacht hat" (Hebräer 2,3; WD). Nehmen Sie sich die Zeit, um Gott dafür zu danken, wie er Ihnen schon geholfen und wie er Sie verändert hat. Danken Sie ihm dafür, dass er Ihnen bei jeder Herausforderung und bei jedem Problem seinen Frieden und Hoffnung schenken will. Freuen Sie sich darüber, dass Sie die Zukunft in seiner Herrlichkeit verbringen werden. Bitten Sie ihn, dass er Sie weiterhin führt und Ihnen zeigt, wie Sie leben sollen.

Erinnern Sie sich daran zurück, wie Ihr Leben ohne Gott aussah. Und machen Sie sich noch einmal bewusst, wie es war, als Gott sich zu Ihnen herabbeugte, um Sie durch seine große Liebe zu retten. Durch das, was Jesus für Sie getan hat, sind Sie wirklich frei!

Herr, danke, dass du uns zu neuen Menschen gemacht hast. Du hast uns Hoffnung und Zukunft gegeben. Wir danken dir dafür, dass du uns erlöst hast! Amen.

25. Oktober

Gegensätze ziehen sich an

Wie man Eisen durch Eisen schleift, so schleift ein Mensch den Charakter eines anderen. Sprüche 27,17 (Hfa)

Wir fühlen uns von den Stärken unseres Partners angezogen – zumindest am Anfang! Aber im Laufe der Zeit kommt es manchmal vor, dass diese Stärken sich an unseren Schwächen reiben. Wir haben uns mit unseren Gewohnheiten und Fehlern eigentlich ganz gut eingerichtet – doch dann stellen das Wesen und die Eigenheiten unseres Partners sie plötzlich infrage. Wir sind gezwungen, einen neuen Blick darauf zu werfen, wer wir sind und wer wir sein sollten.

Ihr Partner ist vielleicht ein ruhiger, geduldiger Mensch, Sie besitzen aber ein aufbrausendes Temperament. Oder Sie sind ein gewissenhafter Planer, der sich von der Spontaneität und der Unbekümmertheit Ihres Partners angezogen fühlte. Diese Spontaneität stellt aber jetzt eine Herausforderung für Ihr Kontrollbedürfnis dar. Die Unbekümmertheit zwingt Sie, Ihren Griff um die Finanzen zu lockern. Der Charakter Ihres Ehepartners kann zu einem Werkzeug werden, mit dem Gott Ihren Glauben „schärft" und Sie Jesus ähnlicher macht.

Was bewundern Sie an Ihrem Ehepartner? Welche Eigenschaften besäßen Sie auch gern? Seien Sie bereit, sich von Ihrem Partner positiv beeinflussen zu lassen. Bitten Sie Gott darum, Ihnen die Bereitschaft zur Veränderung zu schenken. Achten Sie doch einmal darauf, wie Ihr Partner Gott liebt und ihm dient und wie er sein Christsein lebt. Was können Sie davon lernen?

Herr, wir danken dir für unsere Ehe. Sie prägt unseren Geist, unser Herz und unser Handeln. Schenke uns die Demut, uns auf die Stärken und Fähigkeiten des anderen einzulassen. Zeige uns, wie wir uns gegenseitig ermutigen können, dir nachzufolgen. Amen.

26. Oktober

Vom Suchen und Finden

„Wenn ihr mich sucht, werdet ihr mich finden. Ja, wenn ihr von ganzem Herzen nach mir fragt, will ich mich von euch finden lassen. Das verspreche ich, der Herr. Ich werde euer Schicksal zum Guten wenden: Aus allen Ländern und Orten, in die ich euch zerstreut habe, will ich euch wieder sammeln und in das Land zurückbringen, aus dem ich euch damals fortgejagt habe. Darauf könnt ihr euch verlassen!"
Jeremia 29,13–14 (Hfa)

Es ist ein Unterschied, ob man bewusst nach Gott sucht oder ob man hofft, dass er auftaucht, wenn man ihn braucht. Wenn wir wirklich von ganzem Herzen nach ihm suchen, bedeutet das, dass wir versuchen, jederzeit mit ihm im Gespräch zu sein. Dass wir intensiv in der Bibel lesen und entsprechend leben. Dass wir andere darum bitten, für uns zu beten, und dass ihre Ermutigung willkommen ist. Dass wir in jeder Lebenslage darauf achten, ob er da ist. Dass wir nach seinem Willen fragen und danach leben.

Sind Sie heute bereit, Gott nachzufolgen? Was soll er für Sie tun? Welche Fragen brauchen Antworten? Welche Zweifel brauchen Bestätigung? Welche Sünden müssen vergeben werden? Welche Ketten müssen zerrissen werden? Welche Verletzungen brauchen Heilung? Welchen Lobpreis und welchen Dank möchten Sie unbedingt aussprechen? Geben Sie nicht auf – wenn Sie von ganzem Herzen nach ihm suchen, werden Sie ihn auch finden.

Gott versteckt sich nicht vor Ihnen. Er ist bereit, Sie mit seiner Liebe zu überschütten. Sind Sie bereit, ihm Ihr ganzes Herz zu schenken?

Herr, wir wollen nicht ohne dich leben. Stattdessen wollen wir lernen, in jeder Situation nach dir und deinem Willen zu fragen, dich besser kennenzulernen und für immer bei dir zu bleiben. Amen.

27. Oktober

Gute Worte

Verletzt andere nicht durch lieblose Kritik. Sorgt lieber dafür, dass ihr immer wieder ein gutes Wort habt, das anderen guttut und ihnen in ihrer Situation hilft. Epheser 4,29 (WD)

Das Johannesevangelium beginnt mit den bekannten Worten: „Im Anfang war das Wort, und das Wort war bei Gott, und Gott war das Wort" (Johannes 1,1; WD). Dann bewies er durch seine Worte, wie mächtig er ist: Er sprach, und die Erde und alles Leben wurden erschaffen. Auf ein Wort von Jesus hin flohen Dämonen, und Blinde wurden geheilt. Durch seine Predigten und Lehren brachte er seine Feinde zum Schweigen und machte Menschen mit Gott bekannt.

Da Sie nach Gottes Ebenbild erschaffen wurden, haben auch Ihre Worte Macht. Sie können Hoffnung und Ermutigung vermitteln und hilfreich sein. Sie können mit Ihren Worten diejenigen zu Jesus zu führen, die ihn noch nicht kennen. Durch Ihre Worte können Sie bekennen, dass Sie schuldig geworden sind, und können auch selbst Vergebung anbieten und zerbrochene Beziehungen heilen. Und durch Ihre Worte können Sie allen Menschen von Gottes Liebe zu ihnen erzählen.

Wie können Sie heute durch das, was Sie sagen, Ihre Ehe stärken? Verpflichten Sie sich, sich gegenseitig durch Ihre Worte aufzubauen und Gutes zu tun. Preisen Sie heute gemeinsam Gottes Namen.

Herr, wir danken dir für das Geschenk der Worte. Leite unsere Gespräche durch deinen Heiligen Geist, damit wir ein Segen für den anderen sind. Lehre uns, so zu reden, wie Jesus geredet hat: voller Liebe und voller Wahrheit. Amen.

28. Oktober

Himmlische Belohnungen

Ich habe beobachtet, wie es auf dieser Welt zugeht: Es sind nicht in jedem Fall die Schnellsten, die den Wettlauf gewinnen, oder die Stärksten, die den Krieg für sich entscheiden. Weisheit garantiert noch keinen Lebensunterhalt, Klugheit führt nicht immer zu Reichtum, und die Verständigen sind nicht unbedingt beliebt. Sie alle sind der Zeit und dem Zufall ausgeliefert. Prediger 9,11 (Hfa)

Das Leben ist nicht fair. Einige Paare freuen sich darüber, eine große Familie aufzubauen, während andere über Fehlgeburten trauern. Jemand, der sein Leben lang fleißig gearbeitet hat, muss Sozialhilfe beantragen, während ein Betrüger reich wird. Ein gesunder Sportler stirbt plötzlich und unerwartet, während ein übergewichtiger Raucher alt wird. Jemand, der selbst ein treuer Freund ist, wird verraten. Wir sehnen uns danach, dass Gott endlich für Gerechtigkeit sorgt.

Kommt Ihnen das bekannt vor? Erleben Sie vielleicht gerade eine ähnliche Enttäuschung? Die Belohnung, die Sie erwartet hatten, bleibt aus. Ihre Hilfe wird für selbstverständlich genommen. Sie warten geduldig auf etwas, das nicht eintritt. Sie fragen sich, ob es sich wirklich lohnt, Gott zu vertrauen und das Richtige zu tun.

Keine Sorge, Jesus weiß genau, wie ungerecht diese Welt ist. Er wurde angeklagt und ans Kreuz genagelt. Er trug die Strafe für Sünden, die er nicht begangen hatte. Er kennt jeden Schmerz, jede Lüge und jeden Verrat, den Sie erleiden, aus eigener Erfahrung. „Gepriesen sei der Gott und Vater unseres Herrn Jesus Christus, der uns in seiner großen Barmherzigkeit ein neues Leben geschenkt hat. Er hat uns durch die Auferstehung Jesu von den Toten eine lebendige Hoffnung auf ein Erbe geschenkt, das für uns im Himmel aufbewahrt wird, und zwar in einem makellosen, unzerstörbaren und unvergänglichen Zustand" (1. Petrus 1,3–4; WD).

Und deshalb dürfen Sie darauf vertrauen, dass Ihnen einmal Gerechtigkeit widerfahren und Sie Ihre gerechte Belohnung erhalten werden.

Herr, manchmal tritt nicht das ein, was wir erhofft haben: _____. Wir wollen aber darauf vertrauen, dass du auch in Enttäuschungen bei uns bist und uns liebst. Amen.

29. Oktober

Segensgeschenke

„Du sollst nicht die Frau eines anderen Mannes begehren! Begehre auch nichts von dem, was deinem Mitmenschen gehört: weder sein Haus noch sein Feld, seinen Knecht oder seine Magd, Rinder, Esel oder irgendetwas anderes, was ihm gehört." 5. Mose 5,21 (Hfa)

Es ist verlockend, neidisch über den Zaun zu schauen und den makellosen Vorgarten oder das teure neue Auto unserer Nachbarn zu bewundern. Wir lächeln höflich, wenn sie von ihrer Beförderung, ihren Urlaubsplänen und dem Einserzeugnis ihres Kindes erzählen. Ihre Brieftaschen sind dicker und ihre Sorgen kleiner – wir können da einfach nicht mithalten.

Nichts raubt uns so sehr die Freude und die Dankbarkeit wie der Vergleich mit anderen Menschen. Es kommt uns so vor, als enthielte Gott uns vor, was wir eigentlich verdient haben. Anstatt uns darüber zu freuen, dass Essen auf dem Tisch steht, dass wir Arbeit haben und gesund sind, verübeln wir ihm die Segensgeschenke, die er anderen zukommen lässt. Wir vergessen, dass er uns selbst ja auch schon oft damit überschüttet hat.

Erstellen Sie heute doch einmal gemeinsam eine Liste seiner „Geschenke": Welche Bedürfnisse hat er in dieser Woche erfüllt? Welche schwierigen Beziehungen haben sich verbessert? Wie sind die Hoffnungen und Träume von gestern in Erfüllung gegangen? Gibt es Schwächen, bei denen er Ihnen hilft? Wie hat er Ihre Ehe gestärkt?

Herr, hilf uns zu entdecken, wie vielfätig du uns beschenkst! Wir danken dir dafür, dass du uns so sehr liebst! Amen.

30. Oktober
Ich gehöre dir

So gehört in einem gewissen Sinne der Körper der Frau ihrem Mann und der Körper des Mannes seiner Frau. 1. Korinther 7,4 (WD)

In unserer Gesellschaft reagiert man empfindlich darauf, wenn man uns Vorschriften macht, was wir mit unserem Körper tun. Der Schutz des Ungeborenen weicht dem Recht der Frau, die Schwangerschaft zu beenden. Es werden hitzige Debatten über die Legalisierung des Drogenkonsums und das „Recht zu sterben" geführt. Alles sollte uns erlaubt sein, wenn es um Kleidung, Sexualität oder Verhalten geht. Schließlich ist es unser Körper, nicht wahr?

Die Bibel erinnert uns daran, dass wir eben nicht uns selbst gehören. Wir sind zu einem hohen Preis errettet worden – Jesus ist am Kreuz für uns gestorben (nachzulesen in 1. Korinther 6,20). Unsere Ehe ist ein Symbol für die Verbindung von Gemeinde und Jesus Christus. Mit unserem Körper bringen wir Liebe zum Ausdruck und bilden eine Einheit mit unserem Ehepartner.

Sagen Sie Gott heute einmal bewusst, dass ihm auch Ihr Körper gehört. Sagen Sie dasselbe auch zu Ihrem Partner. Gibt es etwas, das Sie daran hindert? Bekennen Sie, wo Sie vielleicht schuldig geworden sind, und bieten Sie Vergebung an, damit Verunsicherungen oder Ressentiments abgebaut werden. Achten Sie bei Ihrer Terminplanung immer darauf, dass Sie genügend Zeit für Ihren Partner haben. Bitten Sie Gott heute um Liebe, Vertrauen und Einheit in Ihrer Beziehung.

Herr, hilf uns, einander rückhaltlos zu lieben. Amen.

31. Oktober

Wachstumsschmerzen

Überhebt euch nicht über andere, seid freundlich und geduldig! Geht in Liebe aufeinander ein! Epheser 4,2 (Hfa)

Nicht jeder Christ entwickelt sich geistlich im selben Tempo oder auf dieselbe Weise weiter. Wir machen unterschiedliche Erfahrungen, haben einen unterschiedlichen Charakter oder eine unterschiedliche Geschichte. Wenn wir Gott unser Leben anvertrauen, beginnt er damit, uns Jesus ähnlicher zu machen. Aber das ist erfahrungsgemäß kein reibungsloser Prozess, und wir erleben immer wieder Rückschläge.

Verlieren Sie in dieser Hinsicht hin und wieder die Geduld mit Ihrem Partner? Vielleicht sind Sie ja über seine Fehler so frustriert, dass Sie für seine Stärken blind sind. Vielleicht haben Sie das Gefühl, dass Sie sich ständig um seine Probleme kümmern müssen. Man kann leicht der Versuchung erliegen, wütend um sich zu schlagen oder die Hoffnung aufzugeben, dass er oder sie sich jemals ändern wird.

Paulus weist uns in seinem Brief an die Gemeinde in Rom darauf hin, dass wir alle gesündigt haben und eigentlich Gottes Annahme nicht verdienen (nachzulesen in Römer 3,23). Wir alle brauchen Vergebung. Bei jedem von uns gibt es Bereiche, in denen wir einfach noch nicht so weit sind. Deshalb sollten wir einander unterstützen und ermutigen und nicht ungeduldig werden, wenn wir sehen, dass wir uns unterschiedlich schnell entwickeln.

Geben Sie einander nicht auf, wenn Sie entmutigt sind. Gehen Sie Herausforderungen gemeinsam an. Machen Sie Ihrem Partner heute ein besonderes Geschenk: eine zweite (oder dritte oder vierte) Chance.

Herr, es fällt schwer, die Hoffnung nicht aufzugeben, wenn wir immer wieder versagen. Schenke uns Geduld und Mitgefühl. Hilf uns, daran festzuhalten, dass du das gute Werk, das du in unserem Leben begonnen hast, auch vollenden wirst. Amen.

November

1. November

Geschwisterlich teilen

Und alle, die zum Glauben gekommen waren, lebten mit einem Mal füreinander. Sie besaßen alles gemeinsam, das heißt: Viele verkauften alles, was sie besaßen, und gaben es an andere weiter, die darauf angewiesen waren. Apostelgeschichte 2,44–45 (WD)

Was wären Sie bereit, für einen anderen Christen zu tun oder zu geben? Wenn wir beschließen, unser Leben Jesus anzuvertrauen, gehört es nicht länger uns selbst. Wir streichen gewissermaßen das Wörtchen „mein" aus unserem Wortschatz. Wir legen alles, was wir haben, in Gottes Hände, damit er es nach Belieben verwenden kann. Wir sind gastfreundlich und gehen auf die Bedürfnisse der Menschen in unserem Umfeld ein. Wir sind bereit, unsere Zeit, Energie und unsere Mittel in die Familie Gottes einzubringen.

Bitten Sie Gott heute darum, Ihnen die Bereitschaft zum Geben und Teilen zu schenken. Bitten Sie ihn, Ihnen zu zeigen, wie Sie ihm am besten dienen können. Versuchen Sie, ein Vorbild in Sachen Mitgefühl und Großzügigkeit zu sein.

Denken Sie daran zurück, wie Gott Sie in der Vergangenheit schon durch andere Menschen versorgt oder wie er Sie durch andere ermutigt und unterstützt hat. Danken Sie ihm heute dafür, dass Sie Teil einer Gemeinschaft sein und dasselbe für andere tun dürfen.

Herr, danke, dass du uns deine Gemeinde geschenkt hast, eine Gemeinschaft von Menschen, die sich umeinander kümmern und füreinander einstehen sollen. Hilf uns, großzügig zu geben, ohne etwas zurückzuhalten. Lass durch unsere Liebe zueinander dein Licht in dieser finsteren Welt leuchten. Amen.

2. November

Wie wahre Liebe aussieht

„Ich gebe euch nur dieses eine Gebot: Liebt einander so, wie ich euch geliebt habe." Johannes 15,12 (WD)

Mit der Zeit verblassen die romantischen Gefühle. Die Probleme und Ablenkungen des Lebens sorgen an der einen oder anderen Stelle dafür, dass wir uns innerlich etwas voneinander entfernen. Wie können wir zu der anfänglichen Liebe zurückfinden? Folgen Sie einfach dem Vorbild von Jesus.

- *Vergeben Sie das, was war.* „Herr, du bist so gut und immer bereit zu vergeben, voller Gnade für alle, die dich um Hilfe bitten" (Psalm 86,5; NL).
- *Erneuern Sie Ihr Versprechen.* „Denn seine Güte zu uns ist übergroß und seine Treue hört niemals auf" (Psalm 117,2; GN).
- *Wertschätzen Sie einander.* „Von ganzem Herzen freut er sich über euch. Weil er euch liebt, redet er nicht länger über eure Schuld. Ja, er jubelt, wenn er an euch denkt!" (Zefanja 3,17; Hfa).
- *Helfen und dienen Sie einander.* „Er kam, um zu dienen, und nicht, um sich bedienen zu lassen; und er gibt sein Leben im Austausch für viele, die in Gefangenschaft leben" (Markus 10,45; WD).
- *Beten Sie füreinander.* „Wer will denn noch die anklagen, die Gott liebt und die er selbst freigesprochen hat?! Wer wird sie verurteilen? Etwa Jesus, der für sie gestorben ist; mehr noch, der auferstand und nun zur Rechten des Vaters sitzt und für uns eintritt?" (Römer 8,34; WD).

Jesus hat Sie auserwählt. Er hat Sie von Sünde und Tod errettet und wird für immer bei Ihnen sein. Er wird Ihr Herz und Ihr Denken verwandeln, damit Sie so lieben können wie er. Bitten Sie ihn heute darum, Ihre Ehe mit seiner Liebe zu erfüllen.

Herr, wir danken dir für deine Liebe. Sie ist zu groß, um sie zu begreifen. Schenke uns eine tiefe, bedingungslose Liebe zueinander und mache uns eins. Amen.

3. November
Ich will dir treu sein

„Mit meinen Augen habe ich einen Bund geschlossen, niemals ein Mädchen lüstern anzusehen." Hiob 31,1 (Hfa)

Es braucht mehr als Wunschdenken, um der Lust nicht in die Falle zu gehen. Es ist ein Akt des Willens – eine bewusste Entscheidung –, der sexuellen Versuchung zu widerstehen. Schließen Sie wie Hiob einen „Bund mit Ihren Augen", um Ihr Denken, Ihr Fühlen und Ihren Körper füreinander rein zu halten.

Welche Filme oder Serien schauen Sie sich an? Welche Bücher und Zeitschriften lesen Sie? Gibt es darin etwas, das Ihre Gedanken auf Wanderschaft schickt? Wie könnten Sie sich davor schützen, in die Falle der Pornografie zu tappen?

Wie ist es um die sexuelle Intimität in Ihrer Ehe bestellt? Nehmen Sie sich regelmäßig Zeit dafür. Finden Sie heraus, was Sie am meisten genießen. Ihr Ehebett sollte ein sicherer Ort sein, an dem Sie offen über sexuelle Dinge reden und diese ausprobieren können.

Überprüfen Sie Ihre täglichen Gewohnheiten. Riskieren Sie einen zweiten Blick auf freizügige Plakate, Internetwerbung oder Zeitschriftencover?

Kreisen Ihre Fantasien um eine attraktive Kollegin? Führen Sie vielleicht zu intime Gespräche mit einem Kollegen? Spiegeln Ihre Unterhaltungen Gottes Standard für Sex wider?

Und was ist mit geistlichen Dingen? Wer ermutigt Sie? An wen könnten Sie sich wenden, wenn Sie in Versuchung geraten?

Verpflichten Sie sich heute dazu, Ihren Blick von allem abzuwenden, was dazu führt, dass Sie Gottes Regeln fürs Leben verletzen. Richten Sie ihn stattdessen fest auf Jesus: „Unermüdlich blicke ich auf den Herrn, denn er wird mich aus der Schlinge ziehen" (Psalm 25,15; Hfa). Wertschätzen Sie einander und bewahren Sie sich Ihr Leben lang füreinander auf.

Herr, wir danken dir für die Zuneigung und Intimität in unserer Ehe. Hilf uns, einander treu zu bleiben. Amen.

4. November

Der wahre Herrscher

Verlasst euch nicht auf Leute, die Macht und Einfluss haben! Sie sind auch nur Menschen und können euch nicht helfen. Sie müssen sterben und zu Staub zerfallen und mit ihnen vergehen auch ihre Pläne. Wie glücklich aber ist jeder, der den Gott Jakobs zum Helfer hat und auf ihn seine Hoffnung setzt, auf den Herrn, seinen Gott! Psalm 146,3–5 (GN)

Kein Bundeskanzler kann Ihre Seele retten. Keine Königin kann Ihnen ein Leben in Frieden und Sicherheit versprechen. Keine noch so starke Armee kann dafür sorgen, dass Ihre Ehe ein Leben lang hält. Gleichgültig, wie gut die Planungen Ihrer Regierung auch sind: Sie können die Zukunft nicht kontrollieren.

Führungspersonen kommen und gehen, aber Gott regiert ewig. Und im Gegensatz zu Herrschern hat er auch die Macht, jeden Sturm zu stillen. Er kümmert sich um Ihre Bedürfnisse und schützt Sie vor Gefahren. Er hält Ihr ganzes Leben liebevoll in seiner Hand. Er ist vollkommen und heilig und verdient Ihren Dank.

„Denkt nur daran, welche Kraft Jesus aus dem Tod ins Leben zurückgeholt hat! Und nicht nur das: Welche Herrlichkeit hat der Vater ihm geschenkt, der ihn jetzt im Himmel neben sich gesetzt hat. Seine Macht stellt alles in den Schatten, was Menschen auf Erden für mächtig halten" (Epheser 1,20–21; WD). Glauben Sie an ihn, verlassen Sie sich auf ihn, und gehorchen Sie ihm bei allem, was Sie betrifft.

Herr, du bist Gott, und wir sind es nicht. Hilf uns dabei, unsere Hoffnungen nicht auf Menschen zu setzen anstatt auf dich. Wir danken dir dafür, dass du uns deine Liebe schenkst und dass wir uns dir bei allen Dingen anvertrauen dürfen. Amen.

5. November

Beten Sie für Menschen in verantwortungsvollen Positionen

Ich möchte dich noch einmal an das erinnern, was in erster Linie eure Aufgabe als Gemeinde ist: zu beten. Ob Bitten, Fürbitten, Lob- oder Dankgebete – betet intensiv für alle Menschen, vor allem für die Regierenden und die Personen, die eine verantwortungsvolle Position in eurer Gesellschaft innehaben. Es geht darum, dass ihr ein ungestörtes, ruhiges Leben führen könnt, in dem eure Beziehung zu Gott zum Tragen kommen kann und Menschen eure Lebensart schätzen lernen können. 1. Timotheus 2,1–2 (WD)

Wir sind wütend und ungehalten, wenn Politiker ihre Versprechen brechen. Ihnen sind ihr Image und ihre Unterstützer oft wichtiger als ihre Integrität. Die meisten interessieren sich wahrscheinlich nicht für Gott, sondern nur für Macht und Popularität. Sie enttäuschen uns, sodass wir ihrer Führung nicht länger vertrauen. Die Zukunft unseres Landes und unserer Gemeinde macht uns Angst. Wir fühlen uns unsicher.

Doch die Bibel hat eine gute Nachricht für uns: Gott hat die Kontrolle. Er ist der wahre Herrscher. Alle Regierungen sind nur deshalb an der Macht, weil Gott dies zulässt (nachzulesen in Römer 13,1). Keine irdische Macht ist mächtiger als er.

Paulus weist uns heute an, für Menschen in verantwortlichen Positionen zu beten. Bringen Sie jede politische Führungsperson im Gebet vor Gott und bitten Sie für ihn oder sie um Weisheit. Bitten Sie dafür, dass die Regierenden kluge Entscheidungen treffen, damit sie Leiden lindern, für Sicherheit sorgen und ihr Land voranbringen können. Bitten Sie Gott um einen größeren Glauben, damit Sie auf seine Pläne und Ziele vertrauen, selbst wenn Ihre Anführer versagen.

Seien Sie heute ein Friedensstifter. Segnen und ermutigen Sie andere. Vertrauen Sie, selbst wenn Sie Angst vor der Zukunft haben. Kämpfen Sie auf Ihren Knien – im Gebet – für Gerechtigkeit und Integrität. Schöpfen Sie neuen Mut, denn Jesus hat die Welt ja bereits besiegt (nachzulesen in Johannes 16,33)!

Herr, schenke uns Vertrauen, damit wir daran glauben, dass du wirklich die Kontrolle über die scheinbar aus dem Gleichgewicht geratene Welt hast. Hilf unseren politischen Anführern dabei, gute Entscheidungen zu fällen. Heile das, was in unserem Land nicht in Ordnung ist. Amen.

6. November

Stark sein

Schließlich wünsche ich mir, dass ihr durch eure Beziehung zu Jesus stark werdet und dass ihr etwas von seiner Kraft in eurem Leben erfahrt.
Epheser 6,10 (WD)

Sie sind sich dessen vielleicht nicht bewusst, aber Sie kämpfen jeden Tag in einer geistlichen Schlacht. Die „Mächte der Finsternis" und „die bösen Geister der unsichtbaren Welt" (Epheser 6,12; WD) sind darauf aus, Ihre Seele, Ihre Familie und Ihren Glauben zu zerstören. Gleichgültig, wie unbesiegbar Sie sich fühlen: Sie können den Kampf nicht ohne Hilfe gewinnen.

Seien Sie vorsichtig, welche Waffen Sie heute wählen. Der Psychiater kann nicht dafür sorgen, dass Sie Ihren Partner wieder lieben. Finanzieller Erfolg schützt Sie nicht vor Sorgen. Blogger und Experten werden die Albträume Ihres Kindes nicht lindern. Politiker können den Frieden, den sie versprechen, nicht garantieren. Gesetze können uns nicht von der Versuchung befreien. Wir sehnen uns nach Weisheit, Sicherheit oder schlicht dem Guten, aber ohne Gott werden wir das alles nicht finden.

Legen Sie deshalb heute die Waffenrüstung Gottes an. Wenn das Böse kommt – und das wird es –, werden Sie standhaft bleiben können. Halten Sie sich an die Wahrheit der Bibel. Glauben Sie an das Evangelium. Glauben Sie, dass Gott Ihr König und Retter ist. Bemühen Sie sich darum, mit anderen in Frieden zu leben. Wenden Sie sich von der Sünde ab, und leben Sie so, dass Gott Gefallen daran hat. Seien Sie sich bewusst, dass Sie ein auserwähltes Kind Gottes sind.

Beten Sie für alles in Ihrem Leben. Halten Sie an Gott fest, dann wird der Feind einen gewaltigen Gegner haben, den er nie besiegen wird.

Herr, wir brauchen deine Kraft und Stärke, um die Herausforderungen und Probleme unseres Lebens zu bewältigen. Schenke uns Wahrheit, Glauben und Liebe. Amen.

7. November

Das Beste kommt erst noch

Wie lächerlich gering ist doch alles Leiden, wenn man es mit dem Übermaß an Herrlichkeit vergleicht, das uns erwartet. Achtet darauf, dass ihr nicht auf das schaut, was sich in den Vordergrund drängt und uns Not und Schmerzen bereitet, sondern schaut auf das, was wir nicht sehen können. Was uns in dieser Welt zustößt, dauert immer nur eine bestimmte Zeit. Die Herrlichkeit, die uns dagegen erwartet, wird in Ewigkeit nicht enden. 2. Korinther 4,17–18 (WD)

In guten, aber vor allem in schlechten Zeiten zeigt sich „an unserem Leib im gleichen Maß die Fülle des Lebens Jesu" (2. Korinther 4,11; WD). Er gibt seine Kraft, wenn wir schwach sind. Er schenkt seine Weisheit, wenn wir nicht wissen, was wir tun sollen. Er zeigt seine Barmherzigkeit, wenn wir zu unseren Feinden freundlich sind. Sein Name wird großgemacht, wenn unser Glaube auch bei Herausforderungen nicht wankt. Sein Licht leuchtet, wenn wir Zeit, Energie oder unsere Mittel für die Menschen opfern, die leiden oder ihn noch nicht kennen. Seine Macht zeigt sich in unserem Kampf gegen das Böse.

Nachfolge ist mit einem Preis verbunden. Doch machen Sie sich auch bewusst, dass Gott Sie für jede Träne, die Sie weinen, mit Segensgeschenken trösten wird. Er wird Sie für alles, was Sie weggeben, mit seiner Güte überschütten. Er wird Ihnen Kraft schenken, wenn andere

Ihnen das Leben schwermachen. Er vertieft Ihren Glauben, wenn Sie der Versuchung widerstehen. Er wird Ihnen für jede Bedrohung gegen Sie früher oder später Gerechtigkeit schenken. Richten Sie Ihren Blick auf Jesus. Die kommende Herrlichkeit wird jeden Schmerz übersteigen, den Sie heute erleben.

Herr, es gibt Zeiten, da haben wir das Gefühl, dass sich alles gegen uns verschworen hat. Wir sind gesundheitlich angeschlagen, haben berufliche Probleme und Streit mit anderen. Hilf uns, die Ewigkeit im Blick zu behalten und die Freude, die uns dort erwartet. Amen.

8. November
Alles wird neu

Passt euch in eurem Denken und Verhalten nicht einer Welt an, die Gott nicht kennt. Lasst euer Leben durch den Geist Gottes so umgestalten, dass ihr nicht nur alles mit anderen Augen seht, sondern auch erspüren könnt, was Gott mit euch in dieser oder jener Situation vorhat. Nur wenn Gott uns verändert, liegt uns alles daran, das zu tun, was ihm gefällt: das Gute, ja das Vollkommene. Römer 12,2 (WD)

Diese Gesellschaft will uns in ihre Form pressen. Überall geht es nur um Erfolg, materiellen Besitz oder gutes Aussehen. Wir träumen davon, jemand zu sein, den andere bewundern. Wir arbeiten und arbeiten, finden aber nie die versprochene Zufriedenheit.

Doch wenn Sie mit Jesus unterwegs sind, befreit Sie das von dem Druck, anderen gefallen zu müssen. Er schenkt Ihnen eine neue Identität: Sie sind jetzt ein Sohn bzw. eine Tochter Gottes. Sie haben jetzt andere Träume und Hoffnungen für die Zukunft. Sie versuchen nicht länger, selbst groß dazustehen, sondern wollen Gott großmachen. Er ist jetzt der Autor Ihrer Lebensgeschichte.

Wessen Erwartungen machen Ihnen im Augenblick zu schaffen? Sind Sie müde, weil Sie ständig versuchen, es allen recht zu machen, oder fröhlich, weil Sie Gottes Absichten für Ihr Leben verfolgen? Sprechen Sie mit Gott. Vertrauen Sie Ihre Arbeit, Ihre Beziehungen und Ihre finanziellen Mittel seiner Kontrolle an. Lesen Sie in der Bibel, damit Sie wissen, welchen Weg Sie einschlagen müssen. Danken Sie Gott für alles, was er noch für Sie vorbereitet hat, während Sie seinen guten und vollkommenen Willen für sich entdecken.

Herr, wir danken dir dafür, dass du unser Denken durch dein Wort veränderst. Zeige uns deinen Willen für unser Leben, damit wir dir jeden Tag mit Freude und Liebe dienen können. Amen.

9. November

Gott kämpft für Sie

„In dieser Welt werdet ihr immer wieder meinetwegen in Schwierigkeiten geraten und oft auch scheitern. Aber verliert nie den Mut! Ich habe diese Welt bereits besiegt." Johannes 16,33 (WD)

Es gibt immer wieder Zeiten in unserem Leben, in denen wir das Gefühl haben, dass wir vor Herausforderungen und Problemen stehen, die wir einfach nicht bewältigen können. Wir haben Schulden, die wir nicht zahlen können. Man erhebt Anschuldigungen gegen uns, denen wir nichts entgegenzusetzen haben. Familienmitglieder sind einfach nicht bereit, uns unsere Fehler zu verzeihen. Wir sind mit Krankheiten und Verletzungen konfrontiert, die einfach nicht heilen. Mit beruflichen Hürden, die wir nicht überwinden können. Wir haben mit Verwirrung und Zweifeln zu kämpfen, auf die es keine Antworten zu geben scheint. Am liebsten würden wir aufgeben!

Doch Gott verspricht: „Der Herr selbst wird für euch kämpfen, wartet ihr nur ruhig ab" (2. Mose 14,14; Hfa).

Versuchen Sie nicht länger, Ihre Probleme selbst zu bewältigen. Greifen Sie zur Bibel. Erinnern Sie sich daran, dass Gott Ihnen versprochen hat, für Sie zu kämpfen und Sie zu retten. Derselbe Gott, der Sünde und Tod besiegt hat, kann auch die Schwierigkeiten bewältigen, mit denen Sie heute konfrontiert sind. Sprechen Sie mit ihm über jede Herausforderung und jedes Problem, und vertrauen Sie darauf, dass er Ihnen helfen wird. Schöpfen Sie neuen Mut – er ist mit Ihnen.

Herr, es gibt Zeiten, in denen uns unsere Probleme über den Kopf zu wachsen scheinen. Wir wollen heute unsere Schwierigkeiten an dich abgeben. Schenke uns neue Hoffnung, während wir darauf vertrauen, dass du mit allem fertigwerden wirst, mit dem wir konfrontiert werden. Amen.

10. November

„Sehr gut!"

Schließlich betrachtete Gott alles, was er geschaffen hatte, und es war sehr gut! 1. Mose 1,31 (Hfa)

Wenn Gott die Quelle von etwas ist, ist es „sehr gut". Er schuf die Schönheit der Natur. Er inspirierte die Bibel. Er schenkte den Menschen den

Segen der Ehe und der Elternschaft. Er errichtete seine Gemeinde, die ewig Bestand haben wird. Er gibt jedem Gläubigen Gaben und Fähigkeiten, die dieser zum Wohl von Gottes Familie einsetzen darf. Alles, was Gott erschafft, ist „wunderbar und einzigartig gemacht", heißt es schon in Psalm 139.

Danken Sie Gott heute für Ihren Partner. Danken Sie ihm für alle Aspekte seiner Person, die „sehr gut" sind: seine Persönlichkeit, die Sie zum Lächeln bringen. Sein attraktives Äußeres, das Ihr Herz höherschlagen lässt. Seine einzigartigen Talente und Fähigkeiten, auf die Sie stolz sind. Seine Bereitschaft, zu geben und sich zu engagieren und sich selbst zurückzunehmen. Seine Geduld mit Ihren Unvollkommenheiten. Die Art und Weise, wie er Jesus nachfolgt. Seine Liebe und die Treue und seine Hingabe an Ihre Ehe.

Danken Sie Gott gemeinsam für das Geschenk Ihrer Ehe. Bitten Sie um die Gnade, das Gute im anderen zu sehen. Machen Sie sich bewusst, dass jeder von Ihnen Gottes Geschenk an den anderen ist.

Herr, wir danken dir für alles, was du erschaffen hast. Hilf uns dabei, im anderen immer das zu entdecken, was du „sehr gut" erschaffen hast. Amen.

11. November

Warum ich?

„Ach, Herr", entgegnete Gideon, „wenn der Herr mit uns ist, warum ist uns dann all das passiert? Wo bleiben die Wunder, von denen unsere Vorfahren uns erzählten? Sagten sie nicht: ‚Der Herr hat uns aus Ägypten herausgeführt'? Jetzt hat der Herr uns verlassen und an die Midianiter ausgeliefert." Richter 6,13 (NL)

Wenn wir schlimme Erfahrungen machen, liegt die Frage nach dem Warum nah. Wenn Gott gut ist, warum leiden wir dann? Sollte es uns als Christen nicht immer gut gehen? Sollten wir uns nicht immer gegen Menschen durchsetzen, die uns das Leben schwermachen? Sollten wir nicht glücklich und erfolgreich sein? Sollten nicht alle unsere Träume und Hoffnungen wahr werden?

Wenn wir Verluste erleiden oder mit Schwierigkeiten konfrontiert werden, haben wir oft das Gefühl, dass Gott uns vergessen hat. Wir verlieren den Glauben an Gottes Macht und an seine Verheißungen. Wir zweifeln an seiner Liebe.

Vertrauen Sie heute fest auf das, was Gott Ihnen versprochen hat – er hält Ihr Leben liebevoll in seiner Hand. Er hat Ihnen seine Liebe bewiesen, als Jesus für Ihre Sünde starb, damit Sie leben können. Er kann schwere Zeiten gebrauchen, um Ihr Vertrauen zu vertiefen und zu beweisen, dass er treu ist. Er weiß, was Sie benötigen, noch bevor Sie ihn darum bitten. Er bietet Ihnen „Schätze im Himmel", die alles übertreffen, was diese Welt zu bieten hat.

Bitten Sie Gott darum, Ihnen zu zeigen, wo er in Ihren Leben am Werk ist. Bitten Sie darum, Ihnen eine tiefere Dankbarkeit für alles zu schenken, was er getan hat. Vertrauen Sie darauf, dass er jederzeit bei Ihnen ist und dass er Dinge weiß, die Sie einfach nicht wissen können. Kommen Sie weiterhin mit Ihren Fragen und Problemen zu ihm. Wenn Sie sich auf ihn verlassen, wird er Sie mit Frieden erfüllen.

Herr, wir wollen an dir festhalten, egal, was passiert. Wir wollen darauf vertrauen, dass du immer gut, immer hier und immer alles bist, was wir brauchen. Amen.

12. November

Wahrheit, die bleibt

„Das Gras verdorrt, die Blumen verwelken, aber das Wort unseres Gottes bleibt gültig für immer und ewig." Jesaja 40,8 (Hfa)

Die Mode wechselt mit jeder Jahreszeit. Politische Führungspersonen kommen und gehen. Börsenkurse fallen und steigen. Freunde wachsen zusammen und ziehen dann weg. Frische Blumensträuße verwelken und sterben. Unsere Körperkraft wächst mit den Jahren und wird mit dem Alter wieder schwächer. Nichts, was wir sehen oder festzuhalten versuchen, wird ewig da sein. Es gibt auf dieser Welt nichts, worauf wir uns mit Sicherheit verlassen können.

Nur Gott kann uns Hoffnung schenken, die wirklich trägt, denn er ändert sich nie. Sein Wort ist immer wahr. Sein Charakter ist immer heilig. Seine Liebe lässt uns nie im Stich. Wenn er ein Versprechen gibt, hält er es. Seine Pläne werden sich erfüllen. Er ist Ihr Anker und Ihr Fels.

Woran machen Sie Ihre Sicherheit fest? Woran halten Sie sich fest, um sich glücklich und sicher zu fühlen? Was fürchten Sie am meisten zu verlieren? Nehmen Sie Ihre Bibel zur Hand, Ihr kostbares Geschenk von Gott. Denken Sie daran, wenn Sie darin lesen: „Diese Anweisungen sind nicht nur leere Worte – sie sind euer Leben!" (5. Mose 32,47; NL).

Gottes Wort wird Sie nie im Stich lassen, wenn Sie Rat und Hilfe brauchen. Es wird Ihnen neue Freude schenken. Es wird Sie daran erinnern, dass Jesus einmal zurückkehrt. Wenn alles andere auch vergeht: Gottes Wort hat immer Bestand.

Herr, wir danken dir dafür, dass du uns dein Wort, die Bibel, gegeben hast. Sie soll unsere Hoffnung, unsere Quelle der Wahrheit und unser Leben sein. Amen.

13. November

Die Anatomie der Gemeinde

Denn was wäre das für ein Leib, wenn er nur aus Augen bestehen würde – wo bliebe da das Gehör?! Oder wenn der Leib nur hören könnte – wie könnte der Mensch dann noch Gerüche wahrnehmen? Nun hat aber Gott die Glieder und Organe eines Menschen so zusammengefügt, das keines ohne das andere auskommt. 1. Korinther 12,17–18 (WD)

Vielleicht haben Sie das Gefühl, Sie seien nichts Besonderes. Sie glauben, dass Sie keine oder nur unwichtige geistliche Gaben besitzen. Sie sind sich nicht sicher, ob Sie überhaupt etwas bewirken können. Die Fähigkeiten anderer Christen scheinen nützlicher und wichtiger zu sein. Falls Sie das glauben, hat Gott eine gute Nachricht für Sie: Er hat Sie genau dort hingestellt, wo er Sie haben möchte, und hat Ihnen genau die Gaben mitgegeben, die dort benötigt werden.

Sie sind ein einzigartiger, besonderer Teil von Gottes Plan für seine Gemeinde. Er verfolgt ein Ziel damit, dass er Sie an diesen Platz in seiner Familie gestellt hat. „Wir sind so oder so seine ureigenste Schöpfung, ins Leben gerufen durch Jesus Christus, damit wir in dieser Welt all die guten Dinge tun können, die Gott schon im Voraus für uns vorbereitet hat" (Epheser 2,10; WD).

Vergleichen Sie sich nicht mit anderen Menschen. Bitten Sie stattdessen Gott um die Kraft, ihm dort treu zu dienen, wo Sie leben und sind. Bitten Sie um die Weisheit, Ihre Aufgaben zu erkennen – als Einzelne und als Ehepaar –, und um die Bereitschaft, sie auch auszuführen. Danken Sie ihm dafür, dass Sie Teil seiner Gemeinde sein dürfen.

Herr, wir danken dir dafür, dass du deine Gemeinde gebaut und uns zu einer Einheit gemacht hast. Zeige uns, wie wir einander in deinem Namen lieben und dienen können. Amen.

14. November

Reisen mit Rückenwind

Freut euch auf alles, was Gott für euch bereithält. Seid geduldig, wenn ihr schwere Zeiten durchmacht, und hört niemals auf zu beten.
Römer 12,12 (NL)

Nicht jeder Berg wird an einem Tag bestiegen. Leiden erschöpft uns, ohne dass ein Ende in Sicht ist. Spannungen und Konflikte können eskalieren, bis der Frieden unmöglich erscheint. Unsere Bedürfnisse und Sehnsüchte bleiben unerfüllt. Vielleicht sollten wir ja lieber aufgeben?

Wenn Sie sich auf Ihre eigenen Fähigkeiten verlassen, werden Sie Ihre Probleme wahrscheinlich nie lösen. Sie können den Schmerz des Lebens nicht mit Geld, Nahrung oder Ablenkungen lindern. Nur Jesus kann Ihnen hier Hoffnung schenken. Der Eine, der die Sünde, den Tod und die Hölle besiegt hat, ist in der Lage, alles zu überwinden, was Ihnen heute bevorsteht.

Gott wird Ihnen neue Freude, Hoffnung und Geduld schenken und Ihnen helfen, innerlich zur Ruhe zu kommen. Er lädt Sie ein, Zeit mit ihm zu verbringen und mit ihm zu sprechen. Er ersetzt Ihre Trauer, Frustration und Enttäuschung durch seine Kraft.

Setzen Sie Ihre Hoffnung auf Gott, der verspricht, dass alles letztlich zu Ihrem Wohl dient. Seien Sie geduldig, wenn Sie diesem schwierigen Weg folgen, aber Sie dürfen wissen, dass Gott die Kontrolle hat und weiß, was die Zukunft bringt. Sprechen Sie mit Gott über Ihre Gefühle, Fragen und Probleme. Legen Sie ihm Ihren Kummer zu Füßen und alles, was Sie belastet. Bitten Sie ihn, in Ihrer Situation einzugreifen.

Herr, dieser Kampf ist einfach zu hart. Am liebsten würden wir aufgeben. Erneuere unseren Glauben, damit wir darauf vertrauen können, dass du bei uns bist. Schenke uns Hoffnung und Kraft. Amen.

15. November

Gemeinsam mit Gott in den Kampf

„Fürchte dich nicht, denn ich stehe dir bei; hab keine Angst, denn ich bin dein Gott! Ich mache dich stark, ich helfe dir, mit meiner siegreichen Hand beschütze ich dich!" Jesaja 41,10 (Hfa)

Gerade als Sie dachten, Ihre Situation könnte nicht schlimmer werden, wurde es schlimmer. Noch mehr schlechte Nachrichten. Die Unterstützung, auf die Sie sich verlassen hatten, blieb aus. Die Stimmen der Sorge und des Zweifels gellen lauter in Ihren Ohren. Der Versuch, mit dem Problem fertigzuwerden, hat Sie so müde gemacht, dass Sie nur noch wenig Energie füreinander haben.

Lassen Sie sich von Ihrer Angst nicht unterkriegen. Geben Sie nicht auf. Jetzt ist genau der richtige Zeitpunkt, um Gott darum zu bitten, für Sie zu kämpfen. Machen Sie sich bewusst, dass er in all dem Schlamassel bei Ihnen ist. Erzählen Sie ihm alles darüber. Bitten Sie um Hilfe – hören Sie auf, so zu tun, als könnten Sie es allein schaffen. Egal, wie diese Situation ausgeht, er wird Ihnen die Kraft schenken, sie zu bewältigen.

Gott sitzt auch heute noch auf seinem Thron. Wenn Sie sich an ihm festhalten, wird er dafür sorgen, dass Sie nicht umkippen. Er wird Ihnen die Kraft geben, das Richtige zu tun. Er wird dafür sorgen, dass Ihre Beziehung nicht unter Ihren Kämpfen leidet. Er wird dafür sorgen, dass der Schmerz nicht umsonst war. Er wird Ihnen seine Liebe und Macht zeigen. Schöpfen Sie neue Hoffnung und stürzen Sie sich gemeinsam mit ihm mutig in den Kampf.

Herr, diese Probleme belasten uns sehr: _____. Hilf uns heute, denn wir vertrauen darauf, dass du uns zur Seite stehst. Danke, dass du uns nicht verlässt, egal, was geschieht. Amen.

16. November

Die Ehe – Gottes Idee

Gott, der Herr, sagte: "Es ist nicht gut, dass der Mensch allein ist. Ich will ihm jemanden zur Seite stellen, der zu ihm passt!" 1. Mose 2,18 (Hfa)

„Er ist meine bessere Hälfte." „Sie ist mein Ein und Alles." „Ohne ihn bin ich nicht komplett." „Wir passen perfekt zusammen." Wir alle suchen einen Partner, der gut zu unseren Werten, unserer Persönlichkeit und unseren Träumen für die Zukunft passt. Weil Gott das weiß, fügt er zwei Menschen zusammen; gemeinsam sind sie mehr als die Summe ihrer Teile.

Ehemann: Denken Sie darüber nach, inwiefern Ihre Frau ein Segen für Sie ist. Wie hilft sie Ihnen täglich? Wie unterstützt sie Ihre Arbeit, Ihre Aufgaben als Vater oder Ihren Dienst in der Gemeinde? Was würden Sie am meisten vermissen, wenn Sie allein wären? Wie gleichen ihre Stärken Ihre Schwächen aus?

Ehefrau: Wo unterstützen Sie Ihren Ehemann? Wie gleichen seine Stärken Ihre Schwächen aus? Was würde Ihnen besonders fehlen, wenn Sie allein wären? Werfen Sie einen neuen Blick auf die Verantwortung, die auf seinen Schultern lastet. Fragen Sie Gott, wie Sie ihn ermutigen können.

Es ist beruhigend zu wissen, dass die Ehe von Anfang an Gottes Idee war – er kennt die unzähligen Vorteile eines gemeinsamen Lebens. Danken Sie ihm heute dafür, dass er Ihnen Ihren Partner geschenkt hat. Bitten Sie ihn, Ihnen zu zeigen, inwiefern Ihr Partner ein Segen für Sie ist.

Herr, wir danken dir für unsere Beziehung. Du segnest uns dadurch so sehr! Danke, dass du mir einen Partner gegeben hast, der mich liebt und mit dem ich den Rest meines Lebens verbringen kann. Mach uns immer wieder dankbar für das Geschenk unserer Ehe. Amen.

17. November

Der Eine, auf den wir zählen können

Bleib mir jetzt doch nicht fern! Groß ist meine Angst! Weit und breit gibt es keinen, der mir hilft. Psalm 22,12 (Hfa)

Wenn wir das Gefühl haben, dass wir allein sind, schmerzen Probleme mehr. Ein Freund kann uns nicht vor Arbeitslosigkeit oder Konkurs bewahren. Unsere Eltern können eine Freundschaft nicht wieder flicken. Unsere Gemeinde kann eine aussichtslose medizinische Diagnose nicht rückgängig machen. Weder ein Ehemann noch eine Ehefrau können die Fehler der Vergangenheit wiedergutmachen. Wenn wir diese Erfahrungen machen, sind wir entmutigt und verlieren die Hoffnung.

Doch wenn die Probleme zu groß sind, als dass jemand sie lösen könnte, können Sie sich immer noch an Gott wenden. Durch Ihre Schwierigkeiten fühlen Sie sich vielleicht schwach und isoliert, aber es gilt: „Der Herr, euer Gott, ist in eurer Mitte; und was für ein starker Retter ist er" (Zefanja 3,17; Hfa). Sie können selbst mitten im Sturm Zufriedenheit und Ruhe erleben: „Hat uns Gott nicht versprochen: ‚Niemals werde ich aufhören, mich um dich zu kümmern, und ich werde dich auch niemals verlassen'?!" (Hebräer 13,5; WD). Legen Sie Ihr Leben in Gottes Hände – nicht in die anderer Menschen –, denn er ist Ihr Helfer und Ihr Retter (nachzulesen in Psalm 40,18).

Wenn Sie nur noch Gott um Hilfe bitten können, ist er auch der einzige Helfer, den Sie brauchen. Sprechen Sie mit ihm über jede Verletzung und über alles, was Ihnen Sorgen bereitet. Vertrauen Sie darauf, dass er in jedem Augenblick an Ihrer Seite ist. Lassen Sie sich heute von ihm Frieden und Trost schenken.

Herr, niemand kann uns bei den Schwierigkeiten helfen, die wir gerade haben. Hilf du uns! Ermutige uns, und schenke uns den Glauben, darauf zu vertrauen, dass du immer bei uns bist. Amen.

18. November

Essen, trinken, erinnern

Ebenso nahm er nach dem Mahl auch den Kelch und sagte: „Dieser Kelch ist der neue Bund in meinem Blut. Dies tut, sooft ihr trinkt, um euch an mich zu erinnern. Jedes Mal, wenn ihr von dem Brot esst und aus dem Kelch trinkt, verkündigt ihr, was der Herr durch seinen Tod für uns getan hat, bis er wiederkommt." 1. Korinther 11,25–26 (WD)

Wegen der Dinge, die in der Vergangenheit geschehen sind, haben wir Hoffnung für die Zukunft: Gott wollte schon bei der Erschaffung der Welt Gemeinschaft mit uns haben. Jesus kam vor über 2000 Jahren auf diese Welt, um zu sterben und so die Strafe für unsere Sünde zu zahlen. Und die Wunder, die Gott gestern in unserem Leben vollbracht hat, schenken uns heute Vertrauen darauf, dass er auch morgen an unserer Seite ist und uns helfen will. Damit unser Glaube tragfähig ist, sollten wir uns also immer wieder an das erinnern, was Gott getan hat.

Erinnern Sie sich zum Beispiel an Gottes Versprechen, einen Retter zu schicken. Erinnern Sie sich an Jesus, die Erfüllung dieses Versprechens. „Doch er wurde blutig geschlagen, weil wir Gott die Treue gebrochen hatten; wegen unserer Sünden wurde er durchbohrt. Er wurde für uns bestraft – und wir? Wir haben nun Frieden mit Gott! Durch seine Wunden sind wir geheilt" (Jesaja 53,5; Hfa). Erinnern Sie sich an seinen Tod, durch den Sie neues Leben haben.

Erinnern Sie sich daran, wer Sie waren, bevor Sie Jesus kennenlernten – die Angst, die Schuld und die Orientierungslosigkeit in Ihrem Leben.

Und denken Sie an eines: am Abendmahl teilzunehmen und so das Wissen um das, was Jesus für Sie getan hat, in Ihrem Denken und Fühlen lebendig zu halten.

Herr, du hast gelitten und bist gestorben, damit wir für immer mit dir leben können. Hilf uns, das niemals aus dem Blick zu verlieren. Amen.

19. November
Gewinnen und verlieren

Gibt es jemanden, der ihm etwas gegeben hat und dem Gott dafür jetzt etwas schuldet? Denn von ihm kommt alles und durch ihn existiert alles und zu ihm wird alles zurückkehren. Ihm sei die Ehre in alle Ewigkeit! Amen. Römer 11,35–36 (WD)

Gott ist derjenige, von dem alles kommt, was wir haben: unsere Gesundheit. Unsere Kinder. Unser Geld. Unser Haus. Unser Freundeskreis. Unser Arbeitsplatz. Hier dürfen wir dankbar sein und uns über seine Güte freuen.

Aber wenn wir dann gezwungen sind, eines dieser Segensgeschenke herzugeben, schmerzt das. Es ist hart, wenn unser Auto einen Totalschaden hat. Oder wenn wir entlassen werden. Wenn eine Schwangerschaft zu früh endet. Wenn Menschen, die wir lieben, wegziehen oder sterben. Wenn wir verletzt werden oder chronische Schmerzen haben. Es so ungerecht. Wir haben das doch nicht verdient! Und insgeheim fragen wir uns, ob Gott weiß, was er da tut.

Alles, was Sie haben, kam von ihm, durch ihn und für ihn. Er allein weiß, warum er Ihnen etwas gegeben, aber auch warum er es Ihnen genommen hat. Vielleicht werden Sie es einmal verstehen, vielleicht aber auch nicht. Was immer Sie erhalten und verlieren: Alles geschieht zu seiner Ehre.

Vertrauen Sie darauf, dass er Sie liebt. Er will Ihnen nicht schaden. Er hält Ihre ewige Belohnung in seinen Händen. Überlassen Sie ihm heute Menschen, die Sie lieben, Ihren Besitz und sich selbst.

Herr, wir wollen mit Paulus beten: „Aber seit ich Christus kenne, ist für mich alles wertlos, was ich früher für so wichtig gehalten habe. Denn das ist mir klar geworden: Gegenüber dem unvergleichlichen Gewinn, dass Jesus Christus mein Herr ist, hat alles andere seinen Wert verloren. Um seinetwillen habe ich das alles hinter mir gelassen; es ist für mich nur noch Dreck, wenn ich bloß Christus habe" (Philipper 3,7–8; Hfa). Amen.

20. November

Weise Worte

Genauso wenig ist Platz für Beleidigungen, Sticheleien oder zweideutiges Gerede. Vielmehr sollt ihr Gott danken und ihn loben. Epheser 5,4 (Hfa)

Wenn wir die Einladung von Jesus annehmen, reinigt Gott unser Herz und unser Leben. Das kann man zum Beispiel daran sehen, dass wir anders mit anderen umgehen oder über andere Themen auf eine andere Art und Weise sprechen.

Wir erkennen, dass sexuelle Intimität ein wunderbares Geschenk von Gott ist, was derben Humor und entsprechende Bemerkungen zum

Schweigen bringt. Wir erkennen, dass jeder Mensch nach dem Ebenbild Gottes erschaffen wurde. Deshalb beleidigen wir den anderen nicht länger, sondern respektieren und wertschätzen ihn. Dummes Gerede fällt weg, wenn wir uns mit der Wahrheit der Bibel beschäftigen.

Wie wäre es, wenn man auch an Ihren Worten ablesen kann, dass Sie mit Jesus unterwegs sind? Wenn Sie merken, dass Sie am liebsten wütend schimpfen würden, dann bitten Sie ihn doch einmal um Geduld und Frieden. Wenn Sie merken, dass es in Ihren Gesprächen nur noch um Klagen und Sorgen geht, dann bitten Sie ihn doch einmal um Dankbarkeit und Vertrauen. Wenn Sie sich irgendwo aufhalten, wo derbe Scherze und zweideutige Anspielungen gemacht werden, dann bitten Sie Gott doch einmal, Ihnen zu helfen, Ihren Partner zu wertschätzen.

Achten Sie genau darauf, was Sie sagen, denn es gilt: „Denn wie der Mensch in seinem Herzen denkt, so redet er" (Matthäus 12,34; NGÜ).

Herr, unsere Worte sollen ein Spiegelbild unseres Lebens mit dir sein. Hilf uns, darauf zu achten, dass unsere Gespräche mit Dank, Weisheit und Liebe erfüllt sind. Amen.

21. November

Schluss mit Grabenkämpfen

Lass dich nicht auf die dummen und geistlosen Streitfragen ein. Du weißt selbst, dass jede Diskussion darüber nur im Streit endet. Aber als Diener eines solchen Herrn hast du es nicht nötig, herumzustreiten. Du wirst gegen jedermann freundlich sein, den Leuten in deinen Lehren das Richtige vermitteln können, geduldig das Böse ertragen …
2. Timotheus 2,23–24 (WD)

Bevor Jesus in den Himmel zurückkehrte, betete er. Er bat Gott, uns eins zu machen, so wie er und sein Vater eins sind. Als er diese Erde verließ, hatte er vor allem einen Wunsch: dass die Menschen, die zu ihm gehören, in Harmonie zusammenleben würden.

Er wusste, dass wir viel finden würden, worüber wir streiten können. Gemeinden streiten darüber, wie man Feiertage begeht. Wofür man Geld ausgibt. Wer die Verantwortung übernehmen soll. Welche Lieder am Sonntagmorgen gesungen werden sollen. Was der Pastor fahren und was seine Frau anziehen soll. Wie der Eingangsbereich zu dekorieren ist. Christen ärgern sich über die kleinen Dinge und ignorieren dabei oftmals das, was am wichtigsten ist.

Entscheiden Sie sich heute dafür, anderen freundlich zu begegnen. Geben Sie den Menschen Raum für ihre Gefühle und Meinungen. Lassen Sie sich nicht in dumme Debatten hineinziehen. Seien Sie geduldig, und vergeben Sie Menschen, die ihren eigenen Kopf durchsetzen wollen. Beschäftigen Sie sich intensiv mit der Bibel, damit Sie anderen dabei helfen können zu erkennen, was richtig und was falsch ist. Seien Sie ein Friedensstifter, sodass alle erkennen können, wie sehr Gott sie liebt.

Herr, in unserer Ehe und unserer Gemeinde soll es harmonisch zugehen. Halte uns von sinnlosen Kämpfen ab, die uns doch nur auseinanderbringen. Lehre uns, anderen mit Nachsicht und Mitgefühl zu begegnen. Amen.

22. November

Herzenswünsche

Nun sollen sie dem Herrn danken für seine Güte und für seine Wunder, die er für die Menschen vollbringt. Denn er hat den Durstigen erfrischt und den Hungrigen mit Gutem gesättigt. Psalm 107,8–9 (GNÜ)

Wenn Sie Ihr Leben betrachten, haben Sie dann das Gefühl, es würde etwas fehlen? Meinen Sie, Sie wären zufriedener, wenn Sie ein größeres Haus, eine besser bezahlte Arbeitsstelle oder eine freundlichere Schwiegermutter hätten? Glauben Sie, dass ein Kind, ein akademischer Abschluss oder eine bessere Altersvorsorge Ihre Seele zufriedenstellen würde? Haben Sie den Verdacht, dass Gott Ihnen Dinge vorenthält, die Sie glücklich machen könnten?

Gott selbst ist die Antwort auf Ihre Unzufriedenheit. Listen Sie doch heute einmal auf, wie er Ihnen schon seine Liebe gezeigt hat. Denken Sie darüber nach, wie er Sie dahin gebracht hat, wo Sie heute sind. Erinnern Sie sich daran, dass er Ihnen Ihre Schuld vergeben hat. Er hat Ihnen sein Wort, seinen Heiligen Geist und neue Hoffnung für die Zukunft geschenkt. Das, wonach Sie sich wirklich sehnen, kann nur er Ihnen geben.

Vertrauen Sie darauf, dass Gott weiterhin in Ihrem Leben wirkt. Glauben Sie daran, dass er Ihnen das geben wird, was Sie sich wirklich wünschen, wenn Sie sich über ihn freuen (nachzulesen in Psalm 37,4). Halten Sie sich vor Augen, dass er Sie jetzt liebt, heute bei Ihnen ist und in diesem Augenblick seine Absichten für Sie erfüllt. Sie müssen nicht erst auf morgen warten, um Freude und Frieden zu entdecken.

Herr, wir wollen dankbar sein für alles, was du für uns getan hast. Schenke uns die Zufriedenheit, die uns Dinge oder Menschen nicht schenken können. Amen.

23. November

Genug Liebe für ein ganzes Leben

Denn der Herr, der allmächtige Gott Israels, sagt: „Ich hasse Ehescheidung, ja, ich verabscheue es, wenn ein Mann seiner Frau so etwas antut. Darum nehmt euch in Acht und brecht euren Frauen nicht die Treue!"
Maleachi 2,16 (Hfa)

Es schmerzt eine Ehefrau zutiefst, wenn ihr Ehemann sich von ihr abwendet. Sie bemerkt, wenn er unauffällig anderen Frauen hinterherschaut. Sie weiß von seinen Besuchen auf pornografischen Internetseiten. Ihr eingebauter Alarm schlägt an, wenn vergangene Beziehungen an die Tür klopfen. Und wenn schließlich die Mauern der Treue in sich zusammenstürzen, die ihre Ehe umgeben, wird eine Ehefrau von diesen Trümmern zu Boden geworfen.

Hüten Sie vor Untreue. Geben Sie Ihrem Partner oder einem engen Freund bzw. einer engen Freundin die Erlaubnis, Sie an Ihre Verantwortung zu erinnern. Errichten Sie Grenzen, damit Sie nicht der Versuchung zum Opfer fallen. Bekennen Sie einander heute, falls Sie sich vielleicht unangemessen verhalten haben, und fangen Sie neu miteinander an.

Sprechen Sie mit Gott über Ihren Hass oder Ihre Verbitterung. Bitten Sie ihn, Ihnen ein neues Herz zu schenken. Entscheiden Sie sich dafür, Ihrer Ehe Priorität einzuräumen; die Beziehung zu Ihrem Partner soll Vorrang vor allen anderen Beziehungen oder Zielen in Ihrem Leben haben. Kämpfen Sie nicht länger gegeneinander, sondern kämpfen Sie miteinander für Ihre Ehe.

Denken Sie noch nicht einmal über Scheidung nach! Bitten Sie Gott darum, Ihnen die Kraft zu schenken, Ihr gegenseitiges Versprechen zu halten. Lassen Sie Ihre Liebe wieder neu von ihm entzünden, entfernen Sie mögliche Schwärmereien aus Ihrer Beziehung, und verbannen Sie jeglichen Wunsch wegzulaufen. Bitten Sie ihn, Ihnen zu zeigen, wie Sie einander wirklich lieben können.

Herr, wenn unsere Ehe schwierig wird, ist es verlockend, Ausschau nach einem Ausweg zu halten. Hilf uns dabei, dann wieder zueinanderzufinden. Wache über unserer Liebe, und gib uns die Kraft zusammenzubleiben. Amen.

24. November
Immer hinter Jesus her

Die einen sagen: „Wir gehören zu Paulus", die anderen erklären, dass sie zu Apollos gehören, und wieder andere halten sich für Jünger des Petrus. Wie schön, dass wenigstens einige noch sagen, sie würden zu Christus gehören. Lässt sich denn etwa Christus zerteilen? Bin ich, Paulus, etwa für euch gekreuzigt worden, oder ihr seid auf meinen Namen getauft worden? 1. Korinther 1,12–13 (WD)

Gott setzt Pastoren ein, um seine Gemeinden zu leiten. Weise Lehrer helfen uns dabei, die Bibel besser zu verstehen. Dynamische Redner feuern unsere Leidenschaft an, Jesus Christus zu dienen. Autoren verfeinern unser Verständnis davon, was es bedeutet, Christ zu sein. Bei all diesen guten Dingen dürfen wir aber nicht zulassen, dass Gottes Diener den Platz unseres Erlösers einnehmen.

Seien Sie offen für das, was Pastoren sagen, aber lesen Sie auch selbst in der Bibel. Lernen Sie durch Bücher mehr über das Wesen Gottes, aber lernen Sie ihn auch durch Gebet und Erfahrung selbst kennen. Respektieren Sie Ihre geistlichen Leiter, aber nur Gott sollte die volle Autorität über Ihr Leben haben. Bewundern und unterstützen Sie Menschen, die Gott dienen, aber ehren und verehren Sie vor allem Gott selbst.

Jesus erlöst uns und nicht irgendwelche Menschen. „Jesus Christus hat uns in seiner göttlichen Macht alles geschenkt, was wir brauchen, um so zu leben, wie es ihm gefällt. Denn wir haben ihn kennengelernt; er hat uns durch seine Kraft und Herrlichkeit zu einem neuen Leben berufen" (2. Petrus 1,3; Hfa).

Wem folgen Sie heute? Bitten Sie Gott um ungeteilte Hingabe an Jesus. Hören Sie auf seine Stimme, und gehen Sie dorthin, wohin er Sie führt.

Herr, du beschenkst uns auch durch das, was andere Menschen uns lehren. Aber wir wollen vor allem dir folgen. Schenke du uns deshalb heute Weisheit und Führung. Amen.

25. November

Wenn Wünsche aufeinanderprallen

Woher kommen denn all die Kriege und Streitigkeiten unter den Menschen? Ist das alles nicht auf all die Leidenschaften und Begierden zurückzuführen, die die Menschen innerlich so zerrissen machen? Wir wollen etwas haben, bekommen es aber nicht; wir würden am liebsten jemanden vor Eifersucht umbringen, aber das Objekt unserer Eifersucht entzieht sich uns; wir kämpfen und kämpfen und bekommen doch nicht, was wir unbedingt haben wollen. Wisst ihr, warum das so ist? Weil wir ... Gott überhaupt nicht darum bitten ... Jakobus 4,1–2 (WD)

Manchmal wollen wir partout mit dem Kopf durch die Wand! Wir sind wütend, manipulieren den anderen und lassen unserer Selbstsucht freien Lauf. Wir wollen unseren Willen durchsetzen, komme, was wolle. Wenn unsere „Wünsche" aber mit denen unseres Partners kollidieren und das für Reibung in unserer Ehe sorgt, wird es unweigerlich ernsthafte Probleme geben.

Was wünschen Sie sich gerade? Gibt es etwas, auf das Sie sehnsüchtig warten, das aber einfach nicht eintrifft? Verlieren Sie hier schon die Geduld? Haben Sie das Gefühl, dass Ihr Partner zwischen Ihnen und dem steht, was Sie wollen? Hängen Sie stärker an dem, was Sie wollen, als an der Person, die Sie lieben?

In der Bibel werden Sie dazu aufgefordert, mit Gott über Ihre Bedürfnisse und Wünsche zu sprechen. Machen Sie sich bewusst, dass er die Quelle von allem ist, was Sie haben. Vertrauen Sie darauf, dass er weiß, was das Beste für Sie ist. Ordnen Sie sich seinem Zeitplan unter. Erwarten Sie nicht, dass andere Menschen oder Dinge Sie glücklich machen. Bitten Sie Gott darum, Sie von der Anstrengung und dem Stress zu befreien, für das zu kämpfen, was Sie wollen. Lassen Sie sich stattdessen von ihm Frieden und Zufriedenheit schenken.

Herr, schenke uns Geduld, auf das zu warten, was wir uns ersehnen. Hilf uns, darauf zu vertrauen, dass du unsere Bedürfnisse stillst und unsere Herzenswünsche erfüllst. Amen.

26. November

Das beste Geschenk, das Sie Gott machen können: sich selbst

Wenn ihr an das übergroße Erbarmen denkt, das ihr durch Gott erfahren habt, dann möchte ich euch, Schwestern und Brüder, ermutigen, den einzig entsprechenden Gottesdienst zu feiern: Gebt euch diesem Gott mit eurem Leib und eurem Leben hin. Das ist die Opfergabe, die Gottes Herz erfreut und die seiner Liebe entspricht. Römer 12,1 (WD)

Wir stehen ehrfürchtig vor den Zeichen von Gottes Güte und Liebe. Er hat eine wunderschöne Welt erschaffen. Er segnete uns mit unserer Ehe und unserem Zuhause. Er hört unsere Gebete und sorgt für uns. Er gab seinen einzigen Sohn, damit wir gerettet werden können. Er bereitet einen Ort vor, an dem wir für immer mit ihm leben können. Wir werden niemals in der Lage sein, all die Dinge aufzuzählen, durch die er uns seine Liebe und sein Mitgefühl gezeigt hat. Wie können wir ihm da sagen, wie sehr auch wir ihn lieben?

Beten Sie ihn heute dadurch an, dass Sie ihm sich selbst hingeben. Bieten Sie Ihren Körper gewissermaßen als lebendiges Opfer dar. Dienen Sie ihm gern und geben Sie mit offenen Händen. Gehen Sie dorthin, wohin er Sie führt. Erzählen Sie Menschen davon, dass er sie retten und ihnen ein neues Leben schenken will. Helfen Sie anderen, ihre Lasten zu tragen. Beten Sie zusammen mit Ihrem Partner. Geben Sie Gott Ihr ganzes Selbst, indem Sie ihm in allem gehorchen.

Jesus hat uns vorgelebt, wie ein perfektes Opfer aussieht: „Denkt daran, wie Christus uns geliebt und sein Leben für uns gegeben hat, als eine Opfergabe, an der Gott Gefallen hatte" (Epheser 5,2; GN). Zeigen Sie Gott, wie sehr Sie ihn lieben, indem Sie sich ihm hingeben.

Herr, wir wollen dir alles zur Verfügung stellen: uns selbst und das, was uns gehört. Wir wollen lieben, wie Jesus geliebt hat: ohne etwas zurückzuhalten. Amen.

27. November

Der richtige Umgang mit Verletzungen

„Wenn jemand, der wie du gläubig ist, dich verletzt, dann geh hin und sag es ihm. So etwas soll zwischen euch beiden ausgemacht werden. Wenn er auf dich hört, hast du einen Freund gewonnen."
Matthäus 18,15 (WD)

Ihr Partner ist nicht perfekt. Er lässt Sie vielleicht mal im Stich. Er kann unhöflich und egoistisch sein. Er verliert hin und wieder die Geduld. Er sagt etwas, das er später bedauert. Er tut etwas, das Sie nie von ihm erwartet hätten. Wenn Sie mit einem Menschen Tag für Tag auf engstem Raum zusammenleben, sehen Sie das Gute und das Schlechte an ihm.

Wie reagieren Sie auf die Fehler Ihres Partners? Sie könnten sich zum Beispiel auf der Suche nach Mitgefühl bei Ihren Freunden ausheulen. Sie könnten Ihren Frust mit der Familie teilen, in der Hoffnung, dass diese Ihnen bestätigt, dass Ihre Wut gerechtfertigt ist. Sie können ihn vor den Kindern kritisieren und so zu Hause Konflikte schüren. Sie können gegenüber Ihrem Nachbarn bissige Bemerkungen machen, die ein schlechtes Bild auf Ihren Partner werfen. Sie können nachtragend sein, anstatt ihm zu helfen.

Machen Sie sich heute einmal darüber Gedanken, wo Sie sich falsch verhalten. Nehmen Sie sich einen Moment Zeit, um sich über das auszutauschen, was Ihnen aufgefallen ist. Sprechen Sie liebevoll darüber, wo Sie von Ihrem Weg abkommen. Tauschen Sie sich darüber aus, wie sich Ihre Entscheidungen auf Sie und Ihr Zuhause auswirken. Bieten Sie Vergebung und Verständnis an, denn Sie beide sind ja auch auf Gottes Gnade angewiesen. Beten Sie gemeinsam – bekennen Sie Ihre Schuld, und bitten Sie Gott (und Ihren Partner), Ihnen zu vergeben.

Herr, zeige uns, wie wir uns heute gegenseitig ermutigen können. Hilf uns, wirklich offen zu sein – ehrlich über unser Scheitern und unsere Verletzungen zu sprechen. Amen.

28. November

Liebe und Wertschätzung

Entsprechend gilt auch für euch Männer: Ihr seid herausgefordert, euren Frauen mit Liebe und Wertschätzung zu begegnen. Vergesst im alltäglichen Miteinander nie, dass sie als die körperlich Schwächeren auf euch angewiesen sind und dass sie genauso Miterben des von Gott verheißenen ewigen Lebens sind wie ihr. Wenn ihr eure Frauen nicht gut behandelt, könnt ihr auch euer Gebet vergessen, es ist wirkungslos! 1. Petrus 3,7 (WD)

Eines Tages werden wir Gott von Angesicht zu Angesicht anbeten. Bis dahin verleihen wir unserer Liebe zu ihm auch dadurch Ausdruck, wie wir *andere* lieben. Ehemänner sind dazu aufgerufen, ihre Frauen zu lieben und wertzuschätzen – ihre Hingabe soll widerspiegeln, wie Jesus seine Gemeinde liebt.

Sie können Ihre Liebe zum Beispiel dadurch zeigen, dass Sie im täglichen Allerlei rücksichtsvoll sind. Achten Sie darauf, ob der Tank ihres Autos oder der Akku ihres Handys leer ist. Helfen Sie bei Besorgungen, wenn sie überlastet ist. Werfen Sie getragene Kleidung in die Wäsche und helfen Sie beim Abwasch. Stehen Sie hinter ihr, wenn die Kinder respektlos sind. Diese Art von Aufmerksamkeit ist Liebe in Aktion.

Liebe ist respektvoll. Da ist kein Platz für Sarkasmus oder übertriebene Kritik. Sie wahrt ihre Geheimnisse und spricht in der Öffentlichkeit in den höchsten Tönen von ihr. Sie ehrt ihren Körper als Gottes Schöpfung. Sie steht ihr bei, wenn sie von anderen schlecht behandelt oder beleidigt wird. Die Wertschätzung, die Sie in Wort und Tat zeigen, ist ein Zeichen Ihrer Liebe.

Und wenn Sie so leben, wird Gott Ihnen auch gütig sein. Wenn Sie jedoch ablehnend reagieren, unhöflich sind oder auf Ihrer Frau herumhacken, wird das auch Ihre Beziehung zu Gott beeinträchtigen. Zeigen Sie Gott, wie sehr Sie ihn lieben, indem Sie Ihrer Frau in seinem Namen dienen und sie lieben.

Herr, wir wollen beide respekt- und rücksichtsvoll miteinander umgehen. Hilf uns, immer sanft, freundlich und liebevoll zu sein. Amen.

29. November

Die Waffe des Wortes

Die Waffen, mit denen wir unseren Kampf führen, sind nicht die Waffen dieser Welt. Es sind Waffen von durchschlagender Kraft, die dazu dienen, im Einsatz für Gott feindliche Festungen zu zerstören. Mit diesen Waffen bringen wir eigenmächtige Gedankengebäude zum Einsturz und reißen allen ‚menschlichen' Hochmut nieder, der sich gegen die wahre Gotteserkenntnis auflehnt. Das ganze selbstherrliche Denken nehmen wir gefangen, damit es Christus gehorsam wird. 2. Korinther 10,4–5 (NGÜ)

Es gibt viele Kräfte, die versuchen, unseren Glauben zu zerstören. Politiker schränken die Religionsfreiheit ein. Wissenschaftler versuchen, die Angaben der Bibel zu widerlegen. Intellektuelle leugnen die historischen Fakten der Bibel. Werbung verkauft Stil statt Substanz. Organisationen verfolgen ihre eigenen Ziele und leugnen, was heilig und richtig ist. Und jeder soll nach seiner Fasson glücklich werden.

Legen Sie heute die Waffen der Welt nieder – Geld, Einfluss und menschliche Vernunft –, und ergreifen Sie das Wort Gottes. Seine Macht wird die Lügen des Feindes zerstören. Seine Weisheit wird Ihnen sagen, was wahr ist. Seine Güte wird Sie lehren, Recht von Unrecht zu unterscheiden. Es wird Ihnen helfen, in einer Welt voller Hass Barmherzigkeit und Liebe zu verbreiten.

Hören Sie nicht länger auf die dummen Botschaften, die von allen Seiten auf Sie einströmen. Schalten Sie die Nachrichten, die Reden und das Geplapper der sozialen Medien aus. Verbringen Sie Zeit mit Gott. Beten Sie gemeinsam. Lesen Sie in der Bibel. Beten Sie Gott an. Bitten Sie ihn, Ihnen neue Kraft zu schenken, damit Sie gegen die falschen Botschaften immun sind.

Herr, vieles von dem, was Jesus gesagt und getan hat, ergibt heutzutage für viele Menschen keinen Sinn mehr. Schenke uns neue Kraft, damit wir dir gehorchen können, auch wenn uns das Schwierigkeiten einbringen sollte. Amen.

30. November
Rettung und Ruhe

Ich wandte mich an den Herrn und er antwortete mir; er befreite mich von allen meinen Ängsten. Psalm 34,5 (GN)

Die Welt kann ein beängstigender Ort sein. In den Nachrichten hören wir von Gefahren für die nationale Sicherheit, von Naturkatastrophen, Epidemien oder gestiegener Kriminalität. Arbeitsplätze sind gefährdet, unsere Gesundheit ist bedroht, und Unfälle passieren. Angst und Sorge können unsere Gedanken und Gefühle beherrschen. Erschöpft fragen wir uns, ob man auf diesem Planeten überhaupt Frieden finden kann, wenn man ein normales Leben führt.

Echte Sicherheit finden Sie nur bei Gott. Wenden Sie sich an ihn, wenn Sie etwas belastet. Erzählen Sie ihm von Ihren Problemen, gestehen Sie ihm, was Ihnen Angst macht. Bitten Sie um Hilfe, denn er ist Ihr Befreier, Erlöser, Helfer und Heiler. Bitten Sie um mehr Vertrauen in seine Macht und seine Verheißungen. Bitten Sie ihn, Ihnen in der Finsternis der Angst zu begegnen und Ihnen seinen Frieden zu schenken.

Was macht Ihnen heute am meisten Angst? Was erschüttert Ihr Vertrauen in die Zukunft? Wem oder was vertrauen Sie außer Gott selbst? Er will der Fels sein, auf dem Sie Ihr Lebenshaus bauen können. Wenn dann der Sturm aufzieht und die Wellen gegen das Haus schlagen, wird es nicht einstürzen (nachzulesen in Matthäus 7,25).

Herr, du weißt, was uns heute Angst macht und zweifeln lässt: _____. Bewahre uns vor dieser Bedrohung. Wir wollen dir, unserem liebenden Vater, vollkommen vertrauen. Schenke uns deinen Frieden. Amen.

Dezember

1. Dezember

Zeit mit Gott

Sie setzten ihre Reise fort und kamen in ein Dorf, wo eine Frau mit dem Namen Marta sie gastfreundlich in ihrem Haus aufnahm. Ihre Schwester Maria setzte sich von Anfang an in die Nähe Jesu und ließ sich keines seiner Worte entgehen. Marta dagegen konnte sich aufgrund all dessen, was sie für ihre Gäste vorzubereiten hatte, nicht einfach hinsetzen.
Lukas 10,38–40 (WD)

Es gibt so viel zu tun. Die Hungrigen brauchen etwas zu essen. Die Obdachlosen brauchen Unterkunft. Kinder brauchen unsere Sorge und Erziehung. Gemeinden brauchen Dienst. Menschen, die Gott noch nicht kennen, brauchen die Gute Nachricht. Unsere Zeit, unser Geld und unsere Energie sind gefragt, denn die Hilferufe verstummen nie.

Doch bevor Sie sich für Gott und sein Reich engagieren, sollten Sie erst ein wenig Zeit mit Ihrem Erlöser verbringen. Hören Sie auf das, was er sagt. Beschäftigen Sie sich mit der Bibel, der Gebrauchsanweisung für Ihr Leben. Nehmen Sie sich Zeit fürs Gebet – bekennen Sie Ihre Schuld, bitten Sie um Hilfe, fragen Sie nach seinem Willen. Beten Sie ihn an, und bringen Sie zum Ausdruck, wie sehr Sie ihn lieben. Er wird dann Ihre Verletzungen heilen, Sie von Ihrer Schuld befreien und Ihnen Weisheit schenken und Sie so darauf vorbereiten, denen zu dienen, die seine Liebe brauchen.

Nehmen Sie sich heute etwas Zeit, um still in Gottes Gegenwart zu sitzen. Beten Sie. Lesen Sie. Hören Sie. Ihre Aufgaben werden auf Sie warten.

Herr, lehre uns, in aller Ruhe Zeit mit dir zu verbringen. Bereite uns in der Stille darauf vor, dir zu dienen. Amen.

2. Dezember

Ihre ganz besonderen Gaben und Fähigkeiten

Jeder diene den anderen mit der Begabung, die Gott ihm in seiner Gnade geschenkt hat. Erweist euch als Menschen, die mit dem, was Gott ihnen anvertraut hat, gut umzugehen verstehen. 1. Petrus 4,10 (WD)

Wenn wir Jesus unser Leben anvertrauen, schenkt er uns eine einzigartige Kombination aus Gaben und Fähigkeiten. Diese sollten wir einsetzen, um unter anderem den Menschen zu dienen, die zu seiner Familie gehören. Und wenn jeder Einzelne seine Gaben einsetzt – von denen keine wichtiger ist als die andere! –, hat das positive Auswirkungen für alle.

Auch Ihnen hat Gott einzigartige Gaben gegeben, damit Sie den Menschen helfen, sie ermutigen, lehren oder führen können. Ihre Gaben werden anderen zum Beispiel die Kraft schenken, so zu leben, wie es Gott gefällt. Sie werden ihnen in schwierigen Zeiten Hoffnung geben. Sie werden ihnen zeigen, wie sehr Gott sie liebt und wie gütig er ist. Sie werden ihnen deutlich machen, dass die Bibel wirklich Gottes Wort ist. Oder diese Gaben werden Leid lindern oder den Glauben der Gemeinde vertiefen.

Beten Sie zusammen, und bitten Sie Gott, Ihnen zu zeigen, welche Gaben er jedem von Ihnen geschenkt hat. Lesen Sie aufmerksam in der Bibel, damit Sie erfahren, wie Sie diese Geschenke „auspacken" und einsetzen können. Verpflichten Sie sich, so zu dienen, wie Gott Sie führt. Ermutigen Sie einander, während Sie sich auf die Spur seiner Absichten und Pläne begeben.

Herr, wir danken dir dafür, dass wir Teil deiner Familie sein dürfen und dass du uns eine Möglichkeit zu dienen gibst. Hilf uns dabei, unsere Gaben zu entdecken. Gib uns die Kraft und die Weisheit, sie zu deiner Ehre einzusetzen. Amen.

3. Dezember

Seien Sie Wegweiser zu Gott

Liebe Brüder und Schwestern! Wenn jemand von euch vom rechten Weg abkommt und ein anderer bewegt ihn zur Umkehr, dann darf dieser sicher sein: Wer einen Sünder von seinem falschen Weg abbringt, der hat diesen Menschen vor dem Verderben gerettet, denn Gott hat ihm alle seine Sünden vergeben. Jakobus 5,19–20 (Hfa)

Eine Leitplanke auf einer serpentinenreichen Bergstraße bewahrt Autofahrer davor, in den Abgrund zu stürzen. Medikamente verhindern, dass Krankheiten Menschen das Leben kosten. Schülerlotsen helfen Kindern, sicher die Straße zu überqueren. Wir verlassen uns täglich darauf, dass Ärzte und Krankenschwestern, Mitarbeiter der Kommunen, Polizisten oder auch unser gesunder Menschenverstand dafür sorgen, dass wir sicher sind.

Aber uns drohen auch geistliche Gefahren. Wir müssen darauf achten, ob uns Pastoren Gottes Wort auch richtig auslegen. Wir kämpfen gegen Versuchungen an. Wir sind mit Schwierigkeiten und Herausforderungen konfrontiert, die uns daran zweifeln lassen, dass Gott wirklich gut ist. Menschen machen sich über unseren Glauben lustig. Wenn unser Glaube nicht auf einem festen Fundament steht, kann er ins Wanken geraten.

Wer hat Ihnen in der Vergangenheit schon einmal geholfen, als Sie vielleicht kurz davor waren, sich von Ihrem Glauben abzuwenden? Wo brauchen Sie heute Unterstützung, um sich an Gottes Wahrheit zu erinnern oder schlechte Gewohnheiten abzulegen? Bitten Sie um Hilfe, bevor Sie „vom rechten Weg" abkommen.

Aber auch andersherum gilt: Gibt es Personen in Ihrem Umfeld, die gerade mit Versuchungen oder Zweifeln kämpfen? Gibt es Menschen, die Gott den Rücken gekehrt haben und jetzt jemanden brauchen, der sie zu Jesus zurückführt? Bitten Sie Gott um den Mut, auf diese Menschen zuzugehen.

Herr, unser Glaube wird von vielen Seiten herausgefordert. Schenke uns gläubige Freunde, die uns dabei helfen, an unserem Glauben festzuhalten. Hilf uns aber auch, die zu ermutigen, die gerade den richtigen Weg aus den Augen zu verlieren scheinen. Amen.

4. Dezember

Freude, Hoffnung und Frieden

Darum habt ihr allen Grund zur Freude, ja, der Gott aller Hoffnung möge euch noch viel mehr mit ihr erfüllen und euch seinen Frieden schenken. Es ist euer Glaube, der euch durch die Kraft des Heiligen Geistes eine unermesslich große Hoffnung schenkt. Römer 15,13 (WD)

Wir können uns nicht hundertprozentig darauf verlassen, dass uns die Männer und Frauen, die unser Land regieren, vor Armut, Kriminalität oder Korruption schützen. Unser Chef kann weder unseren persönlichen Erfolg garantieren noch dass uns unsere Arbeit immer Freude bereitet. Wenn wir eine Familie haben, bedeutet das noch lange nicht, dass dort Harmonie herrscht oder dass man uns unterstützt, wenn wir

Probleme haben. Und wir können unseren Kindern auch nicht versprechen, dass sie eine fröhliche Kindheit haben und immer gesund sein werden. Es gibt nur einen, der uns Hoffnung, Freude und Frieden schenken kann: unser himmlischer Vater.

Wir dienen einem Gott, der uns auch und gerade in schwierigen Situationen Hoffnung, Freude und Frieden anbietet. Wichtig ist hier, dass er uns mit überfließender Hoffnung und nicht mit Optimismus oder Wunschdenken erfüllt. Er ist zuverlässig, und deshalb dürfen wir uns darauf verlassen, dass er uns retten und eine herrliche Zukunft schenken will.

Macht Ihnen der Gedanke an morgen Angst? Beschäftigt Sie seit einer Weile dasselbe Problem, und Sie haben die Hoffnung aufgegeben, dass sich daran etwas ändern wird? Ziehen die Schlagzeilen in den Nachrichten Sie runter? Nennen Sie Ihre Ängste beim Namen und sprechen Sie mit Gott darüber. Bitten Sie ihn, Sie innerlich ganz ruhig zu machen und mit neuer Hoffnung zu erfüllen. Lassen Sie sich von ihm auch mit echter Freude und Frieden erfüllen. Vertrauen Sie auf seine unglaubliche Macht und darauf, dass sich nie etwas an seiner unerschöpflichen Liebe zu Ihnen ändern wird.

Herr, wir wollen mit dem, was uns heute Sorgen bereitet, zu dir kommen und auch mit den Ungewissheiten von morgen. Erfülle uns mit Freude, Frieden und überfließender Hoffnung. Wir wollen dir in allem vertrauen. Amen.

5. Dezember

Helfen und heilen

"Endlich kam noch jemand die Straße entlang: ein Mann aus Samaria (also jemand, der nicht wie ihr den ‚richtigen' Glauben hat). Als er sah, in welchem erbarmungswürdigen Zustand der Überfallene war, musste er ihm einfach helfen. Er behandelte zuerst seine Wunden, reinigte und verband sie. Dann hob er den Verletzten auf seinen Esel, brachte ihn zu einem Gasthof und sorgte dafür, dass er es gut hatte."
Lukas 10,33–34 (WD)

Wenn wir vor lauter Problemen nicht mehr ein noch aus wissen, kommen wir uns manchmal so vor wie dieser arme Mann, der blutend im Straßengraben liegt. Wir sind niedergeschlagen, verzweifelt, keine Hilfe ist in Sicht. Die Menschen, die das mitansehen, sagen vielleicht, dass wir genau das bekommen haben, was wir verdienen. Dass wir endlich auf eigenen Füßen stehen müssen. Dass ihre Probleme wichtiger sind als unsere. Wir sind verzweifelt und warten darauf, dass sich jemand um uns kümmert.

Seien Sie heute nachsichtig, wenn Ihr Partner verletzt ist. Zeigen Sie Mitgefühl, wenn er Ihnen davon erzählt, dass ihm der Stress im Büro über den Kopf wächst. Stehen Sie hinter ihm, wenn er beleidigt und kritisiert wurde. Bieten Sie Hilfe und Trost an, wenn er krank ist oder unter Schmerzen leidet. Verteidigen Sie ihn, wenn er angegriffen wird. Nehmen Sie ihn in den Arm, wenn er trauert oder deprimiert ist. Ermutigen und beten Sie für ihn, wenn er Ihnen von seinen Ängsten erzählt.

Gehen Sie nicht achtlos an Ihrem verletzten Partner vorbei. Helfen Sie, egal, was es Sie kostet. Stehen Sie ihm zur Seite, bis alles wieder in Ordnung ist.

Herr, schenke uns Mitgefühl füreinander. Zeige uns, wie wir den anderen trösten und wie wir helfen können, wenn es nötig ist. Und schenke uns Heilung, wenn wir leiden. Amen.

6. Dezember

Geben Sie nicht auf!

Wer aber verheiratet ist, dem schreibt der Herr – nicht nur ich – vor, dass sich eine Frau nicht von ihrem Mann trennen darf, und wenn sie sich doch getrennt hat, dass sie sich entweder mit ihrem Mann aussöhnt oder unverheiratet bleibt. Ebenso gilt, dass ein Mann seine Frau nicht wegschicken darf. 1. Korinther 7,10–11 (WD)

Irgendwann kommen Sie vielleicht an den Punkt, an dem Sie das Gefühl haben, dass das Leben Sie schier zerreißt. Ihr Terminkalender ist so voll, dass Sie keine Zeit mehr füreinander haben. Kinder, Freunde und Familie ringen um Ihre Aufmerksamkeit. Auseinandersetzungen über Geld und Sex sorgen für Spannungen zwischen Ihnen. Sie hatten einmal etwas gemeinsam – doch das ist jetzt Geschichte. Und irgendwie kommt der Gedanke in Ihnen hoch, dass Sie allein besser dran wären.

Doch Gott will, dass Sie zusammenbleiben. Er will Sie daran erinnern, dass Sie einander versprochen haben, sich ein Leben lang zu lieben. Und das kann harte, demütigende Arbeit sein: Sprechen Sie über die Fehler, die Sie begangen haben. Gestehen Sie, wo Sie versagt haben, und vergeben Sie einander. Werfen Sie einen Blick auf Ihren Kalender und Ihre Prioritäten – Ihr Partner sollte immer Vorrang haben. Versuchen Sie nicht länger, mit dem Kopf durch die Wand zu gehen. Seien Sie freundlich und respektvoll. Aber vor allem: Seien Sie bereit, es noch einmal miteinander zu versuchen.

Bitten Sie Gott, Ihre Beziehung wieder zu stärken. Bitten Sie um neue Hingabe für Ihre Ehe. Werfen Sie einen Blick in die Bibel, und schauen Sie nach, was Gott zu diesem Thema zu sagen hat. Gibt es Freunde oder Paare, die Ihnen helfen könnten, wieder zueinanderzufinden? Machen Sie sich bewusst, dass Gottes Liebe die Quelle Ihrer eigenen Liebe ist – und damit unerschöpflich. Er kann Ihnen die Kraft schenken, den Weg zum anderen wiederzufinden.

Herr, gib uns die Kraft zusammenzubleiben, egal, was passiert. Zeige uns, wie wir so lieben können, wie du uns liebst. Amen.

7. Dezember

Ein Licht in der Finsternis

Selbst wenn ich durch ein finsteres Tal gehen muss, wo Todesschatten mich umgeben, fürchte ich mich vor keinem Unglück, denn du, Herr, bist bei mir! Dein Stock und dein Hirtenstab geben mir Trost.
Psalm 23,4 (NGÜ)

Manchmal sitzt der Schmerz so tief, dass er uns für alles andere blind macht. Unsere Situation ist so düster, dass wir keinen Ausweg mehr sehen. Wir fühlen uns von Kräften bedroht und angegriffen, die sich unserer Kontrolle entziehen.

Doch auch in dieser Situation kann Gott Hoffnung schenken. Er will Sie genauso über die sonnenbeschienenen Höhen führen wie durch die finsteren Täler des Lebens. Er lässt Sie nie allein. Sie müssen nicht selbst wissen, was zu tun ist – er will Ihnen mit seiner Weisheit zur Seite stehen; Sie müssen nur darum bitten. Sie müssen nicht allein in die Schlacht ziehen – er kämpft für Sie. Sie müssen auch keine Angst haben, dass Sie im Dunklen stolpern und hinfallen – sein Wort ist wie ein Licht in der Nacht, das Ihren Weg erleuchtet (nachzulesen in Psalm 119,105).

Lassen Sie sich heute von dem Gedanken trösten und neuen Mut schenken, dass Gott jederzeit an Ihrer Seite ist. Sprechen Sie mit ihm. Ergreifen Sie seine Hand, wenn er Sie durch das Tal führt. Vertrauen Sie ihm. Er ist Ihr starker Retter und er wird Sie bis zum Ende behüten.

Herr, es gibt Tage, an denen wir nur die Finsternis sehen. Unsere Ängste sind einfach überwältigend. Führe uns bei jedem Schritt. Schenke uns deinen Frieden und deinen Trost. Wir wollen auch in der Dunkelheit auf dich vertrauen. Amen.

8. Dezember

Untrennbar verbunden

Geschwister, im Namen von Jesus Christus, unserem Herrn, fordere ich euch alle auf, eins zu sein. Redet so, dass eure Worte euch nicht gegeneinander aufbringen, und lasst es nicht zu Spaltungen unter euch kommen. Seid vielmehr ganz auf dasselbe Ziel ausgerichtet und haltet in völliger Übereinstimmung zusammen. 1. Korinther 1,10 (NGÜ)

Wenn zwei Menschen in der Ehe eins werden, wird Gott geehrt. Wenn sie einem gemeinsamen Ziel folgen, wenn sie einander selbstlos lieben und auch in spirituellen Dingen eins sind, vermittelt das anderen einen Vorgeschmack auf den Einen, den wir anbeten. Als Kinder Gottes können Sie in Ihrer Beziehung wirklich dieses herzliche Einvernehmen und diesen Frieden erfahren.

Die Einheit wird zum Beispiel dadurch Wirklichkeit, dass Sie an der einen Wahrheit, der Bibel, festhalten. Dass Sie Gott gemeinsam dienen. Dass Sie sich dazu entscheiden, Ihren Partner wichtiger zu nehmen als sich selbst. Dass Sie nach Gottes Willen fragen und nicht versuchen, Ihren eigenen Weg zu gehen. Dass Sie demütig und dankbar sind und immer wieder Gottes Nähe suchen. Dass Sie ihn von ganzem Herzen, von ganzer Seele und mit ganzer Kraft lieben.

Entscheiden Sie sich heute dafür, genau so zu leben. Verzichten Sie auf Ihre vermeintlichen „Rechte", und seien Sie bereit, das aufzugeben, wofür Sie noch so hart kämpfen. Bitten Sie Gott gemeinsam, Ihnen hier den richtigen Weg zu zeigen. Bekennen Sie, wenn es etwas gibt, das Ihre Beziehung zueinander und zu Gott beeinträchtigt. Beschäftigen Sie sich intensiv mit der Bibel, und tauschen Sie sich über das Gelesene aus. Bitten Sie Gott, Ihrer Ehe die „völlige Übereinstimmung" zu schenken, von der Paulus in seinem Brief spricht.

Herr, mach uns eins, so wie du auch eins bist. Reiße alle Mauern nieder, die uns voneinander trennen, und vereinige uns in jeder Hinsicht. Amen.

9. Dezember

Ihr wahres Zuhause

Wenn auch Vater und Mutter mich verstoßen, du, Herr, nimmst mich auf. Psalm 27,10 (GN)

Eltern sollten ihre Kinder lieben und sich um alles kümmern, was diese brauchen. Und doch werden Kinder verlassen. Sie kennen die Angst und den Schmerz des Missbrauchs. Sie erleben Hunger und Krankheit, wenn ihre körperlichen Bedürfnisse ignoriert werden. Sie werden zum Erfolg gedrängt und bestraft, wenn sie elterliche Erwartungen nicht erfüllen. Sie müssen hinter den Karrieren, Beziehungen und selbstsüchtigen Prioritäten ihrer Eltern zurückstehen.

Wenn Sie ebenfalls die Erfahrung gemacht haben oder noch machen, dass Ihre Eltern Sie ablehnen: Suchen Sie Trost in Gottes Liebe. Unser himmlischer Vater ist Ihnen immer nah. Er gab seinen eigenen Sohn, damit Sie seine Kinder sein können. Er kümmert sich um jeden Bereich Ihres Lebens. Er versorgt Sie treu mit allem, was Sie benötigen. Er ist immer erreichbar, wenn Sie mit ihm sprechen wollen. Sie können seinen Worten vertrauen und er hält seine Versprechen.

Laufen Sie in die geöffneten Arme des Vaters, wenn Sie von Ihren Eltern weggestoßen werden. Vertrauen Sie seiner Wahrheit, wenn Sie manipuliert oder belogen werden. Machen Sie sich, wenn Sie von anderen kritisiert oder bloßgestellt werden, bewusst, dass er Sie immer annimmt. Verlassen Sie sich darauf, dass er sich in jeder Situation um Sie kümmert. Bitten Sie Gott, mit seiner vollkommenen Liebe die Verletzungen der Vergangenheit zu heilen.

Herr, Eltern tun manchmal Dinge, die uns das Herz brechen. Schenke uns die Kraft und die Gnade, ihnen zu vergeben. Lass uns deine vollkommene Liebe erfahren, die uns nie enttäuscht. Du bist unser wahrer Vater. Amen.

10. Dezember

Falsche Erwartungen

Jesus erwiderte: „Jeder, der von diesem Wasser trinkt, wird immer wieder durstig werden. Doch jeder, der von dem Wasser trinkt, das ich ihm geben werde, wird nie mehr durstig werden. Dieses Wasser wird in ihm zu einer sprudelnden Quelle, die in ein nie enden wollendes Leben hinüberfließt." Johannes 4,13–14 (WD)

Nichts auf dieser Welt wird uns auf Dauer Zufriedenheit schenken. Selbst das üppigste Fest wird den Hunger nicht für immer fernhalten. Auch unser Traumhaus muss irgendwann repariert oder renoviert werden. Dass wir im Frühling gesund und voller Energie waren, wird während der Wintergrippe vergessen sein. Die leidenschaftliche Romantik unserer Flitterwochen weicht vielleicht irgendwann Gleichgültigkeit und Stress. Die einzige Quelle, die uns wirklich Leben und Freude schenkt, die nie vergehen, ist Jesus Christus selbst.

Wir erwarten oft, dass unser Partner uns die Liebe und Geborgenheit schenkt, die nur Gott uns geben kann. Während wir vergesslich sind und manchmal nachlässig werden, ist er treu und hält jedes Versprechen. Während unsere Stimmungen und Motivationen schwer einzuschätzen sind, ist er derselbe gestern, heute und in Ewigkeit. Während wir unserem Partner durchaus verzeihen, weil wir wissen, dass wir alle bloß Menschen sind, kann nur Jesus mit seiner rettenden Gnade unser Fehlverhalten wirklich vergeben.

Erwarten Sie nicht länger, dass Ihr Partner Ihnen all das gibt, was nur Jesus Ihnen schenken kann. Lieben Sie einander aus der Liebe heraus, die Gott Ihnen heute schenkt.

Herr, danke, dass du uns alles zur Verfügung stellst, was wir zum Leben brauchen. Wir wollen unsere Hoffnung auf dich setzen und nicht auf die

Segensgeschenke, mit denen du uns überschüttest. Erfülle uns mit Liebe für dich und füreinander. Amen.

11. Dezember

Die Last unserer Schuld

Weil du zornig auf mich bist, gibt es keine heile Stelle mehr an meinem Körper. Wegen meiner Sünden ist nichts mehr an mir gesund. Meine Schuld ist mir über den Kopf gewachsen, sie ist eine drückende Last, zu schwer für mich zu tragen. Psalm 38,4–5 (NGÜ)

Wir wissen genau, was wir getan haben, als niemand zusah. Wir erinnern uns an die hässlichen Worte, wie wir hinter verschlossenen Türen gesagt haben. Wir bedauern, dass wir ein Versprechen gebrochen und unseren Partner enttäuscht haben. Wir schämen uns für unsere Lügen und die Geheimnisse, von denen niemand weiß. Die Schuld ist eine erdrückende Last, die uns unseren Frieden und unsere Freude raubt.

Gott liebt Sie viel zu sehr, um zuzulassen, dass die Sünde zwischen Ihnen und ihm steht. Er macht Sie durch seinen Heiligen Geist auf Ihre Schuld aufmerksam. Er sandte Jesus, damit dieser für Ihre Sünden starb. Er lässt zu, dass Sie die Konsequenzen Ihres Handelns tragen, damit Sie den Unterschied zwischen Richtig und Falsch lernen. Und er ist bereit, Sie reinzuwaschen und von Ihrer Schuld zu befreien.

Seien Sie heute ehrlich zu sich selbst, aber auch zu Gott und zueinander. Bekennen Sie, wo Sie sich falsch verhalten haben. Bitten Sie Gott und Ihren Partner, Ihnen zu vergeben und einen Neuanfang zu schenken. Vertrauen Sie auf Gottes Liebe und Barmherzigkeit, die niemals enden.

„Er bestraft uns nicht für unsere Sünden und behandelt uns nicht, wie wir es verdienen. Denn so hoch der Himmel über der Erde ist, so groß ist seine Gnade gegenüber denen, die ihn fürchten. So fern der Osten vom Westen ist, hat er unsere Verfehlungen von uns entfernt" (Psalm 103,10–12; NL).

Herr, es tut uns leid, dass wir _____. Danke, dass du uns vergibst, wenn wir unsere Schuld bekennen, und dass du uns deine Liebe nie entziehst. Amen.

12. Dezember

Liebe und Respekt

Deshalb sage ich noch einmal, dass jeder Ehemann seine Frau so lieben soll, wie er sich selbst liebt, und dass die Ehefrau ihren Mann achten und respektieren soll. Epheser 5,33 (NL)

Es fällt einer Ehefrau schwer, einen Mann zu respektieren, der selbstsüchtig, arrogant oder unfreundlich ist. Und es fällt einem Ehemann schwer, eine Frau zu lieben, die ihn heruntermacht oder nicht respektiert. Ein Mann, dem man Respekt entgegenbringt, wird seine Frau leidenschaftlich lieben, und eine Frau, die geliebt wird, wird ihren Ehemann auch respektieren und wertschätzen.

Sind Respekt und Liebe gerade Mangelware in Ihrer Ehe? Bitten Sie Gott als Ehefrau, Ihre Augen für die Stärken und den guten Charakter Ihres Ehemanns zu öffnen. Bitten Sie Gott als Ehemann, Ihnen zu zeigen, wie Sie Ihrer Frau Ihre Liebe zeigen können. Und bitten Sie Gott gemeinsam darum, Sie mit neuer Dankbarkeit für Ihren Partner zu erfüllen.

Auch wenn das in Ihren Ohren vielleicht ungewöhnlich klingt: Ehemänner sind dazu aufgerufen, ihre Frauen mehr zu lieben, als sie es verdienen. Ehefrauen sind dazu aufgerufen, ihre Männer mehr zu respektieren, als sie es verdienen. Begegnen Sie einander um Jesu willen mit Liebe und Respekt. So wie er sich selbst gab, als Sie noch Sünder waren, können Sie sich als einen Akt des Gehorsams gegenüber Gott Ihrem Partner hingeben. Wir lieben, weil Gott uns zuerst geliebt hat.

Herr, wenn du nicht Teil der Gleichung bist, sind unsere Liebe und unser Respekt füreinander gewissermaßen unvollständig. Mache uns Jesus ähnlicher: Wir wollen den anderen ehren, ihm dienen und füreinander sorgen. Amen.

13. Dezember

Gottes vollkommener Plan

Aber in der folgenden Nacht sagte Gott zu Natan: „Geh zu meinem Diener David und richte ihm aus: ‚So spricht der Herr: Nicht du sollst mir das Haus bauen, in dem ich wohnen kann!'" 1. Chronik 17,3–4 (GN)

Es ist hart, Gott Nein sagen zu hören, wenn wir in seinem Namen Großes vollbringen wollen. Er kennt unsere Hoffnungen und weiß um unsere guten Absichten, aber er ist derjenige, der letztlich unser Lebensbuch schreibt. „Denn was wir sind, ist Gottes Werk; er hat uns durch Jesus Christus dazu geschaffen, das zu tun, was gut und richtig ist. Gott hat alles, was wir tun sollen, vorbereitet; an uns ist es nun, das Vorbereitete auszuführen" (Epheser 2,10; NGÜ). Fragen Sie ihn, und er wird Ihnen den Auftrag zeigen, der sich mit seinen Absichten für Ihr Leben deckt.

Bitten Sie Gott darum, Ihnen zu zeigen, was sein guter und vollkommener Wille für Ihr Leben ist. Widerstehen Sie der Versuchung, Ihre Gaben und Berufungen mit denen anderer zu vergleichen. Konzentrieren Sie sich lieber auf das Wort Gottes und wie es Ihre spezielle Situation betrifft. Finden Sie Freude darin, Gott in jeder Hinsicht zu verherrlichen, sei es im Großen oder im Kleinen.

Gottes Plan für die Welt und seine Gemeinde schließt jeden Gläubigen ein. Danken Sie ihm dafür, dass Sie am Bau seines Reiches mitwirken dürfen. Ob Sie dort bleiben, wo Sie gerade sind, oder gehen werden, ob Sie säen oder ernten, führen oder folgen dürfen: Freuen Sie sich darüber, für Ihren König zu leben.

Herr, wir freuen uns darüber, dass jeder von uns seinen Beitrag zum Bau deines Reiches leisten darf. Zeige uns, welche Rolle wir in deinen Absichten für diese Welt spielen. Wir wollen dir in allem gehorchen. Amen.

14. Dezember

Wie es wirklich in Ihnen aussieht

„Aus einem guten Menschen kommen letztlich nur gute Worte und Taten hervor, aus einem bösen nichts Gutes, denn wovon das Herz voll ist, davon spricht der Mund." Lukas 6,45 (WD)

Unsere Worte verraten, wie es wirklich in uns aussieht. Ein Mensch, der insgeheim gierig ist, wird nach immer mehr verlangen. Jemand, der innerlich ganz verbittert ist, wird Wut und Bosheit verbreiten. Ein ängstlicher Mensch verbreitet Sorgen und Gereiztheit. Ein Betrüger lügt und manipuliert. Ein stolzer Mensch prahlt und macht andere nieder.

Jemand, der von seinen Trieben beherrscht wird, sagt anzügliche Dinge. Ein Mensch, der nicht an Gott glaubt, wird das ablehnen, was Jesus für ihn getan hat.

Wenn man Ihre Worte heute unter die Lupe nehmen würde: Was würden sie darüber verraten, wie es in Ihnen aussieht? Bitten Sie Gott, Sie durch seinen Heiligen Geist mit Güte zu erfüllen. Verbreiten Sie durch Ihre Worte Freude und Dankbarkeit. Sagen Sie Dinge, die wahr sind; verbreiten Sie keine Lügen. Schließen Sie Frieden, anstatt zu streiten. Seien Sie sanftmütig und ruhig, anstatt vor Wut zu schreien. Machen Sie in Ihren Gesprächen einen Bogen um Klatsch, Beleidigungen und Prahlerei. Veranschaulichen Sie durch Ihre liebevollen Worte, wie sehr Gott die Menschen liebt.

Beten Sie heute dafür, der „gute Mensch" zu sein, von dem Jesus gesprochen hat. Tanken Sie Güte, indem Sie in der Bibel lesen. Denken Sie gründlich über seine Wahrheit nach. Machen Sie sich bewusst, wie viel Liebe und Gnade Sie durch Jesus empfangen haben. Wenn Sie ihn darum bitten, wird er eine Herz-OP bei Ihnen vornehmen, sodass „nur gute Worte und Taten" aus Ihnen hervorkommen.

Herr, erfülle unsere Herzen mit deiner Güte und Liebe. Die Menschen in unserem Umfeld sollen durch unsere Worte einen Vorgeschmack auf deine Güte und Liebe bekommen. Amen.

15. Dezember

Lassen Sie alles heraus

Ich schreie zum Herrn, ich flehe zum Herrn um Gnade. Ich bringe meine Klagen vor ihn und breite all meine Sorgen vor ihm aus.
Psalm 142,2–3 (NL)

Manchmal wird uns einfach alles zu viel. Ständig will jemand etwas von uns. Konflikte sorgen für Spannungen und Stress. Autos haben Pannen. Rechnungen sind fällig. Wir werden krank. Alles entgleitet unserer Kontrolle. Wir können dem einfach nicht entfliehen, und es sieht auch nicht so aus, als würde es jemals besser.

Sie dürfen sich mit allen Ihren Schwierigkeiten an Gott wenden. Erzählen Sie ihm, was Sie frustriert, worüber Sie sich sorgen und was Sie traurig macht. Sie werden sehen, dass er unglaublich barmherzig und mitfühlend ist. Es wird keinen anklagend erhobenen Zeigefinger geben. Keine Ablehnung und kein „Ich hab's dir ja gesagt". Er wird nie sagen, dass Sie darüber hinwegkommen oder sich zusammenreißen sollen. Nein, er ist Ihr geduldiger, Sie liebender Vater, der Sie in seine Arme zieht.

Was macht Ihnen heute zu schaffen? Erzählen Sie Gott von dem Problem. Versuchen Sie nicht länger, es selbst zu lösen. Geben Sie Ihre Gefühle an ihn ab; er wird Ihnen dafür seinen Frieden geben. Legen Sie ihm Ihre Sorgen zu Füßen, in dem Wissen, dass er für Sie sorgt.

Herr, wir sind am Ende unserer Kräfte. Die Probleme wachsen uns einfach über den Kopf – nur du kannst uns durch diese Situation hindurchtragen. Danke, dass du so viel Mitgefühl hast und dass du unsere Gebete erhörst. Amen.

16. Dezember

Lobpreis im Gefängnis

Nachdem sie brutal verprügelt worden waren, wurden Paulus und Silas ins Gefängnis geworfen. Dabei wurde dem Gefängnisaufseher eingeschärft, sie unter besonders strenger Bewachung zu halten. ... Gegen Mitternacht beteten Paulus und Silas und sangen voller Freude Lieder zu ihrem Gott. Die anderen Gefangenen hörten ihnen verwundert zu.
Apostelgeschichte 16,23.25 (WD)

Sind Sie heute ganz zerschlagen? Haben Sie das Gefühl, dass Sie in einer Situation wie gefangen sind? Ganz egal, wie viel Sie geben: Man wirft Ihnen vor, selbstsüchtig zu sein. Man übersieht oder kritisiert Ihre harte Arbeit. Sie sind einsam, denn die, die sich eigentlich um Sie kümmern sollten, ignorieren Sie. Finanzielle Sorgen machen Ihnen zu schaffen. Der Arzt hat noch mehr schlechte Nachrichten. Die Belastung ist so groß, dass Sie fürchten, davon regelrecht zerquetscht zu werden.

Doch Gott ist selbst in diesem „Gefängnis" der Schwierigkeiten da. Er betrachtet Sie voller Liebe und Mitgefühl. Er hört, wenn Sie um Hilfe bitten. Und er wird sein Versprechen halten, dass Ihre Schwierigkeiten letztlich zu etwas Gutem führen.

Deshalb dürfen Sie auch in dieser unruhigen Zeit Gott loben. Danken Sie ihm dafür, dass er weiß, wie es ist, schwach zu sein, denn auch Jesus hat gelitten (nachzulesen in Hebräer 4,15). Sagen Sie ihm, wie dankbar Sie dafür sind, dass er auch in diesen schwierigen Zeiten bei Ihnen ist. Bitten Sie ihn, anderen durch diese Probleme zu zeigen, wie sehr er sie liebt und wie mächtig er ist. Erzählen Sie ihm auch, dass Sie weiterhin darauf vertrauen, dass er die Kontrolle hat und gute Absichten für Sie verfolgt. Beten Sie an, während Sie weiterhin darauf hoffen, dass er Ihre Situation wenden wird.

Herr, wir würden uns wünschen, dass unser Leben anders aussieht und dass uns _____ nicht zu schaffen macht. Aber wir sind dankbar dafür, dass deine Liebe und deine Kraft uns durch diese Situation hindurchtragen werden. Amen.

17. Dezember

Die Ratschläge anderer Leute

Wer das Urteil der Menschen fürchtet, gerät in ihre Abhängigkeit; wer dem Herrn vertraut, ist gelassen und sicher. Sprüche 29,25 (Hfa)

Haben Sie schon mal auf den Rat von anderen Leuten gehört? Und hat das schon mal dazu geführt, dass Sie Gottes Weisung dann nicht gefolgt sind? Oder hat schon mal jemand zu Ihnen gesagt: „Das machen doch alle so"? Oder: „Warum machst du es dir denn so schwer"? „Du solltest den Experten vertrauen – sie wissen es besser als du"? „Tu, was du für richtig hältst – Gott will, dass du glücklich bist"? „Du willst doch nicht so ein religiöser Fanatiker sein"? Doch wenn Sie diesen Stimmen Glauben schenken, werden Sie irgendwann Gottes Weg aus den Augen verlieren und in eine Sackgasse geraten.

Fühlen Sie sich innerlich ganz zerrissen, weil Sie nicht wissen, wem Sie heute Glauben schenken sollen? Gottes Weisheit übersteigt die aller Experten. Es gibt niemanden, der Sie so liebt wie er, und er opferte alles, um Ihr Leben zu retten. Er verdient es einfach, dass Sie ihm vertrauen und folgen. Bitten Sie ihn um die Kraft, ihm bei allen Fragen zu vertrauen. Beschäftigen Sie sich mit der Bibel, und leben Sie so, wie er Sie führt. Suchen Sie sich gläubige Freunde und Ratgeber, die Sie dabei unterstützen.

Sprechen Sie mit Gott über eine Entscheidung, bevor Sie andere um Hilfe bitten. Gleichgültig, was jemand über Ihre Entscheidungen denkt: Wenn Sie so handeln, wie Gott Sie führt, sind Sie auf dem richtigen Weg.

Herr, es gibt Menschen in unserem Leben, die einfach nicht verstehen, wie wir dir vertrauen und deinem Wort gehorchen können. Gib uns den Mut, trotzdem an dir festzuhalten. Amen.

18. Dezember
Der Wunsch, reich zu sein

Wer dagegen reich werden will, läuft Gefahr, in eine der Schlingen zu geraten, die der Wunsch nach Besitz mit sich bringt. So unvernünftig und schädlich diese Versuchung ist, so sicher bringt sie einen Menschen zu Fall, ja sie bedeutet für ihn oft den Untergang. 1. Timotheus 6,9 (WD)

Haben Sie schon mal mitansehen müssen, wie die Liebe zum Geld das Leben eines Menschen ruiniert hat? Geschwister kämpfen um ihr Erbe und sind am Ende heillos zerstritten. Kinder kommen zu kurz, während die Eltern ihre Karriere verfolgen. Betrüger und Diebe finden sich im Gefängnis wieder. Ein Mann ist spielsüchtig und stürzt seine Familie in den Ruin.

Aber Jesus will Sie von diesem Wunsch nach *mehr* befreien. Zählen Sie die Segensgeschenke in Ihrem Leben. Ihre Arbeitsstelle? Das Dach über Ihrem Kopf? Der letzte Urlaub? Die Liebe Ihrer Freunde und Ihrer Familie? Und was ist mit Ihren Schätze im Himmel, die Sie nie verlieren und die auch nie wertlos sein werden? Investieren Sie Zeit und Energie in das, was wirklich zählt – das erfüllende Leben, das Jesus Ihnen schenkt. Dann werden Sie Freude, Hoffnung und Liebe erfahren.

Beten Sie doch heute einmal gemeinsam mit dem Verfasser der Sprichwörter: „Bewahre mich davor, zu lügen und zu betrügen, und lass mich weder arm noch reich sein! Gib mir nur so viel, wie ich zum Leben brauche! Denn wenn ich zu viel besitze, bestreite ich vielleicht, dass ich dich brauche, und frage: ‚Wer ist denn schon der Herr?' Wenn ich aber zu arm bin, werde ich vielleicht zum Dieb und bereite dir, meinem Gott, damit Schande" (Sprüche 30,8–9; Hfa).

Herr, wir danken dir für all das, was du uns gegeben hast: _____. Zeige uns, wo wir vielleicht zu sehr an Geld, Besitz, Erfolg oder anderen Dingen hängen. Hilf uns, darauf zu vertrauen, dass du uns alles gibst, was wir zum Leben brauchen. Amen.

19. Dezember

Ruhe für die Seele

Der Herr ist mein Hirte, nichts wird mir fehlen. Er weidet mich auf saftigen Wiesen und führt mich zu frischen Quellen. Er gibt mir neue Kraft. Er leitet mich auf sicheren Wegen und macht seinem Namen damit alle Ehre. Psalm 23,1–3 (Hfa)

Sind Sie momentan ziemlich erschöpft? Motivation ist vielleicht gerade ein Fremdwort. Sie sind gestresst und angespannt. Machen sich Sorgen darüber, ob Sie wohl die richtigen Entscheidungen treffen. Sie denken vielleicht auch, dass sich Ihre Probleme schon lösen würden, wenn Sie bloß mehr Zeit und Geld hätten. Es kommt Ihnen so vor, als würden

Ihre Gebete an der Zimmerdecke abprallen. Sie vergessen, wie es sich anfühlt, wirklich ausgeruht zu sein.

Das ist nicht das Leben, das Ihr Hirte für Sie im Sinn hat. Er will Sie so führen, dass die Zukunft nicht allein auf Ihren Schultern lastet. Er will Sie vor allen Gefahren bewahren. Er will, dass Sie gemütlich „weiden", anstatt ständig immer weiterzuhasten. Er will Ihrer Seele durch sein Wort neue Kraft einhauchen. Er will für Ihre täglichen Bedürfnisse sorgen. Er will Ihnen zeigen, dass er Ihre tiefsten Sehnsüchte stillen kann.

Ergreifen Sie heute Gottes Hand und lassen Sie sich von ihm durch Ihren Tag führen. Erzählen Sie ihm von allem, was Sie belastet oder wo Sie sich falsch verhalten haben. Nehmen Sie seine Vergebung an, und spüren Sie, wie Sie innerlich zur Ruhe kommen. Er will Sie mit seiner Liebe umgeben und Sie trösten, wenn Sie traurig sind. Er will Sie mit neuer Kraft erfüllen und Sie führen, wenn Sie den Weg aus den Augen verlieren. Kommen Sie heute bei ihm zur Ruhe.

Herr, du weißt, was uns heute belastet und einfach nicht zur Ruhe kommen lässt: _____. Hilf uns, dir zu vertrauen, dir zu folgen und dich zu lieben, denn du bist unser guter Hirte. Amen.

20. Dezember

Wenn Gott aus wenig viel macht

„Also, hier ist ein kleiner Junge, der fünf Gerstenbrote und zwei Fische hat. Aber das ist bloß ein Tropfen auf den heißen Stein."
Johannes 6,9 (WD)

Es fiel den Jüngern von Jesus schwer, daran zu glauben, dass Tausende von dem Mittagessen eines Kindes satt werden würden. Wir sagen heute oft das Gleiche wie damals die Jünger: „Damit kommen wir doch nicht weit!" Wie weit werden wir mit unserem Gehalt kommen, wenn sich die Rechnungen stapeln? Wie viel Zeit werden wir haben, wenn die Arbeit uns über den Kopf wächst? Wann werden wir die Geduld mit unserem dickköpfigen Kind verlieren? Wann wird unsere Liebe erlöschen, wenn unser Partner ständig verletzt und wütend ist? Werden wir irgendwann am Ende unserer Kraft sein, wenn wir krank sind und unter chronischen Schmerzen leiden? Wir haben doch nur wenig – wie sollen wir da angesichts all der Berge, die sich vor uns auftürmen, nicht die Hoffnung verlieren?

Legen Sie einfach das wenige, das Sie haben, in Gottes Hände. Geben Sie Ihre Sorgen und Nöte, Schmerzen und Ängste an ihn ab. Bitten Sie um den Glauben, darauf vertrauen zu können, dass er mehr tun kann, als Sie erbitten oder sich auch nur vorstellen können (nachzulesen in Epheser 3,20). Seine Gnade ist alles, was Sie brauchen, um die Herausforderungen zu bewältigen. Gerade dann, wenn Sie schwach sind, kann er seine Kraft zeigen.

„Verlass dich nicht auf deinen eigenen Verstand, sondern vertraue voll und ganz dem Herrn! Denke bei jedem Schritt an ihn; er zeigt dir den richtigen Weg und krönt dein Handeln mit Erfolg" (Sprüche 3,5–6; Hfa).

Herr, alles, was wir haben, ist ein wenig Glauben. Wir glauben an deine Kraft, wir vertrauen auf deine Liebe, und wir sind innerlich ganz ruhig, weil wir wissen, dass du bei uns bist. Amen.

21. Dezember

Das Geschenk der Bibel

Darum lasst uns an der Wahrheit festhalten und in der Liebe wachsen, dann wächst der Leib in allen seinen Teilen immer mehr mit ihrem Haupt Christus zusammen. Epheser 4,15 (WD)

Die Wahrheit der Bibel kann eines der Geschenke sein, das Sie Ihrem Partner machen. Wenn er gestresst ist oder sich gerade vor etwas fürchtet, dann ermutigen Sie ihn mit dem, was Gott schon zu Josua sagte: „Sei mutig und entschlossen! Lass dich nicht einschüchtern und hab keine Angst! Denn ich, der Herr, dein Gott, stehe dir bei, wohin du auch gehst" (Josua 1,9; Hfa).

Wenn Sie merken, dass Ihre Beziehung gerade wenig liebevoll ist, weil Sie wütend aufeinander sind, dann erinnern Sie sich daran, wie wichtig es ist, dass Sie Ihr Problem geklärt haben, bevor Sie schlafen gehen, damit sich der Graben nicht vertieft (nachzulesen in Epheser 4,26).

Wenn Sie merken, dass Sie ständig an jemanden denken, der *nicht* Ihr Partner ist, dann erinnern Sie sich daran, dass Gott Sie und Ihren Mann bzw. Ihre Frau zusammengeführt hat. Wenn Sie merken, dass Sie ständig zu viel Geld ausgeben oder sogar Schulden machen, um sich etwas zu kaufen, das Sie eigentlich nicht brauchen, dann halten Sie sich an das, was Jesus schon gesagt hat: „Ihr könnt nicht zwei Götter auf einmal verehren. Wenn ihr den einen Gott liebt, werdet ihr irgendwann den anderen für unwichtig halten. Ich will damit sagen: Ihr könnt nicht Gott verehren und gleichzeitig Geld als das Wichtigste in eurem Leben ansehen" (Matthäus 6,24; WD).

Beschäftigen Sie sich mit dem, was die Bibel zu den Problemen und Herausforderungen Ihres Lebens sagt. Verlassen Sie sich darauf, dass Gott Sie dadurch leiten und vor Fehlern bewahren will. Und verlassen

Sie sich darauf, dass sie Ihnen dabei helfen kann, Gott besser kennenzulernen und Ihren Glauben und Ihr Vertrauen zu vertiefen.

Herr, wir wollen uns regelmäßig mit deinem Wort beschäftigen, deinem Leitfaden für unser Leben. Hilf uns, liebevoll miteinander zu reden, auch dann, wenn wir den anderen korrigieren müssen. Amen.

22. Dezember

Ein glückliches Zuhause

Liebe Schwestern und Brüder, lasst euch korrigieren, lasst euch von mir in aller Liebe ermahnen: Bemüht euch von ganzem Herzen darum, dass in eurer Gemeinschaft Einheit und Frieden herrschen. Nur so wird der Gott der Liebe und des Friedens mit euch sein. 2. Korinther 13,11 (WD)

Gott weiß, dass Sie und Ihr Partner ihn lieben, ihm folgen und ihn ehren wollen. Und er wartet nur darauf, Ihr Zuhause mit seiner Liebe und seinem Frieden zu erfüllen.

Danken Sie Gott heute dafür, dass er Sie errettet hat. Danken Sie ihm für das Geschenk Ihrer Ehe. Danken Sie ihm dafür, dass er Ihnen schon so oft zur Seite gestanden, Ihnen geholfen und Sie geführt hat. Danken Sie ihm dafür, dass er Ihnen geholfen hat, Ihr Eheversprechen zu halten und die Beziehung zu Ihrem Partner zu vertiefen.

Falls es gerade Probleme zwischen Ihnen und Ihrem Partner gibt: Geben Sie zu, wo Sie sich falsch verhalten haben, wo Sie selbstsüchtig oder dickköpfig waren, wo Sie den anderen verletzt haben. Bitten Sie um Vergebung. Entscheiden Sie sich dafür, einander zu verzeihen und einen Neuanfang zu machen.

Ermutigen Sie einander, Jesus nachzufolgen. Geben Sie gern und ohne Bedauern, dienen Sie bereitwillig, und nutzen Sie jede Gelegenheit, davon zu erzählen, wie sehr Gott die Menschen liebt. Vertrauen Sie ihm auch dann, wenn Sie traurig und enttäuscht sind oder Schwierigkeiten durchmachen. Erzählen Sie Gott auch von Ihren Sorgen und Problemen.

Bitten Sie Gott heute darum, Ihnen eine harmonische Ehe zu schenken. Versuchen Sie nicht, Ihren Kopf durchzusetzen, wenn Sie Konflikte haben, sondern seien Sie bereit nachzugeben. Fragen Sie Gott gemeinsam nach seinen Absichten für Ihr Leben. Beharren Sie nicht auf Ihrem Recht, sondern setzen Sie einander an die erste Stelle.

Wenn Gottes Liebe Ihr Zuhause erfüllt, wird ihr Licht in die Finsternis hinausstrahlen. Sein Friede wird Ihnen in jeder Lebenslage Ruhe schenken und Trost spenden. Er ist immer bei Ihnen, bis zum Ende dieser Welt (nachzulesen in Matthäus 28,20).

Herr, wir wollen dich preisen, dir gehorchen und dir vertrauen. Danke, dass du immer bei uns bist! Erfülle unser Haus mit deiner Liebe und deinem Frieden. Amen.

23. Dezember

Sicher und geborgen

Alles, was dieser Gott tut, ist vollkommen, was der Herr sagt, ist unzweifelhaft wahr. Wer in Gefahr ist und zu ihm flieht, findet bei ihm immer sicheren Schutz. Psalm 18,31 (GN)

Wir sind alles andere als perfekt. Wir verletzen, wenn wir helfen wollen. Wir verlieren nicht nur unsere Schlüssel, sondern auch die Geduld. Selbst wenn wir die besten Absichten haben, scheitern wir oder verletzen andere. Gleichgültig, wie sehr wir auch versuchen, stark zu sein und das Richtige zu tun, wir schaffen es einfach nicht.

Gott liebt Sie so sehr, dass er Ihnen das schenkt, was Sie brauchen: Er lässt Sie nie im Stich. Er ist gern bereit, Ihnen zu vergeben, wenn Sie schuldig geworden sind und Ihr Verhalten bereuen. Er will Ihre Zuflucht sein, wenn der Sturm droht.

Haben Sie es satt, sich allein abzustrampeln? Haben Sie keine Kraft mehr dazu? Sind Sie verletzt und enttäuscht und innerlich weit von Gott und voneinander entfernt? Bitten Sie Ihren himmlischen Vater um Hilfe. Vertrauen Sie auf das, was Gott Ihnen versprochen hat: dass er Sie liebt und dass Sie bei ihm „sicheren Schutz" finden. Lassen Sie sich in seine weit geöffneten Arme fallen, und versuchen Sie nicht länger, das Leben allein zu bewältigen. Gott will Ihnen heute Frieden, Trost und Zuflucht schenken.

Herr, wenn wir versuchen, unseren eigenen Weg zu gehen, besteht die Gefahr, dass wir das eigentliche Ziel aus den Augen verlieren. Zeige uns deine Absichten für unser Leben, und hilf uns, danach zu leben. Sei unser sicherer Schutz, wenn wir in Schwierigkeiten stecken. Amen.

24. Dezember

Ein neues Leben

Da ging David in das heilige Zelt, kniete vor dem Herrn nieder und begann zu beten: „Gott, mein Herr, wer bin ich schon, dass du gerade mich und meine Familie so weit gebracht hast? Ich bin es nicht wert."
1. Chronik 17,16 (Hfa)

Gott weiß, welches „Gepäck" Sie in Ihre Ehe mitgebracht haben. Er weiß von den schlechten Angewohnheiten, die Sie einfach nicht loswurden. Er weinte mit Ihnen, wenn Sie verletzt oder traurig waren. Er bekam auch die hasserfüllten Worte und Anschuldigungen mit, die Sie sich anhören mussten. Er wurde Zeuge, als Ihre Träume zerbrachen oder Sie enttäuscht wurden. Und er war da, als Sie die Hoffnung verloren, dass es morgen besser werden würde.

Doch trotz all Ihres Ärgers und Kummers hat Gott aus Ihrem Leben eine Erfolgsgeschichte gemacht. Er hat Sie von der Macht der Sünde und des Todes befreit. Er hat Ihre Verletzungen geheilt. Er hat zerbrochene Beziehungen wieder zusammengeführt. Er hat bewiesen: „Mitten im Leid triumphieren wir über all dies durch Christus, der uns so geliebt hat" (Römer 8,37; Hfa).

Danken Sie Gott heute dafür, dass er an Ihrer Seite war und dass er all diese positiven Veränderungen in Ihrem Leben herbeigeführt hat. Danken Sie ihm dafür, dass er Ihnen ein neues Herz und eine neuen Geist geschenkt. Feiern Sie, dass es Ihnen mit Gottes Hilfe gelungen ist, Schwierigkeiten zu bewältigen, Versuchungen nicht nachzugeben oder die Vergangenheit wirklich hinter sich zu lassen. Beten Sie ihn dafür an, dass er Sie liebt, und für all das, was er noch in Ihrem Leben tun wird.

Herr, ohne dich würden wir in vieler Hinsicht immer noch in der Dunkelheit umherirren. Wir danken dir dafür, dass du mit deinem Licht unseren Weg erhellst und uns immer wieder Neuanfänge schenkst. Amen.

25. Dezember

Ein Retter ist geboren!

... der Engel sagte zu ihnen: „Ihr braucht euch nicht zu fürchten! Ich bringe euch eine gute Nachricht, über die im ganzen Volk große Freude herrschen wird. Heute ist euch in der Stadt Davids ein Retter geboren worden; es ist der Messias, der Herr." Lukas 2,10–11 (NGÜ)

Diese himmlische Botschaft hören wir auch heute noch gern: „Habt keine Angst! Es gibt gute Nachrichten! Ihr habt Grund zur Freude! Der Retter wurde geboren! Gott ist hier, mitten unter euch!"

Angesichts von Gottes Gnade und der Hoffnung auf unser himmlisches Zuhause schmilzt unsere Furcht vor Strafe und Tod. Die Zukunft kann uns keine Angst mehr machen – Jesus verspricht uns doch ewige Freude. Durch seine Vergebung und Barmherzigkeit sind wir unsere Schuld und unsere Scham los. Unser Erlöser ist gekommen – was kann uns da noch aus dem Gleichgewicht bringen?

So wie der Engel damals die beste und die wichtigste Nachricht brachte, die die Welt je gehört hatte, können auch wir einer Welt, in der so vieles nicht in Ordnung ist, sagen, dass Jesus sie retten will. Erzählen Sie anderen, wie sich Ihr Leben verändert hat, seit Sie Jesus kennen. Erzählen Sie, wie er Ihnen geholfen hat, Schwierigkeiten zu bewältigen. Sie sind beide Kinder Gottes und damit ein Licht in der Finsternis, wenn Sie feiern, dass der Retter, der Messias, geboren wurde.

Danken Sie heute Gott dafür, dass er Jesus auf diese Welt gesandt hat. Staunen Sie voller Ehrfurcht über seine große Macht und seine Liebe. Lassen Sie sich von den Hirten mit der Freude über das Kommen des Retters anstecken.

Herr, wir danken dir dafür, dass du Jesus gesandt und uns von aller Angst befreit hast. Wir wollen diese gute Nachricht voller Freude weitergeben. Amen.

26. Dezember

Die Wahrheit, der Sie vertrauen können

„Doch Gott allein besitzt Weisheit und Kraft, nie wird er ratlos; er weiß, was er tun soll." Hiob 12,13 (Hfa)

Sie müssen immer wieder schwierige Entscheidungen fällen: Wo sollen Sie leben? Wie sollen Sie Ihre Kinder erziehen? Wofür sollen Sie Ihr Geld ausgeben? Wie sollen Sie sich um Ihre älter werdenden Eltern kümmern? Wie sollen Sie mit Konflikten am Arbeitsplatz umgehen? Wie setzen Sie die richtigen Prioritäten? Wie sollen Sie Gott dienen?

Glücklicherweise müssen Sie sich bei all diesen Entscheidungen nicht auf Ihren eigenen Verstand verlassen. Sie dienen einem Gott, der Ihnen dabei helfen will, bei allem, was Sie betrifft, die richtige Entscheidung zu fällen. Er hat nur gute Absichten für Sie – er will Ihnen Frieden, Zukunft und Hoffnung schenken –, und weil er Sie liebt, wird er Ihre Schritte leiten.

Treffen Sie heute keine übereilten Entscheidungen. Geben Sie nicht dem Bedürfnis nach, alles selbst in die Hand zu nehmen. Ja, Sie können

Freunde oder Familienmitglieder durchaus um Rat bitten, doch Gott sollte das letzte Wort haben. Stellen Sie ihm alle noch offenen Fragen. Lesen Sie in der Bibel; sie wird Ihnen helfen, die richtige Entscheidung zu fällen. Vertrauen Sie darauf, dass Gott Sie führen wird. Zapfen Sie seine Kraftquelle an, während Sie dorthin gehen, wohin er Sie führt.

Herr, wir brauchen heute deine Weisheit, um gute Entscheidungen zu treffen. Zeige uns, was wir tun sollen, und schenke uns die Kraft, es auch zu tun. Amen.

27. Dezember

Ihr neues Ich

Aber lasst mich euch ein wunderbares Geheimnis sagen, das Gott uns offenbart hat. Nicht jeder von uns wird sterben, aber wir werden alle verwandelt werden. Das wird in einem kurzen Moment geschehen, in einem einzigen Augenblick, wenn die letzte Posaune ertönt. Beim Klang der Posaune werden die Toten mit einem unvergänglichen Körper auferstehen, und wir Lebenden werden verwandelt werden, sodass wir nie mehr sterben. 1. Korinther 15,51–52 (NL)

Uns geht es manchmal ähnlich wie Paulus: „Ich weiß manchmal selbst nicht, was mit mir los ist: Denn oft rühre ich keinen Finger für das, was ich doch eigentlich tun möchte, dafür tue ich aber dann genau das, was ich zutiefst verabscheue. … Das bringt mich manchmal an den Rand der Verzweiflung" (Römer 7,18–19.24; WD). Egal, wie sehr wir uns auch bemühen: Wir scheitern. Wir tun denen weh, die wir lieben. Wir tun Dinge, die wir eigentlich nicht tun wollten. Wir sind schwach.

Geben Sie die Hoffnung nicht auf – der Kampf ist fast vorbei. Jesus wird zurückkommen und Sie zu einem völlig neuen Menschen machen. Sie werden nicht länger für Sünden anfällig sein. Sie werden einen neuen Körper bekommen, der nie krank ist und niemals stirbt. Sie werden Ihren Erlöser mit eigenen Augen sehen.

Doch haben Sie noch ein bisschen Geduld. Sie sind gewissermaßen schon mit Christus gestorben und Ihr Leben ist jetzt schon bei Gott, auch wenn man das noch nicht sehen kann (nachzulesen in Kolosser 3,3). Er verwandelt Sie durch sein Wort. Ihr altes Ich wird durch ein neues ersetzt. Er hat Ihnen seinen Heiligen Geist geschenkt und damit gewissermaßen ein Siegel aufgedrückt, das deutlich macht, dass Sie für immer ihm gehören. Bleiben Sie wachsam – er kommt bald!

Herr, wir haben es oft satt, darum kämpfen zu müssen, immer das Richtige zu tun. Hilf uns, auch weiterhin darauf zu hoffen, dass du einmal wiederkommen wirst. Amen.

28. Dezember

Der Heimathafen

Sie können den jüngeren Frauen beibringen, wie man seinen Mann und die Kinder liebt, wie man ohne großes Aufhebens ein Haus gut führen und den Mann als geistliches Haupt der Familie anerkennen kann. Frauen, die so leben, geben niemandem einen Grund, über die Frohe Botschaft zu spotten. Titus 2,4–5 (WD)

Wenn es einfach wäre, eine gute Ehe zu führen oder die eigenen Kinder zu erziehen, bräuchten wir keine Hilfe. Wir bräuchten keine christlichen

Vorbilder, die uns vorleben, wie wir einander lieben und füreinander sorgen sollen. Wir würden den Heiligen Geist nicht brauchen, damit dieser uns die Kraft gibt, unsere Familie zu lieben.

Bitten Sie Gott heute darum, dass Sie bereit sind, Ratschläge und Korrektur anzunehmen. Bitten Sie ihn darum, Ihnen zu helfen, die einzigartigen Eigenschaften und Bedürfnisse Ihrer Lieben zu sehen. Ermutigen Sie sie. Suchen Sie Hilfe, wenn Sie nicht wissen, wie Sie mit Ihrer Wut umgehen oder was Sie tun sollen, wenn Sie ständig ungeduldig sind. Begegnen Sie anderen Menschen mit Respekt. Bemühen Sie sich darum, ein gemütliches Zuhause zu schaffen – einen Heimathafen für Ihre Familie in einer unerbittlichen Welt.

Ein Zuhause, das von der Liebe Jesu erfüllt ist, ist ein Licht in der Finsternis. Ihr Reden und Handeln weist andere auf einen Gott hin, der Leben verändert.

Herr, erfülle unser Haus mit deiner Güte, damit wir einander zum Segen werden und dein Licht erstrahlen lassen können. Amen.

29. Dezember

Trösten und helfen

Wer keinen Halt mehr hat, den hält der Herr; und wer am Boden liegt, den richtet er wieder auf. Alle schauen erwartungsvoll zu dir, und du gibst ihnen zu essen zur rechten Zeit. Du öffnest deine Hand und sättigst deine Geschöpfe; allen gibst du, was sie brauchen. Psalm 145,14–16 (Hfa)

Wenn Sie jemanden lieben, leiden Sie mit, wenn diese Person traurig ist oder verletzt wurde. Ihre Probleme beschäftigen auch Sie. Wenn sie

Zweifel hat oder sich falsch verhält, machen Sie sich Gedanken. Vertrauen Sie deshalb heute Gott bewusst Ihre Freunde, Familienmitglieder und Nachbarn an.

Beten Sie für Freunde, die am liebsten aufgeben würden. Bitten Sie Gott, ihnen neue Hoffnung zu schenken. Bitten Sie ihn, ihnen die Augen zu öffnen, damit sie sehen können, dass er immer an ihrer Seite ist. Bitten Sie auch darum, dass Gott Verletzungen heilt, ihnen Trost spendet und ihre Ängste nimmt.

Beten Sie auch für diejenigen, die gerade in Not sind. Bitten Sie Gott, ihnen einen Ausweg zu zeigen. Bitten Sie ihn, sie mit allem zu versorgen, was sie brauchen. Bitten Sie ihn, Ihnen zu zeigen, wie Sie helfen können. Bitten Sie ihn auch darum, dass sie Frieden finden, indem sie darauf vertrauen, dass er sich um sie kümmert.

Beten Sie für die Menschen, die Sie lieben – dafür, dass sie Gott kennenlernen. Dass der Heilige Geist ihnen hilft, Richtig und Falsch zu unterscheiden. Ermutigen Sie sie, in der Bibel zu lesen und entsprechend zu leben.

Gott kennt jeden einzelnen Menschen, der Ihnen am Herzen liegt. Er ist treu und stark und kann über sie wachen. Beten Sie weiter, und vertrauen Sie darauf, dass er ihnen all das geben wird, was sie für ihr Leben brauchen.

Herr, die Menschen, die wir lieben, leiden oder haben gerade Probleme. Zeige ihnen, wie sehr du sie liebst. Amen.

30. Dezember

Unterwegs mit Jesus

Mit diesem starken Glauben wuchs auch Mose auf. Er wollte auch nicht „Sohn der Tochter des Pharao" genannt werden, auch wenn ihm das viele Nachteile einbrachte. Er zog es stattdessen vor, mit seinem eigenen Volk zu leiden, statt sich im Palast des Pharao verwöhnen zu lassen.
Hebräer 11,24–25 (WD)

Wir können unsere Identität auf viele Dinge stützen: auf die Stellung unserer Familie in der Gemeinde. Auf unsere Ausbildung, unseren Beruf und unsere Leistungen. Auf unseren Besitz oder unseren Reichtum. Auf unsere äußere Erscheinung und unser Image. Auf unseren gesellschaftlichen Status und unsere Popularität. Worauf stützen Sie Ihre Identität – wie würden die Menschen in Ihrem Umfeld diese Frage wohl beantworten?

Wäre es nicht schön, wenn man bei Ihnen gleich daran denken würde, dass Sie Christ sind? Leben Sie Ihr Leben so, dass man daran ablesen kann, dass Sie mit Gott unterwegs sind. Beschäftigen Sie sich mit der Bibel und leben Sie danach. Vergeben Sie denen, die Ihnen das Leben schwermachen. Seien Sie freigebig, wenn andere sich an ihre Besitztümer klammern. Sagen Sie liebevoll die Wahrheit. Respektieren Sie diejenigen, die Autorität ausüben. Leben Sie so, dass Gott daran Freude hat, auch wenn Menschen, die ihn nicht kennen, das nicht nachvollziehen können. Erzählen Sie anderen von der Einladung, die Gott an sie ausspricht. Setzen Sie Ihre Gaben in der Gemeinde ein.

Halten Sie an Jesus fest, auch wenn es schwierig wird. Ja, es wird Menschen geben, die sich über Sie lustig machen, die Sie ablehnen oder missverstehen. Doch am Ende ist es das alles wert. „Richtet eure Gedanken auf das, was im Himmel ist, nicht auf das, was zur irdischen Welt gehört. Denn ihr seid dieser Welt gegenüber gestorben, und euer neues Leben ist ein Leben mit Christus in der Gegenwart Gottes. Jetzt ist dieses Leben den Blicken der Menschen verborgen; doch wenn Christus, euer Leben, in seiner Herrlichkeit erscheint, wird sichtbar werden, dass ihr an seiner Herrlichkeit teilhabt" (Kolosser 3,2–4; NGÜ).

Herr, schenke uns den Mut, uns in jeder Situation zu dir zu bekennen. Die Menschen sollen an unserem Leben und an unserer Liebe zueinander ablesen können, dass wir mit dir unterwegs sind. Amen.

31. Dezember
Ein wunderbarer Segen

„Der Herr segne euch und beschütze euch! Der Herr blicke euch freundlich an und schenke euch seine Liebe! Der Herr wende euch sein Angesicht zu und gebe euch Glück und Frieden!" 4. Mose 6,24–26 (GN)

Als Sie Gottes Einladung annahmen und seine Kinder wurden, versprach er, dass er Ihnen „Leben im Überfluss" schenken würde. Nehmen Sie sich heute einen Moment Zeit, um sich alle Segensgeschenke bewusst zu machen, die er Ihnen gemacht hat. Danken Sie ihm dafür, dass er Sie beschützt und durch Schwierigkeiten hindurchgeholfen hat. Loben Sie ihn dafür, dass er Ihnen geholfen hat, an Ihrem Glauben festzuhalten, selbst dann, als Sie Zweifel hatten oder entmutigt waren.

Danken Sie ihm dafür, wenn er Ihre Wünsche und Träume erfüllt hat. Erinnern Sie sich daran, wie er Ihre Arbeit mit Erfolg gekrönt hat. Danken Sie ihm auch für all die Verantwortlichkeiten und Beziehungen in Ihrem Leben.

Danken Sie Gott ebenfalls dafür, dass er seinen Sohn auf diese Welt geschickt hat, damit er am Kreuz für Sie stirbt und die Strafe für Ihre

Sünden bezahlt. Danken Sie Gott für seine Vergebung und dafür, dass er Sie zu einem neuen Menschen gemacht hat.

Danke Sie Gott heute auch für Gebete, die er erhört hat. Er ist Ihnen nah und wird Sie nie aus den Augen verlieren – er wird Sie nie verlassen oder im Stich lassen. Danken Sie ihm dafür.

Bitten Sie Gott um seinen Frieden, der Ihre Vorstellungskraft übersteigt. Bitten Sie um den Glauben, darauf vertrauen zu können, dass er Sie durch jeden Sturm hindurchträgt. Machen Sie sich bewusst, mit wie viel Liebe und Barmherzigkeit er Ihnen tagtäglich begegnet, und kommen Sie dadurch innerlich zur Ruhe.

Herr, du hast uns mit so vielen Segengeschenken überschüttet – wir können sie gar nicht alle zählen! Wir danken dir dafür, dass du uns so sehr liebst und dass diese Liebe uns Hoffnung und Frieden für die Zukunft gibt. Amen.

Der Verlag weist ausdrücklich darauf hin, dass im Text enthaltene externe Links nur bis zum Zeitpunkt der Buchveröffentlichung eingesehen werden konnten. Auf spätere Veränderungen hat der Verlag keinerlei Einfluss. Eine Haftung des Verlags für externe Links ist stets ausgeschlossen.

Originally published in the U.S.A. under the title: *Mr & Mrs. 366 Devotions for Couples.*
Published by Christian Art Publishers. PO Box 1599, Vereeniging, 1930, RSA
Copyright © 2017
© der deutschen Ausgabe 2019 by Gerth Medien GmbH, Dillerberg 1, 35614 Asslar
Die Bibelzitate wurden folgenden Übersetzungen entnommen:
Gute Nachricht Bibel, revidierte Fassung, durchgesehene Ausgabe, © 2000 Deutsche Bibelgesellschaft, Stuttgart. (GN)
Hoffnung für alle®, Copyright © 1983, 1996, 2002, 2015 by Biblica Inc.®. Verwendet mit freundlicher Genehmigung von Fontis – Brunnen Basel. Alle weiteren Rechte weltweit vorbehalten. (Hfa)
Neue Genfer Übersetzung – Neues Testament und Psalmen, Copyright © 2011 Genfer Bibelgesellschaft. (NGÜ)
Neues Leben. Die Bibel, © der deutschen Ausgabe 2002 und 2006 SCM R.Brockhaus in der SCM Verlagsgruppe GmbH, Witten/Holzgerlingen. (NL)
Willkommen daheim. © 2009 by Gerth Medien GmbH, Asslar. (WD)

1. Auflage 2019
Bestell-Nr. 817532
ISBN 978-3-95734-532-5

Umschlaggestaltung: Anna-Lisa Offermann
Umschlagillustration: Yuliya Koldovska/Shutterstock
Satz: Uhl + Massopust, Aalen
Druck und Verarbeitung: GGP Media GmbH, Pößneck
Printed in Germany

www.gerth.de